Wilhelm von Humboldt

Über die Sprache

Reden vor der Akademie

Herausgegeben, kommentiert
und mit einem Nachwort versehen
von Jürgen Trabant

Francke Verlag Tübingen und Basel

Jürgen Trabant, geb. 1942, ist Professor für Romanische Philologie an der Freien Universität Berlin.

Die Deutsche Bibliothek - CIP-Einheitsaufnahme
Humboldt, Wilhelm von:
Über die Sprache : Reden vor der Akademie / Wilhelm von Humboldt. Hrsg., kommentiert und mit einem Nachw. vers. von Jürgen Trabant.
– Tübingen ; Basel : Francke, 1994
  (UTB für Wissenschaft : Uni-Taschenbücher ; 1783)
  ISBN 3-8252-1783-3
NE: Trabant, Jürgen [Hrsg.]; UTB für Wissenschaft/Uni-Taschenbücher

© 1994 · A. Francke Verlag Tübingen und Basel
Dischingerweg 5 · D-72070 Tübingen
ISBN 3-7720-2228-6

Das Werk einschließlich aller seiner Teile ist urheberrechtlich geschützt. Jede Verwertung außerhalb der engen Grenzen des Urheberrechtsgesetzes ist ohne Zustimmung des Verlages unzulässig und strafbar. Das gilt insbesondere für Vervielfältigungen, Übersetzungen, Mikroverfilmungen und die Einspeicherung und Verarbeitung in elektronischen Systemen.
Gedruckt auf chlorfrei gebleichtem und säurefreiem Werkdruckpapier.

Einbandgestaltung: Alfred Krugmann, Stuttgart
Satz: Riethmüller, Tübingen
Druck und Bindung: Presse-Druck, Augsburg
Printed in Germany

ISBN 3-8252-1783-3 (UTB-Bestellnummer)

Inhalt

Vorwort 7

1. Ueber das vergleichende Sprachstudium in Beziehung auf die verschiedenen Epochen der Sprachentwicklung (1820) 11
2. Ueber die Aufgabe des Geschichtschreibers (1821) 33
3. Ueber das Entstehen der grammatischen Formen, und ihren Einfluss auf die Ideenentwicklung (1822) 52
4. Ueber das Verbum in den Americanischen Sprachen (1823) 82
5. Ueber die Buchstabenschrift und ihren Zusammenhang mit dem Sprachbau (1824) 98
6. Ueber den grammatischen Bau der Chinesischen Sprache (1826) 126
7. Ueber den Dualis (1827) 143
8. Ueber die Sprachen der Südseeinseln (1828) [gek.] 170
9. Ueber die Verwandtschaft der Ortsadverbien mit dem Pronomen in einigen Sprachen (1829) [gek.] 173
10. Charakter der Sprachen. Poesie und Prosa (1835) 183

Nachwort 201

Anhang

Zur Textauswahl 219
Wilhelm von Humboldts Akademie-Vorträge nach den Protokollen der Akademie (zusammengestellt von Wiebke Witzel) 224
Kommentare und Anmerkungen zu den einzelnen Reden . 228
Bibliographie 269

Vorwort

Daß die vorliegende Anthologie von Humboldts Akademie-Reden über die Sprache, die vor fast zehn Jahren, zu Humboldts hundertfünfzigstem Todestag, zum ersten Mal erschienen war, nun in einer überarbeiteten und leicht erweiterten Form noch einmal aufgelegt werden kann, ist zuvörderst dem verlegerischen Einsatz Gunter Narrs geschuldet. Dafür sei ihm herzlich Dank gesagt. Ich bin ziemlich zuversichtlich, daß sich dieser Einsatz auch lohnen wird. Nicht nur weil Kollegen und Studenten es immer wieder bedauert haben, daß das Buch seit ein paar Jahren nicht mehr erhältlich war, sondern vor allem, weil ich den Eindruck habe, daß sich in diesen zehn Jahren das Interesse an Humboldt – insbesondere am Sprachdenker Humboldt – noch weiter verstärkt hat. Hiervon zeugt die rege Forschungstätigkeit der letzten Jahre, von der ich einleitend einiges erwähnen möchte.

Zunächst gab es zahlreiche wissenschaftliche Veranstaltungen zum Humboldt-Jahr 1985: die Grimm-Humboldt-Konferenz in (Ost)Berlin (Spreu/Bondzio Hrsg. 1986), eine Vortragsreihe in (West)Berlin (Schlerath Hrsg. 1986), das Humboldt-Kolloquium in Düsseldorf (Scharf Hrsg. 1989), eine Tagung in Darmstadt (Hoberg Hrsg. 1987). Auch der von Welke (1986) herausgegebene Band, mein Buch zu Humboldts Sprach-Bild (Trabant 1986) und die Studie von Buchholz (1986) zum empirischen Linguisten Humboldt gehören in den Umkreis dieses Gedenkens. Habermas (1986) hat in der Diskussion mit Charles Taylor die Humboldtsche Sprachauffassung in seine Theorie der kommunikativen Kompetenz mit einbezogen. Die Festschrift für unseren Freund, den deutsch-amerikanischen Humboldt-Forscher Kurt Müller-Vollmer, *Poetik-Humboldt-Hermeneutik* (Müller-Sievers/Trabant Hrsg. 1988), enthält einige wichtige Beiträge zur Humboldt-Forschung. Tilman Borsche, der mit seiner Studie zu Humboldts Sprachphilosophie (1981) die neuere Diskussion so entscheidend anregte, hat 1990 eine Gesamtdarstellung Humboldtschen Denkens vorgelegt. Ein amerikanischer Aufenthalt hatte mir die Gelegenheit gegeben, ein zweites Humboldt-Buch fertigzustellen (Trabant 1990). Auch die deftige Polemik darf in einer lebendigen Diskussion natürlich nicht fehlen (Schmitter Hrsg. 1991). Unermüdlich trug der Altmeister der deutschen Humboldtianer Clemens Menze zur Diskussion bei (vgl. z.B. Menze 1988). Ein guter Indikator für lebendige Forschung ist immer die Zahl der Dissertationen, von denen in den letzten Jahren eine ganze Reihe entstanden sind (z.B. Zöllner 1989, König 1992). Auch im Frankfurter "Ideologen"-Projekt hat Humboldt eine zentrale Rolle gespielt (Schlieben-Lange Hrsg. 1989-94, Zollna 1990). Rudolf zur Lippe konnte bei einer kleinen Heidelberger Wochenendtagung 1993 Gadamer noch einmal für Humboldt interessieren. Und Hans-Werner Scharf ist es gelungen, eine Buchreihe *Humboldt-Studien* ins Leben zu rufen, deren erste Bände nun vorliegen (Müller-Sievers 1993, Scharf 1994).

Besonders erfreulich ist, daß sich die Diskussion zunehmend internationalisiert hat: Obwohl sich die englische Ausgabe des Humboldtschen Hauptwerks (Humboldt 1988) eher als eine Warnung vor denn als eine Hinführung zu Humboldt versteht und insofern nicht gerade zu einer weiteren Auseinandersetzung mit Humboldt einlädt, hat sie dem anglo-amerikanischen Raum doch wenigstens einen einigermaßen lesbaren englischen Text präsentiert. Die englische Ausgabe hat dem vorliegenden Bändchen insofern sogar eine besondere Ehre angetan, als sie seinen Titel übernahm: *On Language*. Der georgische Sprachwissenschaftler Ramischwili, der schon 1984 eine russische Übersetzung Humboldtscher Schriften vorgelegt hatte, konnte seine Humboldt-Studien auf deutsch publizieren (1988/89). In Japan ist Humboldt mit den Arbeiten von Kameyama und Watanabe präsent. Die spanische Übersetzung der Kawi-Einleitung (durch Ana Agud) ist 1990 erschienen. Ein ganz besonderes kulturelles Ereignis, das große Beachtung gefunden hat, war das Erscheinen der italienischen Übersetzung von *Über die Verschiedenheit des menschlichen Sprachbaues* durch Donatella Di Cesare (Humboldt 1991), die damit ein unerläßliches Arbeitsinstrument für jede Humboldt-Lektüre geschaffen hat. Es ist überaus erfreulich, daß diese vorbildliche Edition demnächst auf deutsch in den Uni-Taschenbüchern vorliegen

Vorwort

wird. Italien ist darüber hinaus mit zwei wichtigen Kongressen ganz besonders stark an der Humboldt-Diskussion beteiligt. In Rom fand 1986 ein linguistisches Leibniz-Humboldt-Symposion statt (De Mauro/Formigari Hrsg. 1990) und 1991 hat Fulvio Tessitore von der Universität Neapel ein philosophisches Kolloquium zu Humboldt veranstaltet, dessen Akten ebenfalls inzwischen vorliegen (Carrano Hrsg. 1993). In Frankreich, das sich seit den Arbeiten von Leroux insbesondere für den Anthropologen Humboldt interessiert hatte (Quillien 1991), wird nun auch der Sprachdenker Humboldt wahrgenommen: Jean Rousseau beschäftigt sich dort mit der Linguistik Humboldts; vor allem aber wird Humboldt, der schon seit vielen Jahren ein zentraler sprachphilosophischer Bezugspunkt dieses Sprachtheoretikers ist, für Henri Meschonnic immer bedeutsamer.

Die aufregendste Neuigkeit für Humboldt-Freunde ist vielleicht die Tatsache, daß aufgrund der Beschreibung des Nachlasses, die Müller-Vollmer (1993) vorgelegt hat - einer höchste Achtung gebietenden, bahnbrechenden Leistung jahrelangen Forschens -, nun die Edition der bisher nur teilweise veröffentlichten sprachwissenschaftlichen Schriften Humboldts in Angriff genommen werden konnte. Der erste Band, die von Manfred Ringmacher herausgegebene *Mexicanische Grammatik*, liegt bereits vor (Humboldt 1994). Die Arbeit an dieser Ausgabe konzentriert sich derzeit auf die Untersuchungen zu den amerikanischen Sprachen, denen ein Berliner Kolloquium im Herbst 1992 gewidmet war (Zimmermann u.a. Hrsg. 1994). Aber das gewaltige Material umfaßt Arbeiten zu den Sprachen aller Kontinente. Die Deutsche Forschungsgemeinschaft und die Freie Universität Berlin fördern die Edition.

Daß Humboldts Reden über die Sprache nun in den Uni-Taschenbüchern erscheinen können, ist also sicher ein Zeichen für die Lebendigkeit der Diskussion, die Wilhelm von Humboldt in den letzten Jahren zu einem interessanten Autor in Europa und in der Welt gemacht hat. Dafür ist aber natürlich niemand anders verantwortlich als jener göttliche Hauch, der das Humboldtsche Werk durchweht und der uns alle immer wieder in-spiriert, nämlich der Apeliótes, jener Licht und Wärme bringende jugendliche griechische Wind aus dem Osten, dessen Bild Humboldts Haus in

Tegel schmückt. Dort, in dem von Christine und Ulrich von Heinz so apeliotisch geführten Haus, weht er ganz besonders anregend: Unvergessen bleibt jener begeisternde, wunderbare Nachmittag, an dem wir in Schloß Tegel Kurt Müller-Vollmer die genannte Festschrift überreichen konnten. Völlig verzaubert waren auch alle Teilnehmer der amerikanistischen Tagung, als wir uns nach der Arbeit an Humboldts Nahuatl-, Otomí-, Quechua-, Delaware- etc. Grammatiken in Humboldts Haus versammeln durften. Und es ist gar kein Zweifel, daß der Apeliótes seine Wirkung nicht verfehlt und uns jedes Jahr ergreift, wenn wir, Studenten, Freunde, Kollegen, an Humboldts Geburtstag, dem 22. Juni, im Arbeitszimmer in Tegel über die Sprache reden, wenn wir dann von den liebenswürdigen Nachfahren Humboldts durchs Haus geführt werden und schließlich im sommerlichen Park zur Hoffnung über den Gräbern wandern, zur Spes.

Hoffungsvoll sei daher meinen Studenten, die sich mit mir vom Apeliótes in Tegel haben ergreifen lassen, und allen, die sich in den Geist der Sprache versenken wollen, das vorliegende Uni-Taschenbuch gewidmet.

Berlin, den 22.6.1994

Die Humboldtschen Texte sind dem 1968 im Verlag Walter de Gruyter & Co., Berlin, erschienenen unveränderten Nachdruck der Akademie-Ausgabe entnommen: Wilhelm von Humboldts Gesammelte Schriften, herausgegeben von Albert Leitzmann u.a., Berlin 1903–1936. Die zusätzlichen Seitenangaben in eckigen Klammern beziehen sich auf diese Ausgabe. Die Rede über das Verbum in den amerikanischen Sprachen wird hier zum ersten Mal gedruckt mit freundlicher Genehmigung der Museum Library der University of Pennsylvania in Philadelphia. Dem Archiv der Berlin-Brandenburgischen Akademie der Wissenschaften sei gedankt für die Recherchen in den Protokollen der Akademie.

1. Ueber das vergleichende Sprachstudium in Beziehung auf die verschiedenen Epochen der Sprachentwicklung*

[IV: 1–34]

1. Das vergleichende Sprachstudium[1] kann nur dann zu sichren und bedeutenden Aufschlüssen über Sprache, Völkerentwicklung und Menschenbildung führen, wenn man es zu einem eignen, seinen Nutzen und Zweck in sich selbst tragenden Studium macht. Auf diese Weise wird zwar allerdings selbst die Bearbeitung einer einzigen Sprache schwierig. Denn wenn auch der Totaleindruck jeder leicht aufzufassen ist, so verliert man sich, wie man den Ursachen desselben nachzuforschen strebt, in einer zahllosen Menge scheinbar unbedeutender Einzelheiten, und sieht bald, dass die Wirkung der Sprachen nicht sowohl von gewissen grossen und entschiednen Eigenthümlichkeiten abhängt, als auf dem gleichmässigen, einzeln kaum bemerkbaren Eindruck der Beschaffenheit ihrer Elemente beruht.[2] Hier aber wird gerade die Allgemeinheit des Studiums das Mittel, diesen feingewebten Organismus[3] mit Deutlichkeit vor die Sinne zu bringen, da die Klarheit der in vielfach verschiedner Gestalt doch immer im Ganzen gleichen Form die Forschung erleichtert. |

2. Wie unsre Erdkugel grosse Umwälzungen durchgangen ist, ehe sie die jetzige Gestaltung der Meere, Gebirge und Flüsse angenommen, sich aber seitdem wenig verändert hat; so giebt es auch in den Sprachen einen Punkt der vollendeten Organisation, von dem an der organische Bau, die feste Gestalt sich nicht mehr abändert. Dagegen kann in ihnen, als lebendigen Erzeugnissen des Geistes, die feinere Ausbildung, innerhalb der gegebenen Gränzen, bis ins Unendliche fortschreiten. Die wesentlichen grammatischen Formen bleiben, wenn eine Sprache einmal ihre Gestalt ge-

---

* Vorgelesen den 29. Junius 1820.

wonnen hat, dieselben; diejenige, welche kein Geschlecht, keine Casus, kein Passivum, oder Medium unterschieden hat, ersetzt diese Lücken nicht mehr; ebensowenig nehmen die grossen Wortfamilien, die Hauptformen der Ableitung ferner zu. Allein durch Ableitung in den feineren Verzweigungen der Begriffe, durch Zusammensetzung, durch den inneren Ausbau des Gehalts der Wörter, durch ihre sinnvolle Verknüpfung, durch phantasiereiche Benutzung ihrer ursprünglichen Bedeutungen, durch richtig | empfundene Absonderung gewisser Formen für bestimmte Fälle, durch Ausmerzung des Ueberflüssigen, durch Abglättung des rauh Tönenden geht in der, im Augenblick ihrer Gestaltung armen, unbehülflichen und unscheinbaren Sprache, wenn ihr die Gunst des Schicksals blüht, eine neue Welt von Begriffen, und ein vorher unbekannter Glanz der Beredsamkeit auf.

3. Es ist eine bemerkenswerthe Erscheinung, dass man wohl noch keine Sprache jenseits der Gränzlinie vollständigerer grammatischer Gestaltung gefunden, keine in dem flutenden Werden ihrer Formen überrascht hat. Es muss, um diese Behauptung noch mehr geschichtlich zu prüfen, ein hauptsächliches Streben bei dem Studium der Mundarten wilder Nationen bleiben, den niedrigsten Stand der Sprachbildung zu bestimmen, um wenigstens die unterste Stufe auf der Organisationsleiter der Sprachen aus Erfahrung zu kennen. Meine bisherige aber hat mir bewiesen, dass auch die sogenannten rohen und barbarischen Mundarten schon Alles besitzen, was zu einem vollständigen Gebrauche gehört, und Formen sind, in welche sich, wie es die besten und vorzüglichsten erfahren haben, in dem Laufe der Zeit das ganze Gemüth hineinbilden könnte, um, vollkommner oder unvollkommner, jede Art von Ideen in ihnen auszuprägen.[4]

4. Es kann auch die Sprache nicht anders, als auf einmal entstehen, oder um es genauer auszudrücken, sie muss in jedem Augenblick ihres Daseyns dasjenige besitzen, was sie zu einem Ganzen macht.[5] Unmittelbarer Aushauch eines organischen Wesens in dessen sinnlicher und geistiger Geltung, theilt sie darin die Natur alles Organischen, dass Jedes in ihr nur durch das Andre, und Alles nur durch die eine, das Ganze durchdringende Kraft besteht. Ihr Wesen wiederholt sich auch immerfort, nur in engeren und weiteren Kreisen, in ihr selbst; schon in dem einfachen Satze

liegt es, soweit es auf grammatischer Form beruht, in vollständiger Einheit, und da die Verknüpfung der einfachsten Begriffe das ganze Gewebe der Kategorien des Denkens anregt, da das Positive das Negative, der Theil das Ganze, die Einheit die Vielheit, die Wirkung die Ursach, die Wirklichkeit die Möglichkeit und Nothwendigkeit, das Bedingte das Unbedingte, eine Dimension des Raumes und der Zeit die andre, jeder Grad der Empfindung die ihn zunächst umgebenden fordert und herbeiführt, so ist, sobald der Ausdruck der einfachsten Ideenverknüpfung mit Klarheit und Bestimmtheit gelungen ist, auch der Wortfülle nach, ein Ganzes der Sprache vorhanden. Jedes Ausgesprochene bildet das Unausgesprochene, oder bereitet es vor.

5. Es vereinigen sich also im Menschen zwei Gebiete, welche der Theilung bis auf eine übersehbare Zahl fester Elemente, der Verbindung dieser aber bis ins Unendliche fähig sind,[6] und in welchen jeder Theil seine eigenthümliche Natur immer zugleich als Verhältniss zu den zu ihm gehörenden darstellt. Der Mensch besitzt die Kraft, diese Gebiete zu theilen, geistig durch Reflexion, körperlich durch Articulation, und ihre Theile wieder zu verbinden, geistig durch die Synthesis des Verstandes, körperlich durch den Accent, welcher die Silben zum Worte, und die Worte zur Rede vereint. Wie daher sein Bewusstseyn mächtig genug geworden ist, um sich diese beiden Gebiete mit der Kraft durchdringen zu lassen, welche dieselbe Durchdringung im Hörenden bewirkt,[7] so ist er auch im Besitz des Ganzen beider Gebiete. Ihre wechselseitige Durchdringung kann nur durch eine und dieselbe Kraft geschehen, und diese nur vom Verstande ausgehen. Auch lässt sich die Articulation der Töne, der ungeheure Unterschied zwischen der Stummheit des Thiers, und der menschlichen Rede nicht physisch erklären. Nur die Stärke des Selbstbewusstseyns nöthigt der körperlichen Natur die scharfe Theilung, und feste Begränzung der Laute ab, die wir Articulation nennen.

6. Die feinere Ausbildung hat sich schwerlich gleich an das erste Werden der Sprache angeschlossen. Sie setzt Zustände voraus, welche die Nationen erst in einer langen Reihe von Jahren durchgehen, und inzwischen wird gewöhnlich das Wirken der einen von dem Wirken andrer durchkreuzt. Dieses Zusammenfliessen mehrerer Mundarten ist eins der hauptsächlichsten Momente in der

Entstehung der Sprachen; es sey nun, dass die neu hervorgehende mehr oder weniger bedeutende Elemente von den andren, sich mit ihr vermischenden empfange, oder dass, wie es bei der Verwilderung und Ausartung gebildeter Sprachen geschieht, des Fremden wenig hinzukomme, und nur der ruhige Gang der Entwicklung unterbrochen, die gebildete Form verkannt, und entstellt, und nach andren Gesetzen modelt und gebraucht werde.[8]

7. Die Möglichkeit mehrerer, ohne alle Gemeinschaft unter einander, hervorgegangener Mundarten lässt sich im Allgemeinen nicht bestreiten. Dagegen giebt es auch keinen nöthigenden Grund, die hypothetische Annahme eines allgemeinen Zusammenhanges aller zu verwerfen.[9] Kein Winkel der Erde ist so unzugänglich, dass er nicht Bevölkerung und Sprache habe anderswoher bekommen können; und wir vermögen nicht einmal über die, von der jetzigen vielleicht ganz verschiedene ehemalige Vertheilung der Meere und des festen Landes abzusprechen. Die Natur der Sprache selbst, und der Zustand des Menschengeschlechts, solange es noch ungebildet ist, befördern einen solchen Zusammenhang. Das Bedürfniss, verstanden zu werden, nöthigt, schon Vorhandenes und Verständliches aufzusuchen, und ehe die Civilisation die Nationen mehr vereinigt, bleiben die Sprachen lange im Besitz kleiner Völkerschaften, die, ebensowenig geneigt, ihre Wohnsitze dauernd zu behaupten, als fähig, sie mit Erfolg zu vertheidigen, sich oft gegenseitig verdrängen, unterjochen und vermischen, was natürlich auf ihre Sprachen zurückwirkt. Nimmt man auch keine gemein- | schaftliche Abstammung der Sprachen ursprünglich an, so mag doch leicht später kein Stamm unvermischt geblieben seyn. Es muss daher als Maxime in der Sprachforschung gelten, solange nach Zusammenhang zu suchen, als irgend eine Spur davon erkennbar ist, und bei jeder einzelnen Sprache wohl zu prüfen, ob sie aus Einem Gusse selbstständig geformt, oder in grammatischer, oder lexicalischer Bildung mit Fremdem, und auf welche Weise vermischt ist?

8. Drei Momente also können zum Behuf einer prüfenden Zergliederung der Sprachen unterschieden werden:

die erste, aber vollständige Bildung ihres organischen Baues;
die Umänderungen durch fremde Beimischung, bis sie wieder zu einem Zustande der Stätigkeit gelangen;

ihre innere und feinere Ausbildung, wenn ihre äussere Umgränzung (gegen andre) und ihr Bau im Ganzen einmal unveränderlich feststeht. |
Die beiden ersten lassen sich nicht mit Sicherheit von einander absondern. Aber einen entschiedenen und wesentlichen Unterschied begründet der dritte. Der Punkt, welcher ihn von den andren trennt, ist der der vollendeten Organisation, in welchem die Sprache im Besitz und freien Gebrauch aller ihrer Functionen ist, und über den hinaus sie in ihrem eigentlichen Bau keine Veränderungen mehr erleidet. Bei den Töchtersprachen der Lateinischen, bei der NeuGriechischen und bei der Englischen, welche für die Möglichkeit der Zusammensetzung einer Sprache aus sehr heterogenen Theilen eine der lehrreichsten Erscheinungen, und der dankbarsten Gegenstände für die Sprachuntersuchung ist, lässt sich die Organisationsperiode sogar geschichtlich verfolgen, und der Vollendungspunkt bis auf einen gewissen Grad ausmitteln; die Griechische finden wir, bei ihrem ersten Erscheinen, in einem, uns sonst bei keiner bekannten Grade der Vollendung, aber sie betritt, von diesem Moment an, von Homer bis auf die Alexandriner, eine Laufbahn fortschreitender Ausbildung; die Römische sehen wir einige Jahrhunderte hindurch gleichsam ruhen, ehe feinere und wissenschaftliche Cultur in ihr sichtbar zu werden beginnt.

9. Die hier versuchte Absonderung bildet zwei verschiedene Theile des vergleichenden Sprachstudiums, von deren gleichmässiger Behandlung die Vollendung desselben abhängt. Die Verschiedenheit der Sprachen ist das Thema, welches aus der Erfahrung, und an der Hand der Geschichte bearbeitet werden soll, und zwar in ihren Ursachen und ihren Wirkungen, ihrem Verhältniss zu der Natur, zu den Schicksalen, und den Zwecken der Menschheit.[10]
Die Sprachverschiedenheit tritt aber in doppelter Gestalt auf, einmal als naturhistorische Erscheinung, als unvermeidliche Folge der | Verschiedenheit, und Absonderung der Völkerstämme, als Hinderniss der unmittelbaren Verbindung des Menschengeschlechts; dann als intellectuell-teleologische Erscheinung, als Bildungsmittel der Nationen, als Vehikel einer reicheren Mannigfaltigkeit, und grösseren Eigenthümlichkeit intellectueller Erzeugnisse, als Schöpferin einer, auf gegenseitiges Gefühl der Individualität gegründeten, und dadurch innigeren Verbindung des gebilde-

ten Theils des Menschengeschlechts.[11] Diese letzte Erscheinung ist nur der neueren Zeit eigen, dem Alterthum war sie bloss in der Verbindung der Griechischen und Römischen Literatur, und da beide nicht zu gleicher Zeit blühten, auch so nur unvollkommen bekannt.

10. Der Kürze wegen, will ich, mit Uebersehung der kleinen Unrichtigkeit, welche daraus entsteht, dass die Ausbildung auch auf den schon feststehenden Organismus Einfluss hat, und dass dieser, auch ehe er diesen Zustand erreichte, schon die Einwirkung jener erfahren haben kann, die beiden beschriebenen Theile des vergleichenden Sprachstudiums durch

die Untersuchung des Organismus der Sprachen, und
die Untersuchung der Sprachen im Zustande ihrer Ausbildung

bezeichnen.

Der Organismus der Sprachen entspringt aus dem allgemeinen Vermögen und Bedürfniss des Menschen zu reden, und stammt von der ganzen Nation her; die Cultur einer einzelnen hängt von besondren Anlagen und Schicksalen ab, und beruht grossentheils auf nach und nach in der Nation aufstehenden Individuen. Der Organismus gehört zur Physiologie des intellectuellen Menschen, | die Ausbildung zur Reihe der geschichtlichen Entwickelungen.[12] Die Zergliederung der Verschiedenheiten des Organismus führt zur Ausmessung und Prüfung des Gebiets der Sprache und der Sprachfähigkeit des Menschen; die Untersuchung im Zustande höherer Bildung zum Erkennen der Erreichung aller menschlichen Zwecke durch Sprache. Das Studium des Organismus fordert, soweit, als möglich, fortgesetzte Vergleichung, die Ergründung des Ganges der Ausbildung Isoliren auf dieselbe Sprache, und Eindringen in ihre feinsten Eigenthümlichkeiten, daher jenes Ausdehnung, diese Tiefe der Forschung. Wer folglich diese beiden Theile der Sprachwissenschaft wahrhaft verknüpfen will, muss sich zwar mit sehr vielen verschiedenartigen, ja, wo möglich, mit allen Sprachen beschäftigen, aber immer von genauer Kenntniss einer einzigen, oder weniger ausgehen. Mangel an dieser Genauigkeit bestraft sich empfindlicher, als Lücken in der, doch nie ganz zu erreichenden Vollständigkeit. So bearbeitet kann das Erfahrungsstudium der Sprachvergleichung[13] zeigen, auf welche verschiedene Weise der Mensch die Sprache zu Stande brachte, und welchen Theil der Gedankenwelt es ihm gelang in sie hinüberzuführen? wie die Individualität der Nationen darauf ein, und die Sprache auf sie zurückwirkte? Denn die Sprache, die durch sie erreichbaren Zwecke des Menschen überhaupt, das Menschengeschlecht in seiner fortschreitenden Entwicklung, und die einzelnen Nationen sind die vier Gegenstände, welche die vergleichende Sprachforschung in ihrem wechselseitigen Zusammenhang zu betrachten hat.

11. Ich behalte Alles, was den Organismus der Sprachen betrift, einer ausführlichen Arbeit vor, die ich über die Amerika- | nischen unternommen habe.[14] Die Sprachen eines grossen, von einer Menge von Völkerschaften bewohnten und durchstreiften Welttheils, von dem es sogar zweifelhaft ist, ob er jemals mit andren in Verbindung gestanden hat, bieten für diesen Theil der Sprachkunde einen vorzüglich günstigen Gegenstand dar. Man findet dort, wenn man bloss diejenigen zählt, über welche man ausführlichere Nachrichten besitzt, etwa 30 noch so gut, als ganz unbekannte Sprachen, die man als eben so viel neue Naturspecies ansehen kann, und an welche sich eine viel grössere Anzahl anreihen lässt, von denen die Data unvollständiger sind. Es ist daher wichtig, diese sämmtlich genau zu zergliedern. Denn was der allgemeinen Sprachkunde noch vorzüglich abgeht, ist, dass man nicht hinlänglich in die Kenntniss der einzelnen Sprachen eingedrungen ist, da doch sonst die Vergleichung noch so vieler nur wenig helfen kann. Man hat genug zu thun geglaubt, wenn man einzelne abweichende Eigenthümlichkeiten der Grammatik anmerkte, und mehr, oder weniger zahlreiche Reihen von Wörtern mit einander verglich. Aber auch die Mundart der rohesten Nation ist ein zu edles Werk der Natur, um, in so zufällige Stücke zerschlagen, der Betrachtung fragmentarisch dargestellt zu werden.[15] Sie ist ein organisches Wesen, und man muss sie, als solches, behandeln. Die erste Regel ist daher, zuvörderst jede bekannte Sprache in ihrem inneren Zusammenhange zu studiren, alle darin aufzufindende Analogien zu verfolgen, und systematisch zu ordnen, um dadurch die anschauliche Kenntniss der gramma- | tischen Ideenverknüpfung in ihr, des Umfangs der bezeichneten Begriffe, der Natur dieser Bezeichnung, und des ihr beiwohnenden, mehr, oder minder lebendigen

geistigen Triebes nach Erweiterung und Verfeinerung, zu gewinnen. Ausser diesen Monographien der ganzen Sprachen,[16] fordert aber die vergleichende Sprachkunde andre einzelner Theile des Sprachbaues, z.B. des Verbum durch alle Sprachen hindurch.[17] Denn alle Fäden des Zusammenhanges sollen durch sie aufgesucht, und verknüpft werden, und es gehen von diesen einige, gleichsam in der Breite, durch die gleichartigen Theile aller Sprachen, und andre, gleichsam in der Länge, durch die verschiedenen Theile jeder Sprache. Die ersten erhalten ihre Richtung durch die Gleichheit des Sprachbedürfnisses und Sprachvermögens aller Nationen, die letzten durch die Individualität jeder einzelnen. Durch diesen doppelten Zusammenhang erst wird erkannt, in welchem Umfang der Verschiedenheiten das Menschengeschlecht, und in welcher Consequenz ein einzelnes Volk seine Sprache bildet, und beide, die Sprache, und der Sprachcharakter der Nationen, treten in ein helleres Licht, wenn man die Idee jener in so mannigfaltigen individuellen Formen ausgeführt, diesen zugleich der Allgemeinheit, und seinen Nebengattungen gegenübergestellt erblickt. Die wichtige Frage, ob und wie sich die Sprachen, ihrem inneren Bau nach, in Classen, wie etwa die Familien der Pflanzen, abtheilen lassen, kann nur auf diese Weise gründlich beantwortet werden. Das bisher darüber Gesagte bleibt, wie scharfsinnig es geahndet seyn möchte, ohne strengere factische Prüfung, dennoch nur Muthmassung.[18] Die Sprachkunde, von der hier die Rede ist, darf sich aber nur auf Thatsachen, und ja nicht auf einseitig und unvollständig gesammelte stützen. Auch zu der Beurtheilung der Abstammung der Nationen von einander nach ihren Sprachen müssen die Grundsätze durch eine noch immer mangelnde genaue Analyse solcher Sprachen und Mundarten gefunden werden, deren Verwandtschaft anderweitig historisch erwiesen ist.[19] Solange man nicht auch in diesem Felde vom Bekannten zum Unbekannten fortschreitet, befindet man sich auf einer schlüpfrigen und gefährlichen Bahn. |

12. Wie genau und vollständig man aber auch die Sprachen in ihrem Organismus untersuche, so entscheidet, wozu sie vermittelst desselben werden können, erst ihr Gebrauch. Denn was der zweckmässige Gebrauch dem Gebiet der Begriffe abgewinnt, wirkt auf sie bereichernd und gestaltend zurück. Daher zeigen |

erst solche Untersuchungen, als sich vollständig nur bei den gebildeten anstellen lassen, ihre Angemessenheit zur Erreichung der Zwecke der Menschheit. Hierin also liegt der Schlussstein der Sprachkunde, ihr Vereinigungspunkt mit Wissenschaft und Kunst. Wenn man sie nicht bis dahin fortführt, nicht die Verschiedenheit des Organismus in der Absicht betrachtet, dadurch die Sprachfähigkeit in ihren höchsten und mannigfaltigsten Anwendungen zu ergründen, so bleibt die Kenntniss einer grossen Anzahl von Sprachen doch höchstens für die Ergründung des Sprachbaues überhaupt, und für einzelne historische Untersuchungen fruchtbar, und schreckt den Geist nicht mit Unrecht von dem Erlernen einer Menge von Formen, und Schällen zurück, die am Ende doch immer zu demselben Ziel führen, und dasselbe, nur mit andrem Klange, bedeuten. Abgesehen vom unmittelbaren Lebensgebrauch, behält dann nur das Studium derjenigen Sprachen Wichtigkeit, welche eine Literatur besitzen, und es wird der Rücksicht auf diese untergeordnet, wie es der ganz richtig gefasste Gesichtspunkt der Philologie ist, insofern man dieselbe dem allgemeinen Sprachstudium entgegensetzen kann, welches diesen Namen führt, weil | es die Sprache im Allgemeinen zu ergründen strebt, nicht weil es alle Sprachen umfassen will, wozu es vielmehr nur wegen jenes Zweckes genöthigt wird.

13. Werden wir nun aber so zu den gebildeten Sprachen hingedrängt, so fragt es sich zuvörderst, ob jede Sprache der gleichen, oder nur irgend einer bedeutenden Cultur fähig ist? oder ob es Sprachformen giebt, die nothwendig erst hätten zertrümmert werden müssen, ehe die Nationen hätten die höheren Zwecke der Menschheit durch Rede erreichen können? Das Letztere ist das Wahrscheinlichste. Die Sprache muss zwar, meiner vollesten Ueberzeugung nach, als unmittelbar in den Menschen gelegt angesehen werden; denn als Werk seines Verstandes in der Klarheit des Bewusstseyns ist sie durchaus unerklärbar. Es hilft nicht, zu ihrer Erfindung Jahrtausende und abermals Jahrtausende einzuräumen. Die Sprache liesse sich nicht erfinden, wenn nicht ihr Typus schon in dem menschlichen Verstande vorhanden wäre.[20] Damit der Mensch nur ein einziges Wort wahrhaft, nicht als blossen sinnlichen Anstoss, sondern als articulirten, einen Begriff bezeichnenden Laut verstehe, muss schon die Sprache ganz, und im Zusam-

menhange in ihm liegen. Es giebt nichts Einzelnes in | der Sprache, jedes ihrer Elemente kündigt sich nur als Theil eines Ganzen an. So natürlich die Annahme allmähliger Ausbildung der Sprachen ist, so konnte die Erfindung nur mit Einem Schlage geschehen. Der Mensch ist nur Mensch durch Sprache; um aber die Sprache zu erfinden, müsste er schon Mensch seyn.[21] So wie man wähnt, dass dies allmählig und stufenweise, gleichsam umzechig, geschehen, durch einen Theil mehr erfundner Sprache der Mensch mehr Mensch werden, und durch diese Steigerung wieder mehr Sprache erfinden könne, verkennt man die Untrennbarkeit des menschlichen Bewusstseyns, und der menschlichen Sprache, und die Natur der Verstandeshandlung, welche zum Begreifen eines einzigen Wortes erfordert wird, aber hernach hinreicht, die ganze Sprache zu fassen. Darum aber darf man sich die Sprache nicht als etwas fertig Gegebenes denken, da sonst ebensowenig zu begreifen wäre, wie der Mensch die gegebene verstehen, und sich ihrer bedienen könnte. Sie geht nothwendig aus ihm selbst hervor, und gewiss auch nur nach und nach, aber so, dass ihr Organismus nicht zwar, als eine todte Masse, im Dunkel der Seele liegt, aber als Gesetz die Functionen der Denkkraft bedingt, und mithin das erste Wort schon die ganze Sprache antönt und voraussetzt. Wenn sich daher dasjenige, wovon es eigentlich nichts Gleiches im ganzen Gebiete des Denkbaren giebt, mit etwas andrem vergleichen lässt, so kann man an den Naturinstinct der Thiere erinnern, und die Sprache einen intellectuellen der Vernunft nennen.[22] So wenig sich der Instinct der Thiere aus ihren geistigen Anlagen erklären lässt, ebensowenig kann man für die Erfindung der Sprachen Rechenschaft geben aus den Begriffen, und dem Denkvermögen der rohen und wilden Nationen, welche ihre Schöpfer sind. Ich habe mir daher nie vorstellen können, dass ein sehr consequenter, und in seiner Mannigfaltigkeit künstlicher Sprachbau grosse Gedankenübung voraussetzen, und eine verloren gegangene Bildung beweisen sollte.[23] Aus dem rohesten Naturstande kann eine solche Sprache, die selbst Product der Natur, aber der Natur der menschlichen Vernunft ist, hervor- | gehen. Consequenz, Gleichförmigkeit, auch bei verwickeltem Bau, ist überall Gepräge der Erzeugnisse der Natur, und die Schwierigkeit, sie hervorzubringen, ist nicht die hauptsächlichste. Die wahre der Spracherfindung liegt nicht sowohl in der Aneinanderreihung und Unterordnung einer Menge sich auf einander beziehender Verhältnisse, als vielmehr in der unergründlichen Tiefe der einfachen Verstandeshandlung, die überhaupt zum Verstehen und Hervorbringen der Sprache auch in einem einzigen ihrer Elemente gehört. Ist dies gegeben, so folgt alles Uebrige von selbst, und es kann nicht erlernt werden, muss ursprünglich im Menschen vorhanden seyn. Der Instinct des Menschen aber ist minder gebunden, und lässt dem Einflusse der Individualität Raum. Daher kann das Werk des Vernunftinstincts zu grösserer oder geringerer Vollkommenheit gedeihen, da das Erzeugniss des thierischen eine stätigere Gleichförmigkeit bewahrt, und es widerspricht nicht dem Begriffe der Sprache, dass einige in dem Zustande, in welchem sie uns erscheinen, der vollendeten Ausbildung wirklich unfähig wären. Die Erfahrung bei Uebersetzungen aus sehr verschiedenen Sprachen, und bei dem Gebrauche der rohesten und ungebildetsten zur Unterweisung in den geheimnissvollsten Lehren einer geoffenbarten Religion zeigt zwar, dass sich, wenn auch mit grossen Verschiedenheiten des Gelingens, in jeder jede Ideenreihe ausdrücken lässt. Dies aber ist bloss eine Folge der allgemeinen Verwandtschaft aller, und der Biegsamkeit der Be- | griffe, und ihrer Zeichen. Für die Sprachen selbst und ihren Einfluss auf die Nationen beweist nur was aus ihnen natürlich hervorgeht; nicht das, wozu sie gezwängt werden können, sondern das, wozu sie einladen und begeistern.

14. Den Gründen der Unvollkommenheit einiger Sprachen mag die historische Prüfung im Einzelnen nachforschen. Dagegen muss ich hier eine andre Frage anknüpfen: ob nemlich irgend eine Sprache zur vollendeten Bildung reif ist, ehe sie nicht mehrere Mittelzustände, und gerade solche durchgangen ist, durch welche die ursprüngliche Vorstellungsweise dergestalt gebrochen wird, dass die anfängliche Bedeutung der Elemente nicht mehr völlig klar ist?[24] Die merkwürdige Beobachtung, dass eine charakteristische Eigenschaft der rohen Sprachen Consequenz, der gebildeten Anomalie in vielen Theilen ihres Baues ist, und auch aus der Natur der Sache geschöpfte Gründe machen dies wahrscheinlich. Das durch die ganze Sprache herrschende Princip ist Articulation; der wichtigste Vorzug jeder feste und leichte Gliederung; diese aber setzt einfache, und in sich untrennbare Elemente voraus. Das Wesen

der Sprache besteht darin, die Materie der Erscheinungswelt in die Form der Gedanken zu giessen; ihr ganzes Streben ist formal, und da die Wörter die Stelle der Gegenstände vertreten, so muss auch ihnen, als Materie, eine Form entgegenstehen, welcher sie unterworfen werden. Nun aber häufen die ursprünglichen Sprachen gerade eine Menge von Bestimmungen in dieselbe Silbengruppe, und sind sichtbar mangelhaft in der Herrschaft der Form. Ihr einfaches Geheimniss, welches den Weg anzeigt, auf welchem man sie, mit gänzlicher Vergessenheit unsrer Grammatik, immer zuerst zu enträthseln versuchen muss, ist, das in sich Bedeutende unmittelbar an einander zu reihen. Die Form wird in Gedanken hinzu verstanden, oder durch ein in sich bedeutendes Wort, das man auch als solches nimmt, mithin als Stoff, gegeben. Auf der zweiten grossen Stufe des Fortschreitens weicht | die stoffartige Bedeutung dem formalen Gebrauch, und es entstehen daraus grammatische Beugungen, und Wörter grammatischer, also formaler Bedeutung. Aber die Form wird nur da angedeutet, wo sie durch einen einzelnen, im Sinn der Rede liegenden Umstand, gleichsam materiell, nicht wo sie durch die Ideenverknüpfung formal gefordert wird. Der Plural wird wohl als Vielheit, aber der Singular nicht gerade als Einzelnes, sondern nur als der Begriff überhaupt gedacht, Verbum und Nomen fallen zusammen, wo nicht gerade Person, oder Zeit auszudrücken ist; die Grammatik waltet noch nicht in der Sprache, sondern tritt nur im Fall des Bedürfnisses auf. Erst wenn kein Element mehr, als formlos, gedacht, und der Stoff, als Stoff, ganz in der Rede besiegt wird, ist die dritte Stufe erstiegen, welche aber insofern, dass auch in jedem Element die Form hörbar angedeutet wäre, kaum die gebildetsten Sprachen erreichen, obgleich darauf erst die Möglichkeit architektonischer Eurythmie im Periodenbau beruht. Auch ist mir keine bekannt, deren grammatische Formen nicht noch, selbst in ihrer höchsten Vollendung, unverkennbare Spuren der ursprünglichen SilbenAgglutination an sich trügen. Solange nun auf den früheren Stufen das Wort, als mit seiner Modification zusammengesetzt, nicht als in seiner Einfachheit modificirt erscheint, fehlt es an der leichten Trennbarkeit der Elemente, und wird der Geist durch die Schwerfälligkeit des Bedeutenden, mit der jedes Grundtheilchen auftritt, niedergedrückt, nicht durch Gefühl des Formalen wieder zu formalem

Denken angeregt. Der dem Naturstande noch nahe stehende Mensch verfolgt auch eine einmal angenommene Vorstellungsweise leicht zu weit, denkt jeden Gegenstand, und jede Handlung mit allen ihren Nebenumständen, trägt dies in die Sprache über, und wird nachher wieder von ihr, da der lebendige Begriff doch in ihr zum Körper erstarrt, überwältigt. Dies nun auf das wahre Maass zurückzuführen, und die Kraft des materiell Bedeutenden zu mindern, ist Kreuzung der Nationen und Sprachen durch einander ein höchst wirksames Mittel. Eine neue Vorstellungsweise gesellt sich zu der bisherigen, die sich vermischenden Stämme kennen gegenseitig nicht die einzelne Zu- | sammensetzung der Wörter ihrer Mundarten, sondern nehmen sie bloss als Formeln im Ganzen auf, das Unbequemere und Schwerfälligere weicht, bei der Möglichkeit der Wahl, dem Leichteren und Fügsameren, und da Geist und Sprache nicht mehr so einseitig verwachsen sind, so übt jener eine freiere Gewalt über diese aus. Der ursprüngliche Organismus wird allerdings gestört, aber die neu hinzutretende Kraft ist wieder eine organische, und so wird das Gewebe ununterbrochen, nur nach grösserem und mannigfaltigerem Plane fortgesetzt. Das anscheinend verwirrte und wilde Durcheinanderziehen der Völkerstämme der Urzeit bereitete also die Blüthe der Rede, und des Gesanges in lange darauf folgenden Jahrhunderten vor.[25]

15. Auf die eben berührte Unvollkommenheit einiger Sprachen darf aber hier nicht gesehen werden. Nur durch die Prüfung gleich vollkommener, oder doch solcher, deren Unterschied nicht bloss dem Grade nach gemessen werden kann, lässt sich die allgemeine Frage beantworten, wie die Verschiedenheit der Sprachen überhaupt im Verhältniss zur Bildung des Menschengeschlechts anzusehen ist? ob nur als ein zufälliger, das Leben der Nationen begleitender Umstand, der aber mit Geschicklichkeit und Glück benutzt werden kann, oder als ein nothwendiges, sonst durch nichts zu ersetzendes Mittel zur Bearbeitung des Ideengebiets? Denn zu diesem neigen sich alle Sprachen, wie convergirende Strahlen, und ihr Verhältniss zu ihm, als ihrem gemeinschaftlichen Inhalt, ist daher der Endpunkt unsrer Untersuchung. Kann | dieser Inhalt von der Sprache unabhängig, oder ihr Ausdruck für ihn gleichgültig gemacht werden, oder sind beide dies schon von selbst, so hat die Ausbildung und das Studium der Verschieden-

heit der Sprachen nur eine bedingte und untergeordnete, im entgegengesetzten Fall aber eine unbedingte, und entscheidende Wichtigkeit.[26]

16. Am sichersten wird dies beurtheilt an der Vergleichung des einfachen Worts mit dem einfachen Begriff. Das Wort macht zwar nicht die Sprache aus, aber es ist doch der bedeutendste Theil derselben, nemlich das, was in der lebendigen Welt das Individuum. Es ist auch schlechterdings nicht gleichgültig, ob eine Sprache umschreibt, was eine andre durch Ein Wort ausdrückt; nicht bei grammatischen Formen, da diese bei der Umschreibung, gegen den Begriff einer bloßen Form, nicht mehr als modificirte Ideen, sondern als die Modification angebende erscheinen; aber auch nicht in der Bezeichnung der Begriffe. Das Gesetz der Gliederung leidet nothwendig, wenn dasjenige, was sich im Begriff als Einheit darstellt, nicht ebenso im Ausdruck erscheint, | und die ganze lebendige Wirksamkeit des Worts, als Individuum, fällt für den Begriff weg, dem es an einem solchen Ausdrucke fehlt. Dem Verstandesact, welcher die Einheit des Begriffes[27] hervorbringt, entspricht, als sinnliches Zeichen, die des Worts, und beide müssen einander im Denken durch Rede möglichst nahe begleiten. Denn wie die Stärke der Reflexion Trennung und Individualisirung der Töne durch Articulation hervorbringt, so muss diese wieder trennend und individualisirend auf den Gedankenstoff zurückwirken, und es ihm möglich machen, vom Ungeschiedenen ausgehend, und zum Ungeschiedenen, der absoluten Einheit, hinstrebend, diesen Weg durch Trennung zurückzulegen.

17. Das Denken ist aber nicht bloss abhängig von der Sprache überhaupt, sondern, bis auf einen gewissen Grad, auch von jeder einzelnen bestimmten. Man hat zwar die Wörter der verschiedenen Sprachen mit allgemein gültigen Zeichen vertauschen wollen, wie dieselben die Mathematik in den Linien, Zahlen, und der Buchstabenrechnung besitzt. Allein es lässt sich damit nur ein kleiner Theil der Masse des Denkbaren erschöpfen, da diese Zeichen, ihrer Natur nach, nur auf solche Begriffe passen, welche durch blosse Construction erzeugt werden können, oder sonst rein | durch den Verstand gebildet sind. Wo aber der Stoff innerer Wahrnehmung, und Empfindung zu Begriffen gestempelt werden soll, da kommt es auf das individuelle Vorstellungsvermögen des Men-

schen an, von dem seine Sprache unzertrennlich ist. Alle Versuche, in die Mitte der verschiedenen einzelnen allgemeine Zeichen für das Auge, oder das Ohr zu stellen, sind nur abgekürzte Uebersetzungsmethoden, und es wäre ein thörichter Wahn, sich einzubilden, dass man dadurch, ich sage nicht, aus aller Sprache, sondern auch nur aus dem bestimmten und beschränkten Kreise seiner eigenen hinausträte.[28] Es lässt sich zwar allerdings ein solcher Mittelpunkt aller Sprachen suchen, und wirklich finden, und es ist nothwendig, ihn, auch bei dem vergleichenden Sprachstudium, sowohl dem grammatischen, als lexicalischen Theile, nicht aus den Augen zu verlieren. Denn in beiden giebt es eine Anzahl von Dingen, welche ganz *a priori* bestimmt, und von allen Bedingungen einer besondren Sprache getrennt werden können.[29] Dagegen giebt es eine weit grössere Menge von Begriffen, und auch grammatischen Eigenheiten, die so unlösbar in die Individualität ihrer Sprache verwebt sind, dass sie weder am blossen Faden der inneren Wahrnehmung zwischen allen schwebend erhalten, noch, ohne Umänderung, in eine andre übertragen werden können. Ein sehr bedeutender Theil des Inhalts jeder Sprache | steht daher in so unbezweifelter Abhängigkeit von ihr, dass ihr Ausdruck für ihn nicht mehr gleichgültig bleiben kann.

18. Das Wort, welches den Begriff erst zu einem Individuum der Gedankenwelt macht, fügt zu ihm bedeutend von dem Seinigen hinzu, und indem die Idee durch dasselbe Bestimmtheit empfängt, wird sie zugleich in gewissen Schranken gefangen gehalten. Aus seinem Laute, seiner Verwandtschaft mit andren Wörtern ähnlicher Bedeutung, dem meistentheils in ihm zugleich enthaltenen Uebergangsbegriff zu dem neu bezeichneten Gegenstande, welchem man es aneignet, und seinen Nebenbeziehungen auf die Wahrnehmung, oder Empfindung entsteht ein bestimmter Eindruck,[30] und indem dieser zur Gewohnheit wird, trägt er ein neues Moment zur Individualisirung des in sich unbestimmteren, aber auch freieren Begriffs hinzu. Denn an jedes irgend bedeutendere Wort knüpfen sich die nach und nach durch dasselbe angeregten Empfindungen, die gelegentlich hervorgebrachten Anschauungen und Vorstellungen, und verschiedene Wörter zusammen bleiben sich auch in den Verhältnissen der Grade gleich, in welchen sie einwirken. So wie ein Wort ein Object zur Vorstellung

bringt, schlägt es auch, obschon oft unmerklich, eine, zugleich seiner Natur, und der des Objects entsprechende Empfindung an, und die ununterbrochene Gedankenreihe im Menschen ist von einer ebenso ununterbrochenen Empfindungsfolge begleitet, die allerdings durch die vorgestellten Objecte, allein zunächst, und dem Grade, und der Farbe nach, durch die Natur der Wörter, und der Sprache bestimmt wird. Das Object, dessen Erscheinung im | Gemüth immer ein durch die Sprache individualisirter, stets gleichmässig wiederkehrender Eindruck begleitet, wird auch in sich auf eine dadurch modificirte Art vorgestellt. Im Einzelnen ist dies wenig bemerkbar, aber die Macht der Wirkung im Ganzen liegt in der Gleichmässigkeit, und beständigen Wiederkehr des Eindrucks. Denn indem sich der Charakter der Sprache an jeden Ausdruck, und jede Verbindung von Ausdrücken heftet, erhält die ganze Masse der Vorstellungen eine von ihm herrührende Farbe.

19. Die Sprache ist aber kein freies Erzeugniss des einzelnen Menschen, sondern gehört immer der ganzen Nation an; auch in dieser empfangen die späteren Generationen dieselbe von früher da gewesenen Geschlechtern. Dadurch dass sich in ihr die Vorstellungsweise aller Alter, Geschlechte, Stände, Charakter- und Geistesverschiedenheiten desselben Völkerstamms, dann, durch den Uebergang von Wörtern und Sprachen, verschiedener Nationen, endlich, bei zunehmender Gemeinschaft, des ganzen Menschengeschlechts mischt, läutert, und umgestaltet, wird die Sprache der grosse Uebergangspunkt von der Subjectivität zur Objectivität,[31] von der immer beschränkten Individualität zu Alles zugleich in sich befassendem Daseyn. Erfindung nie vorher vernommener Lautzeichen lässt sich nur bei dem, über alle menschliche Erfahrung hinausgehenden Ursprung der Sprachen denken. Wo der Mensch irgend bedeutsame Laute überliefert erhalten hat, bildet er seine Sprache an sie an, und baut nach der durch sie gegebenen Analogie seine Mundart aus. Dies liegt in dem Bedürfniss, sich verständlich zu machen, in dem durchgängigen Zusammenhange aller Theile und Elemente jeder Sprache, und aller Sprachen unter einander, und in der Einerleiheit des Sprachvermögens. Es | ist auch, selbst für die grammatische Spracherklärung, wichtig, fest im Auge zu behalten, dass die Stämme, welche die auf uns gekommenen Sprachen bildeten, nicht leicht zu erfinden, aber da, wo sie

selbstthätig wirkten, das von ihnen Vorgefundene zu vertheilen und anzuwenden hatten. Von vielen feinen Nuancen grammatischer Formen lässt sich nur dadurch Rechenschaft geben. Man würde schwerlich verschiedene Bezeichnungen für sie erfunden haben; dagegen war es natürlich, die schon vorhandenen verschiedenen nicht gleichgültig zu gebrauchen. Die Hauptelemente der Sprache, die Wörter, sind es vorzüglich, die von Nation zu Nation überwandern. Den grammatischen Formen wird dies schwerer, da sie, von feinerer intellectueller Natur, mehr in dem Verstande ihren Sitz haben, als materiell, und sich selbst erklärend, an den Lauten haften. Zwischen den ewig wechslenden Geschlechten der Menschen, und der Welt der darzustellenden Objecte stehen daher eine unendliche Anzahl von Wörtern, die man, wenn sie auch ursprünglich nach Gesetzen der Freiheit erzeugt sind, und immerfort auf diese Weise gebraucht werden, ebensowohl, als die Menschen und Objecte, als selbstständige, nur geschichtlich erklärbare, nach und nach durch die vereinte Kraft der Natur, der Menschen, und Ereignisse entstandene Wesen ansehen kann. Ihre Reihe erstreckt sich so weit in das Dunkel der Vorwelt hinaus, dass sich der Anfang nicht mehr bestimmen lässt; ihre Verzweigung umfasst das ganze Menschengeschlecht, so weit je Verbindung unter demselben gewesen ist; ihr Fortwirken, und ihre Forterzeugung könnte nur dann einen Endpunkt finden, wenn alle jetzt lebende Geschlechter vertilgt, und alle Fäden der Ueberlieferung auf einmal abgeschnitten würden. Indem nun die Nationen sich dieser, schon vor ihnen vorhandenen Sprachelemente bedienen, indem diese ihre Natur der Darstellung der Objecte beimischen, ist der Ausdruck nicht gleichgültig, und der Begriff nicht von der Sprache unabhängig. Der durch die Sprache be- | dingte Mensch wirkt aber wieder auf sie zurück, und jede besondre ist daher das Resultat drei verschiedner, zusammentreffender Wirkungen, der realen Natur der Objecte, insofern sie den Eindruck auf das Gemüth hervorbringt, der subjectiven der Nation, und der eigenthümlichen der Sprache durch den fremden ihr beigemischten Grundstoff, und durch die Kraft, mit der alles einmal in sie Uebergegangene, wenn auch ursprünglich ganz frei geschaffen, nur in gewissen Gränzen der Analogie Fortbildung erlaubt. |

20. Durch die gegenseitige Abhängigkeit des Gedankens, und des

Wortes von einander leuchtet es klar ein, dass die Sprachen nicht eigentlich Mittel sind, die schon erkannte Wahrheit darzustellen, sondern weit mehr, die vorher unerkannte zu entdecken. Ihre Verschiedenheit ist nicht eine von Schällen und Zeichen, sondern eine Verschiedenheit der Weltansichten selbst. Hierin ist der Grund, und der letzte Zweck aller Sprachuntersuchung enthalten. Die Summe des Erkennbaren liegt, als das von dem menschlichen Geiste zu bearbeitende Feld, zwischen allen Sprachen, und unabhängig von ihnen, in der Mitte; der Mensch kann sich diesem rein objectiven Gebiet nicht anders, als nach seiner Erkennungs- und Empfindungsweise, also auf einem subjectiven Wege, nähern. Gerade da, wo die Forschung die höchsten und tiefsten Punkte berührt, findet sich der von jeder besonderen Eigenthümlichkeit am leichtesten zu trennende mechanische und logische Verstandesgebrauch am Ende seiner Wirksamkeit, und es tritt ein Verfahren der inneren Wahrnehmung und Schöpfung ein, von dem bloss soviel deutlich wird, dass die objective Wahrheit aus der ganzen Kraft der subjectiven Individualität hervorgeht. Dies ist nur mit und durch Sprache möglich. Die Sprache aber ist, als ein Werk der Nation, und der Vorzeit, für den Menschen etwas Fremdes; er ist dadurch auf der einen Seite gebunden, aber auf der andren durch das von allen früheren Geschlechten in sie Gelegte bereichert, erkräftigt, und angeregt. Indem sie dem Erkennbaren, als subjectiv, entgegensteht, tritt sie dem Menschen, als objectiv, gegenüber. Denn jede ist ein Anklang der allgemeinen Natur des Menschen, und wenn zwar auch der Inbegriff aller zu keiner Zeit ein vollständiger Abdruck der Subjectivität der Menschheit werden kann, nähern sich die Sprachen doch immerfort diesem Ziele. Die Subjectivität der ganzen Menschheit wird aber wieder in sich zu etwas Objectivem. Die ursprüngliche Uebereinstimmung zwischen der Welt und dem Menschen, auf welcher die Möglichkeit aller Erkenntniss der Wahr- | heit beruht, wird also auch auf dem Weg der Erscheinung stückweise und fortschreitend wiedergewonnen. Denn immer bleibt das Objective das eigentlich zu Erringende, und wenn der Mensch sich demselben auf der subjectiven Bahn einer eigenthümlichen Sprache naht, so ist sein zweites Bemühen, wieder, und wäre es auch nur durch Vertauschung einer SprachSubjectivität mit der andren, das Subjective abzusondern, und das Object möglich rein davon auszuscheiden.

21. Vergleicht man in mehreren Sprachen die Ausdrücke für unsinnliche Gegenstände, so wird man nur diejenigen gleichbedeutend finden, die, weil sie rein construirbar sind, nicht mehr, und nichts anders enthalten können, als in sie gelegt worden ist. | Alle übrigen schneiden das in ihrer Mitte liegende Gebiet, wenn man das durch sie bezeichnete Object so benennen kann, auf verschiedene Weise ein und ab, enthalten weniger und mehr, andre und andre Bestimmungen. Die Ausdrücke sinnlicher Gegenstände sind wohl insofern gleichbedeutend, als bei allen derselbe Gegenstand gedacht wird, aber da sie die bestimmte Art ihn vorzustellen ausdrücken, so geht ihre Bedeutung darin gleichfalls auseinander. Denn die Einwirkung der individuellen Ansicht des Gegenstandes auf die Bildung des Wortes bestimmt, solange sie lebendig bleibt, auch diejenige, wie das Wort den Gegenstand zurückruft. Eine grosse Menge von Wörtern entspringt aber aus der Verbindung sinnlicher und unsinnlicher Ausdrücke, oder aus der intellectuellen Bearbeitung jener, und alle diese theilen daher das sich nicht so wieder findende individuelle Gepräge der letzteren, wenn auch das der ersteren sollte im Laufe der Zeit erloschen seyn. Denn da die Sprache zugleich Abbild und Zeichen,[32] nicht ganz Product des Eindrucks der Gegenstände, und nicht ganz Erzeugniss der Willkühr der Redenden ist, so tragen alle besondren in jedem ihrer Elemente Spuren der ersteren dieser Eigenschaften, aber die jedesmalige Erkennbarkeit dieser Spuren beruht, ausser ihrer eigenen Deutlichkeit, auf der Stimmung des Gemüths, das Wort mehr als Abbild, oder mehr als Zeichen nehmen zu wollen. Denn das Gemüth kann, vermöge der Kraft der Abstraction, zu dem letzteren gelangen, es kann aber auch, indem es alle Pforten seiner Empfänglichkeit öfnet, die volle Einwirkung des eigenthümlichen Stoffes der Sprache aufnehmen. Der Redende kann durch seine Behandlung zu dem einen, und dem andren die Richtung geben, und der Gebrauch eines dichterischen, der Prosa fremden Ausdrucks hat oft keine andre Wirkung, als das Gemüth zu stimmen, ja nicht die Sprache, als Zeichen anzusehen, sondern sich ihr in ihrer ganzen Eigenthümlichkeit hinzugeben. Will man diesen zwiefachen Gebrauch der Sprache in Gattungen einander gegenüberstellen, welche ihn schärfer trennen, als er es in der Wirklichkeit seyn kann, so lässt sich der eine der wissenschaftli-

che, der andre der rednerische nennen. Der erstere ist zugleich der der Geschäfte, der letztere der des Lebens in seinen natürlichen Verhältnissen. Denn der freie Umgang löst die Bande, welche die Empfänglichkeit des Gemüths gefesselt halten könnten. Der wissenschaftliche Gebrauch, im hier angenommenen Sinne, ist nur auf die Wissenschaften der reinen GedankenConstruction, | und auf gewisse Theile und Behandlungsarten der Erfahrungswissenschaften anwendbar; bei jeder Erkenntniss, welche die ungetheilten Kräfte des Menschen fordert, tritt der rednerische ein. Von dieser Art der Erkenntniss aber fliesst gerade auf alle übrigen erst Licht und Wärme[33] über; nur auf ihr beruht das Fortschreiten in allgemeiner geistiger Bildung, und eine Nation, welche nicht den Mittelpunkt der ihrigen in Poesie, Philosophie und Geschichte, die dieser Erkenntniss angehören, sucht und findet, entbehrt bald der wohlthätigen Rückwirkung der Sprache, weil sie, durch ihre eigne Schuld, sie nicht mehr mit dem Stoffe nährt, der allein ihr Jugend und Kraft, Glanz und Schönheit erhalten kann. In diesem Gebiet ist der eigentliche Sitz der Beredsamkeit, wenn man nemlich darunter, in der weitumfassendsten, und nicht gerade gewöhnlichen Bedeutung, die Behandlung der Sprache insofern versteht, als sie entweder von selbst wesentlich auf die Darstellung der Objecte einwirkt, oder absichtlich dazu gebraucht wird.[34] In dieser letzteren Art kann die Beredsamkeit auch, mit Recht, oder Unrecht, in den wissenschaftlichen, und den Geschäftsgebrauch übergehen. Der wissenschaftliche Gebrauch der Sprache muss wiederum von dem conventionellen geschieden werden. Beide gehören insofern in Eine Classe, als sie, die eigenthümliche Wirkung der Sprache, als eines selbstständigen Stoffes, vertilgend, dieselbe nur als Zeichen ansehen wollen. Aber der wissenschaftliche Gebrauch thut dies auf dem Felde, wo es statthaft ist, und bewirkt es, indem er jede Subjectivität von dem Ausdruck abzuschneiden, oder vielmehr das Gemüth ganz objectiv zu stimmen versucht, und der ruhige und vernünftige Geschäftsgebrauch folgt ihm hierin nach; der conventionelle Gebrauch versetzt diese Behandlung der Sprache auf ein Feld, das der Freiheit der Empfänglichkeit bedürfte, drängt dem Ausdruck eine, nach Grad und Farbe bestimmte Subjectivität auf, und versucht es, das Gemüth in die gleiche zu versetzen. So geht er hernach auf das Gebiet des rednerischen über, und bringt entartete Beredsamkeit und Dichtung hervor. Es giebt Nationen, welche, nach der Individualität ihres Charakters, den einen, oder andren dieser falschen Wege einschlagen, oder dieser richtigen einseitig verfolgen; es giebt solche, die ihre Sprache mehr, oder minder glücklich be- | handeln; und wenn das Schicksal es fügt, dass ein, dem Gemüthe, Ohr und Ton nach, vorzugsweise für Rede und Gesang gestimmtes Volk gerade in den entscheidenden Congelationspunkt des Organismus einer Mundart eintritt, so entstehen herrliche, und durch alle Zeit hin bewunderte Sprachen. Nur durch einen solchen glücklichen Wurf kann man das Hervorgehen der Griechischen erklären.

22. Diesen letzten und wesentlichsten Anwendungen der Sprache kann der ursprüngliche Organismus derselben nicht fremd seyn. In ihm liegt der erste Keim zur folgenden Ausbildung, und die beiden, im Vorigen geschiedenen Theile des vergleichenden Sprachstudiums finden hier ihre Verbindung. Aus der Erforschung der Grammatik, und des Wortvorrathes aller Nationen, soweit Hülfsmittel dazu vorhanden sind, und aus der Prüfung der schriftlichen Denkmale der gebildeten muss die Art, und der Grad der Ideenerzeugung, zu welcher die menschlichen Sprachen gelangt sind, und in ihrem Baue der Einfluss ihrer verschiedenen Eigenschaften auf ihre letzte Vollendung zusammenhängend und lichtvoll dargestellt werden. |

23. Es ist hier nur meine Absicht gewesen, das Feld der vergleichenden Sprachuntersuchungen im Ganzen zu überschlagen, ihr Ziel festzustellen, und zu zeigen, dass, um es zu erreichen, der Ursprung und die Vollendung der Sprachen zusammengenommen werden muss. Nur auf diesem Wege können diese Forschungen dahin führen, die Sprachen immer weniger als willkührliche Zeichen anzusehen, und, auf eine, tiefer in das geistige Leben ein- | greifende Weise, in der Eigenthümlichkeit ihres Baues Hülfsmittel zur Erforschung und Erkennung der Wahrheit, und Bildung der Gesinnung, und des Charakters aufzusuchen. Denn wenn in den, zu höherer Ausbildung gediehenen Sprachen eigne Weltansichten liegen, so muss es ein Verhältniss dieser nicht nur zu einander, sondern auch zur Totalität aller denkbaren geben. Es ist alsdann mit den Sprachen, wie mit den Charakteren der Menschen selbst, oder um einen einfacheren Gegenstand zur Vergleichung zu wählen,

wie mit den Götteridealen der bildenden Kunst, in welchen sich Totalität aufsuchen, und ein geschlossener Kreis bilden lässt, da jedes das allgemeine, als gleichzeitiger Inbegriff aller Erhabenheiten nicht individualisirbare Ideal von Einer bestimmten Seite darstellt.[35] Dass dies je in irgend einer Gattung der Vorzüge rein vorhanden wäre, darf man allerdings nicht wähnen, und man würde der Wirklichkeit nur Gewalt anthun, wenn man Charakter- oder Sprachverschiedenheiten historisch so darstellen wollte. Allein die Anlagen und nur nicht rein durchgeführten Richtungen sind vorhanden, und es lässt sich weder bei Menschen und Nationen, noch bei Sprachen eine Charakterbildung (die nicht Unterwerfung der Aeusserungen unter ein Gesetz, sondern Annäherung des Wesens an ein Ideal ist) denken, als wenn man sich auf einer Bahn begriffen ansieht, deren, durch die Vorstellung des Ideals gegebene Richtung bestimmte andre, erst alle Seiten desselben erschöpfende voraussetzt. Der Zustand der Nationen, auf welchen dies in ihren Sprachen Anwendung finden kann, ist der höchste und letzte, zu welchem Verschiedenheit der Völkerstämme führen kann; er setzt verhältnissmässig grosse Menschenmassen voraus, weil die Sprachen diese erfordern, um sich zu ihrer Vollendung zu erheben. Ihm zum Grunde liegt der niedrigste, von dem wir ausgiengen, der aus der unvermeidlichen Zerstückelung und Verzweigung des Menschengeschlechts entsteht, und dem die Sprachen ihren Ursprung schuldig sind; dieser setzt viele und kleine Menschenmassen voraus, weil das Entstehen der Sprachen in diesen leichter ist, und viele sich mischen und zusammenfliessen müssen, wenn reiche und bildsame hervorgehen sollen. In beiden | vereinigt sich, was in der ganzen Oeconomie des Menschengeschlechts auf Erden gefunden wird, dass der Ursprung in Naturnothwendigkeit und physischem Bedürfniss liegt, aber in der fortschreitenden Entwicklung beide den höchsten geistigen Zwecken dienen.[36]

2. Ueber die Aufgabe des Geschichtschreibers*
[IV: 35–56]

Die Aufgabe des Geschichtschreibers ist die Darstellung des Geschehenen. Je reiner und vollständiger ihm diese gelingt, desto vollkommener hat er jene gelöst. Die einfache Darstellung ist zugleich die erste, unerlassliche Forderung seines Geschäfts, und das Höchste, was er zu leisten vermag. Von dieser Seite betrachtet, scheint er nur auffassend und wiedergebend, nicht selbstthätig und schöpferisch.

Das Geschehene aber ist nur zum Theil in der Sinnenwelt sichtbar, das Uebrige muss hinzu empfunden, geschlossen, errathen werden. Was davon erscheint, ist zerstreut, abgerissen, vereinzelt; was dies Stückwerk verbindet, das Einzelne in sein wahres Licht stellt, dem Ganzen Gestalt giebt, bleibt der unmittelbaren Beobachtung entrückt. Sie kann nur die einander begleitenden, und auf einander folgenden Umstände wahrnehmen, nicht den innern ursachlichen Zusammenhang selbst, auf dem doch allein auch die innere Wahrheit beruht. Wenn man die unbedeutendste Thatsache zu erzählen versucht, aber streng nur | das sagen will, was sich wirklich zugetragen hat, so bemerkt man bald, wie, ohne die höchste Vorsicht im Wählen und Abmessen der Ausdrücke, sich überall kleine Bestimmungen über das Vorgegangene hinaus einmischen, woraus Falschheiten, oder Unsicherheiten entstehen. Selbst die Sprache trägt dazu bei, da ihr, die aus der ganzen Fülle des Gemüths quillt, oft Ausdrücke fehlen, die von allen Nebenbegriffen frei sind. Daher ist nichts so selten, als eine buchstäblich wahre Erzählung, nichts so sehr der Beweis eines gesunden, wohlgeordneten, rein absondernden Kopfes, und einer freien, objectiven Gemüthsstimmung;[1] daher gleicht die historische Wahrheit gewissermassen den Wolken, die erst in der Ferne vor den Augen Gestalt erhalten;[2] und daher sind die Thatsachen der Geschichte

---

* Vorgelesen den 12. April 1821.

in ihren einzelnen verknüpfenden Umständen wenig mehr, als die Resultate der Ueberlieferung und Forschung, die man übereingekommen ist, für wahr anzunehmen, weil sie, am meisten wahrscheinlich in sich, auch am besten in den Zusammenhang des Ganzen passen.

Mit der nackten Absonderung des wirklich Geschehenen ist aber noch kaum das Gerippe der Begebenheit[3] gewonnen. Was man durch sie erhält, ist die nothwendige Grundlage der Geschichte, der Stoff zu derselben, aber nicht die Geschichte selbst. Dabei stehen bleiben, hiesse die eigentliche, innere, in dem ursachlichen Zusammenhang gegründete Wahrheit einer äusseren, buchstäblichen, scheinbaren aufopfern, gewissen Irrthum wählen, um noch ungewisser Gefahr des Irrthums zu entgehen. Die Wahrheit alles Geschehenen beruht auf dem Hinzukommen jenes oben erwähnten unsichtbaren Theils jeder Thatsache, und diesen muss daher der Geschichtschreiber hinzufügen. Von dieser Seite betrachtet, ist er selbstthätig, und sogar schöpferisch, zwar nicht indem er hervorbringt, was nicht vorhanden ist, aber indem er aus eigner Kraft bildet, was er, wie es wirklich ist, nicht mit blosser Empfänglichkeit wahrnehmen konnte. Auf verschiedene Weise, aber ebensowohl, als der Dichter, muss er das zerstreut Gesammelte in sich zu einem Ganzen verarbeiten.

Es mag bedenklich scheinen, die Gebiete des Geschichtschreibers und Dichters sich auch nur in Einem Punkte berühren zu lassen. | Allein die Wirksamkeit beider ist unläugbar eine verwandte. Denn wenn der erstere, nach dem Vorigen, die Wahrheit des Geschehenen durch die Darstellung nicht anders erreicht, als indem er das Unvollständige und Zerstückelte der unmittelbaren Beobachtung ergänzt und verknüpft, so kann er dies, wie der Dichter, nur durch die Phantasie. Da er aber diese der Erfahrung und der Ergründung der Wirklichkeit unterordnet, so liegt darin der, jede Gefahr aufhebende Unterschied. Sie wirkt in dieser Unterordnung nicht als reine Phantasie, und heisst darum richtiger Ahndungsvermögen und Verknüpfungsgabe. Doch wäre hiermit allein der Geschichte noch ein zu niedriger Standpunkt angewiesen. Die Wahrheit des Geschehenen scheint wohl einfach, ist aber das Höchste, was gedacht werden kann. Denn wenn sie ganz errungen würde, so läge in ihr enthüllt, was alles Wirkliche, als eine nothwendige Kette, bedingt. Nach dem Nothwendigen muss daher auch der Geschichtschreiber streben, nicht den Stoff, wie der Dichter, unter die Herrschaft der Form der Nothwendigkeit geben, aber die Ideen, welche ihre Gesetze sind, unverrückt im Geiste behalten, weil er, nur von ihnen durchdrungen, ihre Spur bei der reinen Erforschung des Wirklichen in seiner Wirklichkeit finden kann.

Der Geschichtschreiber umfasst alle Fäden irrdischen Wirkens und alle Gepräge überirrdischer Ideen; die Summe des Daseyns ist, näher oder entfernter, der Gegenstand seiner Bearbeitung, und er muss daher auch alle Richtungen des Geistes verfolgen. Speculation, Erfahrung und Dichtung sind aber nicht abgesonderte, einander entgegengesetzte und beschränkende Thätigkeiten des Geistes, sondern verschiedne Strahlseiten derselben.

Zwei Wege also müssen zugleich eingeschlagen werden, sich der historischen Wahrheit zu nähern, die genaue, partheilose, kritische Ergründung des Geschehenen, und das Verbinden des Erforschten, das Ahnden des durch jene Mittel nicht Erreichbaren. Wer nur dem ersten dieser Wege folgt, verfehlt das Wesen der Wahrheit selbst, wer dagegen gerade diesen über dem zweiten vernachlässigt, läuft Gefahr sie im Einzelnen zu verfälschen. Auch die schlichte Naturbeschreibung kommt nicht aus mit der Herzählung und Schilderung der Theile, dem Messen der Seiten und Winkel, es liegt noch ein lebendiger Hauch auf dem Ganzen, es spricht ein innrer Charakter aus ihm, die sich beide nicht messen, nicht bloss beschreiben lassen. Auch sie wird zu dem zweiten Mittel zurückgedrängt, welches für sie die Vorstellung der Form des allgemeinen und individuellen Daseyns der Naturkörper ist.[4] Es soll, auch in der Geschichte, durch jenen zweiten Weg nichts Einzelnes gefunden, noch weniger etwas hinzugedichtet werden. Der Geist soll nur dadurch, dass er sich die Form alles Geschehenden zu eigen macht, den wirklich erforschbaren Stoff besser verstehen, mehr in ihm erkennen lernen, als es die blosse Verstandesoperation vermag. Auf diese Assimilation der forschenden Kraft und des zu erforschenden Gegenstandes kommt allein alles an. Je tiefer der Geschichtsforscher die Menschheit und ihr Wirken durch Genie und Studium begreift, oder je menschlicher er durch Natur und Umstände gestimmt ist, und je reiner er seine Menschlichkeit walten lässt, desto vollständiger löst er die Aufgabe seines Geschäfts. Dies beweisen die Chroniken. Bei vielen entstellten Thatsachen, und manchen sichtbaren Mährchen kann den guten unter ihnen niemand einen Grund gerade der ächtesten historischen Wahrheit absprechen. An sie schliessen sich die älteren unter den sogenannten Memoiren an, obgleich die enge Beziehung auf das Individuum in ihnen schon oft der allgemeinen auf die Menschheit Eintrag thut, den die Geschichte, auch bei Bearbeitung eines einzelnen Punktes, fordert.

Ausserdem dass die Geschichte, wie jede wissenschaftliche Beschäftigung, vielen untergeordneten Zwecken dient, ist ihre Bearbeitung nicht weniger, als Philosophie und Dichtung, eine freie, in sich vollendete Kunst. Das ungeheure Gewühl der sich drängenden Weltbegebenheiten, zum Theil hervorgehend aus der Beschaffenheit des Erdbodens, der Natur der Menschheit, dem | Charakter der Nationen und Individuen, zum Theil wie aus dem Nichts entsprungen, und wie durch ein Wunder gepflanzt, abhängig von dunkel geahndeten Kräften, und sichtbar durchwaltet von ewigen, tief in der Brust des Menschen gewurzelten Ideen, ist ein Unendliches, das der Geist niemals in Eine Form zu bringen vermag, das ihn aber immer reizt, es zu versuchen, und ihm Stärke giebt, es theilweise zu vollenden. Wie die Philosophie nach dem ersten Grunde der Dinge, die Kunst nach dem Ideale der Schönheit, so strebt die Geschichte nach dem Bilde des Menschenschicksals in treuer Wahrheit, lebendiger Fülle, und reiner Klarheit, von einem dergestalt auf den Gegenstand gerichteten Gemüth empfunden, dass sich die Ansichten, Gefühle, und Ansprüche der Persönlichkeit darin verlieren und auflösen. Diese Stimmung hervorzubringen und zu nähren, ist der letzte Zweck des Geschichtschreibers, den er aber nur dann erreicht, wenn er seinen nächsten, die einfache Darstellung des Geschehenen, mit gewissenhafter Treue verfolgt.

Denn der Sinn für die Wirklichkeit ist es, den er zu wecken, und zu beleben bestimmt ist, und sein Geschäft wird subjectiv durch die Entwicklung dieses Begriffs, so wie objectiv durch den der Darstellung umschrieben. Jede geistige Bestrebung, wodurch auf den ganzen Menschen gewirkt wird, besitzt etwas, das man ihr Element, ihre wirkende Kraft, das Geheimniss ihres Einflusses auf den Geist nennen kann, und was von den Gegenständen, die sie in ihren Kreis zieht, so sichtbar verschieden ist, dass sie oft nur dienen, dieses auf neue und veränderte Weise vor das Gemüth zu bringen. In der Mathematik ist dies die Isolirung auf Zahl und Linie, in der Metaphysik die Abstraction von aller Erfahrung, in der Kunst die wundervolle Behandlung der Natur, dass Alles aus ihr genommen scheint, und doch nichts auf gleiche Weise in ihr gefunden wird. Das Element, worin sich die Geschichte bewegt, ist der Sinn für die Wirklichkeit, und in ihm liegen das Gefühl der Flüchtigkeit des Daseyns in der Zeit, und der Abhängigkeit von vorhergegangenen und begleitenden Ursachen, dagegen das Bewusstseyn der innern geistigen Freiheit, | und das Erkennen der Vernunft, dass die Wirklichkeit, ihrer scheinbaren Zufälligkeit ungeachtet, dennoch durch innere Nothwendigkeit gebunden ist. Wenn man im Geist auch nur Ein Menschenleben durchläuft, wird man von diesen verschiednen Momenten, durch welche die Geschichte anregt und fesselt, ergriffen, und der Geschichtschreiber muss, um die Aufgabe seines Geschäftes zu lösen, die Begebenheiten so zusammenstellen, dass sie das Gemüth auf ähnliche Weise, als die Wirklichkeit selbst, bewegen.

Von dieser Seite ist die Geschichte dem handlenden Leben verwandt. Sie dient nicht sowohl durch einzelne Beispiele des zu Befolgenden, oder Verhütenden, die oft irre führen, und selten belehren. Ihr wahrer und unermesslicher Nutzen ist es, mehr durch die Form, die an den Begebenheiten hängt, als durch sie selbst, den Sinn für die Behandlung der Wirklichkeit zu beleben, und zu läutern, zu verhindern, dass er nicht in das Gebiet blosser Ideen überschweife, und ihn doch durch Ideen zu regieren, auf dieser schmalen Mittelbahn aber dem Gemüth gegenwärtig zu erhalten, dass es kein andres erfolgreiches Eingreifen in den Drang der Begebenheiten giebt, als mit hellem Blick das Wahre in der jedesmal herrschenden Ideenrichtung zu erkennen, und sich mit festem Sinn daran anzuschliessen.

Diese innere Wirkung muss die Geschichte immer hervorbringen, was auch ihr Gegenstand seyn möge, ob sie ein zusammenhängendes Gewebe von Begebenheiten, oder eine einzelne | erzähle. Der Geschichtschreiber, der dieses Namens würdig ist, muss jede Begebenheit als Theil eines Ganzen, oder, was dasselbe ist, an jeder die Form der Geschichte überhaupt darstellen.

Dies führt auf die genauere Entwicklung des Begriffs der von ihm geforderten Darstellung. Das Gewebe der Begebenheiten liegt in scheinbarer Verwirrung, nur chronologisch und geographisch gesondert, vor ihm da. Er muss das Nothwendige vom Zufälligen trennen, die innere Folge aufdecken, die wahrhaft wirkenden Kräfte sichtbar machen, um seiner Darstellung die Gestalt zu geben, auf der nicht etwa ein eingebildeter, oder entbehrlicher philosophischer Werth, oder ein dichterischer Reiz derselben, sondern ihr erstes und wesentlichstes Erforderniss, ihre Wahrheit und Treue beruht. Denn man erkennt die Begebenheiten nur halb, oder entstellt, wenn man bei ihrer oberflächlichen Erscheinung stehen bleibt; ja der gewöhnliche Beobachter mischt ihnen alle Augenblicke Irrthümer und Falschheiten bei. Diese werden nur durch die wahre Gestalt verscheucht, die sich allein dem von Natur glücklichen, und durch Studium und Uebung geschärften Blick des Geschichtforschers enthüllt. Wie hat er es nun anzufangen, um hierin glücklich zu seyn?

Die historische Darstellung ist, wie die künstlerische, Nachahmung der Natur. Die Grundlage von beiden ist das Erkennen der wahren Gestalt, das Herausfinden des Nothwendigen, die Absonderung des Zufälligen. Es darf uns daher nicht gereuen, das leichter erkennbare Verfahren des Künstlers auf das mehr Zweifeln unterworfne des Geschichtschreibers anzuwenden.

Die Nachahmung der organischen Gestalt kann auf einem doppelten Wege geschehen; durch unmittelbares Nachbilden der äusseren Umrisse, so genau Auge und Hand es vermögen, oder von innen heraus, durch vorhergängiges Studium der Art, wie die äusseren Umrisse aus dem Begriff und der Form des Ganzen entstehen, durch die Abstrahirung ihrer Verhältnisse, durch eine Arbeit, vermittelst welcher die Gestalt erst ganz anders, als | der unkünstlerische Blick sie wahrnimmt, erkannt, dann von der Einbildungskraft dergestalt aufs neue gebohren wird, dass sie, neben der buchstäblichen Uebereinstimmung mit der Natur, noch eine andre höhere Wahrheit in sich trägt. Denn der grössteste Vorzug des Kunstwerks ist, die in der wirklichen Erscheinung verdunkelte, innere Wahrheit der Gestalten offenbar zu machen. Die beiden eben genannten Wege sind durch alle Zeiten und alle Gattungen hindurch die Kriterien der falschen und ächten Kunst. Es giebt zwei, der

Zeit und der Lage nach, sehr weit von einander entfernte Völker, die aber beide für uns Anfangspunkte der Cultur bezeichnen, die Aegyptier und Mexicaner, an welchen dieser Unterschied überaus sichtbar ist. Man hat, und mit Recht, mehrfache Aehnlichkeiten zwischen beiden gezeigt, beide mussten über die furchtbare Klippe aller Kunst hinweg, dass sie das Bild zum Schriftzeichen gebrauchten, und in den Zeichnungen der letzteren findet sich auch nicht Eine richtige Ansicht der Gestalt, da bei den ersteren in der unbedeutendsten Hieroglyphe Stil ist.* Sehr natürlich. In den Mexicanischen Zeichnungen ist kaum eine Spur von Erahndung innrer Form, oder Kenntniss organischen | Baues, alles geht also auf Nachahmung der äussren Gestalt hinaus. Nun aber muss der Versuch des Verfolgens der äusseren Umrisse der unvollkommenen Kunst gänzlich mislingen, und alsdann zur Verzerrung führen, da hingegen das Aufsuchen des Verhältnisses und Ebenmasses auch aus der Unbehülflichkeit der Hand und der Werkzeuge hervorleuchtet.

Wenn man den Umriss der Gestalt von innen heraus verstehen will, muss man auf die Form überhaupt, und auf das Wesen des Organismus zurückgehn, also auf Mathematik und Naturkunde. Die-

---

* Es kam hier nur darauf an, das über die Kunst Gesagte mit einem Beispiele zu belegen; ich bin daher weit entfernt, hierdurch ein entscheidendes Urtheil über die Mexicaner zu fällen. Es giebt sogar Bildwerke von ihnen, wie der von meinem Bruder mitgebrachte Kopf im hiesigen Königlichen Museum, welche ein günstigeres Zeugniss über ihre Kunstfertigkeit fällen lassen. Wenn man bedenkt, wie wenig hoch hinauf unsre Kenntniss der Mexicaner geht, und welches geringe Alter die Gemälde haben, die wir kennen, so wäre es sehr gewagt, ihre Kunst nach demjenigen zu beurtheilen, was sehr leicht aus den Zeiten ihres äussersten Verfalls herrühren kann. Dass Ausgeburten der Kunst sogar neben ihrer höchsten Ausbildung bestehen können, ist mir ungemein auffallend an kleinen bronzenen Figuren gewesen, die man in Sardinien findet, denen man wohl ansieht, dass sie von Griechen, oder Römern herstammen, die aber in der Unrichtigkeit der Verhältnisse den Mexicanischen nichts nachgeben. Eine Sammlung dieser Art findet sich im Collegium Romanum in Rom. Es ist auch aus andren Gründen wahrscheinlich, dass die Mexicaner in einer früheren Zeit, und in einer andren Gegend, auf einer viel höheren Stufe der Bildung standen, selbst die historischen, in den Werken meines Bruders sorgfältig gesammelten, und mit einander verglichenen Spuren ihrer Wanderungen deuten darauf hin.

se giebt den Begriff, jene die Idee der Gestalt. Zu Beidem muss, als Drittes, Verknüpfendes, der Ausdruck der Seele, des geistigen Lebens hinzukommen. Die reine Form aber, wie sie sich darstellt in der Symmetrie der Theile, und dem Gleichgewicht der Verhältnisse, ist das Wesentlichste, und auch das Früheste, da der noch frische, jugendliche Geist mehr von der reinen Wissenschaft angezogen wird, diese auch eher durchzubrechen vermag, als die, mancherlei Vorbereitung fordernde der Erfahrung. Dies ist an den Aegyptischen und Griechischen Bildwerken offenbar. Aus allen tritt zuerst Reinheit und Strenge der Form, die kaum Härte fürchtet, hervor, die Regelmässigkeit der Kreise und Halbkreise, die Schärfe der Winkel, die Bestimmtheit der Linien; auf diesem sicheren Grund erst ruht der übrige äussere Umriss. Wo noch die genauere Kenntniss der organischen Bildung fehlt, ist dies schon in strahlender Klarheit vorhanden, und als der Künstler auch ihrer Meister geworden war, als er fliessende Anmuth zu verleihen, göttlichen Ausdruck einzuhauchen verstand, wäre es ihm nie eingefallen, durch diese zu reizen, wenn er nicht für Jenes gesorgt hatte. Das Unerlassliche blieb ihm auch das Erste und Höchste.

Alle Mannigfaltigkeit und Schönheit des Lebens hilft daher dem Künstler nicht, wenn ihr nicht in der Einsamkeit seiner Phantasie die begeisternde Liebe zur reinen Form gegenüber steht. Dadurch wird es begreiflich, wie die Kunst gerade in einem Volk entstand, dessen Leben wohl nicht das beweglichste und anmuthigste war, das sich schwerlich durch Schönheit auszeichnete, | dessen tiefer Sinn aber sich früh auf Mathematik und Mechanik wandte, das an ungeheuren, sehr einfachen, aber streng regelmässigen Gebäuden Geschmack fand, das diese Architektonik der Verhältnisse auch auf die Nachahmung der menschlichen Gestalt übertrug, und dem sein hartes Material das Element jeder Linie streitig machte. Die Lage des Griechen war in allem verschieden; reizende Schönheit, ein reich bewegtes, zuweilen selbst regelloses Leben, eine mannigfaltige, üppige Mythologie umgaben ihn, und sein Meissel gewann dem bildsamen Marmor, ja in der ältesten Zeit dem Holze, leicht jede Gestalt ab. Desto mehr ist die Tiefe und der Ernst seines Kunstsinns zu bewundern, dass er, ungeachtet aller dieser Lockungen zu oberflächlicher Anmuth, die Aegyptische Strenge nur noch durch gründlichere Kenntniss des organischen Baues erhöhte.

Es mag sonderbar scheinen, zur Grundlage der Kunst nicht ausschliessend den Reichthum des Lebens, sondern zugleich die Trokkenheit mathematischer Anschauung zu machen. Aber es bleibt darum nicht minder wahr, und der Künstler bedürfte nicht der beflügelnden Kraft des Genies, wenn er nicht bestimmt wäre, den tiefen Ernst streng beherrschender Ideen in die Erscheinung freien Spiels umzuwandeln. Es liegt aber auch ein fesselnder Zauber in der blossen Anschauung der mathematischen Wahrheiten, der ewigen Verhältnisse des Raumes und der Zeit, sie mögen sich nun an Tönen, Zahlen, oder Linien offenbaren. Ihre Betrachtung gewährt durch sich selbst eine ewig neue Befriedigung in der Entdekkung immer neuer Verhältnisse und sich immer vollkommen lösender Aufgaben. In uns schwächt nur den Sinn für die Schönheit der Form reiner Wissenschaft zu frühe und vielfache Anwendung. |

Die Nachahmung des Künstlers geht also von Ideen aus, und die Wahrheit der Gestalt erscheint ihm nur vermittelst dieser. Dasselbe muss, da in beiden Fällen die Natur das Nachzuahmende ist, auch bei der historischen statt finden, und es fragt sich nur, ob und welche Ideen es giebt, die den Geschichtschreiber zu leiten im Stande sind?

Hier aber fordert das weitere Vorschreiten grosse Behutsamkeit, damit nicht schon die blosse Erwähnung von Ideen die Reinheit der geschichtlichen Treue verletze. Denn wenn auch der Künstler und Geschichtschreiber beide darstellend und nachahmend sind, so ist ihr Ziel doch durchaus verschieden. Jener streift nur die flüchtige Erscheinung von der Wirklichkeit ab, berührt sie nur, um sich aller Wirklichkeit zu entschwingen, dieser sucht bloss sie, und muss sich in sie vertiefen. Allein gerade darum, und weil er sich nicht begnügen kann bei dem losen äussren Zusammenhange des Einzelnen, sondern zu dem Mittelpunkt gelangen muss, aus dem die wahre Verkettung verstanden werden kann, so muss er die Wahrheit der Begebenheit auf einem ähnlichen Wege suchen, als der Künstler die Wahrheit der Gestalt. Die Ereignisse der Geschichte liegen noch viel weniger, als die Erscheinungen der Sinnenwelt, so offen da, dass man sie rein abzulesen vermöchte, ihr Verständniss ist nur das vereinte Erzeugniss ihrer Beschaffenheit, und des Sinnes, den der Betrachter hinzubringt, und wie bei der Kunst, lässt sich auch bei ihnen nicht Alles durch blosse Verstandesoperation eines aus dem andren logisch herleiten, und in Begriffe zerlegen; man fasst das Rechte, das Feine, das Verborgene nur auf, weil der Geist richtig, es aufzufassen, gestimmt ist. Auch der Geschichtschreiber, wie der Zeichner, bringt nur Zerrbilder hervor, wenn er bloss die einzelnen Umstände der Begebenheiten, sie so, wie sie sich scheinbar darstellen, an einander reihend, aufzeichnet, wenn er sich nicht strenge Rechenschaft von ihrem innern Zusammenhange giebt, sich die Anschauung der wirkenden Kräfte verschaft, die Richtung, die sie gerade in einem bestimmten Augenblick nehmen, erkennt, der Verbindung beider mit dem gleichzeitigen Zustand, und den vorhergegangenen Veränderungen nachforscht. Um dies aber zu können, muss er mit der Beschaffenheit, dem Wirken, der gegenseitigen Abhängigkeit dieser Kräfte überhaupt vertraut seyn, wie | die vollständige Durchschauung des Besondren immer die Kenntniss des Allgemeinen voraussetzt, unter dem es begriffen ist. In diesem Sinn muss das Auffassen des Geschehenen von Ideen geleitet seyn.

Es versteht sich indess freilich von selbst, dass diese Ideen aus der Fülle der Begebenheiten selbst hervorgehen, oder genauer zu reden, durch die, mit ächt historischem Sinn unternommene Betrachtung derselben im Geist entspringen, nicht der Geschichte, wie eine fremde Zugabe, geliehen werden müssen, ein Fehler, in welchen die sogenannte philosophische Geschichte leicht verfällt. Ueberhaupt droht der historischen Treue viel mehr Gefahr von der philosophischen, als der dichterischen Behandlung, da diese wenigstens dem Stoff Freiheit zu lassen gewohnt ist. Die Philosophie schreibt den Begebenheiten ein Ziel vor, dies Suchen nach Endursachen, man mag sie auch aus dem Wesen des Menschen und der Natur selbst ableiten wollen, stört und verfälscht alle freie Ansicht des eigenthümlichen Wirkens der Kräfte. Die teleologische Geschichte erreicht auch darum niemals die lebendige Wahrheit der Weltschicksale, weil das Individuum seinen Gipfelpunkt immer innerhalb der Spanne seines flüchtigen Daseyns finden muss, und sie daher den letzten Zweck der Ereignisse nicht eigentlich in das Lebendige setzen kann, sondern es in gewissermassen todten Einrichtungen, und dem Begriff eines idealen Ganzen sucht; sey es in allgemein werdendem Anbau und Bevölkerung des Erdbodens, in zunehmender Cultur der Völker, in innigerer

Verbindung aller, in endlicher Erreichung eines Zustandes der Vollkommenheit der bürgerlichen Gesellschaft, oder in irgend einer Idee dieser Art.[5] Von allem diesem hängt zwar unmittelbar die Thätigkeit und Glückseligkeit der Einzelnen ab, allein was jede Generation davon, als durch alle vorigen errungen, empfängt, ist nicht Beweis, und nicht einmal immer gleich bildender Uebungsstoff ihrer Kraft. Denn auch was Frucht des Geistes und der Sinnesart ist, Wissenschaft, Kunst, sittliche Ein- | richtung, verliert das Geistige, und wird zur Materie, wenn nicht der Geist es immer von neuem belebt. Alle diese Dinge tragen die Natur des Gedankens an sich, der nur erhalten werden kann, indem er gedacht wird.

Zu den wirkenden und schaffenden Kräften also hat sich der Geschichtschreiber zu wenden. Hier bleibt er auf seinem eigenthümlichen Gebiet. Was er thun kann, um zu der Betrachtung der labyrinthisch verschlungenen Begebenheiten der Weltgeschichte, in seinem Gemüthe eingeprägt, die Form *mitzubringen,* unter der allein ihr wahrer Zusammenhang erscheint, ist diese Form von ihnen selbst *abzuziehen.* Der Widerspruch, der hierin zu liegen scheint, verschwindet bei näherer Betrachtung. Jedes Begreifen einer Sache setzt, als Bedingung seiner Möglichkeit, in dem Begreifenden schon ein Analogon des nachher wirklich Begriffenen voraus, eine vorhergängige, ursprüngliche Uebereinstimmung zwischen dem Subject und Object. Das Begreifen ist keineswegs ein blosses Entwickeln aus dem ersteren, aber auch kein blosses Entnehmen vom letzteren, sondern beides zugleich. Denn es besteht allemal in der Anwendung eines früher vorhandenen Allgemeinen auf ein neues Besondres. Wo zwei Wesen durch gänzliche Kluft getrennt sind, führt keine Brücke der Verständigung von einem zum andren, und um sich zu verstehen, muss man sich in einem andren Sinn schon verstanden haben.[6] Bei der Geschichte ist diese vorgängige Grundlage des Begreifens sehr klar, da Alles, was in der Weltgeschichte wirksam ist, sich auch in dem Innern des Menschen bewegt. Je tiefer daher das Gemüth einer Nation alles Menschliche empfindet, je zarter, vielseitiger und reiner sie dadurch ergriffen wird, desto mehr hat sie Anlage, Geschichtschreiber im wahren Sinne des Worts zu besitzen. Zu dem so Vorbereiteten muss die prüfende Uebung hinzukommen, welche das Vorempfundene an dem Gegenstand berichtigend versucht, bis durch diese wiederholte Wechselwirkung die Klarheit zugleich mit der Gewissheit hervorgeht.

Auf diese Weise entwirft sich der Geschichtschreiber durch | das Studium der schaffenden Kräfte der Weltgeschichte ein allgemeines Bild der Form des Zusammenhanges aller Begebenheiten, und in diesem Kreis liegen die Ideen, von denen im Vorigen die Rede war. Sie sind nicht in die Geschichte hineingetragen, sondern machen ihr Wesen selbst aus. Denn jede todte und lebendige Kraft wirkt nach den Gesetzen ihrer Natur, und Alles, was geschieht, steht, dem Raum und der Zeit nach, in unzertrennlichem Zusammenhange.

In diesem erscheint die Geschichte, wie mannigfaltig und lebendig sie sich auch vor unsrem Blicke bewegt, doch wie ein todtes, unabänderlichen Gesetzen folgendes, und durch mechanische Kräfte getriebenes Uhrwerk. Denn eine Begebenheit erzeugt die andre, Mass und Beschaffenheit jeder Wirkung wird durch ihre Ursach gegeben, und selbst der frei scheinende Wille des Menschen findet seine Bestimmung in Umständen, die längst vor seiner Geburt, ja vor dem Werden der Nation, der er angehört, unabänderlich angelegt waren. Aus jedem einzelnen Moment die ganze Reihe der Vergangenheit, und selbst der Zukunft berechnen zu können, scheint nicht in sich, sondern nur wegen mangelnder Kenntniss einer Menge von Zwischengliedern unmöglich. Allein es ist längst erkannt, dass das ausschliessende Verfolgen dieses Weges gerade abführen würde von der Einsicht in die wahrhaft schaffenden Kräfte, dass in jedem Wirken, bei dem Lebendiges im Spiel ist, gerade das Hauptelement sich aller Berechnung entzieht, und dass jenes scheinbar mechanische Bestimmen doch ursprünglich frei wirkenden Impulsen gehorcht.

Es muss also, neben dem mechanischen Bestimmen einer Begebenheit durch die andre, mehr auf das eigenthümliche Wesen der Kräfte gesehen werden, und hier ist die erste Stufe ihr physiologisches Wirken. Alle lebendigen Kräfte, der Mensch, wie die Pflanzen, die Nationen, wie das Individuum, das Menschengeschlecht, wie die einzelnen Völker, ja selbst die Erzeugnisse des Geistes, so wie sie auf einem, in einer gewissen Folge fort- | gesetzten Wirken beruhen, wie Literatur, Kunst, Sitten, die äussere Form der bürgerlichen Gesellschaft, haben Beschaffenheiten, Entwicklungen, Gesetze mit einander gemein. So das stufenweise Erreichen eines Gipfelpunkts, und das allmählige Herabsinken davon, den Uebergang von gewissen Vollkommenheiten zu gewissen Ausartungen u.s.f. Unläugbar liegt hierin eine Menge geschichtlicher Aufschlüsse, aber sichtbar wird auch hierdurch nicht das schaffende Princip selbst, sondern nur eine Form erkannt, der es sich beugen muss, wo es nicht an ihr einen erhebenden und beflügelnden Träger findet.

Noch weniger zu berechnen in seinem Gange, und nicht sowohl erkennbaren Gesetzen unterworfen, als nur in gewisse Analogieen zu fassen, sind die psychologischen Kräfte der mannigfaltig in einander greifenden menschlichen Fähigkeiten, Empfindungen, Neigungen und Leidenschaften. Als die nächsten Triebfedern der Handlungen, und die unmittelbarsten Ursachen der daraus entspringenden Ereignisse beschäftigen sie den Geschichtschreiber vorzugsweise, und werden am häufigsten zur Erklärung der Begebenheiten gebraucht. Aber diese Ansicht gerade erfordert die meiste Behutsamkeit. Sie ist am wenigsten welthistorisch, würdigt die Tragödie der Weltgeschichte zum Drama des Alltaglebens herab, verführt zu leicht, die einzelne Begebenheit aus dem Zusammenhange des Ganzen herauszureissen, und an die Stelle des Weltschicksals ein kleinliches Getriebe persönlicher Beweggründe zu setzen. Alles wird auf dem von ihr ausgehenden Wege in das Individuum gelegt, und das Individuum doch nicht in seiner Einheit und Tiefe, seinem eigentlichen Wesen erkannt. Denn dies lässt sich nicht so spalten, analysiren, nach Erfahrungen beurtheilen, die, von Vielen genommen, auf Viele passen sollen. Seine eigenthümliche Kraft geht alle menschliche Empfindungen und Leidenschaften durch, druckt aber allen ihren Stempel, und ihren Charakter auf.

Man könnte den Versuch machen, nach diesen drei, hier angedeuteten Ansichten, die Geschichtschreiber zu classificiren, aber die Charakteristik der wahrhaft genialischen unter ihnen würde durch keine, ja nicht durch alle zusammengenommen erschöpft. | Denn diese Ansichten selbst erschöpfen auch nicht die Ursachen des Zusammenhangs der Begebenheiten, und die Grundidee, von welcher aus allein das Verstehen dieser in ihrer vollen Wahrheit möglich ist, liegt nicht in ihrem Kreise. Sie umfassen nur die, in regelmässig sich wieder erzeugender Ordnung überschaubaren Erscheinungen der todten, lebendigen und geistigen Natur, aber keinen freien und selbständigen Impuls einer ursprünglichen Kraft; jene Erscheinungen geben daher auch nur Rechenschaft von regelmässig, nach erkanntem Gesetz, oder sichrer Erfahrung wiederkehrenden Entwicklungen; was aber, wie ein Wunder entsteht, sich wohl mit mechanischen, physiologischen und psychologischen Erklärungen begleiten, aber aus keiner solchen wirklich ableiten lässt, das bleibt innerhalb jenes Kreises auch nicht bloss unerklärt, sondern unerkannt.

Wie man es immer anfangen möge, so kann das Gebiet der Erscheinungen nur von einem Punkte ausser demselben begriffen werden, und das besonnene Heraustreten ist eben so gefahrlos, als der Irrthum gewiss bei blindem Verschliessen in demselben. Die Weltgeschichte ist nicht ohne eine Weltregierung verständlich.

Mit dem Festhalten dieses Gesichtspunkts ist gleich der bedeutende Vortheil gewonnen, das Begreifen der Begebenheiten nicht für abgeschlossen zu erachten durch jene aus dem Kreise der Natur genommenen Erklärungen. Uebrigens wird aber freilich dem Geschichtschreiber dadurch der letzte, schwierigste und wichtigste Theil seines Wegs wenig erleichtert. Denn es ist ihm kein Organ verliehen, die Plane der Weltregierung unmittelbar zu erforschen, und jeder Versuch dazu dürfte ihn, wie das Aufsuchen von Endursachen, nur auf Abwege führen. Allein die ausserhalb der Naturentwicklung liegende Leitung der Begebenheiten offenbart sich dennoch an ihnen selbst, durch Mittel, die, wenn gleich nicht selbst Gegenstände der Erscheinung, doch an solchen hängen, und an ihnen, wie unkörperliche Wesen, erkannt werden, die man aber nie wahrnimmt, wenn man nicht, hinaus- | tretend aus dem Gebiet der Erscheinungen, im Geiste in dasjenige übergeht, aus dem sie ihre Abkunft haben. An ihre Erforschung ist also die letzte Bedingung der Lösung der Aufgabe des Geschichtschreibers geknüpft.

Die Zahl der schaffenden Kräfte in der Geschichte wird durch die unmittelbar in den Begebenheiten auftretenden nicht erschöpft. Wenn der Geschichtschreiber auch alle einzeln, und in ihrer Verbindung durchforscht hat - die Gestalt, und die Umwandlungen des Erdbodens, die Veränderungen des Klima's, die Geistesfähigkeit und Sinnesart der Nationen, die noch eigenthümlichere Einzelner, die Einflüsse der Kunst und Wissenschaft, die tief eingreifenden und weit verbreiteten der bürgerlichen Einrichtungen - so bleibt ein noch mächtiger wirkendes, nicht in unmittelbarer Sichtbarkeit auftretendes, aber jenen Kräften selbst den Anstoss und die Richtung verleihendes Princip übrig, nemlich Ideen, die, ihrer Natur nach, ausser dem Kreise der Endlichkeit liegen, aber die Weltgeschichte in allen ihren Theilen durchwalten und beherrschen.

Dass solche Ideen sich offenbaren, dass gewisse Erscheinungen, nicht erklärbar durch blosses, Naturgesetzen gemässes Wirken, nur ihrem Hauch ihr Daseyn verdanken, leidet keinen Zweifel, und ebensowenig, dass es mithin einen Punkt giebt, auf dem der Geschichtschreiber, um die wahre Gestalt der Begebenheiten zu erkennen, auf ein Gebiet ausser ihnen verwiesen wird.

Die Idee äussert sich aber auf zwiefachem Wege, einmal als Richtung, die anfangs unscheinbar, aber allmählig sichtbar, und zuletzt unwiderstehlich, Viele, an verschiedenen Orten, und unter | verschiedenen Umständen ergreift; dann als Krafterzeugung, welche in ihrem Umfang und ihrer Erhabenheit nicht aus den begleitenden Umständen herzuleiten ist.

Von dem Ersteren finden sich die Beispiele ohne Mühe, sie sind auch kaum in irgend einer Zeit verkannt worden. Aber es ist sehr wahrscheinlich, dass noch viele Begebenheiten, die man jetzt auf mehr materielle und mechanische Weise erklärt, auf diese Art angesehen werden müssen.

Beispiele von Krafterzeugungen, von Erscheinungen, zu deren Erklärung die umgebenden Umstände nicht zureichen, sind das oben erwähnte Hervorbrechen der Kunst in ihrer reinen Form in Aegypten, und vielleicht noch mehr die plötzliche Entwicklung freier, und sich doch wieder gegenseitig in Schranken haltender Individualität in Griechenland, mit welcher Sprache, Poesie und Kunst auf einmal in einer Vollendung da stehen, zu der man vergebens dem allmählichen Wege nachspürt. Denn das Bewundernswürdige der Griechischen Bildung, und was am meisten den Schlüssel zu ihr enthält, hat mir immer geschienen, dass, da den Griechen alles Grosse, was sie verarbeiteten, von in Kasten getheilten Nationen überkam, sie von diesem Zwange frei blieben, aber immer ein Analogon beibehielten, nur den strengen Begriff in den loseren der Schule und freien Genossenschaft milderten, und durch vielfachere Theilung des urnationellen Geistes, als es je in einem Volke gegeben hat, in Stämme, Völkerschaften und einzelne Städte, und durch wieder eben so aufsteigende Verbindung, die Verschiedenheit der Individualität zu dem regsten Zusammenwirken brachten. Griechenland stellt dadurch eine, weder vorher, noch nachher jemals da gewesene Idee nationeller Individualität auf, und wie in der Individualität das Geheimniss alles | Daseyns liegt, so beruht auf dem Grade, der Freiheit, und der Eigenthümlichkeit ihrer Wechselwirkung alles weltgeschichtliche Fortschreiten der Menschheit.

Zwar kann auch die Idee nur in der Naturverbindung auftreten, und so lässt sich auch bei jenen Erscheinungen eine Anzahl befördernder Ursachen, ein Uebergang vom Unvollkommneren zum Vollkommneren nachweisen, und in den ungeheuren Lücken unsrer Kunde mit Recht voraussetzen. Aber das Wundervolle liegt darum nicht minder im Ergreifen der ersten Richtung, dem Sprühen des ersten Funkens. Ohne diesen können keine befördernden Umstände wirken, keine Uebung, kein allmähliges Vorschreiten, auch Jahrhunderte hindurch, zum Ziel führen. Die Idee kann sich nur einer geistig individuellen Kraft anvertrauen, aber dass der Keim, welchen sie in dieselbe legt, sich auf seine Weise entwickelt, dass diese Weise dieselbe bleibt, wo er in andere Individuen übergeht, dass die aus ihm aufspriessende Pflanze durch sich selbst ihre Blüthe und ihre Reife erlangt, und nachher welkt und verschwindet, wie immer die Umstände und Individuen sich gestalten mögen, dies zeigt, dass es die selbständige Natur der Idee ist, welche diesen Lauf in der Erscheinung vollendet. Auf diese Art kommen in allen verschiedenen Gattungen des Daseyns, und der geistigen Erzeugung Gestalten zur Wirklichkeit, in denen sich irgend eine Seite der Unendlichkeit spiegelt, und deren Eingreifen ins Leben neue Erscheinungen hervorbringt.

In der Körperwelt, da es bei dem Erforschen der geistigen immer ein sichernder Weg bleibt, die Analogie in jener zu verfolgen, darf man kein Entstehen so bedeutend neuer Gestalten erwarten. Die Verschiedenheiten der Organisation haben einmal ihre festen Formen gefunden, und obgleich sie sich innerhalb dieser niemals in der organischen Individualität erschöpfen, so werden diese feinen Nuancen nicht unmittelbar, kaum in ihrem Wirken auf die geistige Bildung sichtbar. Die Schöpfung der Körperwelt geht im Raume auf einmal, die der geistigen allmählig in der Zeit vor, oder die erstere findet wenigstens eher ihren Ruhepunkt, auf dem die Schöpfung sich in der einförmigen Forterzeugung verliert. Viel näher aber, als die Gestalt, und der körperliche Bau, stehet dem Geistigen das organische Leben, und | die Gesetze beider finden eher Anwendung auf einander. In dem Zustande der gesunden Kraft ist dies minder sichtbar, wiewohl sehr wahrscheinlich auch in ihm Veränderungen der Verhältnisse und Richtungen vorkommen, welche verborgenen Ursachen folgen, und epochenweise das organische Leben anders und anders stimmen. Aber im abnormen Zustand des Lebens, in den Krankheitsformen giebt es unläugbar ein Analogon von Richtungen, die, ohne erklärliche Ursachen, plötzlich, oder allmählich entstehen, eignen Gesetzen zu folgen scheinen, und auf einen verborgnen Zusammenhang der Dinge hinweisen. Dies bestätigen vielfache Beobachtungen, wenn es auch vielleicht erst spät dahinkommen wird, davon einen historischen Gebrauch zu machen.

Jede menschliche Individualität ist eine in der Erscheinung wurzelnde Idee, und aus einigen leuchtet diese so strahlend hervor, dass sie die Form des Individuums nur angenommen zu haben scheint, um in ihr sich selbst zu offenbaren.[7] Wenn man das menschliche Wirken entwickelt, so bleibt, nach Abzug aller dasselbe bestimmenden Ursachen, etwas Ursprüngliches in ihm zurück, das, anstatt von jenen Einflüssen erstickt zu werden, vielmehr sie umgestaltet, und in demselben Element liegt ein unaufhörlich thätiges Bestreben, seiner inneren, eigenthümlichen Natur äusseres Daseyn zu verschaffen. Nicht anders ist es mit der Individualitaet der Nationen, und in vielen Theilen der Geschichte ist es sichtbarer an ihnen, als an den Einzelnen, da sich der Mensch in gewissen Epochen, und unter gewissen Umständen gleichsam heerdenweise entwickelt. Mitten in den durch Bedürfniss, Leidenschaft und scheinbaren Zufall geleiteten Begebenheiten der Völker wirkt daher, und mächtiger, als jene Elemente, das geistige Princip der Individualität fort; es sucht der ihm inwohnenden Idee Raum zu verschaffen, und es gelingt ihm, wie die zarteste Pflanze durch das organische Anschwellen ihrer Gefässe Gemäuer sprengt, das sonst den Einwirkungen von Jahrhunderten trotzte. Neben der Richtung, welche Völker und Einzelne dem Menschengeschlecht durch ihre Thaten ertheilen, lassen sie Formen geistiger Individualität zurück, dauernder und wirksamer, als Begebenheiten und Ereignisse. |

Es giebt aber auch idealische Formen, die, ohne die menschliche Individualität selbst zu seyn, nur mittelbar sich auf sie beziehen. Zu diesen gehören die Sprachen.[8] Denn obgleich der Geist der Nation sich in jeder spiegelt, so hat auch jede eine frühere, mehr unabhängige Grundlage, und ihr eignes Wesen, und ihr innerer Zusammenhang sind so mächtig und bestimmend, dass ihre Selbständigkeit mehr Wirkung ausübt, als erfährt, und dass jede bedeutende Sprache als eine eigenthümliche Form der Erzeugung und Mittheilung von Ideen erscheint.

Auf eine noch reinere und vollere Weise verschaffen sich die ewigen Urideen alles Denkbaren Daseyn und Geltung, die Schönheit in allen körperlichen und geistigen Gestalten, die Wahrheit in dem unabänderlichen Wirken jeder Kraft nach dem ihr inwohnenden Gesetz, das Recht in dem unerbittlichen Gange der sich ewig richtenden und strafenden Begebenheiten.

Für die menschliche Ansicht, welche die Plane der Weltregierung nicht unmittelbar erspähen, sondern sie nur an den Ideen erahnden kann, durch die sie sich offenbaren, ist daher alle Geschichte nur Verwirklichung einer Idee, und in der Idee liegt zugleich die Kraft und das Ziel; und so gelangt man, indem man sich bloss in die Betrachtung der schaffenden Kräfte vertieft, auf einem richtigeren Wege zu den Endursachen, welchen der Geist natürlich nachstrebt. Das Ziel der Geschichte kann nur die Verwirklichung der durch die Menschheit darzustellenden Idee seyn, nach allen Seiten hin, und in allen Gestalten, in welchen sich die endliche Form mit der Idee zu verbinden vermag, und der Lauf der Begebenheiten kann nur da abbrechen, wo beide einander nicht mehr zu durchdringen im Stande sind.

So wären wir also dahin gekommen, die Ideen aufzufinden, welche den Geschichtschreiber leiten müssen, und können nun zurückkehren zu der oben zwischen ihm und dem Künstler angestellten Vergleichung. Was diesem die Kenntniss der Natur, das

Studium des organischen Baus, ist jenem die Erforschung der als handelnd und leidend im Leben auftretenden Kräfte; was | diesem Verhältniss, Ebenmass, und der Begriff der reinen Form, sind jenem die sich still und gross im Zusammenhange der Weltbegebenheiten entfaltenden, aber nicht ihnen angehörenden Ideen. Das Geschäft des Geschichtschreibers in seiner letzten, aber einfachsten Auflösung ist Darstellung des Strebens einer Idee, Daseyn in der Wirklichkeit zu gewinnen. Denn nicht immer gelingt ihr dies beim ersten Versuch, nicht selten auch artet sie aus, indem sie den entgegenwirkenden Stoff nicht rein zu bemeistern vermag.

Zwei Dinge sind es, welche der Gang dieser Untersuchung festzuhalten getrachtet hat: dass in Allem, was geschieht, eine nicht unmittelbar wahrnehmbare Idee waltet, dass aber diese Idee nur an den Begebenheiten selbst erkannt werden kann. Der Geschichtschreiber darf daher nicht, Alles allein in dem materiellen Stoff suchend, ihre Herrschaft von seiner Darstellung ausschliessen; er muss aufs mindeste den Platz zu ihrer Wirkung offen lassen; er muss ferner, weiter gehend, sein Gemüth empfänglich für sie und regsam erhalten, sie zu ahnden, und zu erkennen; aber er muss vor allen Dingen sich hüten, der Wirklichkeit eigenmächtig geschaffene Ideen anzubilden, oder auch nur über dem Suchen des Zusammenhanges des Ganzen etwas von dem lebendigen Reichthum des Einzelnen aufzuopfern. Diese Freiheit und Zartheit der Ansicht muss seiner Natur so eigen geworden seyn, dass er sie zur Betrachtung jeder Begebenheit mitbringt; denn keine ist ganz abgesondert vom allgemeinen Zusammenhange, und von Jeglichem, was geschieht, liegt, wie oben gezeigt worden, ein Theil ausser dem Kreis unmittelbarer Wahrnehmung. Fehlt dem Geschichtschreiber jene Freiheit der Ansicht, so erkennt er die Begebenheiten nicht in ihrem Umfang, und ihrer Tiefe; mangelt ihm die schonende Zartheit, so verletzt er ihre einfache und lebendige Wahrheit.

3. Ueber das Entstehen der grammatischen Formen, und ihren Einfluss auf die Ideenentwicklung*

[IV: 285–313]

Indem ich versuchen werde, den Ursprung der grammatischen Formen, und ihren Einfluss auf die Ideenentwicklung zu schildern, ist es nicht meine Absicht, die einzelnen Gattungen derselben durchzugehen. Ich werde mich vielmehr nur auf ihren Begriff überhaupt beschränken, um die doppelte Frage zu beantworten:

wie in einer Sprache diejenige Bezeichnungsart grammatischer Verhältnisse entsteht, welche eine Form zu heissen verdient? und

inwiefern es für das Denken und die Ideenentwicklung wichtig ist, ob diese Verhältnisse durch wirkliche Formen, oder durch andre Mittel bezeichnet werden?

Da hier von dem allmählichen Werden der Grammatik die Rede ist, so bieten sich die Verschiedenheiten der Sprachen, von dieser Seite aus betrachtet, als Stufen in ihrem Fortschreiten dar.

Nur muss man sich wohl hüten, einen allgemeinen Typus allmählich fortschreitender Sprachformung entwerfen, und alle einzelnen Erscheinungen nach diesem beurtheilen zu wollen. Ueberall ist in den Sprachen das Wirken der Zeit mit dem Wirken der Nationaleigenthümlichkeit gepaart, und was die Sprachen der rohen Horden Amerikas und Nordasiens charakterisirt, braucht darum nicht auch den Urstämmen Indiens und | Griechenlands angehört zu haben. Weder der Sprache einer einzelnen Nation, noch solchen, welche durch mehrere gegangen sind, lässt sich ein vollkommen gleichmässiger, und gewissermassen von der Natur vorgeschriebener Weg der Entwicklung anweisen.[1]

Die Sprache, in ihrer grössesten Ausdehnung genommen, kennt aber einen letzten Mittelpunkt im Menschengeschlecht

---

* Gelesen in der Academie der Wissenschaften am 17. Januar 1822.

überhaupt, und wenn man von der Frage ausgeht: in welchem Grad der Vollendung der Mensch bisher die Sprache zur Wirklichkeit gebracht hat? so giebt es alsdann einen festen Punkt, nach welchem sich wieder andre, gleich feste bestimmen lassen. Auf diese Weise nun ist eine fortschreitende Entwicklung des Sprachvermögens, und zwar an sichren Zeichen, erkennbar, und in diesem Sinn kann man mit Fug und Recht von stufenartiger Verschiedenheit unter den Sprachen reden.

Da hier nur von dem Begriffe grammatischer Verhältnisse überhaupt, und ihrem Ausdruck in der Sprache die Rede seyn soll, so haben wir uns nur mit der Auseinandersetzung des ersten Erfordernisses zur Ideenentwicklung, und der Bestimmung der untersten Stufen der Sprachvollkommenheit zu beschäftigen.

Es wird aber zunächst sonderbar scheinen, daß nur der Zweifel erregt wird, als besässe nicht jede Sprache, auch die unvollkommenste und ungebildetste, grammatische Formen im wahren und eigentlichen Verstande. Nur in der Zweckmässigkeit, Vollständigkeit, Klarheit und Kürze dieser Formen wird man Verschiedenheiten unter den Sprachen aufsuchen. Man wird sich noch ausserdem darauf berufen, dass gerade die Sprachen der Wilden, namentlich die Amerikanischen, vorzüglich zahlreiche, planmässig und künstlich gebildete aufweisen. Alles dies ist vollkommen wahr; es fragt sich nur, ob diese Formen auch wahrhaft, als Formen anzusehen sind, und es kommt daher auf den Begriff an, den man mit diesem Worte verbindet. Um dies vollkommen deutlich zu machen, muss man zuvörderst zwei Misverständnisse aus dem Wege räumen, die hier sehr leicht entstehen können.

Wenn man von den Vorzügen und Mängeln einer Sprache redet, so darf man nicht das zum Massstabe nehmen, was irgend ein, nicht ausschliessend durch sie gebildeter Kopf in ihr auszudrükken im Stande wäre. Jede Sprache ist, trotz ihres mächtigen und lebendigen Einflusses auf den Geist, doch auch zugleich ein | todtes und leidendes Werkzeug, und alle tragen eine Anlage nicht bloss zum richtigen, sondern selbst zum vollendetsten Gebrauche in sich. Wenn nun derjenige, welcher seine Bildung in andren Sprachen erlangt hat, irgend eine minder vollkommene studirt, und sich ihrer bemeistert, so kann er, vermittelst derselben, eine ihr an und für sich fremde Wirkung hervorbringen, und es wird dadurch in sie eine ganz andre Ansicht hinübergetragen, als welche die allein unter ihrem Einflusse stehende Nation von ihr hegt. Auf der einen Seite wird die Sprache ein wenig aus ihrem Kreise herausgerissen; auf der andren wird, da alles Verstehen aus Objectivem und Subjectivem zusammengesetzt ist, etwas andres in sie hineingelegt; und so ist kaum zu sagen, was nicht in ihr, und durch sie erzeugt werden könnte.

Sieht man bloss auf dasjenige, was sich in einer Sprache ausdrükken lässt, so wäre es nicht zu verwundern, wenn man dahin geriethe, alle Sprachen im Wesentlichen ungefähr gleich an Vorzügen und Mängeln zu erklären. Die grammatischen Verhältnisse insbesondre hängen durchaus von der Absicht ab, die man damit verbindet. Sie kleben weniger den Worten an, als sie von dem Hörenden und Sprechenden hineingedacht werden. Da, ohne ihre Bezeichnung, keine Rede, und kein Verstehen denkbar sind, so muss jede noch so rohe Sprache gewisse Bezeichnungsarten für sie besitzen, und diese mögen nun noch so dürftig, noch so seltsam, vorzüglich aber noch so stoffartig seyn, als sie wollen, so wird der einmal durch vollkommnere Sprachen gebildete Verstand sich ihrer immer mit Erfolg zu bedienen, und alle Beziehungen der Ideen mit denselben genügend anzudeuten verstehen. Die Grammatik lässt sich in eine Sprache viel leichter hineindenken, als eine grosse Erweiterung und Verfeinerung der Wortbedeutungen; und so muss man nicht überrascht werden, wenn man in den Darstellungen ganz roher und ungebildeter Sprachen die Namen aller Formen der höchstgebildeten antrift. Die Andeutungen zu allen sind wirklich vorhanden, da die Sprache dem Menschen immer ganz, nie stückweise beiwohnt, und der feinere Unterschied, ob und inwiefern diese Bezeichnungsarten grammatischer Verhältnisse nun wirkliche Formen sind, und als solche auf die Ideenentwicklung der Eingebohrnen einwirken, wird leicht übersehen.

Dennoch ist dies gerade der Punkt, auf den es ankommt. Nicht, was in einer Sprache ausgedrückt zu werden vermag, sondern das, wozu sie aus eigner, innerer Kraft anfeuert und be- | geistert, entscheidet über ihre Vorzüge, oder Mängel.[2] Ihr Massstab ist die Klarheit, Bestimmtheit und Regsamkeit der Ideen, die sie in der Nation weckt, welcher sie angehört, durch deren Geist sie gebildet ist, und auf die sie wiederum bildend zurückgewirkt hat. Verlässt man aber diesen ihren Einfluss auf die Entwicklung der Ideen und die Erregung der Empfindungen, will man prüfen, was sie als Werkzeug überhaupt hervorzubringen und zu leisten vermöchte; so geräth man auf einen Boden, der keiner Begränzung mehr fähig ist, da der bestimmte Begriff des Geistes fehlt, der sich ihrer bedienen soll, alles durch Rede Gewirkte aber immer ein zusammengesetztes Erzeugniss des Geistes und der Sprache ist. Jede Sprache muss in dem Sinne aufgefasst werden, in dem sie durch die Nation gebildet ist, nicht in einem ihr fremden.

Auch wenn die Sprache keine ächten grammatischen Formen besitzt, kann, da es ihr doch niemals an andren Bezeichnungsarten der grammatischen Verhältnisse mangelt, nicht nur die Rede, als materielles Erzeugniss, recht gut bestehen, sondern es kann auch vielleicht jede Gattung der Rede in solche Sprachen übergetragen, und in ihnen gebildet werden. Dies letztere ist aber nur die Frucht einer fremden Kraft, die sich einer unvollkommneren Sprache in dem Sinn einer vollkommneren bedient.

Darum, dass sich mit den Bezeichnungen fast jeder Sprache alle grammatischen Verhältnisse andeuten lassen, besitzt noch nicht auch jede grammatische Formen in demjenigen Sinne, in dem sie die hochgebildeten Sprachen kennen. Der zwar feine, aber doch sehr fühlbare Unterschied liegt in dem materiellen Erzeugniss und der formalen Einwirkung. Dies wird die Folge dieser Untersuchung deutlicher darstellen. Hier war es genug, abzusondern, was eine beliebig angenommene Kraft mit einer Sprache hervorzubringen, und was sie selbst durch stetigen und habituellen Einfluss auf die Ideen und ihre Entwicklung zu wirken vermag, um dadurch das erste hier zu befürchtende Misverständniss zu heben.

Das zweite[3] entsteht aus der Verwechslung einer Form mit der andren. Da man nemlich gewöhnlich zu dem Studium einer unbekannten Sprache von dem Gesichtspunkt einer bekannteren, der Muttersprache, oder der Lateinischen, hinzugeht, so sucht man auf, wie die grammatischen Verhältnisse dieser in der fremden bezeichnet zu werden pflegen, und benennt nun die dazu gebrauchten Wortbeugungen oder Stellungen geradezu mit dem Namen der grammatischen Form, die in jener Sprache, oder auch nach allgemeinen Sprachgesetzen dazu dient. Sehr häufig sind diese Formen aber gar nicht in der Sprache vorhanden, sondern werden durch andre ersetzt und umschrieben. Man muss daher, um diesen Fehler zu vermeiden, jede Sprache dergestalt in ihrer Eigenthümlichkeit studiren, dass man durch genaue Zergliederung ihrer Theile erkennt, durch welche bestimmte Form sie, ihrem Baue nach, jedes grammatische Verhältniss bezeichnet.

Die Americanischen Sprachen liefern häufige Beispiele solcher irrigen Vorstellungen, und das Wichtigste, was man bei Umarbeitungen der Spanischen und Portugiesischen Sprachlehren derselben zu thun hat, ist, die schiefen Ansichten dieser Art wegzuräumen, und den ursprünglichen Bau dieser Sprachen sich rein vor Augen zu stellen.

Einige Beispiele werden dies besser ins Licht setzen. In der KaraibenSprache wird *aveiridaco* als die 2. pers. sing. imperf. conjunct. wenn du wärest angegeben. Zergliedert man aber das Wort genauer, so ist *veiri* seyn, *a* das Pronomen 2. pers. sing., das sich auch mit Substantiven verbindet, und *daco* eine Partikel, welche Zeit anzeigt. Es mag sogar, obgleich ich es in den Wörterbüchern nicht so aufgeführt finde, einen bestimmten Zeittheil bedeuten. Denn *oruacono daco* heisst am dritten Tage. Die wörtliche Uebersetzung jener Beugung ist also: am Tag deines Seyns, und durch diese Umschreibung wird die in dem Conjunctiv liegende hypothetische Annahme ausgedrückt. Was hier Conjunctiv genannt wird, ist also ein Verbalnomen mit einer Praeposition verbunden, oder wenn man es einer Verbalform annähernd ausdrücken will, ein Ablativ des Infinitivs, oder das lateinische Gerundium in *do*. Auf dieselbe Weise wird der Conjunctiv in mehreren Americanischen Sprachen angedeutet.

In der Lule Sprache wird ein part. pass. angegeben, z. B. *a-le-tipan,* aus Erde gemacht. Wörtlich aber heisst diese Silbenverbindung: Erde aus sie machen (3. pers. plur. praes. von *tic*, ich mache).

Auch der Begriff des Infinitivs, wie ihn die Griechen und Römer kannten, wird den meisten, wenn nicht allen Americanischen Sprachen nur durch Verwechslung mit andren Formen zugeschrieben. Der Infinitivus der Brasilianischen Sprache ist ein vollkommnes Substantivum; *iuca* ist morden und Mord, *caru* | essen und Speise. Ich will essen heisst entweder *che caru ai-pota*, wörtlich: mein Essen ich will, oder mit dem Verbum einverleibtem[4] Accusativ *ai-caru-pota.* Nur darin behält diese Wortstellung die Verbalnatur bei, dass sie andre Substantiva im Accusativ regiert. Im Mexicanischen ist dieselbe Einverleibung des Infinitivs, als eines Accusativs, in das ihn regierende Verbum. Allein der Infinitivus wird durch diejenige Person des Futurum vertreten, von der die Rede ist, *ni-tlaçotlaz-nequia,* ich wollte lieben, wörtlich: ich, ich werde lieben, wollte. *Ninequia* heisst ich wollte, und indem dies die 1. pers. sing. fut. *tlaçotlaz,* ich werde lieben, in sich aufnimmt, wird aus der ganzen Phrase Ein Wort. Dasselbe Futurum kann aber auch dem regierenden Verbum, als ein eignes Wort, nachstehen, und wird dann nur, wie im Mexicanischen überhaupt geschieht, im Verbum durch ein eingeschobenes Pronomen, *c,* angedeutet; *ni-c-nequia tlaçotlaz,* ich *das* wollte, nemlich: ich werde lieben. Die gleiche doppelte Stellung zum Verbum ist auch den Substantiven eigen. Die Mexicanische Sprache verbindet also im Infinitivus den Begriff des Futurum mit dem des Substantivs, und giebt jenen durch die Beugung, diesen durch die Construction an. In der Lule Sprache lässt man die beiden Verba, von denen das eine den Infinitivus regiert, bloss als zwei *verba finita* unmittelbar auf einander folgen; *caic tucuec,* ich zu essen pflege, aber wörtlich: ich esse, ich pflege. Selbst im Alt-Indischen ist, wie Herr Professor Bopp scharfsinnig gezeigt hat, der Infinitivus ein im Accusativ stehendes Verbalnomen, in der Form vollkommen dem Lateinischen Supinum ähnlich.* Er kann daher nicht so frei gebraucht werden, als der Griechische und Lateinische, welche der Natur des Verbum näher bleiben. Er hat auch keine passive Form. Wo diese erforderlich ist, nimmt sie, statt seiner, das ihn regierende Verbum an. Man sagt demnach: es wird essen gekonnt, statt es kann gegessen werden.

Aus diesen Beispielen folgt, dass man in allen diesen Sprachen den Infinitiv nicht als eine eigne Form aufführen, sondern vielmehr die Arten, durch welche er ersetzt wird, in ihrer wahren Natur darstellen, und bemerken sollte, welche Bedingungen des Infinitivs durch jede derselben erfüllt werden, da keine allen ein Genüge leistet.

Sind nun die Fälle, wo die Bezeichnung eines grammatischen | Verhältnisses dem Begriff der wahren grammatischen Form nicht

---

* Ausgabe des *Nalus. p.* 202. *nt.* 77. *p.* 204. *nt.* 83.

genau entspricht, häufig, machen sie die Eigenthümlichkeit und den Charakter der Sprache aus, so ist eine solche, wenn man auch im Stande wäre, Alles in ihr auszudrücken, noch weit von der Angemessenheit zur Ideenentwicklung entfernt. Denn der Punkt, auf dem diese besser zu gelingen beginnt, ist der, wo dem Menschen, ausser dem materiellen Endzweck der Rede, ihre formale Beschaffenheit nicht länger gleichgültig bleibt, und dieser Punkt kann nicht ohne die Ein oder Rückwirkung der Sprache erreicht werden.

Die Wörter, und ihre grammatischen Verhältnisse sind zwei in der Vorstellung durchaus verschiedne Dinge. Jene sind die eigentlichen Gegenstände in der Sprache, diese bloss die Verknüpfungen, aber die Rede ist nur durch beide zusammengenommen möglich. Die grammatischen Verhältnisse können, ohne selbst in der Sprache überall Zeichen zu haben, hinzugedacht werden, und der Bau der Sprache kann von der Art seyn, dass Undeutlichkeit und Misverstand dabei dennoch, wenigstens bis auf einen gewissen Grad, vermieden werden. Insofern alsdann den grammatischen Verhältnissen doch ein bestimmter Ausdruck eigen ist, besitzt eine solche Sprache für den Gebrauch eine Grammatik ohne eigentlich grammatische Formen. Wenn eine Sprache z. B. die Casus durch Praepositionen bildet, die an das immer unverändert bleibende Wort gefügt werden, so ist keine grammatische Form vorhanden, sondern nur zwei Wörter, deren grammatisches Verhältniss hinzugedacht wird; *e-tiboa* in der Mbaya Sprache heisst nicht, wie man es übersetzt, durch mich, sondern ich durch. Die Verbindung ist nur im Kopf des Vorstellenden, nicht als Zeichen in der Sprache. *L-emani* in derselben Sprache ist nicht er wünscht, sondern er und Wunsch oder wünschen, ohne etwas dem Verbum Eigenthümliches, verbunden, um so ähnlicher dem Ausdruck: sein Wunsch, als das Praefixum *l* eigentlich ein Besitzpronomen ist. Auch hier wird also die Verbalbeschaffenheit hinzugedacht. Dennoch drücken jene und diese Form hinlänglich bequem den Casus des Nomen und die Person des Verbum aus.

Soll aber die Ideenentwicklung mit wahrer Bestimmtheit, und zugleich mit Schnelligkeit und Fruchtbarkeit vor sich gehen, so muss der Verstand dieses reinen Hinzudenkens überhoben werden, und das grammatische Verhältniss ebensowohl durch die Sprache | bezeichnet werden, als es die Wörter sind. Denn in der

Darstellung der Verstandeshandlung durch den Laut liegt das ganze grammatische Streben der Sprache. Die grammatischen Zeichen können aber nicht auch Sachen bezeichnende Wörter seyn; denn sonst stehen wieder diese isolirt da, und fordern neue Verknüpfungen.

Werden nun von der ächten Bezeichnung grammatischer Verhältnisse die beiden Mittel: Wortstellung mit hinzugedachtem Verhältniss, und Sachbezeichnung ausgeschlossen, so bleibt zu derselben nichts als Modification der Sachen bezeichnenden Wörter, und dies allein ist der wahre Begriff einer grammatischen Form. Dazu stossen dann noch grammatische Wörter, das ist solche, die allgemein gar keinen Gegenstand, sondern bloss ein Verhältniss, und zwar ein grammatisches, bezeichnen.

Die Ideenentwicklung kann erst dann einen eigentlichen Schwung nehmen, wenn der Geist am blossen Hervorbringen des Gedankens Vergnügen gewinnt, und dies ist allemal von dem Interesse an der blossen Form desselben abhängig. Dies Interesse kann nicht durch eine Sprache geweckt werden, welche die Form nicht, als solche darzustellen gewohnt ist, und es kann, von selbst entstehend, auch an einer solchen Sprache kein Gefallen finden. Es wird also, wo es erwacht, die Sprache umformen, und wo die Sprache auf einem andren Wege solche Formen in sich aufgenommen hat, plötzlich durch sie angeregt werden.

In Sprachen, welche diese Stufe nicht erreicht haben, schwankt der Gedanke nicht selten zwischen mehreren grammatischen Formen, und begnügt sich mit dem realen Resultat. In der Brasilianischen Sprache heisst *tuba* ebensowohl in substantivischem Ausdruck sein Vater, als im Verbalausdruck er hat einen Vater, ja das Wort wird auch für Vater überhaupt gebraucht, da Vater doch immer ein Beziehungsbegriff ist. Auf dieselbe Weise ist *xe-r-uba* mein Vater, und ich habe einen Vater, und so alle Personen hindurch. Das Schwanken des grammatischen Begriffs in diesem Fall geht sogar noch weiter, und *tuba* kann, nach andren in der Sprache liegenden Analogien, auch er ist Vater heissen, so wie das ganz ähnlich, nur im SüdDialecte der Sprache gebildete *iaba* er ist Mensch heisst. Die grammatische Form ist bloss Nebeneinanderstellung eines Pronomens und Substantivs, und der Verstand muss die dem Sinn entsprechende Verknüpfung hinzufügen. |

Es ist klar, dass der Eingebohrne sich in dem Worte nur Er und Vater zusammen denkt, und dass es nicht geringe Mühe kosten würde, ihm den Unterschied der Ausdrücke klar zu machen, die wir darin mit einander verwirrt finden. Die Nation, die sich dieser Sprache bedient, kann darum in vieler Rücksicht verständig, gewandt und lebensklug seyn, aber freie und reine Ideenentwicklung, Gefallen am formalen Denken, kann aus einem solchen Sprachbau nicht hervorgehen, sondern dieser würde vielmehr nothwendig gewaltsame Aenderungen erfahren, wenn von andren Seiten her eine solche intellectuelle Umwandlung in der Nation herbeigeführt würde.

Man muss daher bei Uebersetzungen so gearteter Phrasen solcher Sprachen wohl im Auge behalten, dass diese Uebertragungen, soweit sie die grammatischen Formen angehen, fast immer falsch sind, und eine ganz andre grammatische Ansicht gewähren, als der Sprechende dabei gehabt hat. Wollte man dies vermeiden, so müsste man auch der Uebertragung immer nur soweit grammatische Form geben, als in der Originalsprache vorhanden ist; man stösst aber dann auf Fälle, wo man sich aller möglichst enthalten müsste. So sagt man in der Huasteca Sprache *nana tanin-tahjal*, ich werde von ihm behandelt, aber genauer übersetzt: ich, mich behandelt er. Es ist also hier eine active Verbalform mit dem leidenden Object, als Subject verbunden. Das Volk scheint das Gefühl einer Passivform gehabt zu haben, aber von der Sprache, die nur Activa kennt, zu diesen hinübergezogen zu seyn. Man muss aber bedenken, dass es gar keine Casusformen in der Huasteca Sprache giebt. *Nana als* pron. 1. pers. sing. ist ebensowohl ich, als meiner, mir und mich, und zeigt bloss den Begriff der *Ichheit* an. In *nin* und dem vorgesetzten *ta* liegt grammatisch auch nur, dass das Pronomen 1. pers. sing. vom Verbum regiert wird.* Man sieht daher deutlich, dass von dem Sinn der Eingebohrnen hier nicht sowohl

---

* Die Huasteca Sprache hat nemlich, wie die meisten Americanischen, verschiedne PronominalFormen, je nachdem die Pronomina selbstständig, das Verbum regierend, oder von ihm regiert gebraucht werden; *nin* dient nur für den letzten Fall. Die Silbe *ta* deutet an, dass das Object am Verbum ausgedrückt ist, wird aber nur da vorgesetzt, wo das Object in der ersten oder zweiten Person steht. Die ganze Art, das Object am Verbum zu bezeichnen, ist in der Huasteca Sprache sehr merkwürdig.

der Unterschied der Passiv- oder Activform gefasst, als bloss der grammatisch umge- | formte Begriff der Ichheit mit der Vorstellung der auf dieselbe gemachten fremden Einwirkung verbunden wird.

Welch eine unermessliche Kluft ist nun zwischen einer solchen Sprache, und der höchstgebildeten, die wir kennen, der Griechischen. In dem künstlichen Periodenbau dieser bildet die Stellung der grammatischen Formen gegen einander ein eignes Ganzes, das die Wirkung der Ideen verstärkt, und in sich durch Symmetrie und Eurythmie erfreut. Es entspringt daraus ein eigner, die Gedanken begleitender, und gleichsam leise umschwebender Reiz, ohngefähr eben so, als in einigen Bildwerken des Alterthums, ausser der Anordnung der Gestalten selbst, aus den blossen Umrissen ihrer Gruppen wohlgefällige Formen hervorgehn. In der Sprache aber ist dies nicht bloss eine flüchtige Befriedigung der Phantasie. Die Schärfe des Denkens gewinnt, wenn den logischen Verhältnissen auch die grammatischen genau entsprechen, und der Geist wird immer stärker zum formalen, und mithin reinen Denken hingezogen, wenn ihn die Sprache an scharfe Sonderung der grammatischen Formen gewöhnt. Dieses ungeheuern Unterschiedes zwischen zwei Sprachen auf so verschiednen Stufen der Ausbildung ungeachtet, muss man jedoch gestehen, dass auch unter denen, welche man grosser Formlosigkeit anklagen kann, viele sonst eine Menge von Mitteln besitzen, eine Fülle von Ideen auszudrücken, durch die künstliche und regelmässige Verbindung weniger Elemente vielfache Verhältnisse der Ideen zu bezeichnen, und dabei Kürze mit Kraft zu verbinden. Der Unterschied zwischen ihnen, und den vollkommner gebildeten liegt nicht darin; sie würden in dem, was ausgedrückt werden soll, mit Sorgfalt bearbeitet, sehr nahe dasselbe erreichen; indem sie aber wirklich so Vieles besitzen, fehlt ihnen das Eine, der Ausdruck der grammatischen Form, als solcher, und die wichtige und wohlthätige Rückwirkung dieses auf das Denken.

Bleibt man aber hierbei einen Augenblick stehen, und blickt man auf gleiche Weise auf die hochgebildeten Sprachen zurück, so kann es scheinen, als fände auch in ihnen, wenn auch in etwas andrer Art, Aehnliches statt, und als geschehe jenen Sprachen Unrecht durch den ihnen gemachten Vorwurf.

Jede Stellung, oder Verbindung von Worten, kann man sagen, die einmal der Bezeichnung eines bestimmten grammatischen Verhältnisses gewidmet ist, kann auch für eine wirkliche grammatische Form gelten, und es kann nicht soviel darauf ankommen, wenn | auch jene Bezeichnungen durch für sich bedeutsame, etwas Reales anzeigende Wörter geschehen, und das formale Verhältniss nur hinzugedacht werden muss. Auch die wahre grammatische Form kann ja kaum je anders vorhanden seyn, und jene höher gestellten Sprachen von künstlicherem Organismus haben ja auch von roherem Baue angefangen, und tragen die Spuren desselben noch sichtbar in sich.

Diese unläugbar sehr erhebliche Einwendung muss, wenn die gegenwärtige Untersuchung auf sichrem Grunde ruhen soll, genau beleuchtet werden, und um dies zu thun, ist es nothwendig, zuerst, was in ihr unbestreitbar wahr ist, anzuerkennen, und dann zu bestimmen, was demungeachtet auch in den angegriffenen Behauptungen, als richtig zurückbleibt.[5]

Was in einer Sprache ein grammatisches Verhältniss charakteristisch (so, dass es im gleichen Fall immer wiederkehrt) bezeichnet, ist für sie grammatische Form. In den meisten der ausgebildetsten Sprachen lässt sich noch heute die Verknüpfung von Elementen erkennen, die nicht anders, als in den roheren verbunden worden sind; und diese Entstehungsart auch der ächten grammatischen Formen durch Anfügung bedeutsamer Silben (Agglutination) hat beinahe die allgemeine seyn müssen. Dies geht sehr klar aus der Aufzählung der Mittel hervor, welche die Sprache zur Bezeichnung dieser Formen besitzt. Denn diese Mittel bestehen in folgenden:

Anfügung, oder Einschaltung bedeutsamer Silben, die sonst eigne Wörter ausgemacht haben, oder noch ausmachen,

Anfügung, oder Einschaltung bedeutungsloser Buchstaben, oder Silben, bloss zum Zweck der Andeutung der grammatischen Verhältnisse,

Umwandlung der Vocale durch Uebergang eines in den andren, oder durch Veränderung der Quantität, oder Betonung,

Umänderung von Consonanten im Innern des Worts,

Stellung der von einander abhängigen Wörter nach unveränderlichen Gesetzen,

Silbenwiederholung.

Die blosse Stellung gewährt nur wenige Veränderungen, und kann, wenn jede Möglichkeit der Zweideutigkeit vermieden werden soll, auch nur wenige Verhältnisse bezeichnen. In der Mexicanischen, und einigen andren Americanischen Sprachen erweitert sich zwar der Gebrauch dadurch, dass das Verbum Substantiva in sich aufnimmt, oder an sich anschliesst. Allein auch da bleiben die Gränzen immer noch enge.

Die Anfügung und Einschaltung bedeutungsloser Wortelemente, und die Umänderung von Vocalen und Consonanten wäre, wenn eine Sprache durch wirkliche Verabredung entstände, das natürlichste und passendste Mittel. Es ist die wahre Beugung (Flexion) im Gegensatz der Anfügung, und es kann eben sowohl Wörter geben, welche Begriffen von Formen, als welche Begriffen von Gegenständen entsprechen. Wir haben sogar oben gesehen, dass die letzteren im Grunde zur Bezeichnung der Formen nicht taugen, da ein solches Wort wieder durch eine Form an die andren angeknüpft seyn will. Es ist aber schwer zu denken, dass jemals bei Entstehung einer Sprache eine solche Bezeichnungsart vorgewaltet habe, die eine klare Vorstellung und Unterscheidung der grammatischen Verhältnisse voraussetzen würde. Sagt man, dass es wohl Nationen gegeben haben kann, die einen auf diese Weise klaren und durchdringenden Sprachsinn besessen haben, so heisst dies den Knoten zerhauen, statt ihn zu lösen.[6] Stellt man sich die Dinge natürlich vor, so sieht man leicht die Schwierigkeit ein. Bei Wörtern, die Sachen bezeichnen, entsteht der Begriff durch die Wahrnehmung des Gegenstandes, das Zeichen durch die leicht aus ihm zu schöpfende Analogie, das Verständniss durch Vorzeigen desselben. Bei der grammatischen Form ist dies Alles verschieden. Sie kann nur nach ihrem logischen Begriff, oder nach einem dunkeln, sie begleitenden Gefühle erkannt, bezeichnet und verstanden werden. Der Begriff lässt sich erst aus der schon vorhandnen Sprache abziehen, und es fehlt auch an hinreichend bestimmten Analogien, ihn zu bezeichnen, und die Bezeichnung deutlich zu machen. Aus dem Gefühl mögen wohl einige Bezeichnungsarten entstanden seyn, wie z. B. die langen Vocale und Diphthongen, mithin ein anhaltenderes Schweben der Stimme im Griechischen und Deutschen für den Conjunctivus und Optativus. Allein da die ganz logische Natur der grammatischen Verhältnisse ihnen auch nur sehr wenig Beziehungen auf die Einbildungskraft und das Gefühl verstattet, so können dieser Fälle nur wenige gewesen seyn. Einige merkwürdige finden sich jedoch noch in den Americanischen Sprachen. In der Mexicanischen besteht die Bildung des Plurals bei Wörtern, die in Vocale ausgehen, oder ihre Endconsonanten absichtlich im Plural wegwerfen, darin, dass der End- | vocal mit einem, dieser Sprache eignen, starken, und dadurch eine Pause in der Aussprache verursachenden Hauche ausgesprochen wird. Hierzu tritt zuweilen zugleich die Silbenverdopplung, *ahuatl*, Weib, *teotl*, Gott, plur. *ahuâ, teteô*. Bildlicher lässt sich durch den Ton der Begriff der Vielheit nicht bezeichnen, als indem die erste Silbe wiederholt, der letzten ihr scharf und bestimmt abschneidender Endconsonant genommen, und dem dann bleibenden Endvocal eine so verweilende und verstärkte Betonung gegeben wird, dass der Laut sich gleichsam in der weiten Luft verliert. Im südlichen Dialect der Guaranischen Sprache wird das Suffixum des Perfectum *yma* in dem Grade mehr, oder weniger langsam ausgesprochen, als von einer längeren, oder kürzeren Vergangenheit die Rede ist. Eine solche Bezeichnungsart geht beinahe aus dem Gebiete der Sprache heraus, und gränzt an die Gebehrde. Auch die Erfahrung spricht gegen die Ursprünglichkeit der Beugung in den Sprachen, wenn man einige wenige, den eben berührten ähnliche Fälle ausnimmt. Denn so wie man eine Sprache nur genauer zu zergliedern anfängt, zeigt sich die Anfügung bedeutsamer Silben auf allen Seiten, und wo sie nicht mehr nachzuweisen ist, lässt sie sich aus der Analogie schliessen, oder es bleibt wenigstens immer ungewiss, ob sie nicht ehemals vorhanden gewesen ist. Wie leicht offenbare Anfügung zu scheinbarer Beugung werden kann, lässt sich an einigen Fällen in den Americanischen Sprachen klar darthun. In der Mbaya Sprache heisst *daladi* du wirst werfen, *nilabuitete* er hat gesponnen, und das Anfangs-*d* und *n* sind die Charakteristiken des Futurum und Perfectum. Diese durch einen einzigen Laut bewirkte Abwandlung scheint daher alle Ansprüche auf den Namen wahrer Beugung machen zu können. Dennoch ist es reine Anfügung. Denn die vollen Charakteristiken beider *tempora*, die auch wirklich noch oft gebraucht werden, sind *quide* und *quine*, aber das *qui* wird ausgelassen, und *de* und *ne* verlieren vor andren Vocalen ihren Endvocal.

Quide heisst spät, künftig, *co-quidi* (*co* von *noco,* Tag) der Abend. *Quine* ist eine Partikel, die *und auch* bedeutet. Wie manchen solcher Abkürzungen von ehemals bedeutsamen Wörtern mögen die sogenannten Beugungssilben unsrer Sprachen ihren Ursprung verdanken, und wie unrichtig würde die Behauptung seyn, dass die Voraussetzung der Anfügung da, wo sie sich nicht mehr nachweisen lässt, eine leere und unstatthafte Hypothese sey. Wahre und ursprüngliche Beugung ist gewiss in allen | Sprachen eine seltne Erscheinung. Demungeachtet müssen zweifelhafte Fälle immer mit grosser Behutsamkeit behandelt werden. Denn dass auch ursprünglich Beugung vorhanden ist, scheint mir, nach dem Obigen, ausgemacht, und sie kann daher eben so gut, als die Anfügung in Formen vorhanden seyn, wo sie jetzt nur nicht mehr zu unterscheiden ist. Ja man muss, glaube ich, noch weiter gehen und darf nicht verkennen, dass die geistige Individualität eines Volks zur Sprachbildung und zum formalen Denken (welche beide unzertrennlich zusammenhängen) vorzugsweise vor andren geeignet seyn kann. Ein solches Volk wird, wenn es ursprünglich, gleich allen übrigen, zugleich auf Agglutination und Flexion kommt, von der letzteren einen häufigeren und scharfsinnigeren Gebrauch machen, die erstere schneller und fester in die letztere verwandeln, und früher den Weg der ersteren gänzlich verlassen. In andren Fällen können äussere Umstände, Uebergänge einer Sprache in die andre, der Sprachbildung dieser schnelleren und höheren Schwung geben, so wie entgegengesetzte Einwirkungen Schuld seyn können, dass die Sprachen sich in schwerfälliger Unvollkommenheit fortschleppen.

Alles dies sind natürliche, aus dem Wesen des Menschen und den Ereignissen der Nationen erklärliche Wege, und meine Absicht ist nur, nicht die Meynung zu theilen, welche gewissen Völkern, vom ersten Ursprunge an, eine bloss durch Flexion und innere Entfaltung fortschreitende Sprachbildung zuschreibt, und andren alle Bildung dieser Art abspricht. Diese viel zu systematische Abtheilung scheint mir aus dem naturgemässen Wege menschlicher Entwicklung hinauszugehen, und wird, wenn ich den von mir angestellten Forschungen trauen darf, bei genauem Studium vieler und verschiedenartiger Sprachen durch die Erfahrung selbst widerlegt.[7]

Es kommt aber zur Agglutination und Flexion auch noch eine dritte, sehr häufige Bildungsart hinzu, die man, da sie immer absichtlich ist, in dieselbe Classe mit der Beugung setzen muss, nemlich wo der Gebrauch eine Wortform ausschliesslich zu einer bestimmten grammatischen stempelt, ohne dass sie, weder durch Anfügung, noch durch Beugung, etwas gerade dieser Charakteristisches an sich trägt.[8]

Die Silbenwiederholung beruht auf einem durch gewisse grammatische Verhältnisse erregten dunkeln Gefühle. Wo dies Wiederholung, Verstärkung, Erweiterung des Begriffs mit sich | führt, steht sie an ihrer Stelle. Wo dies nicht ist, wie so oft in einigen Americanischen Sprachen, und in allen Verben der 3. Conjugation im Alt-Indischen, entspringt sie aus bloss phonetischer Eigenthümlichkeit. Dasselbe lässt sich von der Vocalumänderung sagen. In keiner Sprache ist diese so häufig, so wichtig, und so regelmässig, als im Sanskrit. Aber nur in den wenigsten Fällen beruht auf ihr das Charakteristische grammatischer Formen. Sie ist nur mit gewissen derselben verbunden, und dann meistentheils mit mehreren zugleich, so dass das Charakteristische jeder einzelnen doch in etwas andrem aufgesucht werden muss.

Immer bleibt also die Anfügung bedeutsamer Silben das wichtigste und häufigste Hülfsmittel zur Bildung grammatischer Formen. Hierin sind sich die rohen und gebildeten Sprachen gleich; denn man würde sehr irren, wenn man glaubte, dass auch in jenen jede Form sogleich in lauter in sich erkennbare Elemente zerfiele. Auch in ihnen beruhen Unterschiede von Formen auf ganz einzelnen Lauten, die man eben so wohl, ohne an Anfügung zu denken, für Beugungslaute halten könnte. Im Mexicanischen wird das Futurum, nach Verschiedenheit der Stammwörter, durch mehrere solcher einzelnen Buchstaben, das Imperfectum durch ein End-*ya,* oder End-*a* bezeichnet. O ist das Augment des Praeteritum, wie *a* im Sanskrit, ε im Griechischen. Nichts in der Sprache deutet an, dass diese Laute Ueberreste ehemaliger Wörter sind, und will man im Griechischen und Lateinischen ähnliche Fälle nicht als Anfügung, von jetzt unbekanntem Ursprung, gelten lassen, so muss man auch der Mexicanischen Sprache hier, so gut wie diesen classischen, Beugung zugestehen. In der Tamanaca Sprache ist *tareccha* (das Verbum bedeutet *tragen*) ein Praesens, *tarecche* ein Praeteritum, *tarecchi* ein Futurum. Ich führe diese Fälle nur an, um zu beweisen, dass die Behauptung, welche gewissen Sprachen Anfügung und andren Beugung zutheilt, bei genauerem Eindringen in die einzelnen Sprachen, und gründlicherer Kenntniss ihres Baues, von keiner Seite haltbar erscheint.

Wenn man daher genöthigt ist, auch in den hochgebildeten Sprachen Anfügung anzunehmen, und in mehreren Fällen dieselbe sogar sichtbar erkennt, so ist die Einwendung ganz richtig, dass man, auch bei ihnen, das wahre grammatische Verhältniss hinzudenken muss. In *amavit* und ἐποίησας kommen, wie sich wohl nicht läugnen lassen dürfte, Bezeichnungen des Stammworts, des Pronomen und des Tempus zusammen, und die wahre, in der | Synthesis des Subjects mit dem Praedicat liegende Verbalnatur hat darin keine besondre Bezeichnung, sondern muss hinzugedacht werden.[9] Wollte man sagen, dass, ohne gerade über diese Formen entscheiden zu wollen, einigen derselben Art das Hülfsverbum einverleibt seyn, und diese Synthese andeuten könne, so reicht dies nicht aus, da doch auch das Hülfsverbum erklärt werden muss, und nicht immerfort ein Hülfsverbum in dem andren eingeschachtelt liegen kann.

Alles hier Zugegebne aber hebt den Unterschied zwischen wahren grammatischen Formen, wie *amavit*, ἐποίησας, und zwischen solchen Wort- oder Silbenstellungen, als die meisten roheren Sprachen zur Bezeichnung der grammatischen Verhältnisse brauchen, nicht auf. Er liegt darin, dass jene Ausdrücke wirklich wie in Eine Form zusammengegossen, in diesen die Elemente nur an einander gereiht erscheinen. Das Zusammenwachsen des Ganzen bringt die Bedeutung der Theile in Vergessenheit, die feste Verknüpfung derselben unter Einem Accent verändert zugleich ihre abgesonderte Betonung, und oft sogar ihren Laut, und nun wird die Einheit der ganzen Form, die oft der grübelnde Grammatiker nicht mehr zu zergliedern vermag, die Bezeichnung des bestimmten grammatischen Verhältnisses. Man denkt als Eins, was man nie getrennt findet; man betrachtet als wahren, einmal fest organisirten Körper, was man nicht auseinandernehmen, und in andre beliebige Verbindungen bringen kann; man sieht nicht als selbständigen Theil an, was auf diese Weise sonst nicht in der Sprache erscheint. Wie dies entstanden, ist für die Wirkung gleichgültig. Die Bezeichnung des Verhältnisses, wie selbständig und bedeutsam sie gewesen seyn mag, wird nun, wie sie soll, zur blossen Modification, die sich an den immer gleichen Begriff heftet. Das Verhältniss, das zu den bedeutsamen Elementen erst bloss hinzugedacht werden musste, ist nun in der Sprache, eben durch das Zusammenwachsen der Theile zum festen Ganzen, wirklich vorhanden, wird mit dem Ohre gehört, mit dem Auge gesehen.

Die Sprachen, welche der Vorwurf trift, dass ihre grammatischen Formen nicht so formaler Natur sind, gleichen in Vielem den oben beschriebnen allerdings auch.

Die, wenn auch nur lose an einander gereihten Elemente fliessen meistentheils auch in Ein Wort zusammen, und sammeln sich unter Einen Accent. Aber einestheils geschieht dies nicht immer, und andrentheils treten dabei andre, die formale Natur | mehr, oder weniger störende Nebenumstände ein. Die Elemente der Formen sind trennbar und verschiebbar; jedes behält seinen vollkommnen Laut, ohne Abkürzung oder Veränderung; sie sind in der Sprache sonst selbständig vorhanden, oder dienen auch zu andren grammatischen Verbindungen, z. B. PronominalAffixa als Besitzpronomina bei dem Nomen, als Personen bei dem Verbum; die noch unflectirten Wörter tragen nicht, wie es in einer Sprache seyn muss, in welche die grammatische Bildung tief eingegangen ist, schon Kennzeichen verschiedner Redetheile an sich, sondern werden erst zu denselben durch die Anfügung der grammatischen Elemente gemacht; der Bau der ganzen Sprache ist so, dass die Untersuchung gleich auf die Absonderung dieser Elemente geführt wird, und diese Absonderung ohne bedeutende Mühe gelingt; neben der Bezeichnung durch Formen, oder diesen ähnliche Wortverbindungen, werden dieselben grammatischen Verhältnisse auch durch blosses Nebeneinanderstellen, mit offenbarem Hinzudenken der Verknüpfung, angedeutet.

Je mehr nun in einer Sprache die hier aufgezählten Umstände zusammenkommen, oder je mehr sie sich nur einzeln finden, desto weniger, oder mehr befördert sie das formale Denken, und desto mehr, oder weniger entfernt sich ihre Bezeichnungsart der grammatischen Verhältnisse von dem wahren Begriff grammatischer Formen. Denn nicht was einzeln und zerstreut in der Sprache vorkommt, sondern dasjenige was ihre Wirkung auf den Geist ausmacht, vermag hier zu entscheiden. Dies aber hängt von dem Totaleindruck, und dem Charakter des Ganzen ab. Einzelne Erscheinungen können nur angeführt werden, um, wie es im Vorigen geschehen ist, zu allgemein gewagte Behauptungen zu widerlegen. Sie können aber nicht machen, dass man die Verschiedenheit der Stufen verkenne, auf welchen zwei Sprachen, dem Ganzen ihres Baues nach, stehen.

Je mehr sich eine Sprache von ihrem Ursprung entfernt, desto mehr gewinnt sie, unter übrigens gleichen Umständen, an Form.[10] Der blosse längere Gebrauch schmelzt die Elemente der Wortstellungen fester zusammen, schleift ihre einzelnen Laute ab, und macht ihre ehemalige selbständige Form unkenntlicher. Denn ich kann die Ueberzeugung nicht verlassen, dass doch alle Sprachen hauptsächlich von Anfügung ausgegangen sind.

So lange die Bezeichnungen der grammatischen Verhältnisse, als aus einzelnen, mehr oder weniger trennbaren Elementen bestehend angesehen werden, kann man sagen, dass der Redende mehr die Formen in jedem Augenblick selbst bildet, als sich der vorhandnen bedient. Daraus nun pflegt eine bei weitem grössere Vielfachheit dieser Formen zu entstehen. Denn der menschliche Geist strebt schon in seiner natürlichen Anlage nach Vollständigkeit, und jedes, auch noch so selten vorkommende Verhältniss wird in demselben Verstande, als alle übrigen zur grammatischen Form. Wo dagegen die Form in einem strengeren Sinne genommen, und durch den Gebrauch gebildet wird, nun aber fernerhin das gewöhnliche Reden nicht in neuem Bilden besteht, da giebt es Formen nur für das häufig zu Bezeichnende, und das seltner Vorkommende wird umschrieben, und durch selbständige Wörter bezeichnet. Zu diesem Verfahren gesellen sich noch die beiden andren Umstände, dass der noch uncultivirte Mensch gern jedes Besondre in allen seinen Besonderheiten, nicht bloss in den, zu dem jedesmaligen Zweck nothwendigen darstellt, und dass gewisse Nationen die Sitte haben, ganze Sätze in angebliche Formen zusammenzuziehen, z. B. den vom Verbum regierten Gegenstand, vorzüglich wenn er ein Pronomen ist, mitten in den Schooss des Verbum aufzunehmen. Hieraus entsteht, dass gerade die Sprachen, denen es an dem wahren Begriff der Form wesentlich gebricht, doch eine bewundernswürdige Menge, in strenger Analogie, zusammen Vollständigkeit bildender, angeblicher Formen besitzen.

Hienge der Vorzug der Sprachen von der Vielheit, und der strengen Regelmässigkeit der Formen ab, von der Menge der Ausdrükke für ganz besondre Verschiedenheiten (wie in der Sprache der Abiponen das Pronomen der 3. Person verschieden ist, je nachdem der Mensch ab- oder anwesend, stehend, sitzend, liegend, oder herumgehend gedacht wird), so müsste man viele Sprachen der Wilden über die Sprachen der hochcultivirten Völker stellen, wie denn dies auch nicht selten, selbst in unsern Tagen, geschieht. Da aber der Vorzug der Sprachen vor einander vernünftiger Weise nur in ihrer Angemessenheit zur Ideenentwicklung gesucht werden kann, so verhält es sich damit gerade entgegengesetzt. Denn diese wird durch diese Vielfachheit der Formen vielmehr erschwert, und es ist ihr lästig, in so viele Wörter Nebenbestimmungen mit aufnehmen zu müssen, deren sie durchaus nicht in jedem Falle bedarf.

Ich habe bisher nur von grammatischen Formen gesprochen; allein es giebt auch in jeder Sprache grammatische Wörter, auf | die sich das Meiste von den Formen geltende gleichfalls anwenden lässt. Solche sind vorzugsweise die Praepositionen und Conjunctionen. Als Bezeichnungen grammatischer Verhältnisse stehen dem Ursprunge dieser Wörter, als wahrer Verhältnisszeichen dieselben Schwierigkeiten, wie dem Ursprunge der Formen entgegen. Es liegt nur darin ein Unterschied, dass sie nicht alle, wie die reinen Formen, aus blossen Ideen abgeleitet werden können, sondern Erfahrungsbegriffe, wie Raum und Zeit, zu Hülfe nehmen müssen. Man kann daher mit Recht bezweifeln, wenn es auch noch neuerlich von Lumsden in seiner Persischen Grammatik mit Heftigkeit behauptet worden ist, dass es ursprünglich Praepositionen und Conjunctionen im wahren Sinne des Wortes gegeben habe. Alle haben vermuthlich, nach Horne Took's richtigerer Theorie, ihren Ursprung in wirklichen, Gegenstände bezeichnenden Wörtern.[11] Die grammatisch-formale Wirkung der Sprache beruht daher auch auf dem Grade, in welchem diese Partikeln noch ihrem Ursprunge näher, oder entfernter stehen. Ein merkwürdigeres Beispiel zu dem hier Gesagten, als vielleicht irgend eine andre Sprache, liefert die Mexicanische in den Praepositionen. Sie besitzt drei verschiedne Arten derselben: 1., solche, in welchen sich, so wahrscheinlich gleich auch bei ihnen dieser Ursprung ist, schlechterdings nicht mehr der Begriff eines Substantivum entdekken lässt, z.B. *c,* in. 2., Solche, in welchen man eine Praeposition mit einem unbekannten Element verbunden findet. 3., Solche, die deutlich ein mit einer Praeposition verbundnes Substantivum enthalten, wie z.B. *itic,* in, aber eigentlich, zusammengesetzt aus *ite,* Bauch, und *c,* in, im Bauch. *Ilhuicatl itic* heisst nun nicht, wie man es übersetzt, im Himmel, sondern im Bauche des Himmels, da Himmel im Genitiv steht. Pronomina werden nur mit den beiden letzten Arten der Praepositionen verbunden, und da alsdann nie die persönlichen, sondern die possessiven genommen werden, so zeigt dies deutlich das in der Praeposition steckende Substantivum an. *Notepotzco* wird zwar durch hinter mir übersetzt, es heisst aber eigentlich hinter meinem Rücken, von *teputz,* der Rükken. Man sieht hier also die Stufenfolge, in welcher die ursprüngliche Bedeutung sich verloren hat, und zugleich den sprachbildenden Geist der Nation, der, wenn ein Substantivum Bauch, Rücken im Sinne einer Praeposition gebraucht | werden sollte, demselben, um die Wörter nicht grammatisch unverbunden zu lassen (nach Art des Lateinischen *ad instar* und des Deutschen *immitten*) eine schon vorhandene Praeposition hinzufügte. Die in diesem Punkt grammatisch unvollkommner gebildete Mixteca Sprache drückt vor, hinter dem Hause geradezu durch *chisi, sata huahi,* Bauch, Rücken, Haus aus.

Das Verhältniss, das sich in den Sprachen zwischen den Beugungen und grammatischen Wörtern bildet, begründet neue Verschiedenheiten unter denselben.[12] Dies zeigt sich z.B. darin, dass die eine mehr Bestimmungen durch Casus, die andre mehr durch Praepositionen, die eine mehr Tempora durch Beugung, die andre durch Zusammensetzung mit Hülfsverben macht. Denn diese Hülfsverba, wenn sie bloss Verhältnisse der Theile des Satzes bezeichnen, sind gleichfalls nur grammatische Wörter. Von dem griechischen τυγχάνειν ist eine wahrhaft materielle Bedeutung gar nicht mehr bekannt. Im Sanskrit wird auf dieselbe Weise, aber viel seltner *shtha,* stehen, gebraucht. Es lässt sich aber die Norm zur Beurtheilung der Vorzüge der Sprachen in diesem Punkt nach allgemeinen Grundsätzen aufstellen. Wo die zu bezeichnenden Verhältnisse sich, ohne Hinzukunft eines besondren Begriffs, bloss aus der Natur eines höheren und allgemeineren Verhältnisses ergeben, da geschieht die Bezeichnung besser durch Beugungen, sonst durch grammatische Wörter. Denn die an sich durchaus bedeutungslose Beugung enthält nichts, als den reinen Begriff des Verhältnisses. In dem grammatischen Wort liegt ausserdem der Nebenbegriff, der auf das Verhältniss, um es zu bestimmen, bezogen wird, und der, wo das reine Denken nicht ausreicht, immer hinzukommen muss. Daher sind der dritte und selbst der siebente Casus der Sanskrit Declination nicht eben beneidenswerthe Vorzüge dieser Sprache, da die durch sie bezeichneten Verhältnisse nicht bestimmt genug sind, um des schärferen Abgränzens durch eine Praeposition entbehren zu können. Eine dritte Stufe, welche aber wahrhaft grammatisch gebildete Sprachen immer ausschliessen, ist wenn ein Wort in seiner ganzen materiellen Bedeutung zum grammatischen Worte gestempelt wird, wie wir weiter oben an den Praepositionen gesehen haben.

Man mag nun die Beugungen, oder die grammatischen Wörter vor Augen haben, so kommt man immer auf dasselbe Resultat zurück. Sprachen können die meisten, vielleicht alle grammatischen Verhältnisse mit hinlänglicher Deutlichkeit und Bestimmtheit bezeichnen, ja sogar eine grosse Vielfachheit angeblicher Formen besitzen, und es kann ihnen dennoch der Mangel ächter grammatischer Formalität im Ganzen und im Einzelnen ankleben.

Ich habe bis hierher vorzüglich gestrebt, Analoga grammatischer Formen, wodurch die Sprachen sich erst diesen zu nähern versuchen, von diesen selbst zu unterscheiden. Dabei überzeugt, dass nichts dem Sprachstudium so empfindlichen Schaden zufügt, als allgemeines, auf nicht gehörige Kenntniss gegründetes Raisonnement, habe ich, soviel es ohne übermässige Weitläuftigkeit geschehen konnte, jedes Einzelne mit Beispielen belegt, obgleich ich wohl fühle, dass die wahre Ueberzeugung nur aus dem vollständigen Studium wenigstens einer der hier betrachteten Sprachen hervorgehen kann. Um zu einem entscheidenden Resultat zu gelangen, wird es aber nun noch nothwendig seyn, die ganze hier berührte Frage, jetzt ohne Factisches beizumischen, in ihren Endpunkten zusammen zu fassen.

Dasjenige, worauf Alles bei der Untersuchung des Entstehens, und des Einflusses grammatischer Formalität hinausläuft, ist richtiges Unterscheiden zwischen der Bezeichnung der Gegenstände und Verhältnisse, der Sachen und Formen.

Das Sprechen, als materiell, und Folge realen Bedürfnisses, geht unmittelbar nur auf Bezeichnen von Sachen; das Denken, als ideell, immer auf Form. Ueberwiegendes Denkvermögen verleiht daher einer Sprache Formalität, und überwiegende Formalität in ihr erhöht das Denkvermögen.

1., Entstehen grammatischer Formen.

Die Sprache bezeichnet ursprünglich Gegenstände, und überlässt das Hinzudenken der redeverknüpfenden Formen dem Verstehenden.

Sie sucht aber dies Hinzudenken zu erleichtern durch Wortstellung, und durch, auf Verhältniss und Form hingedeutete Wörter für Gegenstände und Sachen.

So geschieht, auf der niedrigsten Stufe, die grammatische Bezeichnung durch Redensarten, Phrasen, Sätze.

Dies Hülfsmittel wird in gewisse Regelmässigkeit gebracht, die Wortstellung wird stetig, die erwähnten Wörter verlieren | nach und nach ihren unabhängigen Gebrauch, ihre Sachbedeutung, ihren ursprünglichen Laut.

So geschieht, auf der zweiten Stufe, die grammatische Bezeichnung durch feste Wortstellungen, und zwischen Sach- und Formbedeutung schwankende Wörter.

Die Wortstellungen gewinnen Einheit, die formbedeutenden Wörter treten zu ihnen hinzu, und werden Affixa. Aber die Verbindung ist noch nicht fest, die Fugen sind noch sichtbar, das Ganze ist ein Aggregat, aber nicht Eins.

So geschieht auf der dritten Stufe die grammatische Bezeichnung durch Analoga von Formen.

Die Formalität dringt endlich durch. Das Wort ist Eins, nur durch umgeänderten Beugungslaut in seinen grammatischen Beziehungen modificirt; jedes gehört zu einem bestimmten Redetheil, und hat nicht bloss lexikalische, sondern auch grammatische Individualität; die formbezeichnenden Wörter haben keine störende Nebenbedeutung mehr, sondern sind reine Ausdrücke von Verhältnissen.

So geschieht auf der höchsten Stufe die grammatische Bezeichnung durch wahre Formen, durch Beugung, und rein grammatische Wörter.

Das Wesen der Form besteht in ihrer Einheit, und der vorwaltenden Herrschaft des Worts, dem sie angehört, über die ihm beigegebnen Nebenlaute. Dies wird wohl erleichtert durch verloren gehende Bedeutung der Elemente, und Abschleifung der Laute in langem Gebrauch. Allein das Entstehen der Sprache ist nie ganz durch so mechanische Wirkung todter Kräfte erklärbar, und man muss niemals darin die Einwirkung der Stärke und Individualität der Denkkraft aus den Augen setzen.

Die Einheit des Worts wird durch den Accent gebildet. Dieser ist an sich mehr geistiger Natur, als die betonten Laute selbst, und man nennt ihn die Seele der Rede, nicht bloss weil er erst das eigentliche Verständniss in dieselbe bringt, sondern auch, weil er wirklich unmittelbarer, als sonst etwas in der Sprache, Aushauch der die Rede begleitenden Empfindung wird. Dies ist er auch da, wo er Wörter durch Einheit zu grammatischen Formen stempelt; und wie Metalle, um schnell und innig zusammenzuschmelzen, rasch und stark glühender Flamme bedürfen, so gelingt auch das Zusammenschmelzen neuer Formen nur dem energischen Act einer starken, nach formaler Abgränzung strebenden | Denkkraft. Sie offenbart sich auch an den übrigen Beschaffenheiten der Formen, und so bleibt es unumstösslich gewiss, dass, welche Schicksale auch eine Sprache haben möge, sie nie zu einem vorzüglichen grammatischen Bau gelangt, wenn sie nicht das Glück erfährt, wenigstens einmal von einer geistreichen, oder tiefdenkenden Nation gesprochen zu werden. Nichts kann sie sonst aus der Halbheit träge zusammengefügter, die Denkkraft nirgends mit Schärfe ansprechender Formen retten.

2., Einfluss der grammatischen Formen.

Das Denken, welches vermittelst der Sprache geschieht, ist entweder auf äussre, körperliche Zwecke, oder auf sich selbst, also auf geistige gerichtet. In dieser doppelten Richtung bedarf es der Deutlichkeit und Bestimmtheit der Begriffe, die in der Sprache grossentheils von der Bezeichnungsart der grammatischen Formen abhängt.

Umschreibungen dieser durch Phrasen, durch noch nicht zur sichren Regel gewordne Wortstellungen, selbst durch Analoga von Formen bringen nicht selten Zweideutigkeit hervor.

Wenn aber auch das Verständniss, und damit der äussre Zweck geborgen ist, so bleibt doch sehr oft der Begriff in sich unbestimmt, und da, wo er, als Begriff, offenbar auf zwei verschiedne Weisen genommen werden kann, ungesondert.

Wendet sich das Denken zu wirklicher innrer Betrachtung, nicht bloss zu äussrem Treiben, so bringt auch die blosse Deutlichkeit und Bestimmtheit der Begriffe andre, und auf jenem Wege immer nur schwer zu erreichende Forderungen hervor.

Denn alles Denken geht auf Nothwendigkeit und Einheit. Das Gesammtstreben der Menschheit hat dieselbe Richtung. Denn es bezweckt im letzten Resultat nichts anders, als Gesetzmässigkeit forschend zu finden, oder bestimmend zu begründen.

Soll nun die Sprache dem Denken gerecht seyn, so muss sie in ihrem Baue, soviel als möglich, seinem Organismus entsprechen. Sie ist sonst, da sie in Allem Symbol seyn soll, gerade ein unvollkommnes dessen, womit sie in der unmittelbarsten Verbindung steht. Indem auf der einen Seite die Masse ihrer Wörter den Umfang ihrer Welt vorstellt, so repraesentirt ihr grammatischer Bau ihre Ansicht von dem Organismus des Denkens.[13] |

Die Sprache soll den Gedanken begleiten. Er muss also in stetiger Folge in ihr von einem Elemente zum andren übergehen können, und für Alles, dessen er für sich zum Zusammenhange bedarf, auch in ihr Zeichen antreffen. Sonst entstehen Lücken, wo sie ihn verlässt, statt ihn zu begleiten.

Obgleich endlich der Geist immer und überall nach Einheit und Nothwendigkeit strebt, so kann er beide doch nur nach und nach aus sich, und nur mit Hülfe mehr sinnlicher Mittel entwickeln. Zu den hülfreichsten unter diesen Mitteln gehört für ihn die Sprache, die, schon ihrer bedingtesten und niedrigsten Zwecke wegen, der Regel, der Form, und der Gesetzmässigkeit bedarf. Je mehr er daher in ihr ausgebildet findet, wonach er auch für sich selbst strebt, desto inniger kann er sich mit ihr vereinigen.

Betrachtet man nun die Sprachen nach allen diesen, hier an sie gestellten Forderungen, so erfüllen sie dieselben nur, oder doch vorzugsweise gut, wenn sie ächt grammatische Formen, und nicht Analoga derselben besitzen, und so offenbart sich dieser Unterschied in seiner ganzen Wichtigkeit.

Das Erste und Wesentlichste ist, dass der Geist von der Sprache verlangt, dass sie Sache und Form, Gegenstand und Verhältniss rein abscheide, und nicht beide mit einander vermenge. So wie sie auch ihn an diese Vermengung gewöhnt, oder ihm die Absonderung erschwert, lähmt und verfälscht sie sein ganzes innres Wirken. Gerade aber diese Absonderung wird erst rein vorgenommen bei der Bildung der ächt grammatischen Form durch Beugung, oder durch grammatische Wörter, wie wir oben bei dem stufenartigen Bezeichnen der grammatischen Formen gesehen haben. In jeder Sprache, die nur Analoga von Formen kennt, bleibt Stoffartiges in der grammatischen Bezeichnung, die bloss formartig seyn sollte, zurück.

Wo die Zusammenschmelzung der Form, wie sie oben beschrieben worden, nicht vollkommen gelungen ist, da glaubt der Geist noch immer die Elemente getrennt zu erblicken, und da hat für ihn die Sprache nicht die geforderte Uebereinstimmung mit den Gesetzen seines eignen Wirkens.

Er fühlt Lücken, er bemüht sich sie auszufüllen, er hat nicht mit einer mässigen Anzahl in sich gediegener Grössen, sondern mit einer verwirrenden halb verbundner zu thun, und arbeitet nun nicht mit gleicher Schnelligkeit und Gewandtheit, mit gleichem | Gefallen am leicht gelingenden Verknüpfen besondrer Begriffe zu allgemeineren, vermittelst wohl angemessner, mit seinen Gesetzen übereinstimmender Sprachformen.

Darin nun offenbart es sich, wenn man die Frage auf die äusserste Spitze stellt, dass, wenn eine grammatische Form auch schlechterdings kein andres Element in sich schliesst, als welches auch in dem sie nie ganz ersetzenden Analogon liegt, sie dennoch in der

Wirkung auf den Geist durchaus etwas anderes ist, und dass dies nur auf ihrer Einheit beruht, in der sie den Abglanz der Macht der Denkkraft an sich trägt, die sie schuf. In einer nicht dergestalt grammatisch gebildeten Sprache findet der Geist lückenhaft und unvollkommen ausgeprägt das allgemeine Schema der Redeverknüpfung, dessen angemessner Ausdruck in der Sprache die unerlassliche Bedingung alles leicht gelingenden Denkens ist. Es ist nicht nothwendig, dass dies Schema selbst ins Bewusstseyn gelange; dies hat auch hochgebildeten Nationen gemangelt. Es genügt, wenn, da der Geist immer unbewusst danach verfährt, er für jeden einzelnen Theil einen solchen Ausdruck findet, der ihn wieder einen andren mit richtiger Bestimmtheit auffassen lässt.

In der Rückwirkung der Sprache auf den Geist macht die ächt grammatische Form, auch wo die Aufmerksamkeit nicht absichtlich auf sie gerichtet ist, den Eindruck einer Form, und bringt formale Bildung hervor. Denn da sie den Ausdruck des Verhältnisses rein, und sonst nichts Stoffartiges enthält, worauf der Verstand abschweifen könnte, dieser aber den ursprünglichen Wortbegriff darin verändert erblickt, so muss er die Form selbst ergreifen. Bei der unächten Form kann er dies nicht, da er den Verhältnissbegriff nicht bestimmt genug in ihr erblickt, und noch durch Nebenbegriffe zerstreut wird. Dies geschieht in beiden Fällen bei dem gewöhnlichsten Sprechen, durch alle Classen der Nation, und wo die Einwirkung der Sprache günstig ist, geht allgemeine Deutlichkeit und Bestimmtheit der Begriffe, und allgemeine Anlage, auch das rein Formale leichter zu begreifen, hervor. Es liegt auch in der Natur des Geistes, dass diese Anlage, einmal vorhanden, sich immer ausbildet, da, wenn eine Sprache dem Verstande die grammatischen Formen unrein und mangelhaft darbietet, je länger diese Einwirkung dauert, je schwerer aus dieser Verdunkelung der rein formalen Ansicht herauszukommen ist.

Was man daher von der Angemessenheit einer nicht solchergestalt grammatisch gebildeten Sprache zur Ideenentwicklung sagen möge, so bleibt es immer sehr schwer zu begreifen, dass eine Nation auf der unverändert bleibenden Basis einer solchen Sprache von selbst zu hoher wissenschaftlicher Ausbildung sollte gelangen können. Der Geist empfängt da nicht von der Sprache, und diese nicht von ihm dasjenige, dessen beide bedürfen, und die

Frucht ihrer wechselseitigen Einwirkung, wenn sie heilbringend werden sollte, müsste erst eine Veränderung der Sprache selbst seyn.

Auf diese Weise sind also, soviel dies bei Gegenständen dieser Art geschehen kann, die Kriterien festgestellt, an welchen sich die grammatisch gebildeten Sprachen von den andren unterscheiden lassen. Keine zwar kann sich vielleicht einer vollkommnen Uebereinstimmung mit den allgemeinen Sprachgesetzen rühmen, keine vielleicht ist durch und durch, in allen Theilen geformt, und auch unter den Sprachen der niedrigeren Stufe giebt es wieder viele annähernde Grade. Dennoch ist jener Unterschied, der zwei Classen[14] von Sprachen bestimmt von einander absondert, nicht gänzlich ein relativer, ein bloss im Mehr, oder Weniger bestehender, sondern wirklich ein absoluter, da die vorhandne, oder fehlende Herrschaft der Form sich immer sichtbar verkündet.

Dass nur die grammatisch gebildeten Sprachen vollkommne Angemessenheit zur Ideenentwicklung besitzen, ist unläugbar. Wieviel auch noch mit den übrigen zu leisten seyn dürfte, mag allerdings der Versuch, und die Erfahrung beweisen. Gewiss bleibt indess immer, dass sie niemals in dem Grade, und der Art, wie die andren, auf den Geist zu wirken im Stande sind. Das merkwürdigste Beispiel einer seit Jahrtausenden blühenden Literatur in einer fast von aller Grammatik, im gewöhnlichen Sinne des Worts, entblössten Sprache bietet die Chinesische dar. Es ist bekannt, dass gerade in dem sogenannten alten Stil, in welchem die Schriften des Confucius und seiner Schule verfasst waren, und der noch heute der allgemein übliche für alle grossen philosophischen und historischen Werke ist, die grammatischen Verhältnisse einzig und allein durch die Stellung, oder durch abgesonderte Wörter bezeichnet werden, und dass es oft dem Leser überlassen bleibt, aus dem Zusammenhang zu errathen, ob er ein Wort für ein Substantivum, Adjectivum, Verbum, oder für eine Partikel nehmen soll.* Der Mandarinische und literarische Stil haben | zwar dafür gesorgt, mehr grammatische Bestimmtheit in die Sprache zu bringen, aber auch in ihnen besitzt sie keine wahrhaft grammatischen Formen, und jene eben erwähnte Literatur, die berühmte-

---

* *Grammaire Chinoise par M. Abel-Remusat.* p. 35. 37.

ste der Nation, ist von dieser neueren Behandlung der Sprache durchaus unabhängig.

Wenn, wie Etienne Quatremere* scharfsinnig zu beweisen gesucht hat, die Coptische Sprache die Sprache der alten Aegyptier gewesen ist, so kommt auch die hohe wissenschaftliche Bildung, auf welcher diese Nation gestanden haben soll, hier in Betrachtung. Denn auch das grammatische System der Coptischen Sprache ist, wie Silvestre de Sacy** sich ausdrückt, vollkommen ein synthetisches, das heisst ein solches, in welchem die grammatischen Bezeichnungen den, Sachen bedeutenden Wörtern abgesondert vor- oder nachgesetzt werden. Silvestre de Sacy vergleicht es namentlich hierin dem Chinesischen.

Wenn nun zwei der merkwürdigsten Völker die Stufe ihrer intellectuellen Bildung mit Sprachen zu erreichen vermochten, die ganz, oder grösstentheils der grammatischen Formen entbehren, so scheint hieraus eine wichtige Einwendung gegen die behauptete Nothwendigkeit dieser Formen hervorzugehen. Es ist indess noch auf keine Weise dargethan, dass die Literatur dieser beiden Völker gerade diejenigen Vorzüge besass, auf welche die Eigenschaft der Sprache, von der hier die Rede ist, vorzüglich einwirkt. Denn unläugbar zeigt sich die durch eine reiche Mannigfaltigkeit bestimmt und leicht gebildeter grammatischer Formen begünstigte Schnelligkeit und Schärfe des Denkens am glänzendsten im dialektischen und rednerischen Vortrag, daher sie sich in der Attischen Prosa in ihrer höchsten Kraft und Feinheit entfaltet.[15] Von dem Chinesischen alten Stil geben selbst diejenigen, welche sonst ein günstiges Urtheil über die Literatur dieses Volkes fällen, zu, dass er unbestimmt und abgerissen ist, so dass der auf ihn folgende, dem Bedürfniss des Lebens besser angepasste dahin trachten musste, ihm mehr Klarheit, Bestimmtheit und Mannigfaltigkeit zu geben. Dies beweist daher im Gegentheil für unsre Behaup-

---

* *Recherches critiques et historiques sur la langue et la littérature de l'Egypte.*
** In Millins *Magasin encyclopédique Tom. IV.* 1808. S. 255., wo zugleich eben so neue, als geistreiche Ideen über den Einfluss der hieroglyphischen und alphabetischen Schrift auf die grammatische Bildung der Sprachen entwickelt werden.

tung. | Von der Alt-Aegyptischen Literatur ist nichts bekannt; was wir aber sonst von den Gebräuchen, der Verfassung, den Bauwerken und der Kunst dieser merkwürdigen Länder wissen, deutet mehr auf streng wissenschaftliche Bildung, als auf ein leichtes und freies Beschäftigen des Geistes mit Ideen hin. Hätten indess auch diese beiden Völker gerade die Vorzüge erreicht, die man billigerweise Anstand nehmen muss, ihnen beizulegen, so würde dadurch das oben Entwickelte nicht widerlegt seyn. Wo der menschliche Geist durch ein Zusammentreffen begünstigender Umstände mit glücklicher Anstrengung seiner Kräfte arbeitet, gelangt er mit jedem Werkzeuge zum Ziel, wenn auch auf mühevollerem und langsamerem Wege. Allein darum dass er die Schwierigkeit überwindet, ist die Schwierigkeit nicht minder vorhanden. Dass Sprachen mit keinen, oder sehr unvollkommnen grammatischen Formen störend auf die intellectuelle Thätigkeit einwirken, statt sie zu begünstigen, fliesst, wie ich gezeigt zu haben glaube, aus der Natur des Denkens und der Rede. In der Wirklichkeit können andre Kräfte diese Hemmungen schwächen, oder aufheben. Allein bei der wissenschaftlichen Betrachtung muss man, um zu reinen Folgerungen zu gelangen, jede Einwirkung als ein abgesondertes Moment, für sich und so, als würde sie durch nichts Fremdartiges gestört, beurtheilen, und dies ist hier mit den grammatischen Formen geschehen.

Inwiefern auch in den Amerikanischen Sprachen eine höhere Bildungsstufe erreicht ward, darüber lässt sich keine reine Erfahrung zu Rathe ziehen. Die Schriften von Eingebohrnen* in Mexikanischer Sprache, die man besitzt, rühren nur von der Zeit der Eroberung her, und athmen daher schon fremden Einfluss. Doch ist sehr zu bedauern, daß man keine davon in Europa kennt. Vor der Eroberung gab es kein Mittel schriftlicher Aufzeichnung in jenem Welttheil. Man könnte schon dies als einen Beweis ansehen, dass in demselben kein Volk mit der entschiednen Stärke der Denkkraft aufgestanden seyn muss, welche die Hindernisse bis zur Erfindung des Alphabets durchbricht.[16] Allein diese Erfindung ist

---

* A. v. Humboldts *Essai politique sur le royaume de la Nouvelle Espagne.* p. 93. Desselben *Vues des Cordillères et monumens des peuples de l'Amérique.* p. 126.

wohl überhaupt nur sehr wenige male geschehen, da die meisten Alphabete, durch Ueberlieferung, eines aus dem andren entstanden sind. |

Die Sanskrit Sprache ist unter den uns bekannten die älteste und erste, die einen wahrhaften Bau grammatischer Formen, und zwar in einer solchen Vortreflichkeit und Vollständigkeit des Organismus besitzt, dass in dieser Rücksicht nur wenig später hinzugetreten ist. Ihr zur Seite stehen die Semitischen Sprachen; allein die höchste Vollendung des Baues hat unstreitig die Griechische erreicht. Wie nun diese verschiednen Sprachen sich in den hier betrachteten Rücksichten gegen einander verhalten, und welche neue Erscheinungen durch das Entstehen unsrer neueren Sprachen aus den classischen hervorgegangen sind, bietet reichlichen Stoff zu weiteren, aber feineren und schwierigeren Untersuchungen dar.

4. Ueber das Verbum in den Americanischen Sprachen*

Sie haben die Güte gehabt, meiner neulichen Abhandlung über das Entstehen der grammatischen Formen eine theilnehmende Aufmerksamkeit zu schenken.

Ich wünsche heute, dasjenige, was ich damals allgemein über dieses Entstehen behauptet, an einem einzelnen grammatischen Punkt durch eine Reihe von Sprachen hindurch auszuführen. Ich wähle hierzu die Amerikanischen, als die am meisten zu einem solchen Behufe geeigneten, und hebe das Verbum, als den bedeutendsten Redetheil, und den Mittelpunkt jeder Sprache heraus. Ohne aber in die Auseinandersetzung der einzelnen Theile des Verbum einzugehen, werde ich mich bloß auf seine eigentliche Verbalnatur, das Zusammenfassen des Subjects und Praedicats des Satzes vermittelst des Begriffes des Seyns beschränken.[1] Nur diese macht sein Wesen aus; alle übrigen Beziehungen, Personen, Tempora, Modi, Genera sind nur daraus abgeleitete Eigenschaften desselben.

Die zu beantwortende Frage ist also:

durch welche grammatische Bezeichnungsart deuten die hier zu vergleichenden Sprachen an, daß Subject und Praedicat vermittelst des Begriffes des Seyns überhaupt, oder auf eine bestimmte Weise zusammengefaßt werden soll?

Um nun zu beurtheilen, inwiefern sich diese Sprachen der grammatischen Vollendung in diesem Punkte nähern, muß man den Zustand, als Ziel, vor Augen haben, wo das Verbum, als wirklicher Redetheil da steht, d. h. wo es eine Gattung von Wörtern giebt, welche, indem sie die Verbalkraft besitzen, sich durch eine festbestimmte Form von allen übrigen Redetheilen unterscheiden. Bis zu diesem Zustande hinauf müssen alle übrigen sich vorfindenden

---

* Gelesen am 3. Juni 1823.

Bildungsarten, oder Umschreibungen des Verbum, so viel als möglich, stufenweise zusammengestellt werden.

Der Begriff des Seyn's, welcher die Grundlage, und das Wesen des Verbum ausmacht, kann angedeutet seyn

    entweder als für sich bestehend,

    oder als der Verbalform körperlich, als Hülfsverbum, einverleibt,

    oder als in ihr nur der Idee nach enthalten.

Nach diesen drei Abtheilungen werden sich die Verschiedenheiten der verglichenen Sprachen am richtigsten stellen lassen. Nur darf man nicht vergessen, daß es wohl keine Sprache geben mag, in welcher nicht die erste dieser Methoden mit einer der letzten zugleich gebraucht werden sollte, und daß in denjenigen Sprachen, welche ein Verbum substantivum[2] und in ihrer Conjugation Formen mit und ohne Hülfsverba besitzen, alle diese drei Fälle vorkommen.

I. Wenn der Begriff des Seyns, als für sich bestehend angedeutet ist.

Von den Arten, wie dies geschehen kann, muß ich gleich die ausnehmen, wo es ein wirkliches, das Verbum substantivum ausmachendes Wurzelwort giebt. Denn da dies, wie jedes andere Stammwort, die Verbalform annehmen muß, so tritt es in einen der beiden andren Fälle. Es enthält das Seyn entweder als ein Hülfsverbum, wie in unsren: ich bin gewesen, oder in der bloßen Form, wie im einfachen: ich bin. Wenn man bedenkt, daß wohl die Verba substantiva aller Sprachen ursprünglich von dem Begriff eines concreten Zustandes ausgehen, und auf diesen nur den allgemeinen des Seyns übertragen, so leuchtet dies noch mehr ein.

Soll es nun keinen eignen Wurzellaut für das Verbum substantivum geben und dasselbe doch für sich, nicht in einer andren Verbalform, angedeutet seyn, so muß diese Andeutung entweder nur durch die Stellung der, das Verbum regierenden, und von ihm regierten Worte geschehen, oder an Sprachelementen, die an sich keine Verba sind, sondern nur dadurch dazu werden. Im ersteren Fall wird das Verbum substantivum nur hinzugedacht, im andren stellt es sich in einem eignen Worte, aber ohne Wurzellaut dar.

1. wenn das Seyn hinzugedacht wird. Die Nebeneinanderstellung eines Adjectivs und Substantivs, mit ausgelassenem Verbum substantivum ist in den hier verglichenen Amerikanischen Sprachen eine der gewöhnlichsten Arten, Sätze zu bilden.

Mexikanisch[3]: *in Pedro qualli,* der Peter (ist) gut.

Totonakisch[4]: *aquit chixco,* ich (bin) Mensch.

Huastekisch[5]: *naxe uxum ibaua tzichniel,* dieses Weib (ist) nicht deine Magd.

In einigen Sprachen kann nicht jedes Praedikat mit einem Subject auf diese Weise verbunden werden, sondern nur Verbalien, oder gar Participien.

Das Subject kann auch, statt eines Nomen, ein Pronomen, entweder ein selbständiges, oder ein affigirtes seyn. In diesem letzten Fall vorzüglich wächst die Verwandschaft dieser Bezeichnungsart mit einer Verbalform. Denn auch eine solche wird da, wo keine Tempuscharakteristik hinzutritt, nur durch die Verbindung von einem Attributivum, und einem Pronomen gebildet.

Indeß ist das Verbum, als abgesonderter Redetheil nicht vorhanden, wenn, wie auch die Form sonst sey, auf die hier betrachtete Weise ein Verbum aus jedem Wort, nicht bloß mit den in der Sprache zu Verben gestempelten gemacht werden kann, oder mit solchen die ausdrücklich die Charakteristik des Nomen an sich behalten, und ich verweise daher alle diese Fälle in diese Classe.

Denn in allen diesen giebt es noch in der That kein Verbum, sondern nur abgesonderte Sprachelemente mit ausgelassenem Verbum.

Interessant aber werden diese Fälle, weil in ihnen eine stufenweise Annäherung zum Verbum und mithin das Trachten des Sprachinstincts nach dem Erreichen der grammatischen Form sichtbar ist.

Die affigirten Pronomina sind nun entweder eigne, nur dieser Wortstellung gewidmete, oder zwar auch sonst in der Sprache, aber nicht beim Verbum, oder nicht so gebräuchlich, oder die Pronominal-Affixa des Verbum selbst.

Die Mayische, oder Yucatanische Sprache[6] hat ein eignes Pronomen, welches, zu jedem Nomen gestellt, mit demselben einen Satz bildet, und also die Kraft besitzt, den Begriff des Verbum einzufügen. *Pedro en,* ich bin Peter. So wie es aber, ohne Praedicat, steht, verliert es diese Kraft, und *en* allein kann nicht: ich bin heißen.

In der Betoischen Sprache[7] giebt es zwar kein eignes Pronomen hierfür, da das gebrauchte auch als Besitzpronomen dient. Aber die Stellung bringt den Unterschied hervor; denn praefigirt ist dies Pronomen, das sich übrigens wenig von dem persönlichen, selbständigen unterscheidet, das Besitzpronomen, suffigirt ist es das die Verbalkraft enthaltende; *humanirru,* Mensch (bin) ich, *fofeirru,* böse (bin) ich. Auf die gleiche Weise bildet diese Sprache ein Verbum substantivum, *ajoirru.* Die Bedeutung der Stammsilbe wird nicht angegeben, sie scheint aber ein Etwas, ein Vorhandenes anzuzeigen. Ausdrucksvoll ist es noch, daß in dieser Wortstellung der Accent immer auf das Pronomen gelegt wird, als wolle man andeuten, daß dies dabei die Hauptsache sey.

Daß das Nomen (um den Besitz) und das Verbum (um das Subject anzuzeigen) sich desselben Pronomens bedienen, ist in den Amerikanischen Sprachen sehr häufig. Man kann es daraus erklären, daß die Handlung als ein Besitz des Handelnden angesehen werden kann. Einfacher aber ist es anzunehmen, daß in beiden Fällen an die Verbindung der Person mit dem Nomen, oder Verbum gedacht, und diese Beziehung, wie sie der Sinn fordert, genommen wird, denn daß man den Begriff bis zur Schärfe grammatischer Unterscheidung bringe.

Der Nutzen, welchen die hier genannten Sprachen durch diese Bildung von Sätzen vermittelst einer Auslassung des Verbum erreichen, ist ein doppelter.

Sie können einmal dadurch jedes beliebige Nomen in ein Verbum verwandeln, oder wenigstens, als solches, behandeln. Dies geschieht nun zwar auch durch ein wirkliches Verbum substantivum, wo ein solches vorhanden ist, aber da diese Sprachen, wie wir gesehen, das Nomen zum Theil mit den Flexionssilben des Verbum selbst verbinden, so geht diese Freiheit viel weiter.

Der zweite Vortheil dieser Bezeichnungsart ist, daß wo es darauf ankommt, die zweifache Art des Verbum, wo es in der einen ein energisches Attributiv[8] zur Basis hat, in der andren bloß das Zusammengehören eines Praedicats mit seinem Subject, einer Sache und der in ihr ruhenden Eigenschaft, deutlich von einander zu unterscheiden, dies viel besser auf diese Weise geschieht, als selbst durch ein ausdrückliches Verbum substantivum, das durch seine vollständige Verbalform immer an ein energisches Attribut erinnert.

Mehrere der hier genannten Sprachen verbinden zwar auch mit diesen Wortstellungen, freier oder beschränkter, Partikeln der tempora und somit ist in ihnen die Absonderung nicht rein. Aber in andren ist dies nicht der Fall. In der Betoischen und Mayischen namentlich entsteht durch die gewöhnliche Conjugation, und die mit dem Pronomen, eine zweifache Conjugation mit, und ohne Zeitbestimmung, und da in diesen beiden Sprachen das Praesens der wahren Conjugation, auch als tempus, eine Charakteristik hat, so entsteht durch die andere Art der Conjugation ein abgesonderter Aorist des Praesens, desgleichen die cultivirten Sprachen nicht auf gleich bequeme Weise bilden können.

2. Wenn das Seyn in einem eigenen Worte, aber ohne Wurzellaut dargestellt wird.

Obgleich die hier ausgedrückte Annahme auf den ersten Anblick etwas räthselhaft klingt, so sieht man doch bald, daß, wenn das Seyn, ohne Wurzellaut, in einem Wort dargestellt werden soll, dies nur durch die Charakteristik der Person, mithin das Pronomen, mit oder ohne Tempus-Charakteristik seyn kann.

Wirklich verhält es sich nun in zwei Sprachen auf diese Weise, in der Mayischen und der Yarurischen[9].

Von der Mayischen haben wir oben gesehen, daß sie ein eignes Pronomen besitzt, um mit dem Begriff der Person ein Praedicat in einem Satz zu verbinden. Es giebt aber in ihr auch ein andres, welches für sich, und allein stehend den Verbalbegriff mit sich führt, und von dem jede Person sowohl die Bedeutung der Pronomen, als des Verbum substantivum hat; ich und ich bin, du und du bist u.s.f. Es wird aber nicht allein auf diese Weise im Praesens abgewandelt, sondern nimmt auch die Kennzeichen der tempora an. Von dem zweiten, früher erwähnten Pronomen derselben Sprache unterscheidet es sich in den beiden ersten Personen des Sing. und Plur. (die dritten kommen von einem andren Stamm) nur durch ein hinzu kommendes *t*, folgendergestalt.

Pronomen das mit einem Praedicat den Verbalbegriff verbindet	Pronomen, das für sich Verbalkraft besitzt
1. *en*	*ten*
2. *ech*	*tech*

Ueber das Verbum

3. *lailo*   *lai*
4. *on*   *toon*
5. *ex*   *teex*
6. *ob*   *loob*

Diese Ähnlichkeit leitet auf den Gedanken, daß in dem *t* ein wirklicher Wurzellaut liegen könne, und so scheint Alles zusammen zu treffen, um dies Wort nicht für ein Pronomen, sondern für ein wirkliches Verbum substantivum zu halten. Doch liefe dies immer auf Eins hinaus. Denn die Thatsache ist nicht zu läugnen, daß dies Wort zugleich als bloßes Pronomen und Verbum subst. dient, und bald so, bald anders gebraucht wird. In der Uebersetzung des Vater-Unser kommt *toon* deutlich als bloßes Pronomen vor. Wenn *t* ein Wurzellaut ist, so kann er dies auch vom Pronomen seyn. Es giebt sichtbar solche in einigen Sprachen. In der Maipurischen[10] z. B. finden sich die Ausdrücke für die 3. pers. sing. durch alle andre Personen hindurch wieder, eben als hieße dieser Laut die Person, der Mensch überhaupt, und die Pronomina der andren Personen in dieser Zusammensetzung die Ich-Person, die Du-Person u.s.f.

In der Sprache der Achagua[11] haben die Pronomina aller Personen den nemlichen Wurzellaut, der aber nicht, wie in der Maipurischen, in der 3. pers. sing. allein steht, sondern auch in ihr, wie in den übrigen Personen, mit einem Affixum verbunden ist.

Auf jeden Fall aber leistet dies Mayische Pronomen vollständig die Dienste eines Verbum substantivum, und es giebt kein anderes in der Sprache.

Es ist auch sehr begreiflich, daß in der Vorstellungsweise roher Völker der Begriff eines Gegenstandes und besonders einer Person gar nicht so getrennt seyn kann von dem Begriff seines Daseyns. Dies findet auch auf die im Vorigen angeführten Wortstellungen Anwendung. Wo uns eine harte und ungrammatische Auslassung des Verbum zu seyn scheint, ist bei jenen Völkern vermuthlich ein dunkles Zusammendenken, ein Nichtunterscheiden des Gegenstandes vom Seyn. Vermuthlich rührt es auch daher, daß in einigen Amerikanischen Sprachen jedes Adjectivum so zusammengesetzt ist, daß es nicht sowohl den bloßen Begriff, als vielmehr den Ausspruch enthält: es ist so und so beschaffen.

In der Yarurischen Sprache wird die Abwesenheit eines Wurzellauts, welcher *seyn* bedeutete, noch sichtbarer. Jede Person des Pronomens macht ein verschiednes Wort, und kein Buchstabe ist allen gemeinschaftlich. Auch ist das Pronomen, welches die Verbalkraft besitzt, bis auf kleine Verschiedenheiten, dasselbe, als das selbständige persönliche. Die Kennzeichen der tempora werden ihm praefigirt. So heißt *que,* ich bin, *ri-que,* ich war u.s.f. Dies *ri* aber ist nichts andres, als eine Partikel, welche ein Entfernen von einem Gegenstand ausdrückt, und unsrem *von* entspricht. *Ui-ri-di,* es war Wasser da, wörtlich: Wasser fern es.

Streng genommen sind die beiden hier erklärten Verbalbezeichnungen mit den im Vorigen aufgeführten einerlei. Auch hier wird das Verbum hinzugedacht. Der Unterschied aber besteht darin, daß die Pronomina hier für sich allein schon das Seyn bedeuten, und es also gleichsam in sich enthalten, statt daß in jenen Fällen der Begriff davon erst durch das Zusammentreten eines Subjects und Praedicats geweckt wird. Auch kommt noch dazu, daß, besonders in der Mayischen Sprache, ein eignes, und nur dies Pronomen (indem es mehrere giebt, welche die Yarurische nicht hat) diese Eigenschaft besitzt. Wie die Formen nun sind, sehen diese vollkommen einem wahren Verbum ähnlich, und wenn man dies *que* und *ten* als bloße Verba subst. vorstellte, so würde der, welcher ihre Elemente nicht untersuchte, sie ebenso für wahre Verba annehmen, als die Sanskritischen *bhu* und *as,* das Griechische εἰμὶ, und lat. *sum.* Das Beispiel dieser Sprachen kann auch bei der Analyse der Wörter, welche andre Sprachen als Verb. subst. brauchen, dienen, und lehren, daß nicht nothwendig in denselben ein gemeinschaftlicher Wurzellaut gemacht zu werden braucht.

II. Wenn der Begriff des Seyns dem Verbum körperlich in der Form eines Hülfsverbum einverleibt ist.

Hülfsverba treten entweder nur für einzelne tempora ein, oder bilden die ganze Conjugation. Das erstere entsteht aus zufälligen, sich nur auf diese tempora, nicht auf die Bildung des Verbum allgemein beziehenden Ursachen. Das letztere findet sich leicht, wenn ein einmal vorhandenes Verbum subst. die Bequemlichkeit darbietet, jedes andre Verbum durch bloße Verbindung mit ihm zu bilden. Bisweilen aber zeigt die Conjugation durch ein Hülfsverbum auch an, daß der Sprachsinn[12] der Nation in dem Verbum, außer den Kennzeichen der Personen und Tempora, noch etwas, die Verbalkraft selbst anzeigendes sucht, und darum zu einem allgemeinen Verbum seine Zuflucht nimmt. Dies kann zwar selbst doch nur aus jenen Elementen und dem Wurzellaute bestehen. Aber der Mangel, dem abgeholfen werden soll, ist alsdann doch in der Sprache nur einmal, und kehrt nicht in jedem Verbum wieder.

Ein treffendes Beispiel hierzu giebt die Mayische Conjugation. Bei ihrer Zergliederung stößt man auf ein Element, das weder zur Wurzel gehört, noch Kennzeichen einer Person, eines tempus, oder Modus ist, und wenn man ihre Verschiedenheiten und Umänderungen vergleicht, so trift man durchaus eine große Sorgfalt an, auch die eigentliche Verbalkraft in der Form des Verbum auszudrücken.

Die Conjugation in der Sprache der Maya wird durch Anfügung des Pronomen, und der Charakteristik der tempora und modi an das Stammwort gebildet. Das Pronomen ist, nach einem weiter unten zu bestimmenden Unterschiede, entweder das Besitzpronomen, oder dasjenige, welches, ohne für sich mit Verbalkraft versehen zu seyn, sie dann erhält, wenn sich ein Praedicat zu einem Satz an dasselbe anschließt.

Außerdem aber begleitet alle Verba, im Praesens und Imperfectum das Suffixum *cah*, und alle transitiven durch die übrigen tempora, außer dem Futurum, hindurch das Suffixum *ah*; Praes. 1. Pers. sing. *canan-in-cah*, ich bewache. Imperf. 1. Pers. s. *canan-in-cah-cuchi*. Perf. 1. Pers. Sing. *in-canan-t-ah*. *In* ist das Besitzpronomen, *cuchi*, die Charakteristik des Imperfectum, das *t* im Perfectum ein euphonischer Buchstabe.

Der Begriff der transitiven Verba wird hier etwas enger, als gewöhnlich genommen. Man versteht darunter nemlich nur diejenigen, die ein andres außer ihnen stehendes Wort, als ihren Gegenstand, regieren. Alle übrigen heißen intransitiva, folglich auch diejenigen, die an und für sich Activa sind, aber entweder keinen bestimmten Gegenstand haben (wie ich liebe, hasse u.s.f.) oder das von ihnen regierte Wort im Verbum selbst enthalten, auf ähnliche

Weise als die Griechischen οἰκοδομέω, οἰκουρέω. Da diese einen zweiten Accusativ regieren können, so wird bei ihnen in der That der ihnen einverleibte Gegenstand gleich in ihren Begriff mit aufgenommen.*

Die tempora der intransitiven Verba, außer dem Praesens und Imperfectum, sind, indem sie *ah* und das Besitzpronomen wegwerfen, mit demjenigen Pronomen verbunden, welches mit einem Praedicat für sich Sätze bildet.

Es giebt Fälle, wo das Praesens nicht nur das Suffixum *cah*, sondern wo sogar das Stammwort, wenn es, wie bei vielen Verben der Fall ist, ein *ah* zur Endsilbe hat, diese verliert, und an deren Stelle *ic* gesetzt wird. Die Bedeutung ändert sich dann auch, und deutet ein gewöhnliches, zur Eigenschaft gewordenes Handeln an. Da nun *ic* auch Charakteristik eines Gerundium genannt wird, so scheint diese ganze Umänderung die Verwandlung des Verbum in ein Verbale zu seyn, und alsdann muß, um die Abwandlung zu bewirken, mit solchem Worte dasjenige Pronomen verbunden werden, welches zugleich als Verbum subst. dient; *ten yacunic,* ich liebe, eig. ich bin liebend.

Was *cah* und *ah* für sich bedeuten, erfährt man nicht. Da wo *cah* zum Stamm einiger Verba selbst gehört, drückt es Heftigkeit aus. *Ah* ist, als Vorsilbe, Charakteristik des männlichen Geschlechts, der Bewohner eines Orts, endlich der von Activverben gemachten Nomina. Hiernach scheint es ursprünglich Person, Mann, angedeutet zu haben, dann Pronomen und endlich Affixum geworden zu seyn. Merkwürdig ist, daß zwischen *ah* und *cah* derselbe Unterschied ist, als zwischen *en* und *ten*. Das *c* könnte daher wohl auch ein Wurzellaut seyn. In der Conjugation wird *cah* ganz wie ein Verbum behandelt. Denn das Besitzpronomen wird in dieser dem Wortstamm immer praefigirt. Da es nun im Praesens und Imperfectum, wie die obigen Beispiele zeigen, sich hinter das wahre Stammwort des Verbum, und vor *cah* stellt, so zeigt sich an diesem Unterschied von *canan-in-cah,* und *in-canan-t-ah,* daß im er-

---

* Ich bemerke hier gelegentlich, daß die sonst an den kühnen Zusammensetzungen so reiche Sanskrit-Sprache, wie die Deutsche, diese Verbindungen von Subst. und Verben in demselben Wort nicht kennt. Im Lateinischen kommen sie, obgleich aber sparsam vor; *aedifico.*

steren *cah,* und *canan* nur im letzteren als Verbum angesehen wird. *Canan-in-cah* ist gerade, wie das Englische *I do guard.*

Cah also ist ein wahres Hülfsverbum, *ten,* wo es eintritt, auch, bei *en* muß, seiner Natur nach dies Seyn hinzugedacht werden, *ah* scheint ihm gleich, was es aber auch seyn möge, so begleitet es in der Conjugation bloß transitive Verba, ist dann Charakteristik, und enthält also die Verbalkraft des Seyns in sich. Daß wirklich *cah* und *ah* diese Function in der Sprache besitzen, zeigt sich auch daraus, daß sie niemals da gebraucht werden, wo schon eins der beiden, immer mit dem Begriffe des Seyns verbundenen Pronomina vorhanden ist.

Die bestimmten Resultate dieser Auseinandersetzung sind daher:

1.) daß die Mayische Sprache in ihrer Conjugation, außer den Beugungssilben der Personen und Tempora, noch ein andres Element besitzt, welches den Begriff des Seyns deutlich mit sich führt.

2.) daß diese Sprache ein Bemühen zeigt, in dem Verbum, außer den andren Bestimmungen desselben, auch seine synthetische Kraft[13] zu bezeichnen, welches um so sichtbarer ist, als sie sich dazu, nach Verschiedenheit der Fälle, verschiedener, aber zum gleichen Zweck führender Mittel bedient.

Noch einfacher, und in die Augen fallender bildet die Yarurische Sprache ihre ganze Conjugation durch ein Hülfsverbum.

Die Verbindung des Pronomen, und der Kennzeichen der Tempora, welche, wie wir im Vorigen sahen, das Verbum subst. bildet, macht, den Stammwörtern suffigirt, auch die Flexionssilben der einzigen und ganzen Conjugation der attributiven Verba aus, nur daß noch die selbständigen Pronomina vorgesetzt werden. Weder die Stammwörter, noch jenes Hülfsverbum leiden dabei irgend eine Veränderung. Die Verbindung bleibt aber dem ungeachtet immer nur locker, und wo Person und Zeitbezeichnung von selbst aus dem Zusammenhange hervorzugehen scheint, wird das Hülfsverbum auch wohl weggelassen.

Die Bildung einzelner Tempora durch Hülfsverba ist auch in den Amerikanischen Sprachen häufig vorhanden.

Ich erwähne aber hier nur eines, auch in andrer Beziehung merkwürdigen Falles dieser Art in der Totonaka-Sprache.

Die Kennsilbe eines der beiden Perfecta, welche diese Sprache besitzt, ist *nit*, und *niy* heißt sterben. Es ist nicht unwahrscheinlich, daß jenes Affixum von diesem Verbum stammt, Tod und Vernichtung sind passende Begriffe für den Ausdruck der Vergangenheit, und andre Sprachen bedienen sich daher verneinender Partikeln zu Charakteristiken des Praeteritum. In der Tamanakischen[14] ist zwar nicht gerade dies der Fall, aber die Verneinungspartikel *puni* zu einem Worte gesetzt, das etwas Lebendiges bezeichnet, bedeutet, daß dasselbe gestorben ist; *papa puni* (wörtlich: *Vater nicht*) *der verstorbene Vater*. In der Sprache der Omagua[15] heißt dasselbe Wort *alt, vergangen,* und *nicht vorhanden*.

In der Maipurischen und Caribischen Sprache[16] dagegen sind die Verneinungspartikeln *ma* und *spa* zugleich Kennsilben des Praeteritum. Bopps* Vermuthung daß das Sanskritische Augment ursprünglich das *a* privativum sey, wird als o durch die Analogie dieser Sprachen gestützt. Doch möchte ich darüber nicht entscheiden, da dies, das Griechische Augment ε, und das Mexicanische o auch vielleicht nur Lautverlängerungen sind, welche sinnbildlich die Länge der verflossenen Zeit anzeigen sollen. Auf jeden Fall müßte man die Verneinung als eine wirkliche Vernichtung, ein Gewesen und nicht mehr seyn, nicht als eine Verneinung des Praesens ansehen.

III. Wenn der Begriff des Seyn's in der Verbalform nur der Idee nach vorhanden ist.

Das Verbum besteht in diesem Fall nur aus dem Stammwort, den Kennsilben der Personen, und denen der Tempora und Modi. Jene sind ursprünglich Pronomina, diese Partikeln. Ehe nun beide durch die abschleifende Aussprache ganz zu Affixen geworden sind, kommen folgende drei Fälle vor:

1.) daß alle jene drei Elemente gleich ausgeschieden, und gleich locker verbunden sind.

2.) daß eine von beiden, die Bezeichnung der Personen, oder die der Tempora und Modi eine festere Verbindung mit dem Stammwort eingegangen, und zur Form geworden ist, die andre aber nur phrasenartig daran angeschlossen wird.

---

* Annals of oriental literature. nr. l. p. 26.

3.) daß beide Bezeichnungen gleich fest mit dem Stammwort zusammengeschmolzen sind, und das Ganze sich einer wahren grammatischen Form nähert, wenn es auch dem Begriffe derselben nicht volle Genüge leistet.

Erster Fall.

Ich wüßte hier nur die Sprache der Omagua zu nennen, da mir keine andre mit so entschiedener Abwesenheit aller wahrhaft grammatischen Formen im Verbum vorgekommen ist.

Die selbständigen Pronomina, die Stammwörter der Verba, und die Partikeln der Tempora und Modi werden, ohne alle Abänderung, und ohne alle engere Verbindung, bloß neben einander gestellt, und nicht einmal die Ordnung in welcher dies geschieht, scheint fest zu seyn; *usu,* gehen. 1. pers. sing. Praes. *ta usu.* 2. pers. sing. perf. *avi ene usu* (*ene* ist das Pronomen, *avi* char. perf.)

Zweiter Fall.

1.) Die Maipurische, Abiponische, und Mbayische und Mocobische Sprache[17] stellen nur die Kennzeichen der Personen in engere Verbindung mit dem Stammwort des Verbum, und lassen sich die der Tempora und modi loser daran anschliessen. Sie haben daher nur Einen, durch verschiedene Partikeln, oder aus solchen entstandene Affixa in jedes Tempus, und jeden Modus zu verwandelnden Typus der Personenformation. Dieser Typus, für sich betrachtet, macht gewöhnlich das Praesens aus. Allein genau genommen kann man ihm diesen Namen nicht beilegen. Denn auch die Charakteristiken der andren Tempora werden weggelassen, wenn man glaubt ihrer, der Deutlichkeit unbeschadet, entbehren zu können. Man erwartet nicht, in gebildeten Sprachen etwas dieser Conjugationsform Aehnliches anzutreffen. Dennoch findet es sich im Sanskrit und Griechischen. Die jetzt bedeutungslose Partikel *sma* verwandelt, wenn sie sich im Sanskrit hinter das Praesens stellt, dies in eine vergangene Zeit, und im Griechischen bringt ἄν mit dem Indicativus den Conjunctivus hervor.

2.) In den bisher betrachteten Sprachen machten also die Personenzeichen mit dem Worte die Conjugation aus, und die übrigen Kennsilben schlossen sich nur gleichsam äußerlich und locker an. Der umgekehrte Fall, doch nicht vollkommen und rein, findet sich in der Sprache der Lule.[18] Die Charakteristiken der Tempora und Modi sind nemlich unmittelbar, und fest, zum Theil nur aus einzelnen Buchstaben bestehend, dem Stammwort angefügt, und mit diesen Verbindungen vollenden Pronomina, die Conjugation. Diese sind aber die gewöhnlichen Possessiva, so daß Nomen und Verbum dadurch zum Theil zusammenfallen, und z. B. *came* so gut: *ich esse,* als *meine Speise, cumuee* so gut: *ich heirathe,* als *mein Weib* heißt, nur in wenigen Fällen sind die Verbal-Pronomina von den possessiva verschieden.

Die Personenzeichen sind folglich hier selbständige, auch sonst in der Sprache vorkommende Elemente, und die der Tempora und Modi dagegen wahre Affixa.

Die Sprachen der Mbaya, Abiponen, Mocobi und Lule sind, sowohl den Worten, als einigen grammatischen Formen nach, nahe mit einander verwandt. Es ist daher um so wunderbarer, daß die letzte in der ursprünglichen Bildung des Verbum ein Princip befolgt, welches dem der drei ersten Sprachen beinahe entgegengesetzt ist.

Dritter Fall.

Die Sprachen, deren Conjugation in diese Classe gehört, nähern sich den höher gebildeten, in welchen jede Verbalbeugung eine eigne und feste Form ausmacht. Sowohl die Personen, als Tempus- und Modus-Kennzeichen sind mit dem Stamme des Verbum verbunden, ohne daß diese Verbindung bei der einen oder andren Gattung dieser Affixa fester, oder loser genannt werden kann.

Allen hier zusammenzustellenden Conjugationen fehlt indeß immer noch viel an derjenigen Festigkeit der Formen, welche den Geist grammatisch befriedigt.

Die Elemente stehen wohl regelmäßig, und bestimmt bei einander, sind aber nicht eigentlich in einander verschmolzen und daher leicht erkennbar.

Sie finden sich sonst, außer dem Verbum, in der Sprache in selbständiger Form wieder entweder ohne alle Veränderung oder mit sehr kleiner Umbeugung der Laute, die Personenzeichen als Pronomina, die übrigen Affixa als Partikeln.

Das Verbum ist in seiner Zusammensetzung trennbar, und nimmt, wie es der Zusammenhang der Rede fordert, andre Redetheile in sich auf.

Keine amerikanische Sprache ist in ihrer Conjugation von allen diesen Hindernissen der Festigkeit der Form frei, in vielen finden sich alle drei, in den meisten wenigstens das erste und letzte. In den wahrhaft grammatisch gebildeten Sprachen dagegen, der Sanskritischen, Griechischen, Lateinischen, Deutschen trift man keinen dieser Mängel an. Das Verbum nimmt nichts von demjenigen, was es regiert, in seine Mitte auf,[19] die den Stamm modificirenden Affixa haben alle Selbständigkeit verloren, und die Unterscheidung selbst der Elemente der Formen wird eine schwierige, philologische Aufgabe, deren Erfolg oft mislingt, und der nur sehr selten zu wirklicher Evidenz gelangt.

In einzelne Beispiele dieser Verbalformen einzugehen, würde in ein ermüdendes Détail führen. Ich erwähne daher nur der merkwürdigen Eigenthümlichkeit der Mexikanischen Sprache, an dem Verbum selbst auch den Gegenstand auszudrücken, den es regiert. Dies ist zwar mehreren Amerikanischen Sprachen eigen, allein die Mexikanische ist unter allen mir bekannten diejenige, welcher das Aufnehmen der regierten Redetheile in die Verbalform am meisten eigen ist, und welche diese Eigenthümlichkeit vorzüglich ausgebildet hat. Das regierte Nomen wird mitten in das Verbum gesetzt, geht dies nicht an, so wird es durch ein vertretendes Pronomen, im Verbum doch im voraus verkündet. Sind zwei regierte Redetheile da, ein Accusativ, und Dativ, so werden auch zwei ihnen entsprechende Pronomina eingeschoben, und ist kein regiertes Object vorhanden, aber das Verbum doch von der Natur, daß es gewöhnlich eins, die Sache, oder Person, oder beide mit sich führt, so treten zwei unbestimmte Pronomina in das Verbum. Alle diese Einschiebungen geschehen, und in festbestimmter Regelmäßigkeit, zwischen dem Personenzeichen und dem Stammwort des Verbum. Das Mexikanische Verbum drückt also allemal entweder einen ganzen Satz wirklich aus, oder giebt doch immer das vollständige Schema, und die Andeutung aller Theile desselben, die nur hernach weiter ausgebildet werden; es sagt z. B. ich gebe einem etwas, in Einem Wort, *nitetlamaca*, und bestimmt hernach wer und was dieser und dieses ist. Daraus folgt aber auch unabänderlich, daß ein Theil der Verbalform dem Sinn und Zusammenhang der Rede nach, immer wechselnd ist, und daß das regierende Pronomen bald unmittelbar vor dem Stammwort steht, bald von ihm durch ein, oder mehrere Silben, bestimmte, oder unbestimmte Pronomina, und selbst durch Substantiva getrennt wird.

Geht man nun in Gedanken noch einmal die verschiedene Bildungsart der hier zergliederten Verbalformen durch, so ergiebt sich ein allgemeines, über den ganzen Organismus dieser Sprachen Licht verbreitendes Resultat.

Das Herrschende und Vorwaltende in ihnen ist das Pronomen, mit allen zur Sprache kommenden Gegenständen wird der Begriff der Person verbunden.

Nomen und Verbum sind nicht an sich verschieden, sie werden es erst durch das sich mit ihnen verbindende Pronomen.

Denn der Gebrauch dieses spaltet sich in zwei Theile, von denen der eine dem Nomen, der andre dem Verbum zugewandt ist. Beide verbinden sich aber in dem Begriff des Gehörens zur Person, als Besitz beim Nomen, als Energie beim Verbum. Darauf aber, ob diese Begriffe dunkel in einander verwirkt sind, oder sich bestimmt und deutlich scheiden, beruht hauptsächlich die grammatische Vollkommenheit der Sprache. Die richtige Abtheilung der Gattungen des Pronomens ist daher für dieselbe entscheidend, und in dieser muß man bei weitem der Mexikanischen den Vorzug geben.

Es entsteht hieraus, daß die Redenden gewissermaßen mehr in jedem Augenblick das Verbum machen, als sich eines vorhandenen bedienen, und eine weitere Folge hiervon ist es, daß die Verbalbildung fast in jeder Sprache nur Eine, auf alle einzelnen Verba passende ist, daß es wesentlich nur Eine Conjugation giebt, und daß die einzelnen Verba, einige wenige unregelmäßige etwa ausgenommen, keine Eigenthümlichkeiten darbieten.

Im Griechischen, Lateinischen, Alt-Indischen ist dies anders. Viele Verba müssen da einzeln studirt werden, weil sie einzelne Ausnahmen, Lautveränderungen, Mängel, und überhaupt sie charakterisirende Individualität an sich tragen.

Der Unterschied zwischen diesen gebildeten, und jenen roheren Sprachen ist gewiß großentheils nur einer der Zeit,[20] und einer mehr oder weniger glücklichen Mischung verschiedenartiger Dialecte. Allein zum Theil liegt er gewiß auch in den ursprünglichen Anlagen der Nationen.

Diejenigen, deren Sprachen wir hier zergliedert haben, setzen im Sprechen ewig die Elementartheile der Rede zusammen, verbinden diese nicht fest, weil sie dem wechselnden Bedürfniß folgen, bringen immer soviel zusammen, als das Bedürfniß ihnen jedesmal zu erheischen scheint und lassen oft verbunden, was die Gewohnheit des Gebrauches verknüpft, wenn auch die scharfe Absonderung der Gedanken es nothwendig trennen würde.

Daraus kann nun keine richtige Wortabtheilung entstehen, nicht für die Richtigkeit und Angemessenheit des Gedankens, wo das Wort nur eine gewisse Masse wohl in sich geschlossenen Inhalts, und eine bestimmte grammatische Form haben muß, noch für die Forderungen des Ohrs.

Nationen von höheren Geistes und Sinnes-Anlagen werden für diese richtige Abtheilung Gefühl haben, das Zusammenfügen und unaufhörliche Verschieben bloßer Elementartheile wird ihnen widrig seyn, sie werden auch in den Wörtern wahre Individualität suchen, daher fest verbinden, nicht zu viel in Ein Ganzes versammeln, und nur zusammen lassen, was dem Gedanken nach zusammengehört, nicht was bloß der Gebrauch oft, oder sogar gewöhnlich verknüpft.

5. Ueber die Buchstabenschrift und ihren Zusammenhang mit dem Sprachbau*

[V: 107–133]

Es hat mir bei dem Nachdenken über den Zusammenhang der Buchstabenschrift mit der Sprache immer geschienen, als wenn die erstere in genauem Verhältniss mit den Vorzügen der letzteren stände, und als wenn die Annahme und Bearbeitung des Alphabets, ja selbst die Art und vielleicht auch die Erfindung desselben, von dem Grade der Vollkommenheit der Sprache, und noch ursprünglicher, der Sprachanlagen jeder Nation abhienge.

Anhaltende Beschäftigung mit den Amerikanischen Sprachen, Studium der Alt-Indischen und einiger mit ihr verwandten, und die Betrachtung des Baues der Chinesischen schienen mir diesen Satz auch geschichtlich zu bestätigen. Die Amerikanischen Sprachen, die man zwar sehr mit Unrecht mit dem Namen roher und wilder bezeichnen würde, die aber ihr Bau doch bestimmt von den vollkommen gebildeten unterscheidet, haben, soviel wir bis jetzt wissen, nie Buchstabenschrift besessen. Mit den Semitischen und der Indischen ist diese so innig verwachsen, dass auch nicht die entfernteste Spur vorhanden ist, dass sie sich jemals einer andren bedient hätten. Wenn die Chinesen beharrlich die ihnen seit so langer Zeit bekannten Alphabete der Europaeer zurückstossen, so liegt dies, meines Erachtens, bei weitem nicht bloss in ihrer An- | hänglichkeit am Hergebrachten, und ihrer Abneigung gegen das Fremde, sondern viel mehr darin, dass, nach dem Mass ihrer Sprachanlagen, und nach dem Bau ihrer Sprache, noch gar nicht das innere Bedürfniss nach einer Buchstabenschrift in ihnen erwacht ist. Wäre dies nicht der Fall, so würden sie durch ihre eigene, ihnen in hohem Grade beiwohnende Erfindsamkeit, und durch ihre Schriftzeichen selbst dahin gekommen seyn, nicht bloss, wie sie jetzt thun, Laut-

---

* Gelesen in der Akademie der Wissenschaften am 20. Mai 1824.

zeichen als Nebenhülfe zu gebrauchen, sondern ein wahres, vollständiges und reines Alphabet zu bilden.

Auf Aegypten allein schien diese Vorstellungsart nicht recht zu passen. Denn die heutige Coptische Sprache beweist unläugbar, dass auch die Alt-Aegyptische einen Bau besass, der nicht von grossen Sprachanlagen der Nation zeugt, und dennoch hat Aegypten nicht nur Buchstabenschrift besessen, sondern war sogar, nach keinesweges verwerflichen Zeugnissen, die Wiege derselben. Allein auch wenn eine Nation Erfinderin einer Buchstabenschrift ist, bleibt ihre Art, dieselbe zu behandeln, ihrer Anlage entsprechend, den Gedanken aufzufassen, und durch Sprache zu fesseln und auszubilden; und die Wahrheit dieser Behauptung leuchtet gerade recht aus der wunderbaren Art hervor, wie die Aegyptier Bilder- und Buchstabenschrift in einander übergehen liessen.

Buchstabenschrift und Sprachanlage stehen daher in dem engsten Zusammenhange, und in durchgängiger Beziehung auf einander. Dies werde ich mich bemühen, hier sowohl aus Begriffen, als, soviel es in der Kürze geschehen kann, welche diesen Abhandlungen geziemt, geschichtlich zu beweisen. Die Wahl dieses Gegenstandes hat mir aus dem zwiefachen Grunde angemessen geschienen, dass die Natur der Sprache in der That nicht vollständig eingesehen werden kann, wenn man nicht zugleich ihren Zusammenhang mit der Buchstabenschrift untersucht, und dass gerade jene neuesten Beschäftigungen mit der Aegyptischen Schrift[1] den Antheil an Untersuchungen über Schrift-Erfindung und Aneignung im gegenwärtigen Augenblicke verdoppeln.

Alles, was sich auf die äussren Zwecke der Schrift, ihren Nutzen im Gebrauch für das Leben und die Verbreitung der Kenntnisse bezieht, übergehe ich gänzlich. Ihre Wichtigkeit von dieser Seite leuchtet zu sehr von selbst ein, und nur Wenige dürften in dieser Hinsicht die Vorzüge der Buchstabenschrift vor den übrigen Schriftarten verkennen. Ich beschränke mich bloss auf den Einfluss der alphabetischen auf die Sprache und ihre | Behandlung. Ist dieser wirklich bedeutend, ist der Zusammenhang der Sprache mit dem Gebrauche eines Alphabets innig und fest, so können auch die Ursachen begieriger Aneignung der Buchstabenschrift, oder kalter Gleichgültigkeit gegen dieselbe nicht länger zweifelhaft bleiben.

Wie aber schon oft von den Sprachen selbst behauptet wird, dass ihre Verschiedenheit nicht von grosser Wichtigkeit sey, da, wie auch der Schall laute, und die Rede sich verknüpfe, doch endlich immer derselbe Gedanke hervortrete, so dürfte die Art der Schriftzeichen noch für bei weitem gleichgültiger gehalten werden,[2] wenn sie nur nicht gar zu grosse Unbequemlichkeit mit sich führe, oder die Nation sich gewöhnt habe, die mit ihr verbundnen zu überwinden. Auch machen diejenigen, welche sich der Schrift häufig, und noch weit mehr diejenigen, welche sich derselben auf eine sinnige Weise bedienen, immer nur von jedem Volke einen kleinen Theil aus. Jede Sprache hat also nicht bloss lange Zeit ohne Schrift bestanden, sondern lebt auch grossentheils beständig auf gleiche Art fort.

Allein das tönende Wort ist gleichsam eine Verkörperung des Gedanken, die Schrift eine des Tons. Ihre allgemeinste Wirkung ist, dass sie die Sprache fest heftet, und dadurch ein ganz andres Nachdenken über dieselbe möglich macht, als wenn das verhallende Wort bloss im Gedächtniss eine bleibende Stätte findet. Es ist aber auch zugleich unvermeidlich, dass sich nicht irgend eine Wirkung dieser Bezeichnung durch Schrift, und der bestimmten Art derselben überhaupt dem Einflusse der Sprache auf den Geist beimischen sollte. Es ist daher keinesweges gleichgültig, welche Art der Anregung die geistige Thätigkeit durch die besondre Natur der Schriftbezeichnung erhält. Es liegt in den Gesetzen dieser Thätigkeit, das Denkbare und Anschauliche als Zeichen und Bezeichnetes zu betrachten, wechselsweise hervorzurufen, und in verschiedne Stellung gegen einander zu bringen; es ist ihr eigen, bei einer Idee oder Anschauung auch die verwandten wirken zu lassen, und so kann die Uebertragung des erst als Ton gehefteten Gedanken auf einen Gegenstand des Auges, nach Massgabe der Art, wie sie geschieht, dem Geiste sehr verschiedne Richtungen geben. Offenbar aber müssen, wenn die Gesammtwirkung nicht gestört werden soll, das Denken in Sprache, die Rede und die Schrift übereinstimmend gebildet, und wie aus Einer Form gegossen seyn. |

Darum dass die Schrift nur immer Eigenthum eines kleineren Theils der Nation bleibt, und wohl überall erst entstanden ist, als der schon festbestimmte Sprachbau nicht mehr wesentliche Umänderungen zuliess, ist ihr Einfluss auf sie nicht minder wichtig.

Denn die gemeinschaftliche Rede umschlingt doch (freilich in einer Lebensform weniger, als in der andren) das ganze Volk, und was auf sie bei Einzelnen gewirkt ist, geht doch mittelbar auf Alle über. Die feinere Bearbeitung der Sprache aber, für welche der Gebrauch der Schrift eigentlich erst den Anfangspunkt bezeichnet, ist gerade die wichtigste, und unterscheidet, an sich und in ihrer Wirkung auf die Nationalbildung, die Eigenthümlichkeit der Sprachen bei weitem mehr, als der gröbere, ursprüngliche Bau.[3]

Die Eigenthümlichkeit der Sprache besteht darin, dass sie, vermittelnd, zwischen dem Menschen und den äussren Gegenständen eine Gedankenwelt an Töne heftet. Alle Eigenschaften jeder einzelnen können daher auf die beiden grossen Hauptpunkte in der Sprache überhaupt bezogen werden, ihre Idealität und ihr Tonsystem. Was der ersteren an Vollständigkeit, Klarheit, Bestimmtheit und Reinheit, dem letzteren an Vollkommenheit abgeht, sind ihre Mängel, das Entgegengesetzte ihre Vorzüge.

Diese Ansicht habe ich in zwei, dieser Versammlung früher vorgelegten Abhandlungen[4] aufzustellen und zu rechtfertigen versucht, und mich bemüht zu zeigen:

dass das, auch unverknüpfte Wortsystem jeder Sprache eine Gedankenwelt bildet, die, gänzlich heraustretend aus dem Gebiet willkührlicher Zeichen, für sich Wesenheit und Selbständigkeit besitzt;

dass diese Wortsysteme niemals einem einzelnen Volk allein angehören, sondern auf einem Wege der Ueberlieferung, den weder die Geschichte, noch die Sprachforschung ganz zu verfolgen im Stande sind, zu dem Werke der gesammten Menschheit alle Jahrhunderte ihres Daseyns hindurch werden, und dass mithin jedes Wort ein doppeltes Bildungselement in sich trägt, ein physiologisches, aus der Natur des menschlichen Geistes hervorgehendes, und ein geschichtliches, in der Art seiner Entstehung liegendes; ferner:

dass der Charakter der vollkommner gebildeten Sprachen dadurch bestimmt wird, dass die Natur ihres Baues beweist, dass | es dem Geist nicht bloss auf den Inhalt, sondern vorzüglich auf die Form des Gedanken ankommt.

Ich glaube diesen Weg auch hier verfolgen zu können, und es leuchtet nun von selbst ein, dass die Buchstabenschrift die Idealität der Sprache schon insofern negativ befördert, als sie den Geist auf keine, von der Form der Sprache abweichende Weise anregt, dass aber das Tonsystem, da Lautbezeichnung ihr Wesen ausmacht, erst durch sie Festigkeit und Vollständigkeit erlangen kann.

Dass jede Bilderschrift durch Anregung der Anschauung des wirklichen Gegenstandes die Wirkung der Sprache stören muss, statt sie zu unterstützen, fällt von selbst in die Augen. Die Sprache verlangt auch Anschauung, heftet sie aber an die, vermittelst des Tones, gebundene Wortform. Dieser muss sich die Vorstellung des Gegenstandes unterordnen, um als Glied zu der unendlichen Kette zu gehören, an welcher sich das Denken durch Sprache nach allen Richtungen hinschlingt. Wenn sich das Bild zum Schriftzeichen aufwirft, so drängt es unwillkührlich dasjenige zurück, was es bezeichnen will, das Wort.[5] Die Herrschaft der Subjectivität, das Wesen der Sprache, wird geschwächt, die Idealität dieser leidet durch die reale Macht der Erscheinung, der Gegenstand wirkt nach allen seinen Beschaffenheiten auf den Geist, nicht nach denjenigen, welche das Wort, in Uebereinstimmung mit dem individuellen Geiste der Sprache, auswählend zusammenfasst, die Schrift, die nur Zeichen des Zeichens seyn soll, wird zugleich Zeichen des Gegenstandes, und schwächt, indem sie seine unmittelbare Erscheinung in das Denken einführt, die Wirkung, welche das Wort gerade dadurch ausübt, dass es nur Zeichen seyn will. An Lebendigkeit kann die Sprache durch das Bild nicht gewinnen, da diese Gattung der Lebendigkeit nicht ihrer Natur entspricht, und die beiden verschiednen Thätigkeiten der Seele, die man hier zugleich anregen möchte, können nicht Verstärkung, sondern nur Zerstreuung der Wirkung zur Folge haben.

Dagegen scheint eine Figurenschrift,[6] welche Begriffe bezeichnet, recht eigentlich die Idealität der Sprache zu befördern. Denn ihre willkührlich gewählten Zeichen haben ebensowenig, als die der Buchstaben, etwas, das den Geist zu zerstreuen vermöchte, und die innere Gesetzmässigkeit ihrer Bildung führt das Denken auf sich selbst zurück.

Dennoch wirkt auch eine solche Schrift gerade der idealen, d.h. der die Aussenwelt in Ideen verwandelnden Natur der Sprache entgegen, wenn sie auch nach der strengsten Gesetzmässigkeit in allen ihren Theilen zusammengefügt wäre. Denn für die Sprache ist nicht bloss die sinnliche Erscheinung stoffartig, sondern auch das unbestimmte Denken, inwiefern es nicht fest und rein durch den Ton gebunden ist; denn es ermangelt der ihr wesentlich eigenthümlichen Form. Die Individualität der Wörter, in deren jedem immer noch etwas andres, als bloss seine logische Definition liegt, ist insofern an den Ton geheftet, als durch diesen unmittelbar in der Seele die ihnen eigenthümliche Wirkung geweckt wird.[7] Ein Zeichen, das den Begriff aufsucht, und den Ton vernachlässigt, kann sie mithin nur unvollkommen ausdrücken. Ein System solcher Zeichen giebt nur die abgezognen Begriffe der äussren und innren Welt wieder; die Sprache aber soll diese Welt selbst, zwar in Gedankenzeichen verwandelt, aber in der ganzen Fülle ihrer reichen, bunten und lebendigen Mannigfaltigkeit enthalten.

Es hat aber auch nie eine Begriffsschrift gegeben, und kann keine geben, die rein nach Begriffen gebildet wäre, und auf die nicht die in bestimmte Laute gefassten Wörter der Sprache, für welche sie erfunden wurde, den hauptsächlichsten Einfluss ausgeübt hätten. Denn da die Sprache doch vor der Schrift da ist, so sucht dieselbe natürlich für jedes Wort ein Zeichen, und nimmt diese, wenn sie auch durch systematische Unterordnung unter ein Begriffssystem vom Laut unabhängige Geltung hätten, doch in dem Sinn der ihnen untergelegten Wörter. Daher ist jede Begriffsschrift immer zugleich eine Lautschrift, und ob sie, nebenher und in welchem Grade, auch als wahre Begriffsschrift gilt? hängt von dem Grade ab, in welchem der sie Gebrauchende die systematische Unterordnung ihrer Zeichen, den logischen Schlüssel ihrer Bildung, kennt und beachtet. Wer die den Wörtern entsprechenden Zeichen nur mechanisch kennt, besitzt in ihr nichts, als eine Lautschrift. Wenn eine solche Schrift auf eine andre Sprache übergeht, findet der gleiche Fall statt. Denn auch in dieser muss der Gebrauch, wenn die Schrift wirklich Schrift seyn soll, doch jedem Zeichen seine Geltung in Einem, oder mehreren bestimmten Wörtern anweisen. Die Schriftzeichen sind also in beiden Sprachen nur insofern gleichbedeutend, als es die ihnen untergelegten Wörter sind, und das Lesen des in einer beider Sprachen Geschriebnen wird für den dieser Sprache Unkundigen immer zu einem Uebersetzen, in welchem die Individualität der | Ursprache allemal aufgegeben wird. Es geht also bei dem Gebrauche Einer solchen

Schrift unter verschiednen Nationen immer hauptsächlich nur der Inhalt über, die Form wird wesentlich verändert, und der unläugbare Vorzug einer Begriffsschrift, Nationen verschiedner Sprachen verständlich zu seyn, wiegt die Nachtheile nicht auf, welche sie von andren Seiten her mit sich führt.

Als Lautschrift ist eine Begriffsschrift unvollkommen, weil sie Laute für Wörter angiebt, mithin der Sprache allen Gewinn entzieht, der, wie wir sehen werden, aus der Lautbezeichnung der Wortelemente entspringt. Sie wirkt aber auch niemals rein als Lautschrift. Da man der Geltung und dem Zusammenhang ihrer Zeichen nach Begriffen nachgehen kann, den Gedanken, gleichsam mit Uebergehung des Lautes, unmittelbar bilden, so wird sie dadurch zu einer eignen Sprache, und schwächt den natürlichen, vollen und reinen Eindruck der wahren und nationellen. Sie ringt auf der einen Seite, sich von der Sprache überhaupt, wenigstens von einer bestimmten frei zu machen, und schiebt auf der andren dem natürlichen Ausdruck der Sprache, dem Ton, die viel weniger angemessene Anschauung durch das Auge unter. Sie handelt daher dem instinctartigen Sprachsinn des Menschen gerade entgegen, und zerstört, je mehr sie sich mit Erfolg geltend macht, die Individualität der Sprachbezeichnung, die allerdings nicht bloss in dem Laut einer jeden liegt, aber an denselben durch den Eindruck gebunden ist, den jede bestimmte Verknüpfung articulirter Töne unläugbar specifisch hervorbringt.

Das Bemühen, sich von einer bestimmten Sprache unabhängig zu machen, muss, da das Denken ohne Sprache einmal unmöglich ist, nachtheilig und verödend auf den Geist einwirken. Eine Begriffsschrift übt diese Nachtheile nur insofern nicht in dem hier geschilderten Grade aus, als ihr System nicht consequent durchgeführt ist, und als sie im Gebrauch phonetisch aufgenommen wird.

Die Buchstabenschrift ist von diesen Fehlern frei, einfaches, durch keinen Nebenbegriff zerstreuendes Zeichen des Zeichens, die Sprache überall begleitend, ohne sich ihr vorzudrängen, oder zur Seite zu stellen, nichts hervorrufend, als den Ton, und daher die natürliche Unterordnung bewahrend, in welcher der Gedanke nach dem durch den Ton gemachten Eindruck angeregt werden, und die Schrift ihn nicht an sich, sondern in dieser bestimmten Gestalt festhalten soll.

Durch dies enge Anschliessen an die eigenthümliche Natur | der Sprache verstärkt sie gerade die Wirkung dieser, indem sie auf die prangenden Vorzüge des Bildes und Begriffsausdrucks Verzicht leistet. Sie stört die reine Gedankennatur der Sprache nicht, sondern vermehrt vielmehr dieselbe durch den nüchternen Gebrauch an sich bedeutungsloser Züge, und läutert und erhöht ihren sinnlichen Ausdruck, indem sie den im Sprechen verbundnen Laut in seine Grundtheile zerlegt, den Zusammenhang derselben unter einander, und in der Verknüpfung zum Wort anschaulich macht,[8] und durch die Fixirung vor dem Auge auch auf die hörbare Rede zurückwirkt.

An diese Spaltung des verbundnen Lauts, als an das Wesen der Buchstabenschrift haben wir uns daher zu halten, wenn wir den inneren Einfluss derselben auf die Sprache beurtheilen wollen.

Die Rede bildet im Geiste des Sprechenden, bis sie einen Gedanken erschöpft, ein verbundnes Ganzes, in welchem erst die Reflexion die einzelnen Abschnitte aufsuchen muss. Dies erfährt man vorzüglich bei der Beschäftigung mit den Sprachen ungebildeter Nationen. Man muss theilen und theilen, und immer mistrauisch bleiben, ob das einfach Scheinende nicht auch noch zusammengesetzt ist. Gewissermassen ist freilich dasselbe auch bei den hochgebildeten der Fall, allein auf verschiedne Weise; bei diesen nur etymologisch zum Behuf der Einsicht in die Wortentstehung, bei jenen grammatisch und syntaktisch zum Behuf der Einsicht in die Verknüpfung der Rede. Das Verbinden des zu Trennenden ist allemal Eigenschaft des ungeübten Denkens und Sprechens; von dem Kinde und dem Wilden erhält man schwer Wörter, statt Redensarten. Die Sprachen von unvollkommnerem Bau überschreiten auch leicht das Mass dessen, was in einer grammatischen Form verbunden seyn darf. Die logische Theilung, welche die Gedankenverknüpfung auflöst, geht aber nur bis auf das einfache Wort. Die Spaltung dieses ist das Geschäft der Buchstabenschrift. Eine Sprache, die sich einer andren Schrift bedient, vollendet daher das Theilungsgeschäft der Sprache nicht, sondern macht einen Stillstand, wo die Vervollkommnung der Sprache weiter zu gehen gebietet.

Zwar ist die Aufsuchung der Lautelemente auch ohne den Gebrauch der Buchstabenschrift denkbar, und die Chinesen besitzen namentlich eine Analyse der verbundnen Laute, indem sie die Zahl und Verschiedenheit ihrer Anfangs- und End-Articulationen und ihrer Wortbetonungen bestimmt und genau angeben. Da | aber nichts weder in der gewöhnlichen Sprache, noch in der Schrift (insofern sie nemlich wirklich Zeichenschrift ist, da die Chinesen bekanntlich dieser auch Lautbezeichnung beimischen) zu dieser Analyse nöthigt, so kann sie schon darum nicht so allgemein seyn. Da ferner der einzelne Ton (Consonant und Vocal) nicht durch ein nur ihm angehörendes Zeichen isolirt dargestellt, sondern nur den Anfängen und Endigungen verbundner Laute abgehört wird, so ist die Darstellung des Tonelements nie so rein und anschaulich, als durch die Buchstabenschrift, und die Lautanalyse, wenn ihr auch nichts an Vollständigkeit und Genauigkeit abgienge, macht nicht auf den Geist den Eindruck einer rein vollendeten Sprachtheilung. Bei der inneren Wirkung der Sprachen aber, welche allein ihre wahren Vorzüge bestimmt, kommt Alles auf das volle und reine Wirken jedes Eindrucks an, und der geringste, im äusseren Erfolg gar nicht bemerkbare Mangel an einem von beiden ist von Erheblichkeit. Das alphabetische Lesen und Schreiben dagegen nöthigt in jedem Augenblick zum Anerkennen der zugleich dem Ohr und dem Auge fühlbaren Lautelemente, und gewöhnt an die leichte Trennung und Zusammensetzung derselben; es macht daher eine vollendet richtige Ansicht der Theilbarkeit der Sprache in ihre Elemente in eben dem Grade allgemein, in welchem es selbst über die Nation verbreitet ist.

Zunächst äussert sich diese berichtigte Ansicht in der Aussprache, die, durch das Erkennen und Ueben der Lautelemente in abgesonderter Gestalt, befestigt und geläutert wird. So wie für jeden Laut[9] ein Zeichen gegeben ist, gewöhnen sich das Ohr und die Sprachorgane, ihn immer genau auf dieselbe Weise zu fordern und wiederzugeben; zugleich wird er, mit Abschneidung des unbestimmten Tönens, mit dem, im ungebildeten Sprechen, ein Laut in den andren überfliesst, schärfer und richtiger begränzt. Diese reinere Aussprache, die feine Ausbildung des Ohrs und der Sprachwerkzeuge ist schon an sich, und in ihrer Wirkung auch auf das Innre der Sprache von der äussersten Wichtigkeit; die Absonderung der Lautelemente übt aber auch einen noch tiefer in das Wesen der Sprache eingehenden Einfluss aus.

Sie führt nemlich der Seele die Articulation der Töne vor, indem sie die articulirten Töne vereinzelt und bezeichnet. Die alphabetische Schrift thut dies klarer und anschaulicher, als es auf irgend einem andren Wege geschehen könnte, und man behauptet nicht zu viel, wenn man sagt, dass durch das Alphabet einem | Volke eine ganz neue Einsicht in die Natur der Sprache aufgeht.[10] Da die Articulation das Wesen der Sprache ausmacht, die ohne dieselbe nicht einmal möglich seyn würde, und der Begriff der Gliederung sich über ihr ganzes Gebiet, auch wo nicht bloss von Tönen die Rede ist, erstreckt; so muss die Versinnlichung und Vergegenwärtigung des gegliederten Tons vorzugsweise mit der ursprünglichen Richtigkeit und der allmählichen Entwicklung des Sprachsinnes in Zusammenhang stehen. Wo dieser stark und lebendig ist, wird ein Volk aus eignem Drange der Erfindung des Alphabets entgegengehen, und wo ein Alphabet einer Nation von der Fremde her zukommt, wird es die Sprachausbildung in ihr befördern und beschleunigen.

Obgleich der articulirte Laut körperlich und instinctartig hervorgebracht ist, so stammt sein Wesen doch eigentlich nur aus der inneren Seelenanlage zur Sprache, die Sprachwerkzeuge besitzen bloss die Fähigkeit, sich dem Drange dieser gemäss zu gestalten. Eine Definition des articulirten Lauts, bloss nach seiner physischen Beschaffenheit, ohne die Absicht oder den Erfolg seiner Hervorbringung darin aufzunehmen, scheint mir daher unmöglich.[11] Er ist ein sich einzeln abschneidender Laut, nicht ein verbundnes und vermischtes Tönen oder Schmettern, wie die meisten Gefühllaute. Sein charakteristischer Unterschied liegt nicht, musikalisch, in der Höhe und Tiefe, da er durch die ganze Tonleiter hindurch angestimmt werden kann. Derselbe beruht ebensowenig auf der Dehnung und Verkürzung, Helligkeit oder Dumpfheit, Härte oder Weiche,[12] da diese Verschiedenheiten theils Eigenschaften aller articulirten Töne seyn können, theils Gattungen derselben bilden. Versucht man nun aber die Unterschiede zwischen a und e, p und k u.s.w. auf einen allgemeinen sinnlichen Begriff zurückzuführen, so ist mir wenigstens bis jetzt dies immer mislungen. Es bleibt nichts übrig, als überhaupt zu sagen, dass diese Töne, unabhängig von jenen Kennzeichen, dennoch specifisch verschieden sind, oder dass ihr Unterschied aus einem bestimmten

Zusammenwirken der Organe entsteht, oder eine andre ähnliche Beschreibung zu versuchen, die aber nie eine wahre Definition giebt. Erschöpfend und ausschliessend wird ihr Wesen immer nur dadurch geschildert, dass man ihnen die Eigenschaft zuschreibt, unmittelbar durch ihr Ertönen Begriffe hervorzubringen, indem theils jeder einzelne dazu gebildet ist, theils die Bildung des einzelnen eine in bestimmbaren Classen bestimmbare Anzahl | gleichartiger, aber specifisch verschiedner möglich macht und fordert, welche nothwendige oder willkührliche Verbindungen mit einander einzugehen geeignet sind. Hierdurch ist jedoch nicht mehr gesagt, als dass articulirte Laute Sprachlaute und umgekehrt sind.

Die Sprache aber liegt in der Seele, und kann sogar bei widerstrebenden Organen und fehlendem äusseren Sinn hervorgebracht werden. Dies sieht man bei dem Unterrichte der Taubstummen, der nur dadurch möglich wird, dass der innere Drang der Seele, die Gedanken in Worte zu kleiden, demselben entgegenkommt, und vermittelst erleichternder Anleitung den Mangel ersetzt, und die Hindernisse besiegt. Aus der individuellen Beschaffenheit dieses Dranges, verständliche Laute hervorzubringen, aus der Individualität des Lautgefühls (überhaupt in Hinsicht des Lautes, als solchen, des musikalischen Tons und der Articulation), und endlich aus der Individualität des Gehörs und der Sprachwerkzeuge entsteht das besondre Lautsystem jeder Sprache, und wird, sowohl durch seine ursprüngliche Gleichartigkeit mit der ganzen Sprachanlage des Individuums, als in seinen tausendfachen, einzeln gar nicht zu verfolgenden Einflüssen auf alle Theile des Sprachbaues, die Grundlage der besondren Eigenthümlichkeit der ganzen Sprache selbst. Die aus der Seele heraustönende specifische Sprachanlage verstärkt sich in ihrer Eigenthümlichkeit, indem sie wieder ihr eignes Tönen, als etwas fremdes Erklingendes, vernimmt.

Wenn gleich jede wahrhaft menschliche Thätigkeit der Sprache bedarf, und diese sogar die Grundlage aller ausmacht, so kann doch eine Nation die Sprache mehr oder weniger eng in das System ihrer Gedanken und Empfindungen verweben. Es beruht dies auch nicht bloss, wie man wohl zuweilen zu glauben pflegt, auf ihrer Geistigkeit überhaupt, ihrer mehr oder weniger sinnigen Richtung, ihrer Neigung zu Wissenschaft und Kunst, noch weniger auf ihrer Cultur, einem höchst vieldeutigen, und mit der grössesten Behutsamkeit zu brauchenden Worte. Eine Nation kann in allen diesen Rücksichten vorzüglich seyn, und dennoch der Sprache kaum das ihr gebührende Recht einräumen.

Der Grund davon liegt in Folgendem. Wenn man sich das Gebiet der Wissenschaft und Kunst auch völlig abgesondert von Allem denkt, was sich auf die Anordnung des physischen Lebens | bezieht, so giebt es für den Geist doch mehrere Wege dahin zu gelangen, von denen nicht jeder die Sprache gleich stark und lebendig in Anspruch nimmt. Diese lassen sich theils nach Gegenständen der Erkenntniss bestimmen, wobei ich nur an die bildende Kunst und die Mathematik zu erinnern brauche, theils nach der Art des geistigen Triebes, der mehr die sinnliche Anschauung suchen, trocknem Nachdenken nachhängen, oder sonst eine, nicht der ganzen Fülle und Feinheit der Sprache bedürfende Richtung nehmen kann.

Zugleich liegt, wie schon oben bemerkt ist, auch in der Sprache ein Doppeltes, durch welches das Gemüth nicht immer in der nothwendigen Vereinigung berührt wird; sie bildet Begriffe, führt die Herrschaft des Gedanken in das Leben ein, und thut es durch den Ton. Die geistige Anregung, die sie bewirkt, kann dahin führen, dass man, vorzugsweise von dem Gedanken getroffen, ihn zugleich auf einem andren, unmittelbareren Wege, entweder sinnlicher, oder reiner, unabhängiger von einem, als zufällig erscheinenden Schall, aufzufassen versucht; alsdann wird das Wort nur als Nebenhülfe behandelt. Es kann aber auch gerade der in Töne gekleidete Gedanke die Hauptwirkung auf das Gemüth ausüben, gerade der Ton, zum Worte geformt, begeistern, und alsdann ist die Sprache die Hauptsache, und der Gedanke erscheint nur als hervorspriessend aus ihr, und untrennbar in sie verschlungen.

Wenn man daher die Sprachen mit der Individualität der Nationen vergleicht, so muss man zwar zuerst die geistige Richtung derselben überhaupt, nachher aber immer vorzüglich den eben erwähnten Unterschied beachten, die Neigung zum Ton, das feine Unterscheidungsgefühl seiner unendlichen Anklänge an den Gedanken, die leise Regsamkeit, durch ihn gestimmt zu werden, dem Gedanken tausendfache Formen zu geben, auf welche, gerade weil sie in der Fülle seines sinnlichen Stoffes ihre Anregung finden, der Geist von oben herab, durch Gedankeneintheilung nie zu kommen vermöchte. Es liesse sich leicht zeigen, dass diese Richtung für alle geistige Thätigkeiten die am gelingendsten zum Ziel führende seyn muss, da der Mensch nur durch Sprache Mensch, und die Sprache nur dadurch Sprache ist, dass sie den Anklang zu dem Gedanken allein in dem Wort sucht. Wir können aber dies für jetzt übergehen, und nur dabei stehen bleiben, dass die Sprache wenigstens auf keinem Wege eine | grössere Vollkommenheit erlangen kann, als auf diesem. Was nun die Articulation der Laute, oder, wie man sie auch nennen kann, ihre gedankenbildende Eigenschaft hervorhebt, und ins Licht stellt, wird in dieser geistigen Stimmung begierig gesucht oder ergriffen werden, und so muss die Buchstabenschrift, welche die Articulation der Laute, zuerst bei dem Aufzeichnen, hernach bei allgemein werdender Gewohnheit, bei dem innersten Hervorbringen der Gedanken, der Seele unablässig vorführt, in dem engsten Zusammenhange mit der individuellen Sprachanlage jeder Nation stehen. Auch erfunden oder gegeben, wird sie ihre volle und eigenthümliche Wirkung nur da ausüben, wo ihr die dunkle Empfindung des Bedürfnisses nach ihr schon vorangieng.

So unmittelbar an die innerste Natur der Sprache geknüpft, übt sie nothwendig ihren Einfluss auf alle Theile derselben aus, und wird von allen Seiten her in ihr gefordert. Ich will jedoch nur an zwei Punkte erinnern, mit welchen ihr Zusammenhang vorzüglich einleuchtend ist, an die rhythmischen Vorzüge der Sprachen, und die Bildung der grammatischen Formen.

Ueber den Rhythmus ist es in dieser Beziehung kaum nöthig, etwas hinzuzufügen. Das reine und volle Hervorbringen der Laute, die Sonderung der einzelnen, die sorgfältige Beachtung ihrer eigenthümlichen Verschiedenheit kann da nicht entbehrt werden, wo ihr gegenseitiges Verhältniss die Regel ihrer Zusammenreihung bildet. Es hat gewiss rhythmische Dichtung bei allen Nationen vor dem Gebrauch einer Schrift gegeben, auch regelmässig sylbenmessende bei einigen, und bei wenigen, vorzüglich glücklich organisirten hohe Vortrefflichkeit in dieser Behandlung. Es muss diese aber unläugbar durch das Hinzukommen des Alphabetes gewinnen, und vor dieser Epoche zeugt sie selbst schon von einem solchen Gefühl der Natur der einzelnen Sprachlaute, dass eigentlich nur das Zeichen dafür noch mangelt, wie auch in andren Bestrebungen der Mensch oft erst von der Hand des Zufalls den sinnlichen Ausdruck für dasjenige erwarten muss, was er geistig längst in sich trägt. Denn bei der Würdigung des Einflusses der Buchstabenschrift auf die Sprache ist vorzüglich das zu beachten, dass auch in ihr eigentlich zweierlei liegt, die Sonderung der articulirten Laute, und ihre äussren Zeichen. Wir haben schon oben, bei Gelegenheit der Chinesen, bemerkt, und die Behauptung lässt sich, unter Umständen, auch auf wahrhaft alphabetische Schrift ausdehnen, dass nicht jeder | Gebrauch einer Lautbezeichnung den entscheidenden Einfluss auf die Sprache hervorbringt, den die Auffassung der Buchstabenschrift in ihrem wahren Geist einer Nation und ihrer Sprache allemal zusichert. Wo dagegen, auch noch ohne den Besitz alphabetischer Zeichen, durch die hervorstechende Sprachanlage eines Volks jene innere Wahrnehmung des articulirten Lauts (gleichsam der geistige Theil des Alphabets) vorbereitet und entstanden ist, da geniesst dasselbe, schon vor der Entstehung der Buchstabenschrift, eines Theils ihrer Vorzüge.

Daher sind Sylbenmasse, die sich, wie der Hexameter und der sechzehnsylbige Vers der Slocas[13] aus dem dunkelsten Alterthum her auf uns erhalten haben, und deren blosser Sylbenfall noch jetzt das Ohr in einen unnachahmlichen Zauber wiegt, vielleicht noch stärkere und sicherere Beweise des tiefen und feinen Sprachsinns jener Nationen, als die Ueberbleibsel ihrer Gedichte selbst. Denn so eng auch die Dichtung mit der Sprache verschwistert ist, so wirken doch natürlich mehrere Geistesanlagen zusammen auf sie; die Auffindung einer harmonischen Verflechtung von Sylben-Längen und Kürzen aber zeugt von der Empfindung der Sprache in ihrer wahren Eigenthümlichkeit, von der Regsamkeit des Ohrs und des Gemüths, durch das Verhältniss der Articulationen dergestalt getroffen und bewegt zu werden, dass man die einzelnen in den verbundnen unterscheidet, und ihre Tongeltung bestimmt und richtig erkennt.

Dies liegt allerdings zum Theil auch in dem, der Sprache nicht unmittelbar angehörenden musikalischen Gefühl. Denn der Ton besitzt die glückliche Eigenthümlichkeit, das Idealische auf zwei Wegen, durch die Musik und die Sprache, berühren, und diese beiden mit einander verbinden zu können, woher der von Worten begleitete Gesang wohl unbestreitbar im ganzen Gebiete der Kunst, weil sich zwei ihrer bedeutendsten Formen in ihm vereinen, die vollste und erhebendste Empfindung hervorbringt.[14] Je lebendiger aber jene Sylbenmasse auch für die musikalische Anlage ihrer Erfinder sprechen, desto mehr zeugen sie von der Stärke ihres Sprachsinnes, da gerade durch sie dem articulirten Laut, also der Sprache, neben der hinreissenden Gewalt der Musik, sein volles Recht erhalten wird. Denn die antiken Sylbenmasse unterscheiden sich eben dadurch am allgemeinsten von den modernen, dass sie, auch in dem musikalischen Ausdruck, den Laut immer wahrhaft als Sprachlaut behandeln, die wieder- | kehrende, vollständige oder unvollständige Gleichheit verbundner Laute (Reim und Assonanz), die auf den blossen Klang hinausläuft, verschmähen, und nur sehr selten die Sylben gegen ihre Natur, bloss der Gewalt des Rhythmus gehorchend, zu dehnen oder zu verkürzen erlauben, sondern genau dafür sorgen, dass sie in ihrer natürlichen Geltung, klar und unverändert austönend, harmonisch zusammenklingen.

Die Beugung, auf welcher das Wesen der grammatischen Formen beruht, führt nothwendig auf die Unterscheidung und Beachtung der einzelnen Articulationen. Wenn eine Sprache nur bedeutsame Laute an einander knüpft, oder es wenigstens nicht versteht, die grammatischen Bezeichnungen mit den Wörtern fest zusammenzuschmelzen, so hat sie es nur mit Lautganzen zu thun, und wird nicht zu der Unterscheidung einer einzelnen Articulation, wie durch das Erscheinen des nemlichen, nur in seinen Beugungen verschiednen Wortes angeregt. So wie daher Feinheit und Lebendigkeit des Sprachsinnes zu festen grammatischen Formen führen, so befördern diese die Anerkennung des Alphabetes, als Lauts, welcher hernach leichter die Erfindung, oder fruchtbarere Benutzung der sichtbaren Zeichen folgt. Denn wo sich ein Alphabet zu einer grammatisch noch unvollkommneren Sprache gesellt, kann Beugung durch Hinzufügung und Umänderung einzelner Buchstaben gebildet, die vorhandne sicherer bewahrt, und die noch halb in Anfügung begriffne reiner abgeschieden werden.[15]

Wodurch aber die Buchstabenschrift noch viel wesentlicher, obgleich nicht so sichtlich an einzelnen Beschaffenheiten erkennbar, auf die Sprache wirkt, ist dadurch, dass sie allein erst die Einsicht in die Gliederung derselben vollendet, und das Gefühl davon allgemeiner verbreitet. Denn ohne die Unterscheidung, Bestimmung und Bezeichnung der einzelnen Articulationen, werden nicht die Grundtheile des Sprechens erkannt, und der Begriff der Gliederung wird nicht durch die ganze Sprache durchgeführt. Jeden in einem Gegenstande liegenden Begriff aber vollständig durchzuführen, ist überhaupt und überall von der grössesten Wichtigkeit, und noch mehr da, wo der Gegenstand, wie die Sprache, ganz ideal ist, und wo, theils zugleich, theils nach einander, der Instinct handelt, das Gefühl ahndet, der Verstand einsieht, und die Verstandeseinsicht wieder auf das Gefühl, und dieses auf den Instinct berichtigend zurückwirkt. Die Folgen des Mangels | davon erstrecken sich weit über den unvollendet bleibenden Theil hinaus, bei den Sprachen ohne Buchstabenschrift, und ohne sichtbare Spuren eines nach derselben empfundnen Bedürfnisses, nicht bloss auf die richtige und vollständige Einsicht in die Articulation der Laute, sondern über die ganze Art ihres Baues und ihres Gebrauchs. Die Gliederung ist aber gerade das Wesen der Sprache; es ist nichts in ihr, das nicht Theil und Ganzes seyn könnte, die Wirkung ihres beständigen Geschäfts beruht auf der Leichtigkeit, Genauigkeit und Uebereinstimmung ihrer Trennungen und Zusammensetzungen. Der Begriff der Gliederung ist ihre logische Function, so wie die des Denkens selbst.[16] Wo also, vermöge der Schärfe des Sprachsinnes, in einem Volk die Sprache in ihrer ächten, geistigen und tönenden Eigenthümlichkeit empfunden wird, da wird dasselbe angeregt, bis zu ihren Elementen, den Grundlauten, vorzudringen, dieselben zu unterscheiden und zu bezeichnen, oder mit andren Worten, Buchstabenschrift zu erfinden, oder sich darbietende begierig zu ergreifen.

Richtigkeit der intellectuellen Ansicht der Sprache, von Lebendigkeit und Feinheit zeugende Bearbeitung ihrer Laute, und Buchstabenschrift erheischen und befördern sich daher gegenseitig, und vollenden, vereint, die Auffassung und Bildung der Sprache in ihrer ächten Eigenthümlichkeit. Jeder Mangel an einem dieser drei Punkte wird in ihrem Bau, oder ihrem Gebrauche fühlbar, und wo die natürliche Einwirkung der Dinge nicht durch besondre Umstände Abweichungen erfährt, da darf man sie vereint, und noch verbunden mit Festigkeit grammatischer Formen und rhythmischer Kunst anzutreffen hoffen.

Die hier gemachte Einschränkung beugt dem Bestreben vor, dasjenige, was sich theoretisch ergiebt, nun auch durch die Geschichte der Völker (sollte man es ihr auch aufdringen müssen) sogleich beweisen, oder voreilig widerlegen zu wollen. Darum darf aber die Entwicklung aus blossen Begriffen, wenn sie nur sonst richtig und vollständig ist, nicht unnütz genannt werden. Sie muss vielmehr, wo es nur irgend angeht, die Prüfung der Thatsachen begleiten, und ihr die Punkte der Untersuchung bestimmen helfen. Nach dem im Vorigen über den Zusammenhang des Sprachbaues mit der Buchstabenschrift Gesagten, werden erschöpfende Untersuchungen über die Verbreitung der letzteren nicht von der Geschichte der Sprachen selbst getrennt werden dürfen, und es wird überall auf die Frage ankommen: ob es die | Beschaffenheit der Sprache, und die sich in ihr ausdrückende Sprachanlage der Nation, oder andre Umstände waren, welche wesentlich auf die Art der Erfindung oder Aneignung eines Alphabets einwirkten? inwiefern diese Entstehungsweise die Beschaffenheit desselben bestimmte oder veränderte, und welche Spuren es, bei allgemein gewordenem Gebrauch, in der Sprache zurückliess?

Es kann hier nicht meine Absicht seyn, nach der bis jetzt versuchten Entwicklung aus Ideen, noch in eine historische Untersuchung der Sprachen in Beziehung auf die Schriftmittel, deren sie sich bedienen, einzugehen. Nur um im Ganzen den behaupteten Zusammenhang zwischen der Buchstabenschrift und der Sprache auch an einer Thatsache zu erläutern, sey es mir erlaubt, diese Abhandlung mit einigen Betrachtungen über die Amerikanischen Sprachen in dieser Hinsicht zu beschliessen.

Man kann es als eine Thatsache annehmen, dass sich in keinem Theile Amerika's eine Spur einer Buchstabenschrift gezeigt hat, obgleich es bisweilen behauptet oder vermuthet worden ist. Unter den Mexicanischen Hieroglyphen findet sich zwar eine, zum Theil den Chinesischen Coua's[17] ähnliche Gattung, die noch nicht genau erläutert ist, und dies, bei den wenigen vorhandnen Ueberbleibseln, auch wahrscheinlich nicht zulässt; wären aber darin auf irgend eine Weise Lautzeichen, so würden die Nachrichten, die wir über das Land und seine Geschichte besitzen, davon Spuren enthalten. Man könnte zwar hier die Einwendung machen, dass auch von Buchstabenzeichen in den Hieroglyphen das Alterthum schweigt. Allein hier ist der Fall durchaus anders. Dass Aegypten Buchstabenschrift besass, fieng nur in den allerneuesten Zeiten an bezweifelt zu werden, als man auch die demotische Schrift[18] für Begriffszeichen erklärte, sonst gab es eine Menge von Zeugnissen, die es bewiesen, oder vermuthen liessen. Nur darüber stritt man, welche unter den Aegyptischen Schriftarten die alphabetische gewesen sey, oder suchte vielmehr den Sitz dieser bloss in der obengenannten demotischen.

Dass in Amerika ein Zustand früherer Cultur über die ältesten Anfänge der uns bekannten Geschichte hinaus untergegangen ist, beweist eine Reihe von Denkmälern, theils in Gebäuden, theils in künstlicher Bearbeitung des Erdbodens, die sich von den grossen Seen des nördlichen Theiles bis zur südlichsten Gränze Peru's erstrecken, von welchen ich zu einem andren Zweck theils aus der | Reise meines Bruders, der ihre Gränzen, die Mittelpunkte dieser Civilisation, und den Strich, dem sie folgt, genau angiebt, und die Ursachen des letzteren sehr glücklich nachweist, theils aus andren Quellen, vorzüglich den Werken der ersten Eroberer, ein Verzeichniss zusammengetragen habe.[19]

Meine Aufmerksamkeit bei der Untersuchung der Amerikanischen Sprachen ist daher immer zugleich darauf gerichtet gewesen, ob ihr Bau Spuren des Gebrauchs verloren gegangner Alphabete an sich trage? Ich habe jedoch nie dergleichen angetroffen; vielmehr ist der Organismus dieser Sprachen gerade von der Art, dass man, von den obigen allgemeinen Betrachtungen über den Zusammenhang der Sprache mit der Buchstabenschrift ausgehend, recht füglich begreifen kann, dass weder sie zur Erfindung eines Alphabets führten, noch auch, wenn sich ein solches dargeboten hätte, eine mehr als gleichgültige Aneignung desselben erfolgt seyn würde. Die Aufnahme der nach Amerika gekommenen Europaeischen Schrift beweist indess freilich hierfür nichts. Denn die unglücklichen Nationen wurden gleich so niedergedrückt, und ihre edelsten Stämme grossentheils dergestalt ausgerottet, dass an keine freie, wenigstens keine geistige nationelle Thätigkeit zu denken war. Einige Mexicaner ergriffen aber wirklich das neue Aufzeichnungsmittel, und hinterliessen Werke in der einheimischen Sprache.

Alle Vortheile des Gebrauchs der Buchstabenschrift beziehen

sich, wie im Vorigen gezeigt ist, hauptsächlich auf die Form des Ausdrucks, und vermittelst dieser, auf die Entwicklung der Begriffe, und die Beschäftigung mit Ideen. Darin liegt ihre Wirkung, daraus entspringt das Bedürfniss nach ihr. Gerade die Form des Gedankens aber wird durch den Bau der Amerikanischen Sprachen, die zwar bei weitem nicht die bisweilen behauptete, aber doch, und eben hierin, eine auffallende Gleichartigkeit haben, nicht vorzüglich begünstigt, oft durchaus vernachlässigt, und die Amerikanischen Volksstämme standen, auch bei der Eroberung, und in ihren blühendsten Reichen, nicht auf der Stufe, wo im Menschen der Gedanke, als überall herrschend, hervortritt.[20]

An die Seltenheit und zum Theil den gänzlichen Mangel solcher grammatischer Bezeichnungen, die man ächte grammatische Formen nennen könnte, will ich hier nur im Vorbeigehen noch einmal erinnern. Aber ich glaube mich nicht zu irren, wenn ich auch die nur durch höchst seltne Abweichungen unter- | brochne strenge und einförmige Analogie dieser Sprachen, die Häufung aller durch einen Begriff gegebnen Nebenbestimmungen, auch da, wo ihre Erwähnung nicht nothwendig ist, die vorherrschende Neigung zu dem besondren Ausdruck, statt des allgemeineren, hierher zähle. Der dauernde Gebrauch einer alphabetischen Schrift würde, wie es mir scheint, nicht nur diese Dinge abgeändert oder umgestaltet haben, sondern lebendigere nationelle Geistigkeit hätte sich auch dieser unbehülflichen Fesseln zu entledigen gewusst, die Begriffe in ihrer Allgemeinheit aufgefasst, die in dem Gedanken und der Sprache liegende Gliederung energischer und angemessner angewandt, und den Drang gefühlt, das ängstliche Aufbewahren der Sprache im Gedächtniss durch Zeichen für das Auge zu sichern, damit die Reflexion ruhiger über ihr walten, und der Gedanke sich in festeren, aber mannigfaltiger wechselnden und freieren Formen bewegen könne. Denn wenn die Buchstabenschrift nicht die Bevölkerung Amerika's begleitet hatte (insofern man nemlich überhaupt eine von der Fremde her annimmt), so waren die Amerikanischen Nationen wohl nur auf eigne Erfindung derselben zurückgewiesen, und da diese mit ungemeinen Schwierigkeiten verbunden ist, so mag die lange Entbehrung einer Buchstabenschrift nicht unbedeutend auf den Bau ihrer Sprachen eingewirkt haben. Diese Einwirkung konnte auch noch dadurch besonders modificirt werden, dass auch die Gattung der Schrift, welche einige Amerikanische Völker wirklich besassen, nicht von der Art war, bedeutenden Einfluss auf die Sprache und das Gedankensystem auszuüben.

Ich berühre jedoch dies nur im Vorbeigehn, da, um wirklich darauf fussen zu können, es eine Vergleichung der Sprachen Amerika's mit denen der Völkerstämme andrer Welttheile, die sich gleichfalls keiner Schriftzeichen bedienen, und mit der Chinesischen, der wenigstens alphabetische fremd sind, nothwendig machen würde, zu welcher hier nicht der Ort ist.

Dagegen liegt es den hier anzustellenden Betrachtungen näher, und leuchtet von selbst ein, dass lange Entbehrung der Schrift die regelmässige Einförmigkeit des Sprachbaues, die man fälschlich für einen Vorzug hält, befördert. Abweichungen werden dem Gedächtniss mühevoller aufzubewahren, vorzüglich wenn noch nicht hinreichendes Nachdenken über die Sprache erwacht ist, um ihre inneren Gründe zu entdecken und zu würdigen, oder nicht genug Forschungsgeist, ihre bloss geschichtlichen aufzusuchen. | Das Vorherrschen des Gedächtnisses gewöhnt auch die Seele an das Hervorbringen der Gedanken in möglichst gleichem Gepräge, und der auf genaue Sprachuntersuchung gerichteten Aufmerksamkeit endlich sind die Fälle nicht fremd, wo die Schrift selbst, das Aneinanderreihen der Buchstaben, Abkürzungen und Veränderungen hervorbringt.

Man darf hiermit nicht verwechsln, dass die Schrift den Formen auch mehr Festigkeit, und dadurch in andrer Rücksicht mehr Gleichförmigkeit giebt. Dadurch wirkt sie vorzüglich nur der Spaltung in zu vielfältige Mundarten entgegen, und schwerlich würden sich, bei anhaltendem Schriftgebrauch, die den meisten Amerikanischen Sprachen eignen Verschiedenheiten der Ausdrükke der Männer und Weiber, Kinder und Erwachsnen, Vornehmen und Geringen erhalten haben. In demselben Stamm und derselben Classe zeigen sonst gerade die Amerikanischen Nationen ein bewunderungswürdiges Festhalten der gleichen Formen durch die blosse Ueberlieferung. Man hat Gelegenheit, dies durch die Vergleichung der Schriften der in die ersten Zeiten der Europaeischen Ansiedelungen fallenden Missionarien mit der heutigen Art zu sprechen zu bemerken. Vorzüglich bietet sich dieselbe bei den

Nordamerikanischen Stämmen dar, da man sich in den Vereinigten Staaten (und jetzt leider nur dort) auf eine höchst beifallswürdige Weise um die Sprache und das Schicksal der Eingebornen bemüht. Es wäre indess sehr zu wünschen, dass sich die Aufmerksamkeit noch bestimmter auf diese Vergleichung derselben Mundarten in verschiednen Zeiten richtete. Die durch die Schrift hervorgebrachte Festigkeit ist daher mehr ein Verallgemeinern der Sprache, welches nach und nach in die Bildung eines eignen Dialects übergeht, und sehr verschieden von der Durchführung Einer Regel durch eine Menge zwar ähnlicher, doch, Begriff und Ton genau beachtet, nicht immer ganz gleicher Fälle, von der wir oben redeten.

Alles hier Gesagte findet auch auf das Zusammenhäufen zu vieler Bestimmungen in Einer Form Anwendung, und wenn man den Gründen tiefer nachgeht, so hängen die hier erwähnten Erscheinungen sämmtlich von der mehr, oder weniger stark und eigenthümlich auf die Sprache gerichteten Regsamkeit des Geistes ab, von welcher die Schrift zugleich Beweis und befördernde Ursach ist. Wo diese Regsamkeit mangelt, zeigt es sich in dem unvollkommneren Sprachbau; wo sie herrscht, erfährt dieser eine | heilsame Umformung, oder kommt von Anfang an nicht zum Vorschein. Mit dem einen und andren Zustande aber ist die Schrift, das Bedürfniss nach ihr, die Gleichgültigkeit gegen sie, in beständiger Verbindung.

Bei der Aufzählung der Ursachen der Eigenthümlichkeit der Amerikanischen Sprachen darf man aber auch die oben erwähnte Gleichartigkeit derselben, so wie die Absonderung Amerika's von den übrigen Welttheilen nicht vergessen. Selbst wo entschieden verschiedne Sprachen ganz nahe bei einander waren, wie im heutigen Neu-Spanien, habe ich in ihrem Bau nie eine belebende oder gestaltende Einwirkung der einen auf die andre an irgend einer sichren Spur bemerken können. Die Sprachen vorzüglich gewinnen aber an Kraft, Reichthum und Gestaltung durch das Zusammenstossen grosser und selbst contrastirender Verschiedenheit, da auf diesem Wege ein reicherer Gehalt menschlichen Daseyns, schon zu Sprache geformt, in sie übergeht. Denn dies nur ist ihr realer Gewinn, der in ihnen, wie in der Natur, aus der Fülle schaffender Kräfte entsteht, ohne dass der Verstand die Art dieses

Schaffens ergründen kann, aus der Anschauung, der Einbildungskraft, dem Gefühl. Nur von diesen hat sie Stoff und Bereicherung zu erwarten; von der Bearbeitung durch den Verstand, wenn dieselbe darüber hinausgeht, dem Stoff seine volle Geltung in klarem und bestimmtem Denken zu verschaffen, eher Trockenheit und Dürftigkeit zu fürchten. Die Schrift nun kann sich leichter verbreiten, selbst leichter entstehen, wo verschiedne Völkereigenthümlichkeit sich lebendig gegeneinander bewegt; einmal entstanden und ausgebildet, kann sie aber auch, wie die logische Bearbeitung, zu der sie am mächtigsten mitwirkt, der Lebendigkeit der Sprache, und ihrer Einwirkung auf den Geist nachtheilig werden.

Bei den Amerikanischen Völkerstämmen lag aber dasjenige, was sie, da ihnen Buchstabenschrift einmal nicht von aussen zugekommen war, von derselben fern hielt, freilich vorzüglich noch im Mangel geistiger Bildung, ja nur intellectueller Richtung überhaupt. Davon geben die Mexicaner ein auffallendes Beispiel. Sie besassen, wie die Aegyptier, Hieroglyphen-Bilder und Schrift, machten aber nie die beiden wichtigen Schritte, wodurch jenes Volk der alten Welt gleich seine tiefe Geistigkeit bewies, die Schrift von dem Bilde zu sondern, und das Bild als sinniges Symbol zu behandeln, Schritte, welche, aus der geistigen Individualität des | Volks entspringend, der ganzen Aegyptischen Schrift ihre bleibende Form gaben, und die man, wie es mir scheint, nicht als bloss stufenweis fortgehende Entwicklung des Gebrauchs der Bilderschrift ansehen darf, sondern die geistigen Funken gleichen, die, plötzlich umgestaltend, in einer Nation oder einem Individuum sprühen. Die Mexicanische Hieroglyphik gelangte ebensowenig zur Kunstform. Und doch scheinen mir die Mexicaner unter den uns bekannt gewordnen Amerikanischen Nationen an Charakter und Geist die vorzüglichsten zu seyn, und namentlich die Peruaner weit übertroffen zu haben, so wie ich auch glaube, die Vorzüge ihrer Sprache vor der Peruanischen beweisen zu können. Die Grässlichkeit ihrer Menschenopfer zeigt sie allerdings in einer unglaublich rohen und abschreckenden Gestalt. Allein die kalte Politik, mit welcher die Peruaner, nach blossen Einfällen ihrer Regenten, unter dem Schein weiser Bevormundung, ganze Nationen ihren Wohnsitzen entrissen, und blutige Kriege führten, um, soweit sie zu reichen vermochten, den Völkern das Gepräge ihrer mönchischen Einförmigkeit aufzudrücken, ist kaum weniger grausam zu nennen. In der Mexicanischen Geschichte ist regere und individuellere Bewegung, die, wenn auch die Leidenschaften Rohheit verrathen, sich doch, bei hinzukommender Bildung, zu höherer Geistigkeit erhebt. Die Ansiedlung der Mexicaner, die Reihe ihrer Kämpfe mit ihren Nachbarn, die siegreiche Erweiterung ihres Reichs erinnert an die Römische Geschichte. Von dem Gebrauch ihrer Sprache in Dichtkunst und Beredsamkeit lässt sich nicht genau urtheilen, da, was auch von Reden, im Rath und bei häuslichen Veranlassungen, in den Schriftstellern vorkommt, schwerlich hinlänglich treu aufgefasst ist. Allein es lässt sich sehr wohl denken, dass, vorzüglich in den politischen, dem Ausdruck weder Scharfsinn, noch Feuer, noch hinreissende Gewalt jeder Empfindung gefehlt haben mag. Findet sich doch dies alles noch in unsren Tagen in den Reden der Häuptlinge der Nord-Amerikanischen wilden Horden,[21] deren Aechtheit nicht zu bezweifeln scheint, und wo diese Vorzüge gerade nicht können aus dem Umgange mit Europaeern abgeleitet werden. Da Alles, was den Menschen bewegt, in seine Sprache übergeht, so muss man wohl die Stärke und Eigenthümlichkeit der Empfindungsweise und des Charakters im Leben überhaupt von der intellectuellen Richtung und der Neigung zu Ideen unterscheiden. Beides strahlt in dem Ausdruck wieder, aber auf die Gestaltung und den Bau der Sprache kann | doch, ohne das letztere, nicht mächtig und dauernd gewirkt werden.

Es ist sehr wahrscheinlich, dass, wenn auch das Mexicanische und Peruanische Reich noch Jahrhunderte hindurch unerobert von Fremden bestanden hätte, diese Nationen doch nicht würden aus sich selbst zur Buchstabenschrift gelangt seyn. Die Bilderschrift und die Knotenschnüre, welche beide besassen, von welchen aber, aus noch nicht gehörig klar gewordenen Ursachen, jene bei den Mexicanern, diese bei den Peruanern ausschliesslich im Staats- und eigentlichen Nationalgebrauch blieben, erfüllten die äussren Zwecke der Gedanken-Aufzeichnung, und ein innres Bedürfniss nach vollkommneren Mitteln wäre schwerlich erwacht.

Ueber die Knotenschnüre, die auch in andren Gegenden Amerika's, ausserhalb Peru und Mexico, üblich waren, und die auf Vermuthungen eines Zusammenhanges der Bevölkerung Amerika's mit China, so wie die Hieroglyphen mit Aegypten geführt haben, werde ich an einem andren Orte die Nachrichten, die sich von ihnen finden, zusammenstellen. Sie sind allerdings sehr mangelhaft, aber doch hinreichend, einen bestimmteren und genaueren Begriff von dieser Gattung von Zeichen zu geben, als man durch Robertson's, und andrer neuerer Schriftsteller Berichte erhält. Ihre Bedeutung lag in der Zahl ihrer Knoten, der Verschiedenheit ihrer Farben, und vermuthlich auch der Art ihrer Verschlingung. Diese Bedeutung war jedoch wohl nicht überall dieselbe, sondern verschieden nach den Gegenständen, und man musste vermuthlich, um sie zu erkennen, wissen, von wem die Mittheilung herrührte, und was sie betraf. Denn es waren auch der Aufbewahrung dieser Schnüre, nach der Verschiedenheit der Verwaltungszweige, verschiedne Beamte vorgesetzt. Ihre Entzifferung endlich war künstlich, und sie bedurften eigner Ausleger. Sie scheinen daher im Allgemeinen mit den Kerbstöcken in Eine Classe zu gehören, allein durch einen Grad sehr hoher Vervollkommnung künstliche Mittel, zuerst, mnemonisch, der Erinnerung, hernach, wenn der Schlüssel des Zusammenhanges der Zeichen mit dem Bezeichneten bekannt war, der Mittheilung gewesen zu seyn. Es bleibt nur zweifelhaft, in welchem Grade sie sich von subjectiven Verabredungen für bestimmte und genau bedingte Fälle zu wirklichen Gedankenzeichen erhoben. Dass sie | beides zugleich waren, ist offenbar, da z.B. in denjenigen, durch welche die Richter von der Art und Menge der verhängten Bestrafungen Nachricht gaben, die Farben der Schnüre die Verbrechen, die Knoten die Arten der Strafen andeuteten. Ob aber in ihnen auch ein allgemeinerer Gedankenausdruck möglich war, ist nicht klar, und sehr zu bezweifeln, da die Verschlingung auch farbiger Schnüre keine hinlängliche Mannigfaltigkeit von Zeichen zu gewähren scheint.

Dagegen lagen in dieser Kunst der Knotenschnüre vielleicht besondre Methoden der Gedächtnisshülfe oder Mnemonik, wie sie auch dem classischen Alterthum nicht fremd waren. Diese scheinen bei den Peruanern wirklich üblich gewesen zu seyn. Denn es wird erzählt, dass Kinder, um ihnen von den Spaniern mitgetheilte Gebetsformeln zu behalten, farbige Steine an einander reiheten, also, nur mit andren Gegenständen, ein den Knotenschnüren ähnliches Verfahren beobachteten. In dieser Voraussetzung waren die Knotenschnüre allerdings Schrift im weitläuftigeren Sinne des

Worts, entfernten sich doch aber sehr von diesem Begriff, da das Verständniss bei der Mittheilung in der Entfernung auf der Kenntniss der äusseren Umstände beruhte, und wo sie zu geschichtlicher Ueberlieferung dienten, dem Gedächtniss doch die hauptsächlichste Arbeit blieb, der die Zeichen nur zu Hülfe kamen, die Fortpflanzung mündlicher Erklärung hinzutreten musste, und die Zeichen nicht eigentlich und vollständig (wie es die Schrift, wenn nur der Schlüssel ihrer Bedeutung gegeben ist, doch thun soll) den Gedanken durch sich selbst aufbewahrten.

Mit Sicherheit lässt sich jedoch hierüber kein Urtheil fällen.[22] Ich bin auch nur darum in die vermuthliche Beschaffenheit dieser Knotenschnüre, von welchen sich noch im vorigen Jahrhundert einer (aber ein Mexicanischer) in der Boturinischen Sammlung befand, eingegangen, um zu zeigen, auf welche Weise die Völker Amerika's die doppelte Art der Zeichen kannten, zu welcher alle Schrift, wie sie seyn mag, gehört, die durch sich selbst verständliche der Bilder, und die durch willkührlich für das Gedächtniss gebildete Ideenverknüpfung, wo das Zeichen durch etwas Drittes (den Schlüssel der Bezeichnung) an das Bezeichnete erinnert. Die Unterscheidung dieser beiden Gattungen, die da in einander übergehen, wo die allegorisirende Bilderschrift auch ihre unmittelbare Verständlichkeit aufgiebt, und die, der Masse nach, und im Fortschreiten willkührlich scheinenden Zeichen zum Theil ursprünglich Bilder waren, ist aber, und gerade in Rücksicht auf die Sprache, von erheblicher Wichtigkeit, wie man an der Mexicanischen und Peruanischen zeigen kann.

Die Mexicanischen Hieroglyphen hatten einen nicht geringen Grad der Vollkommenheit erreicht; sie bewahrten offenbar den Gedanken durch sich selbst, da sie noch heute verständlich sind, sie unterschieden sich auch bisweilen deutlich von blossen Bildern. Denn wenn auch z. B. der Begriff der Eroberung in ihnen meistentheils durch den Kampf zweier Krieger vorgestellt wird, so findet man doch auch den sitzenden König mit seinem Namenszeichen, dann Waffen, als Trophaeen gebildet, und das Sinnbild der eroberten Stadt, welches zusammengenommen die deutliche Phrase: *der König eroberte die Stadt*, und eine viel bestimmter ausgedruckte ist, als die berühmte Saitische Inschrift, die als die einzige angeführt zu werden pflegt, wo sich in dem Zeugniss des Alterthums zugleich Bedeutung und Zeichen erhalten haben. Man sieht auch aus dem eben Gesagten, dass es nicht an Mitteln fehlte, auch Namen zu schreiben, und man daher auf dem Wege war, Lautzeichen in der Art der Chinesischen zu besitzen. Dennoch ist sehr zu bezweifeln, ob die Mexicanische Hieroglyphik jemals wahre Schrift geworden ist.[23]

Denn wahre Schrift kann man nur diejenige nennen, welche bestimmte Wörter in bestimmter Folge andeutet, was, auch ohne Buchstaben, durch Begriffszeichen, und selbst durch Bilder möglich ist. Nennt man dagegen Schrift im weitläuftigsten Verstande jede Gedanken-Mittheilung, die durch Laute geschieht, d.h. bei welcher der Schreibende sich Worte denkt, und welche der Lesende in Worte, wenn gleich nicht in dieselben, übersetzt (eine Bestimmung, ohne die es gar keine Gränze zwischen Bild und Schrift geben würde), so liegt zwischen diesen beiden Endpunkten ein weiter Raum für mannigfaltige Grade der Schriftvollkommenheit. Diese hängt nemlich davon ab, inwieweit der Gebrauch die Beschaffenheit der Zeichen mehr, oder weniger an bestimmte Wörter, oder auch nur Gedanken gebunden hat, und mithin die Entzifferung sich mehr, oder weniger dem wirklichen Ablesen nähert, und in diesem Raum, ohne den Begriff wahrer Schrift zu erreichen, allein auf einer Stufe, die sich jetzt nicht mehr bestimmen lässt, scheint auch die Mexicanische Hieroglyphenschrift stehen geblieben zu seyn. Ob man z.B. Gedichte, von welchen es berühmte und namentlich | angeführte gab, hieroglyphisch aufbewahren konnte? da die Poesie einmal unwiderruflich an bestimmte Worte in bestimmter Folge durch ihre Form gebunden ist, lässt sich jetzt nicht mehr entscheiden. War es nicht möglich, so befanden sich die Peruaner hierin in einer vortheilhaften Lage. Denn eine Schrift, oder ein Analogon derselben, das nicht die Gegenstände selbst darstellt, sondern mehr innerliches Gedächtnissmittel ist, kann sich, wenn auch weniger fähig, auf ein andres Volk, oder eine entfernte Zeit überzugehen, der Sprache ganz genau anschliessen. Indess darf man freilich nicht vergessen, dass ein Volk, welches sich einer solchen Schrift in solchem Sinne bedient, nicht sowohl wirklich eine Schrift besitzt, als vielmehr nur den Zustand, ohne Schrift auf das blosse Gedächtniss verwiesen zu seyn, durch künstliche Mittel in hohem Grade vervollkommnet hat. Das aber ist gerade der wichtigste Unterscheidungspunkt in dem Zustande mit und ohne Schrift, dass in dem ersteren das Gedächtniss nicht mehr die Hauptrolle in den geistigen Bestrebungen spielt.[24]

Welches indess auch die Vorzüge und Nachtheile jedes dieser beiden Schriftsysteme seyn mochten, so genügten sie den Nationen, welche sie sich angeeignet hatten; sie hatten sich einmal an dieselben gewöhnt, und jedes, vorzüglich aber das Peruanische, war sogar in die Verfassung des Staats, und die Art seiner Verwaltung verwebt. Es ist daher nicht abzusehen, wie eins dieser Völker von selbst auf Buchstabenschrift gekommen seyn würde; die Möglichkeit lässt sich allerdings nicht bestreiten. Das Beispiel Aegyptens zeigt die nahe Verwandtschaft von Laut-Hieroglyphen und Buchstaben, und aus der graphischen Darstellung der Verschlingungen der Knotenschnüre konnten Zeichen entstehen, die in der Gestalt den Chinesischen glichen, sich aber phonetisch behandeln liessen. Es hätte aber dazu eine ähnliche geistige Anlage gehört, als die Aegyptier schon so frühe verriethen, dass auch die älteste Ueberlieferung sie uns nicht anders darstellt, und es ist allemal ein ungünstiges Zeichen für die künftige Entwicklung einer Nation, wenn sie, ohne dass jene Anlage zugleich ans Licht tritt, schon einen so bedeutenden Grad der Cultur, und so mannigfache und feste gesellschaftliche Formen erreicht, als dies in Mexico und Peru der Fall war. Vermuthlich hätte man sich in beiden Reichen, so wie heute in China, den Gebrauch der Buchstabenschrift anzunehmen geweigert, wenn er sich freiwillig, und nicht auf dem nöthigenden Wege der Eroberung dargeboten hätte. |

So wie ich versucht habe, bei den grammatischen Formen zu zeigen, dass auch blosse Analoga ihre Stelle vertreten können, ebenso ist es mit der Schrift. Wo die wahre, der Sprache allein angemessne fehlt, können auch stellvertretende andre alle äusseren, und bis auf einen gewissen Grad auch die inneren Zwecke und Bedürfnisse befriedigen. Nur die eigenthümliche Wirkung jener wahren und angemessnen, so wie die eigenthümliche Wirkung der ächten grammatischen Form, kann nie und durch nichts ersetzt werden; sie liegt aber in der inneren Auffassung und der Behandlung der Sprache, in der Gestaltung des Gedanken, in der Individualität des Denk- und Empfindungsvermögens.

Wo jedoch solche stellvertretende Mittel (da dieser Ausdruck nunmehr verständlich seyn wird) einmal Wurzel gefasst haben, wo der instinctartig in der Nation auf das Bessere gerichtete Sinn nicht ihr Emporkommen verhindert hat, da stumpfen sie diesen Sinn noch mehr ab, erhalten das Sprach- und Gedankensystem in der falschen, ihnen entsprechenden Richtung, oder geben ihm dieselbe, und sind nicht mehr zu verdrängen, oder ihre wirkliche Verdrängung übt nun die erwartete heilsame Wirkung viel schwächer und langsamer aus. Wo also die Buchstabenschrift von einem Volke mit freudiger Begierde ergriffen und angeeignet werden soll, da muss sie demselben früh, in seiner Jugendfrische, wenigstens zu einer Zeit dargeboten werden, wo dasselbe noch nicht auf künstlichem und mühevollem Wege eine andre Schriftgattung gebildet, und sich an dieselbe gewöhnt hat. Noch weit mehr wird dies der Fall seyn müssen, wenn die Buchstabenschrift aus innrem Bedürfniss, und geradezu ohne durch das Medium einer andren hindurchzugehen, erfunden werden soll. Ob dies aber wirklich jemals geschehen seyn mag, oder so unwahrscheinlich ist, dass es nur als eine entfernte Möglichkeit angesehen werden darf? darauf behalte ich mir vor, bei einer andren Gelegenheit zurückzukommen.

6. Ueber den grammatischen Bau der Chinesischen Sprache*

[V: 309–324]

Bei der Untersuchung des Chinesischen nimmt gewöhnlich die Eigenthümlichkeit der Schrift und ihre Verbindung mit der Sprache die Aufmerksamkeit dergestalt in Anspruch, dass darüber der grammatische Bau der letzteren weniger beachtet wird. Dennoch gehört derselbe so sehr zu den merkwürdigsten, dass er gar nicht bloss eine Abart einer einzelnen Sprache bildet, sondern eine eigne Classe in den grammatischen Verschiedenheiten aller Sprachen ausfüllt.

Der erste Eindruck, welchen die Lesung einer Stelle eines Chinesischen Buchs hinterlässt, ist der, dass diese Sprache sich in ihrem grammatischen Bau so gut als von allen andren bekannten entfernt. Am meisten steht sie indess den gewöhnlich *classisch* genannten entgegen, und ich werde daher vorzugsweise diese im Sinne haben, wenn ich von ihrer Verschiedenheit von andren Sprachen rede.

Sollte ich diese auf Einen allen übrigen zum Grunde liegenden Punkt zurückführen, so würde ich dieselbe darin setzen, dass die Chinesische Sprache die Wortverbindung nicht nach den grammatischen Kategorien bestimmt, ihre Grammatik nicht auf die Classificirung der Wörter gründet, sondern die Gedankenverbindung auf eine andre Weise bezeichnet. Die Grammatik andrer Sprachen | hat zwei abgesonderte Theile, einen etymologischen[1] und einen syntaktischen, in der Chinesischen Grammatik findet sich bloss dieser letztere. In anderen Sprachen muss man, um einen Satz zu verstehen, mit der Untersuchung der grammatischen Beschaffenheit der Wörter anfangen, und dieselben nach dieser construiren, im Chinesischen ist dies unmöglich. Man muss unmittelbar das

---

* Classensitzung des 20. März, 1826.

Wörterbuch zu Hülfe nehmen, und die Construction ergiebt sich bloss aus der Wortbedeutung, der Stellung und dem Sinne der Rede.

Die grammatische Classificirung der Wörter in Substantiva, Verba u.s.w. entsteht aus der Zergliederung des in Worte umzubildenden Gedanken, und ist ein Hülfsmittel des Ausdrucks der Gedankeneinheit durch auf einander folgende Wörter. Als inneres, sprachbestimmendes Gesetz, liegt sie unerkannt in der Seele jedes Menschen,[2] allein inwieweit diese Classificirung Ausdruck in der Sprache erhält, hangt von der grammatischen Natur jeder Sprache ab. Ohne dieselbe würde es unmöglich seyn, verständlich zu reden und durch Sprache zu denken, allein in der Anwendung derselben giebt es verschiedene Grade der Allgemeinheit und Bestimmtheit, und zwar kommt dies auf die Form und Art des Periodenbaues an. Denn die grammatische Form bestimmt das Verhältniss des einzelnen Wortes zum Ganzen des Satzes. Giebt nun eine Sprache ihren Sätzen Länge und Verwicklung, so ist eine, viele und sogar alle Verzweigungen der grammatischen Formen verfolgende Classificirung der Wörter nothwendig, beschränkt sie sich dagegen auf möglichst einfache Sätze, so bedarf es nur der obersten allgemeinsten Kategorien. Der Unterschied dieser beiden Methoden wird so gleich deutlich, wenn man bemerkt, dass verschiedene Redetheile sowohl das Subject, als das Praedicat eines Satzes bilden, die Rede sich aber bei ganz einfachen Sätzen begnügen kann, mit Vernachlässigung dieser feineren Unterschiede, nur jene allgemeineren, mehr logischen, als grammatischen, anzudeuten.

Die Vertheilung der Wörter in bestimmte, an ihnen selbst zu bezeichnende Classen entsteht aber, meines Erachtens, auch aus einem, dem Menschen, dessen Welt seine Sprache ist, natürlichen Hange, die Wörter, sie als wahre Individuen behandelnd, den Gegenständen der Wirklichkeit ähnlich zu machen.[3] Eine gewisse Anzahl von Wörtern hat von Natur Substantiv- Adjectiv- oder Verbal-Bedeutung, indem sie selbständige Wesen, Eigenschaften oder Handlungen anzeigt. Dieselben Wörter aber können in der | Sprache zugleich zu einer andren Categorie, ein Verbal-Wort substantivisch und umgekehrt, gebraucht werden, und eine grosse Menge von Wörtern sind von der Art, dass sie, nur Begriffe bezeichnend, sich auf verschiedene Weise auffassen lassen. Werden nun diese durch Bezeichnung oder auf andere Weise einer bestimmten Classe zugewiesen, so besitzt die Sprache wirkliche Wortclassen, denn diese sind von ihr und für sie gebildet. Lässt man aber diese, soviel es das verständliche Sprechen nur immer zulässt, unbestimmt, so bilden auch die zuerst erwähnten nicht eigentlich grammatische Wortclassen. Denn ihre Classificirung entspringt nur aus demjenigen, was sie darstellen. Der Unterschied beruht auf der Materie und der Form; ein Wort mit Verbal-Bedeutung ist darum auf keine Weise ein Verbum.

Auch da, wo eine Sprache nicht jedes Wort grammatisch einer bestimmten Classe zuweist, müssen die Wörter dennoch eine grammatische Geltung haben. Allein diese liegt dann entweder bloss in ihrer materiellen Bedeutung, oder wenn diese sie zwei Classen zugleich zuwiese, im Sprachgebrauch, wie so oft im Chinesischen, oder geht aus der Stellung im Satz, oder gar nur aus dem Sinn der Rede hervor. Das Wort wächst also, da es keine Bezeichnung hat, nicht äusserlich, und da es in ganz unveränderter Gestalt verschiedenen Classen angehören kann, gar nicht mit seiner Classeneigenthümlichkeit zusammen.

Die Grammatik ist mehr, als irgend ein anderer Theil der Sprache, unsichtbar in der Denkweise des Sprechenden vorhanden, und jeder bringt zu einer fremden Sprache seine grammatischen Ideen hinzu, und legt sie, wenn sie vollkommener und ausgeführter sind, in die fremde Sprache hinein. Denn in jeder Sprache lässt sich natürlich, wenn man alle Momente des Gebrauches erwägt, jedes Wort eines Satzes einer grammatischen Form zuweisen. Ganz etwas anders aber ist es, ob derjenige es so ansieht, der nur jene Sprache kennt, und die in eine Sprache also hineinerklärte Grammatik ist von der in ihr natürlich liegenden sorgfältig zu unterscheiden. Wirklich in der Sprache selbst liegt nur diejenige Grammatik, die durch Flexionen, grammatische Wörter oder gesetzmässige Stellung ausdrücklich bezeichnet ist, oder sich in dem Zuschnitt der Sätze und der Bildung der Rede, als nothwendig hinzugedacht, mit Bestimmtheit offenbart.

Alles hier Gesagte bezieht sich auf die Genauigkeit des grammatischen Ausdrucks. Der höchste Grad derselben geht aus der | grammatischen Wörterclassificirung bis in ihre letzten Verzweigungen hervor; diese aber entsteht aus genauer Zergliederung des in Sprache zu verwandelnden Gedanken, und einer eignen Behandlung der Sprache, als Organs. Man berührt also hier den unmittelbaren Uebergang des Gedanken in Worte.

Jedes logische Urtheil kann, als der Ausspruch der Uebereinstimmung oder Nicht-Uebereinstimmung zweier Begriffe, als eine mathematische Gleichung angesehen werden. Diese ursprüngliche Form des Gedanken bekleidet die Sprache mit der ihrigen, indem sie die beiden Begriffe synthetisch verbindet, den einen, als die Eigenschaft des andren, vermöge des flectirten Verbum, das dadurch zum Mittelpunkte der Sprache wird, wirklich setzt.[4]

Dadurch liegt in der Sprache eine ursprüngliche, und sich von da aus weiter verbreitende Prosopopoee, indem ein ideales Wesen, das Wort, als Subject gedacht, handelnd oder leidend dargestellt, und eine im Innern der Seele vorgehende Handlung, die Aussage im Urtheil über einen Gegenstand, diesem Gegenstand äusserlich, als Eigenschaft, beigelegt wird. Dieser, gleichsam imaginative Theil der Sprachen befindet sich nothwendig und unabänderlich in allem Sprechen. Allein eine Nation macht einen ausgebreiteteren, eine andre einen geringeren Gebrauch davon. Die classischen Sprachen bilden denselben im höchsten Grade aus, die Chinesen nehmen nur dasjenige davon, was zum Sprechen und Verständniss unentbehrlich ist.

Die Sprachbildung kann daher bei verschiedenen Nationen zwei sehr verschiedene Wege einschlagen. Sie kann sich hauptsächlich an die Verhältnisse der Begriffe, als solcher, heften, sich im Ausdruck mit Nüchternheit nur an dasjenige halten, was dessen Klarheit und Bestimmtheit unvermeidlich erfordert, und so wenig, als möglich, von demjenigen nehmen, was der besondren Natur der Sprache, als Organs und Werkzeugs des Gedanken angehört, oder sie kann vorzugsweise die Sprache, als Werkzeug ausbilden, sich an ihre besondre Art, den Gedanken darzustellen, heften, und dieselbe, in allen Beziehungen, in welchen es thunlich ist, als eine ideale Welt der wirklichen gleich machen.

Ein Beispiel hiervon giebt die Bezeichnung des Geschlechts an den Wörtern. Sie kann an sich wohl unphilosophisch genannt werden;[5] sie liegt aber in der Behandlung der Wörter als Individuen, und der Sprache als einer eignen Welt. Es entspringen nachher aus ihr grammatisch technische Vorzüge bei der Periodenbildung. | Allein alles dies kann nur von einem Volke geschätzt werden, das vorzugsweise von demjenigen angesprochen wird, was die Sprache dem Gedanken, bei der Umwandlung desselben in Worte, hinzufügt.

Es würde unmöglich seyn zu sprechen, ohne wenigstens durch ein unbestimmtes Gefühl der grammatischen Wortformen geleitet zu werden. Man kann aber, wie ich dargethan zu haben glaube, bei einer grossen Beschränkung des Periodenbaus auf höchst einfache Sätze, auf einem Punkte stehen bleiben, wo eine genaue Unterscheidung derselben entbehrlich ist, man kann gänzlich auf das System Verzicht leisten, jedes Wort, an und für sich, und ausser der Redeverbindung, einer grammatischen Kategorie zuzuweisen, und diese an ihm zu bezeichnen, man kann endlich sich in seinen Sätzen so wenig, als möglich, von der Form mathematischer Gleichungen entfernen. Wo jedoch eine Nation nicht das vollständige System der grammatischen Formen verfolgt, da ist der Begriff keiner einzign genau bestimmt, denn sonst würden sich, wie bei der Einsicht in jeden Organismus, aus dem Begriffe einer alle übrigen entwickeln.

Die Chinesen lassen sehr oft die genaue grammatische Form ihrer Wörter unbestimmt, sie sind aber auch nicht zu Bestimmungen derselben, welche der Begriff nicht fordert, gezwungen. So können sie das Verbum als blosse Copula gebrauchen, ohne Hinzufügung einer, bei allgemeinen Sätzen, immer widersinnigen Zeitbestimmung. Sie brauchen ebensowenig jedesmal anzudeuten, ob das Verbum activ oder passiv gebraucht wird, und können mithin diese beiden Formen desselben in Einer verbinden. Die classischen Sprachen bedürfen in allen diesen Fällen besondrer Mittel, um den Begriffen die ihnen durch die bestimmende Form entzogene Allgemeinheit wiederzugeben.

In unseren Sprachen erkennt man die Einheit des Satzes am flectirten Verbum; so viele flectirte Verba da sind, soviel sind Sätze vorhanden.

Die Chinesische Sprache braucht alle Wörter in dem Zustand, in dem dieselben, abgesehen von jeder grammatischen Beziehung, nur den Begriff ihrer Bedeutung ausdrücken, sie stehen, auch in der Redeverbindung, alle, gleich den Sanskritischen Wurzelwörtern, *in statu absoluto*.

Die Chinesische Sprache kennt, grammatisch zu reden, kein

flectirtes Verbum, sie hat eigentlich gar kein Verbum, als gram- | matische Form, sondern nur Ausdrücke von Verbal-Begriffen, und diese stehen beständig in der unbestimmten Form des Infinitivs, einem wahren Mittelzustande zwischen Verbum und Substantivum. Man bleibt durchaus zweifelhaft, ob man das, was man nun Verbum nennt, wirklich soll als flectirtes Verbum, als Copula des Satzes, ansehen, oder als Praedikat desselben, bei welchem das Verbum substantivum ausgelassen ist. Dem Geiste der Chinesischen Sprache scheint sogar das letztere angemessener. Andre, selbst wenig ausgebildete Sprachen, die Amerikanischen, Vaskische, Coptische, die der Südsee-Inseln u.s.f. bezeichnen das den Satz verbindende Verbum durch Bestimmung der Person, oft auch des Gegenstandes, der Zeit, der transitiven, intransitiven, factitiven Form an ihm, und machen es dadurch zum flectirten, vom blossen Verbal-Begriff verschiedenen. Im Chinesischen trägt es keine dieser Modificationen an sich, sein Subject, sein Complement sind abgesonderte Wörter, die Zeit ist gar nicht, oder doch nicht als das Verbum grammatisch bezeichnende Nebenbestimmung, sondern weil es der Sinn der Rede fordert, angedeutet. Der ganze Satz entfernt sich, so wenig als möglich, von der Form einer mathematischen Gleichung.

Man könnte zwar hier die Einwendung machen, daß in *foú táo, Vater sagt,* ebensowohl ein flectirtes Verbum liegt, als in dem Englischen *they like.* In der That giebt es in fast allen Sprachen, vorzüglich aber im Englischen, einzelne ganz Chinesische Phrasen. Allein der Unterschied ist dennoch in die Augen fallend, da *like* in anderen Stellungen flectirt wird, und der Bau der ganzen Sprache an die grammatische Classificirung der Wörter gewöhnt.

Man ist auch durchaus nicht immer sicher, wo im Chinesischen ein Satz endigt und ein neuer beginnt, und in den Uebersetzungen wird gewiss oft als Ein Satz angesehen, was aus zweien und mehreren besteht. *(T. p. 67. XX. 2.)*[6] *Wón Woù tchî tching poú tsái fáng* kann übersetzt werden *Die Verfassung des Wón und Woù steht geordnet in Büchern,* oder *ist geordnet und steht in Büchern.* Fast alle Wörter, die man Praepositionen im Chinesischen zu nennen pflegt, sind Verba, und bilden in ihrer Construction zwei abgesonderte Sätze. *Ì thián hiá iù jín* wird *(Gr. 159.)*[7] von Rémusat übersetzt: *ex imperio donare hominem, donner l'empire à un homme.*

Aber es ist da weder von einer Praeposition, noch einem Dativ (einem geradezu im Chinesischen sehr schwer auszudrückenden Casus) die Rede. Wörtlich heisst der Satz: *verfügen über das Reich, beschenken den Mann.* |

Dass Substantivum und Verbum nicht rein geschieden seyn können, geht schon aus dem oben über das letztere Gesagten hervor. Aber noch mehr trägt es zur Vermischung beider Begriffe bei, dass dieselbe Partikel *tchî,* zwischen zwei Substantiva gestellt, andeutet, dass das erste im Genitiv steht, und zwischen ein Substantivum und ein Verbum, dass das erste, als Subject, das letzte regiert. In der That kann, wenn man die Schärfe der grammatischen Bestimmung verlässt, das Verbum, im Infinitiv, als Substantivum angesehen werden, und alsdann verwandelt sich der Nominativus des Subjects in einen Genitiv, und es giebt Sprachen, in welchen das Verbum vermittelst des Besitzpronomens *(mein Essen* für *ich esse)* conjugirt wird. Zwar ist es merkwürdig, daß die Chinesischen *nomina,* als Verba gebraucht, oft einen verschiedenen Accent annehmen *(Gr. 55.),* gerade wie die zweisilbigen Englischen Nomina im gleichen Fall *(the cónduct, to condúct.* Walker's *pron. dict.* 16. *éd. p. 71.* §. *492.).* Allein die Wörter werden darum nicht zu Verben, sondern nur zu Ausdrücken von Verbalbegriffen.

Dass man im Chinesischen gar nicht nach grammatischen Formen fragen muss, beweist z. B. der Titel eines der sogenannten *Vier Bücher des Confucius,* die aber nur von seinen Schülern herrühren, *tchoûng yoûng.* Rémusat übersetzt denselben *medium constans, l'invariable milieu.* Man darf aber darum *yoûng (constans)* nicht für ein Adjectivum halten, da es sonst, der Chinesischen Wortordnung nach, vor seinem Substantiv stehen müsste. Was diese beiden Worte Chinesisch mit Klarheit und Bestimmtheit anzeigen, ist das Ausharren in der Mitte, und dass die allgemeine Idee des Ausharrens auf die Idee der Mitte beschränkt ist. Ob man aber *yoûng* lateinisch als *perseveratio* (als Verbal-Substantiv) oder durch *perseverantia,* oder durch *perseverare,* oder gar durch *perseverant* übersetzen soll, bleibt durchaus unbestimmt. Denn *(T.p. 35.* II. 2.) in einer andren Stelle übersetzt Rémusat es wirklich als flectirtes Verbum: *siaò jín tchî tchoûng yoûng, parvi homines medio constant.* In diesem Satz sind im Chinesischen bloss die Begriffe *klein, Mensch, Mitte, Beharren* nebeneinandergestellt, die Partikel *tchî* zeigt an, dass die ersten, für sich zusammengenommen, sollen mit den letzten verbunden werden; aus der Abwesenheit einer Verneinung geht die Uebereinstimmung des Verglichenen hervor. Mehr liegt im Chinesischen nicht, dies reicht aber auch zum Ausdruck des Gedanken hin. Ob aber *yoûng* | wirklich das flectirte Verbum ist, wie Rémusat es übersetzt, oder ob man vor den letzten Worten das Verbum substantivum, oder, wie Rémusat bei einer andern ganz gleichen Stelle behauptet, ein anderes Verbum ergänzen muss, so dass *yoûng* zum Participium oder Infinitiv wird, davon weiss die Chinesische Grammatik nicht, und fragt danach nicht.

Das Chinesische *tá kŏ táo, sehr weinen reden,* kann
valde ploravit, dixit,
valde plorans dixit,
valde plorando dixit,
cum magno ploratu dixit,
übersetzt werden, das Chinesische zeigt bloss an, dass der, von dem die Rede ist, geweint und gesprochen hat.

Man kann hier einwenden, dass Sätze dieser Art, wenn sie auch scheinbar verschieden aufgefasst werden können, in dem Kopfe der Eingebornen doch nur immer einer und derselben dieser verschiedenen Arten angehören, und dass ein geübtes Gefühl des Sprachgebrauchs diese Art erkennt und festhält. Es bleibt aber immer eine Thatsache, dass die Chinesischen Worte selbst nichts enthalten, was eine dieser verschiedenen Uebersetzungen vor der andren begünstigte, und man kann mit Sicherheit annehmen, dass, wenn irgend ein grammatisches Verhältniss den Geist eines Volks lebendig anspricht, dasselbe auch einen Ausdruck in seiner Sprache findet, so wie umgekehrt es ein untrügliches Zeichen ist, dass ein solches Verhältniss die Nation nicht lebendig getroffen hat, wenn es ihrer Sprache an einem Ausdruck dafür mangelt. Denn da alles Sprechen darin besteht, die schweifende Unbestimmtheit des blossen Vorstellens durch die Schärfe des articulirten Lautes zu heften, so muss, was sich in der Seele zur Klarheit und Bestimmtheit der Sprache erheben will, auf irgend eine Weise in ihr ein dasselbe vorstellendes Zeichen finden.

Die Chinesische Sprache besitzt nichts, was auf irgend eine Weise eine Flexion genannt werden könnte. Ihre einzigen syntaktischen Hülfsmittel sind Partikeln (grammatische Wörter) und die Wortstellung. Allein auch diese beiden scheinen nicht auf die Bezeichnung der grammatischen Formen zu gehen, sondern bestimmt zu seyn, das Verständniss auf andere Weise zu leiten.

Das schon im Vorigen erwähnte *tchî* ist diejenige Chinesische Partikel, welche sich am meisten dem Begriff eines Casuszeichens, um nicht Flexion zu sagen, nähert. In den Worten *thían tchî | mîng*, die Satzung des Himmels, scheint *tchî* nichts als ausdrückliche Andeutung des Genitivs, oder doch eine den Praepositionen *von, de* und *of* ähnliche Partikel. Allein dem Subject vor dem Verbum nachgesetzt, deutet es den Nominativ, und auf das Verbum folgend, den Accusativ an. Diese Genitive stehen sehr häufig ohne diese Partikel, und sie findet sich in einer Menge von Fällen, wo an keinen Genitiv zu denken ist. So verbindet sie das Subject mit dem Verbum, das Verbum substantivum und andre intransitive Verba mit ihrem Praedikat, das Subject mit seinem Attribut, indem sie die Stelle des Verbum substantivum vertritt, bildet Adjectiva, dient statt eines bestimmenden Artikels, deutet den vom Verbum regierten Gegenstand, wenn er selbst nicht ausgedrückt ist, als Pronomen an, und steht als Beziehungspronomen. In allen diesen verschiedenen Geltungen hat *tchî* zugleich eine trennende und verbindende Kraft, die aber eng mit einander vereinigt gedacht werden müssen. Indem sie sich zwischen den Genitiv und das ihn regierende Wort stellt, zeigt sie an, dass beide Wörter, als nicht in Apposition stehend, getrennt, aber als von einander abhängig zusammen verbunden werden müssen. Ebenso vereinigt sie Subject und Verbum, trennt aber vorher beide, da, ohne sie, das dem Verbum vorausgehende Wort, den Regeln der Chinesischen Wortstellung nach, in die allgemeine Kategorie des Adverbium fallen würde. In allen diesen Fällen wird sie gebraucht, wo der Sinn der Rede eine verschiedene, aber mit dem unmittelbar Folgenden auf das engste verbundene Richtung zu nehmen beginnt. Zugleich ist diese Partikel Pronomen: *wáng tchîng tchî (Gr. 134.)*, der König unterwirft ihn, *tchî 'wĭi*, dies heisst. Diese Bedeutung ist ihre ursprüngliche, und ich sehe keine andre auch da in ihr, wo sie (als angebliches Genitivzeichen oder sonst) jene verbindende Kraft hat. Der Redende, statt in Einem Flusse zu reden, hält, wo die

Construction eine andere Wendung nimmt, inne, und heftet, ehe er zum Folgenden übergeht, die Aufmerksamkeit des Hörers durch den Ausruf: *das*! noch einmal vorher auf das schon Gesagte. Daher wird *tchî* gewöhnlich auch nur gebraucht, wo, ohne seine Dazwischenkunft, Unklarheit oder Zweideutigkeit zu besorgen wäre. Man kann bei dem Gebrauche von *tchî* oft zweifelhaft bleiben, ob das Wort, welches ihm vorausgeht, der Nominativ oder der Genitiv ist. *'Oû poù yŭ jîn tchî kiâ tchoû 'ò yĭ* übersetzt man *ego non cupio, homines addant ad me*. Nichts verbietet aber zu übersetzen: *non cupio hominum additionem s. addere ad me. Hiŏ sîng sái kiwù tchî foû* | übersetzt man *studio natus* (eine gewöhnliche Art der Chinesischen Gelehrten sich selbst zu bezeichnen) *debilis, marcidus sum homo;* es kann aber ebensowohl heissen *studio natus debilium, marcidorum sum homo. Thían tí tchî tá* heisst eben so wohl, und nur nach Verschiedenheit des Zusammenhanges, Himmel und Erde sind gross (*T. p. 47. XII. 2.*) als des Himmels und der Erde Grösse. Auch sind diese verschiedenen Uebersetzungen derselben Sätze nur in den darin gebrauchten grammatischen Formen von einander abweichend, kommen aber alle darin mit einander überein, dass die der Partikel *tchî* nachfolgenden Worte in ihrem Begriff von den vor ihr vorausgehenden bestimmt werden. Da nun die Sprache sie als gleich ansieht, was der Gebrauch derselben Partikel in allen beweist, so ist klar, dass ihre grammatische Ansicht nur auf die Begriffsbestimmung, in der sie übereinkommen, und nicht auf die Formenbezeichnung, in der sie verschieden sind, gerichtet ist.

Ich übergehe, der Kürze wegen, die Zergliederung andrer Chinesischer grammatischer Wörter, sie würde aber zu dem gleichen Resultat führen, dass diese Wörter nicht Bezeichnungen grammatischer Formen sind, sondern mehr den Uebergang eines Theils des Gedanken zum andern anzeigen. Von denen, welche diese Bestimmung nicht haben, wie z. B. die sogenannten Praepositionen sind, lässt sich fast allgemein behaupten, dass man ihren Gebrauch besser begreift, wenn man auf ihre ursprüngliche materielle Bedeutung zurückgeht, als wenn man sie als grammatische Bezeichnungen nimmt.

Die Chinesische Sprache weicht daher in dem hier betrachteten Punkt wesentlich von allen übrigen mir bekannten flexionslosen

Sprachen ab. In diesen begleiten die grammatischen Wörter diejenigen, zu denen sie gehören, so beständig und auf eine solche Weise, dass sie Ausdrücke grammatischer Formen werden, und ein sichtbares Bestreben zeigen, mit den Hauptwörtern, als Nebenlaute, zusammenzuschmelzen. Viele von ihnen können daher als wirkliche Prae- und Suffixa, manche beinahe als wahre Flexionen angesehen werden. Dass dies im Chinesischen durchaus nicht der Fall ist, beweisen am deutlichsten die zur Bezeichnung der Tempora bestimmten Wörter. Sie fehlen weit häufiger, als sie das Verbum begleiten, sind eigentlich nichts, als Adverbia der Zeit, und schliessen sich so wenig eng an das Verbum an, dass einige bald vor, bald hinter demselben, bald durch mehrere Worte von ihm getrennt stehen. |

Die Wortstellung ist, ohne in einer Sprache mit andren Hülfsmitteln der grammatischen Bezeichnung verbunden zu werden, ausser Stande, anzudeuten, in welcher bestimmten grammatischen Form jedes Wort eines Satzes genommen werden muss, ja nur überhaupt alle Theile des Gedanken unverkennbar zu bezeichnen. Es fehlt ihr sogar unter diesen Umständen oft an einem festen Punkt, von dem das Verständniss durch sie ausgehen kann. Denn wie auch z. B. feststehen möge, dass das Subject dem Verbum vorausgehen, der regierte Gegenstand ihm nachfolgen muss, so giebt es kein Mittel, der Satz müsste denn bloss aus drei Worten bestehen, durch die Stellung allein, das Verbum selbst, dies erste Glied der Kette, zu erkennen. So fest daher auch die Wortstellung im Chinesischen ist, so reicht sie nie allein aus, sondern man muss immer zugleich auf die Bedeutung der Wörter und den Zusammenhang der Rede zurückgehn. Am wenigsten kann sie die grammatischen Formen angeben, da z. B. mehr als Eine das Subject bilden, dem Verbum nicht bloss dieses, sondern auch eine adverbialische Bestimmung vorausgehen kann u.s.f.

Genau genommen, zeigt die Wortstellung im Chinesischen bloss an, welches Wort das andre bestimmt. Dies wird von zwei verschiedenen Seiten aus betrachtet, von der Beschränkung des Umfangs eines Begriffs durch einen andren, und von der Richtung eines Begriffs auf einen andren. Die Wörter nun, welche andere beschränkend bestimmen, gehen den letzteren vor, die Wörter, auf welche andere gerichtet sind, folgen diesen nach. Auf diesen beiden Grundgesetzen der Construction beruht die ganze Chinesische Grammatik. Es steht also, nach unsrer Art zu reden, das Adverbium vor dem Nomen oder Verbum, das Adjectivum nach dem Adverbium, aber vor dem Substantivum, das Subject, welchen Redetheil es ausmachen möge, vor dem Verbum, das Verbum vor dem Worte, welches dasselbe, als seinen Gegenstand, regiert.

In der Grammatik jeder Sprache giebt es einen ausdrücklich bezeichneten und einen stillschweigend hinzugedachten Theil. In der Chinesischen steht der erstere in einem unendlich kleinen Verhältniss gegen den letzteren.

In jeder Sprache muss der Zusammenhang der Rede der Grammatik zu Hülfe kommen. In der Chinesischen ist er die Grundlage des Verständnisses, und die Construction kann oft nur von ihm abgeleitet werden.[8] Das Verbum selbst ist nur am Verbalbegriff kenntlich. |

Dass die Chinesische Sprache sich mit einer solchen Grammatik begnügen kann, macht der Zuschnitt ihrer Sätze. Diese sind meistentheils sehr kurz, selbst die lang scheinenden lassen sich auf kurze zurückführen, und dies scheint die dem Geiste der Sprache angemessenste Methode. Der Periodenbau ist aber sichtbar nur deswegen so einfach geblieben, weil der grammatische keinen andern erlaubt.

Eine Chinesische Redensart lässt sich bei weitem nicht immer bloss in dem Sinne nehmen, welchen sie für sich darbietet. Sehr häufig muss man die Bestimmung hinzufügen, die aus der vor ihr vorhergehenden hinzukommt. So bedeutet die verbindende Partikel *eûl* höchst selten bloss *und*. Ob sie aber *und dennoch* oder *und deshalb* übersetzt werden muss, hangt von dem Verhältniss der mit einander verbundenen Sätze ab. Auf dieselbe Weise werden von einander abhangende Sätze meistentheils ohne Conjunctionen gebraucht, so dass die Art ihrer Abhängigkeit nur aus ihrem Sinn und ihrem darin liegenden gegenseitigen Verhältniss hervorgeht.

Die Chinesische Sprache stellt meistentheils vereinzelt hin, was in andren verbunden ist. Dadurch erhalten ihre Ausdrücke mehr Gewicht, und zwingen, bis zur Auffassung aller ihrer Beziehungen bei ihnen zu verweilen. Die Sprache überlässt es dem Hörer, eine Menge von Mittelbegriffen hinzuzufügen, und legt daher dem Geiste eine grössere Arbeit auf, welche einen Theil der Grammatik ergänzen muss. Im Volksgebrauch helfen vermuthlich die ein für allemal in einem Sinn, den man kennen muss, ohne ihn immer aus buchstäblicher Uebersetzung finden zu können, ausgeprägten Redensarten, von denen es, nach Rémusats *(sur les langues Tartares. p.* 124)[9] Zeugniss, eine sehr grosse Anzahl giebt. Die Anzeige der Gedankenverbindung ist bisweilen dergestalt, man muss mehr sagen, verschmäht, als vernachlässigt, dass ein einzelnes Substantivum, für sich gleichsam einen Satz ausfüllend, vorangeschickt ist, bloss um aus ihm eine in einem nachher kommenden ausgedrückte Schlussfolge zu ziehen. So bilden die Worte *(T. p. 35. II. 2.) kiûn tsiù eûl chî tetuûng, der Weise, und (deshalb) immer Mitte,* für sich zwei verbundene Sätze, denen nun bloss folgt, dass der grosse Haufe sich anders verhält. Rémusat übersetzt hier *sapiens et semper medio stat.* Aber meine Uebersetzung enthält genau die Chinesischen Worte. |

Vergleicht man das Chinesische mit andren Sprachen von dem hier gefassten Gesichtspunkte aus, so giebt es Sprachen dreifacher Gattung.

Die Chinesische überhebt sich einer genauen, ja im Grunde aller Bezeichnung der grammatischen Formen.

Die Indo-Germanischen[10] und vielleicht noch andre machen diese Bezeichnung zur Grundlage ihrer Grammatik, und ertheilen derselben die sorgsamste Ausführung.

Die Sprachen, die nach jenen beiden Classen übrigbleiben, streben nach grammatischen Formen und bezeichnen dieselben, erreichen aber nicht eine vollständige und angemessene Bezeichnung, haben bald eine mangelhafte, bald eine überflüssige und fehlerhafte.

Die Chinesische Sprache unterscheidet sich von diesen Sprachen durch die Reinheit, Regelmässigkeit und Consequenz ihres grammatischen Baues; durch diese Vorzüge stellt sie sich unbedingt den vollkommensten Sprachen an die Seite,[11] unterscheidet sich aber von ihnen wieder dadurch, dass sie, soweit es nur immer die allgemeine Natur der Sprache zulässt, ein dem ihrigen entgegengesetztes System befolgt. Sie darf um so weniger mit den ungebildeten Sprachen roher Volksstämme verwechselt werden, als diese meistentheils, wie schon Rémusat bemerkt hat, gerade von grammatischen Bezeichnungen, ja mitunter von grammatischen Spitzfindigkeiten wimmeln.

Die Chinesische Sprache bietet die sonderbare Erscheinung dar, sich durch die blosse Verzichtleistung auf einen allen Sprachen gemeinsamen Vorzug einen anzueignen, der in keiner anderen angetroffen wird. Indem sie Vielem entsagt, was der Ausdruck hinzufügt, hebt sie gerade den Gedanken stärker hervor, und besitzt eine in dem Grade nur ihr eigenthümliche Kunst, die Begriffe so unmittelbar an einander zu reihen, dass ihre Uebereinstimmungen und Gegensätze nicht bloss, wie in andren Sprachen, wahrgenommen werden, sondern den Geist, ihn mit einer ihm neuen Kraft berührend, gleichsam zwingen, sich der reinen Betrachtung ihrer Beziehungen zu überlassen. Es entsteht daraus, noch selbst unabhängig vom Inhalt der Rede, ein, in anderen Sprachen in dem Grade unbekanntes, bloss aus der Form und der Anordnung der Begriffe hervorgehendes, rein intellectuelles Vergnügen, das vorzüglich durch die Kühnheit bewirkt wird, lauter, gehaltvolle, selbständige Begriffe bezeichnende Ausdrücke in überraschender Ver- | einzelung neben einander hinzustellen, und Alles für sich Gehaltlose, und nur Fügung und Verknüpfung Bezeichnende zu entfernen.

Da die Chinesische Sprache sich von den mit vollkommener Formenbezeichnung versehenen dadurch unterscheidet, dass diese den in der Rede verbundenen Wörtern eine bestimmte Gestalt geben, die für sie aus dieser entspringenden Eigenschaften auf den Gedankenausdruck mitwirken lassen, und dadurch dem blossen Gedankengehalte in ihm allein nicht liegende Bestimmungen hinzufügen, das Chinesische aber dies alles nicht thut, aus den Wörtern keine, durch ihre eigenthümliche Natur auf den Gedankengehalt zurückwirkenden Wesen macht, sondern sich bloss an den letzteren hält, und um ihn in Worte einzukleiden, so wenig, als möglich, von der besondren Eigenthümlichkeit der Sprache leiht; so fragt es sich, um den Gegenstand zu erschöpfen, was nun eigentlich in der Seele dieser Zurückwirkung der Sprache durch vollständige Formenbezeichnung auf den Gedankengehalt entspricht, und was mithin, da wo, wie im Chinesischen, eine solche Wirksamkeit fehlt oder schwach ist, deshalb in dem Geiste der Sprechenden vermisst werden muss?

So schwierig die Beantwortung dieser Frage ist, so möchte ich sagen, dass die Seelenkraft, der diese Wirksamkeit angehört, die Art der Einbildungskraft ist, welche überhaupt zur Bezeichnung der Gedanken durch Laute antreibt. Die mit vollkommener Formenbezeichnung versehenen Sprachen verdanken ihr Daseyn der erhöheten Thätigkeit dieser Kraft, und wirken wiederum stärker auf dieselbe zurück. Die Chinesische befindet sich für beides in dem entgegengesetzten Fall.

Von da aus verbreitet sich aber der wohlthätige Einfluss eines reichen grammatischen Formenbaues über das ganze Denksystem. Diese so unbedeutend erscheinenden Formen erlauben, indem sie Mittel darbieten, die Sätze zu erweitern und zu verschlingen, dem Geiste einen freieren Schwung. Der Gedanke, der in dem Kopfe eine ununterbrochene Einheit bildet, findet in einer, alle Wörter organisch verknüpfenden Sprache dieselbe Stetigkeit wieder. Durch beides verbindet ein vollendeter grammatischer Formenbau den zwiefachen Vortheil, dem Gedanken mehr Umfang, Feinheit und Farbe zu geben und ihn genaue und treuer darzustellen. Ausserdem aber begleitet er ihn noch mit symmetrischer Stellung der Sprachformen und harmonischer Lautverknüpfung, beides den Gedanken und Empfindungen der Seele entsprechend. Einer viele | Vortheile der Sprache unbenutzt lassenden Grammatik sind diese Vorzüge wenigsten nie in gleichem Grade erreichbar.

In dem hier Geschilderten erscheinen Gedanke und Sprache als untrennbar in einander verwachsen. Setzt man dagegen beide einander entgegen, so bietet der von der Einkleidung in Sprache geschiedene Gedanke eine höhere Freiheit und Reinheit dar, da der Ausdruck nothwendig einengt und verändert. Nun ist es zwar unmöglich, ohne Sprache zu denken. Allein der Mensch unterscheidet doch den Gedanken vom Wort, und geht, woraus alle innere Spracherweiterung entspringt, häufig über die Begränzung der in jedem Augenblick gegebenen Sprache hinaus. Wo daher die zwiefache Geistesthätigkeit, die ihn auf den Gedanken und das Wort treibt, einmal ungleich ist, schwächt sich die eine, indem die andere zunimmt. Hierin suche ich den tieferen Grund der Verschiedenheit der Chinesischen und der vollkommensten unter den Indo-Germanischen Sprachen.

Indem die erstere dem Verstande eine viel grössere Arbeit zumuthet, als irgend eine andere von ihm fordert, ihn bloss auf die Verhältnisse der Begriffe hinweist, ihn fast jeder maschinenmässigen Hülfe zum Verständniss beraubt, und selbst die Construction der Worte fast nur auf die Gedankenfolge und die gegenseitige Bestimmbarkeit der Begriffe gründet, weckt und unterhält sie die auf das blosse Denken gerichtete Geistesthätigkeit, und entfernt von Allem, was nur dem Ausdruck und der Sprache angehört. Diesen Vorzug können Sprachen, deren Grundsatz es ist, in der Construction Alles zu verbinden, und bei denen die grammatische Form der Wörter nicht ohne bedeutenden Einfluss auf die Darstellung der Gedanken ist, nur in einem gewissen Grade und in einzelnen Wortstellungen erreichen.

Dieses Vorzuges ungeachtet, steht aber, meiner innersten Ueberzeugung nach, das Chinesische den Sprachen, mit welchen es hier verglichen wird, bei weitem nach.

Der Gedanke erhält einmal bloss durch die Sprache Deutlichkeit und Bestimmtheit, und diese Wirkung ist nur vollständig, wenn alles auf ihn Einwirkende auch in der Sprache einen analogen Ausdruck antrifft. Jede Sprache, die darin zu ergänzen übriglässt, befindet sich in dieser Rücksicht im Nachtheil.

Je mehr der Gedanke nach allen Beziehungen hin individualisirt ist, desto mehr begeistert und bewegt er; und je mehr alle Seelenkräfte bei seinem Ausdruck mitwirken, desto mehr wird er | individualisirt. Das letztere ist aber offenbar mehr bei den, der Chinesischen in ihrem Bau entgegengesetzten Sprachen der Fall. Der Chinesische Styl fesselt durch Wirkungen, die Erstaunen erregen, die Sprachen eines entgegengesetzten Baues flössen uns Bewunderung durch eine Vollkommenheit ein, die wir gerade für diejenige erkennen, nach welcher die Sprache zu streben bestimmt ist.

Die Möglichkeit der Chinesischen Grammatik beruht einzig auf der Kürze und Einfachheit ihrer Redesätze. Nun giebt es in dieser Einfachheit einen Punkt, auf welchem die blosse Unterscheidung des Subjects, der Copula und des Praedikats nicht mehr ausreicht, wo diese noch bloss logischen Begriffe durch eigentlich grammatische, aus der eigenthümlichen Natur der Sprache geschöpfte, näher bestimmt werden müssen. Auf dieser schmalen Gränzlinie scheint sich mir die Chinesische Sprache zu halten.

Sie überschreitet sie zwar unläugbar, und darin besteht die Kunst ihrer Grammatik, allein der Umfang und der Zuschnitt ihrer Perioden ist immer dem Mass ihrer Mittel angepasst. Sie bleibt also stehen, wo es den Sprachen gegeben ist, ihre Bahn weiter zu verfolgen.

7. Ueber den Dualis*
[VI:4–30]

> *Ex quo intelligimus, quantum dualis numerus, una et simplice compage solidatus, ad rerum valeat perfectionem.*
>
> Lactantius *de opificio dei*

Unter den mannigfaltigen Wegen, welche das vergleichende Sprachstudium einzuschlagen hat, um die Aufgabe zu lösen, wie sich die allgemeine menschliche Sprache in den besondren Sprachen der verschiedenen Nationen offenbart? ist einer der am richtigsten zum Ziele führenden unstreitig der, die Betrachtung eines einzelnen Sprachtheils durch alle bekannte Sprachen des Erdbodens hindurch zu verfolgen.[1] Es kann dies entweder in Hinsicht auf die Begriffsbezeichnung mit einzelnen Wörtern oder Wörterclassen, oder in Hinsicht auf die Redefügung mit einer grammatischen Form geschehen. Beides ist auch vielfältig versucht worden, doch hat man gewöhnlich nur zufällig eine gewisse Anzahl von Sprachen an einander gereiht, und das hier durchaus nicht gleichgültige Streben nach Vollständigkeit unberücksichtigt gelassen. |

Uebersieht man die Art, wie eine grammatische Form, da ich, meinem gegenwärtigen Zwecke gemäss, bei diesen stehen bleibe, in den verschiedenen Sprachen behandelt, hervorgehoben oder unbeachtet gelassen, eigenthümlich gemodelt, in Verbindung mit andren gebracht, geradezu oder durch Umwege ausgedruckt wird, so wirft diese Nebeneinanderstellung sehr oft ein ganz neues Licht zugleich auf die Natur dieser Form, und die Beschaffenheit der einzelnen, in Betrachtung gezogenen Sprachen. Es lässt sich alsdann der besondre Charakter, welchen eine solche Form in den verschiedenen Sprachen annimmt, mit demjenigen vergleichen, welchen die übrigen

---

* Gelesen in der Akademie der Wissenschaften am 26. April 1827.

grammatischen Formen in den nämlichen Sprachen an sich tragen, und somit der ganze grammatische Charakter dieser letzteren, so wie ihre grammatische Consequenz, beurtheilen. In Absicht der Form selbst aber steht nunmehr der von ihr wirklich gemachte Gebrauch demjenigen gegenüber, der sich aus ihrem blossen Begriff ableiten lässt, was vor der einseitigen Systemsucht bewahrt, in die man nothwendig verfällt, wenn man die Gesetze der wirklich vorhandenen Sprachen nach blossen Begriffen bestimmen will. Gerade dadurch, dass die hier empfohlne Verfahrungsweise auf möglichst vollständige Aufsuchung der Thatsachen dringt, hiermit aber die Ableitung aus blossen Begriffen nothwendig verbinden muss, um Einheit in die Mannigfaltigkeit zu bringen, und den richtigen Standpunkt zur Betrachtung und Beurtheilung der einzelnen Verschiedenheiten zu gewinnen, baut sie der Gefahr vor, welche sonst dem vergleichenden Sprachstudium gleich verderblich von der einseitigen Einschlagung des historischen, wie des philosophischen Weges droht. Keiner, der sich mit diesem Studium beschäftigt, und den Neigung und Talent vorzugsweise zu einem beider Wege einladen, darf vergessen, dass die Sprache, aus der Tiefe des Geistes, den Gesetzen des Denkens, und dem Ganzen der menschlichen Organisation hervorgehend, aber in die Wirklichkeit in vereinzelter Individualität übertretend, und in einzelne Erscheinungen vertheilt auf sich zurückwirkend, die durch richtige Methodik geleitete, vereinte Anwendung des reinen Denkens und der streng geschichtlichen Untersuchung fordert.[2]

Ein zweiter wichtiger Nutzen durch alle Sprachen durchgeführter Beschreibungen grammatischer Formen liegt in der Vergleichung der verschiedenen Behandlung derselben mit dem Cultur- und selbst dem Sprachzustande der Nation. Ob ein ge- | wisser Ausbildungsgrad einer Sprache einen gewissen Culturzustand voraussetzt oder hervorbringt, ob gewisse Eigenthümlichkeiten Afrikanischer und Amerikanischer Sprachen nur aus dem den Völkern, die sie reden, im Ganzen gemeinsamen Zustande mangelnder Civilisation herrühren, oder andre, erst aufzusuchende Ursachen haben? sind Fragen von der grössesten Wichtigkeit. Ihre Beantwortung knüpft das vergleichende Sprachstudium an die philosophische Geschichte des Menschengeschlechts an, und zeigt demselben einen über dasselbe hinaus liegenden höheren Zweck.

Denn das Sprachstudium muss zwar allein um sein selbst willen bearbeitet werden. Aber es trägt darum doch ebenso wenig als irgend ein andrer einzelner Theil wissenschaftlicher Untersuchung seinen letzten Zweck in sich selbst, sondern ordnet sich mit allen andren dem höchsten und allgemeinen Zweck des Gesammtstrebens des menschlichen Geistes unter, dem Zweck, dass die Menschheit sich klar werde über sich selbst und ihr Verhältniss zu allem Sichtbaren und Unsichtbaren um und über sich.[3]

Ich glaube nicht, dass die oben erwähnten Fragen, auch durch sehr vollständiges und genaues Sprachstudium, jemals werden vollständig beantwortet werden können. Die Zeit hat sowohl von den Sprachen, als den Zuständen der Nationen, zuviel unsrer Kenntniss entzogen, und die übriggebliebenen Bruchstücke lassen kein entscheidendes Urtheil zu. Allein schon meine bisherige Erfahrung hat mich vielfältig belehrt, dass die ununterbrochen auf jene Fragen gerichtete Aufmerksamkeit sehr schätzbare einzelne Aufklärungen gewährt, und auf jeden Fall Irrthümern vorbaut, und Vorurtheile zerstört.* Es ist aber hierbei nicht bloss auf den

---

* Herr Schmitthenner (Ursprachlehre. S. 20.) sagt: Ohne nun eine ausführliche Darstellung, dass die Sprachen Amerikas und Afrikas um so unvollkommener und von einander abweichender seyn müssen, je weniger sich die sie sprechenden Völker aus der Dummheit des Naturlebens zu dem Lichte der Vernunft, und aus der Zerstreuung der Rohheit zu der Einheit der Bildung erhoben haben, der Mühe werth zu halten, gehen wir u.s.f. Ich weiss nicht, ob viele einen so verwerfenden und die Untersuchung von vorn herein abschneidenden Ausspruch zu unterschreiben geneigt seyn möchten. Ich kann nicht anders, als eine ganz entgegengesetzte Meinung hegen. Ich will mich hier nicht auf den merkwürdigen Bau mehrerer Afrikanischen und Amerikanischen Sprachen berufen. Es mag nicht jeder Sprachforscher Neigung zu einem solchen Studium in sich fühlen, doch wird gewiss jeder, der sich auch nur oberflächlich mit denselben beschäftigt hat, zugestehen, dass ihre Kenntniss von der höchsten Wichtigkeit für das Sprachstudium ist. Allein der Culturzustand jener Völkerschaften, namentlich der Amerikanischen, ist, und gerade in Beziehung auf den Gedankenausdruck, gar nicht durchgängig so, wie er in jener Stelle geschildert wird. Von den Nord-Amerikanischen Nationen geben die Berichte über ihre Volksversammlungen und die mitgetheilten Reden einiger ihrer Häuptlinge einen ganz andren Begriff. Viele Stellen derselben sind von wahrhaft rührender Beredsamkeit, und stehen auch diese Stämme mit den Einwohnern der Vereinigten Staaten in enger Verbindung, so ist doch das Gepräge der reinen und ursprünglichen Eigenthümlichkeit in

häuslichen und | gesellschaftlichen Zustand der Nationen, sondern ganz vorzüglich auf die Schicksale zu sehen, welche ihre Sprache erfahren hat, so weit sich dieselben aus ihrem Baue ergründen lassen, oder geschichtlich bekannt sind. So hängt z.B. die feine und vollständige grammatische Ausbildung der jetzt fast zu blossen Volksmundarten gewordenen Lettischen Sprachen gar nicht mit dem Culturzustande der Völker, die sie reden, sondern nur mit der treueren Aufbewahrung der Ueberreste einer ursprünglichen und ehemals hoch ausgebildeten Sprache zusammen.

Endlich dürfte es nicht leicht ein besseres Mittel als die Betrachtung derselben grammatischen Form in einer grossen Anzahl von Sprachen geben, um zu einer vollständigeren Beantwortung der Frage zu gelangen, welcher Grad von Aehnlichkeit des grammatischen Baues zu Schlüssen auf die Verwandtschaft der Sprachen berechtigt? Es ist eine eigne Erscheinung, dass das Sprachstudium zu keinem andren Zwecke so vielfältig benutzt worden ist, ja dass sehr viele noch jetzt den Nutzen desselben fast nur darauf zu beschränken pflegen[4], und dass es doch bisher noch durchaus an ge- | hörig gesicherten

---

ihren Ausdrücken unverkennbar. Sie sträuben sich allerdings, die Freiheit ihrer Wälder und Gebirge mit der Arbeit des Ackerbaus und der Beschränkung in Häuser und Dörfer zu vertauschen, allein sie bewahren in ihrem herumstreifenden Leben eine einfache, wahrheitliebende, oft grossartige und edelmüthige Gesinnung. Man sehe Morse's *report to the Secretary of war of the united states on Indian Affairs. p. 71. App. p.* 5. 21. 53. 121. 141. 242. Die Sprachen von Menschen, die ihrem Ausdruck diese Klarheit, Stärke und Lebendigkeit zu geben verstehen, können der Aufmerksamkeit der Sprachforscher nicht unwerth seyn. Von einigen Süd-Amerikanischen Stämmen giebt Vieles Zeugniss, was in Gilij's *saggio di storia Americana* über ihre Sagen und Erzählungen verstreut ist. Wären aber auch alle heutigen Amerikanischen Eingebornen zu einem Zustand absoluter Rohheit und dumpfen Naturlebens, wie es gewiss nicht der Fall ist, herabgewürdigt, so lässt sich doch auf keine Weise behaupten, dass es immer ebenso gewesen sey. Der blühende Zustand des Mexicanischen und Peruanischen Reichs ist bekannt, und dass mehrere Völker in Amerika einen höheren Grad der Ausbildung erlangt hatten, zeigen die Spuren alter Cultur, die man zufällig von den Muiscas und Panos aufgefunden hat. (A. v. Humboldt. *Monumens des peuples de l'Amérique. p.* 20. 72-74. 128. 244. 246. 248. 265. 297.) Sollte man es nun nicht der Mühe werth halten, zu untersuchen, ob die uns gegenwärtig bekannten Amerikanischen Sprachen das Gepräge jener Cultur oder der heutigen angeblichen Rohheit an sich tragen?

Grundsätzen zur Beurtheilung der Verwandtschaft der Sprachen und des Grades derselben fehlt. Meiner Ueberzeugung nach, reicht die bisher gewöhnlich befolgte Methode wohl hin, sehr nahe mit einander übereinstimmende Sprachen zu erkennen, so wie, obgleich dies schon viel grössere Behutsamkeit erfordert, die gänzliche Geschiedenheit andrer auszusprechen. Allein in der Mitte zwischen diesen beiden Aeussersten, also gerade da, wo die Lösung der Aufgabe am nöthigsten wäre, scheinen mir die Grundsätze noch dergestalt zu schwanken, dass es unmöglich ist, sich ihrer Anwendung irgend mit Vertrauen hinzugeben. Nichts wäre zugleich für die Sprachkunde und die Geschichte so wichtig, als die Feststellung dieser Grundsätze. Sie ist aber mit grossen Schwierigkeiten verbunden, und erfordert Vorarbeiten nach mehreren Richtungen hin. Zuerst müssen noch viel mehr Sprachen, und einige genauer als bis jetzt geschehen, zergliedert werden. Um auch nur zwei Wörter mit Erfolg mit einander grammatisch vergleichen zu können, ist es nothwendig, erst jedes für sich in der Sprache, welcher es angehört, zur Vergleichung genau vorzubereiten. Solange man bloss, wie jetzt so oft der Fall ist, der allgemeinen Aehnlichkeit des Klanges folgt, ohne die Lautgesetze der Sprachen selbst und ihre Analogie aufzusuchen, läuft man unvermeidlich die doppelte Gefahr, dieselben Wörter für verschiedne, und verschiedne für dieselben zu erklären, der gröberen, aber noch immer nicht seltenen Fälle nicht zu gedenken, dass die verglichenen Wörter nicht in ihrer Grundform aufgenommen, sondern grammatische Zusätze und Beugungen daran übersehen werden.* Hierauf muss sich die Untersuchung zu den Veränderungen der Sprachen im Laufe der Jahrhunderte wenden, um zu erkennen, welche Eigenthümlichkeiten bloss in diesen ihre Erklärung finden. Nach der Bearbeitung der einzelnen Sprachen, welche erst einen reinen und brauchbaren Stoff darbietet, ist die Vergleichung derjenigen, deren Zusammenhang nun wirklich historisch erwiesen ist, in der genauen Abstufung ihres Verwandtschaftsgrades nothwendig, um nach diesen Analogieen die noch unbekannten beurtheilen zu können. Endlich aber

---

* Eine grosse Anzahl eben so sehr nachahmenswerther, als schwer nachzuahmender, auf genaue und vollständige Zergliederung gegründeter Wortvergleichungen finden sich in den neuesten Boppischen, Grimmischen und A. W. v. Schlegelschen Schriften.

dürfte die hier versuchte Verfolgung einzelner grammatischer Formen durch alle bekannte Sprachen hin- | durch grossen Nutzen gewähren. Denn nur auf diese Weise lässt sich prüfen, wie die in solchen einzelnen Punkten einander ähnlichen Sprachen sich gegen einander in andren verhalten, und wie sehr oder wenig tief der Einfluss einzelner Formen in das Ganze des Sprachbaues eingreift. Dass ferner, ausser diesen, die Sprachen angehenden Vorarbeiten, ganz vorzüglich auch das aus der Geschichte zu schöpfende Studium der Art erforderlich ist, wie die Nationen sich verzweigen, vermischen und verbinden, versteht sich von selbst.* Nur durch die Verbindung dieser vielfachen Untersuchungen wird es möglich seyn, Grundsätze aufzustellen, um das in den Sprachen wirklich geschichtlich aus der einen in die andre Uebergegangene zu erkennen. Jedes weniger gründliche und sorgfältige Verfahren lässt immer die Gefahr übrig, das wirklich der Verwandtschaft Angehörende mit den durch die Zeit bewirkten Umwandlungen oder mit demjenigen zu vermischen, was, unabhängig von einander, bloss aus ähnlichen Ursachen an verschiedenen Orten und in verschiedenen Zeiten in ganz von einander getrennten Sprachen ähnlich entsteht. Es folgt schon aus dem hier Gesagten von selbst, dass bei jeder solchen Untersuchung das grammatische Studium die Grundlage ausmachen muss. Es leistet dabei einen doppelten Nutzen, einen mittelbaren, indem es die Wörter zur Vergleichung vorbereitet, und einen unmittelbaren, indem es die Uebereinstimmung oder Verschiedenheit des grammatischen Baues prüft. Aus der letzteren Arbeit allein ergiebt sich mit Bestimmtheit, was durch blosse Wörtervergleichungen nie gleich klar wird, ob die verglichenen Sprachen wirklich Eines Stammes sind, oder ob sie bloss Wörter mit einander ausgetauscht haben. Man erlangt daher nur auf diesem Wege einen bestimmten Begriff von derjenigen besondern Völkertrennung und Verbindung, welcher bestimmte Verwandtschaftsgrade der Mundarten entsprechen. Doch muss man bei allen diesen Untersuchungen den Begriff der *Verwandtschaft* nur als *geschichtlichen Zusammenhang* nehmen, nicht aber etwa auf den buchstäblichen Sinn des Wortes zu viel Gewicht le-

---

* Wie vortrefflich historische Untersuchungen dieser Art die Sprachenkunde aufzuhellen im Stande sind, beweisen vorzüglich Klaproth's *Tableaux historiques de l'Asie*.

gen.⁵ Dies letztere führt, aus Gründen, die es hier zu weitläuftig seyn würde zu erörtern, in mehrfache Irrthümer.* |

Es scheint mir hiermit, wie mit so vielen andren Punkten zu stehen, dass man sich nemlich noch lange Zeit hindurch wird auf einzelne Untersuchungen beschränken müssen, ehe es möglich seyn wird, etwas Allgemeines festzustellen. Indess ist allerdings auch schon jetzt, nur in wohl bestimmten Schranken, Allgemeines nothwendig, nemlich einmal in demjenigen Theile, den das Sprachstudium allerdings auch besitzt, der allein aus Ideen geschöpft werden kann, und dann, weil es nothwendig ist, von Zeit zu Zeit zu übersehen, wie weit man, nach dem gegenwärtigen Zustande der einzelnen Untersuchung, in dem Anbau des Ganzen der Wissenschaft vorgeschritten ist. Nur zwei Dinge dürfen nie und auf keine Weise zugelassen werden, die Herleitung aus Begriffen in ein ihr nicht angehörendes Gebiet hinüberzuführen, und allgemeine Folgerungen aus unvollständiger Beobachtung zu ziehen.

Wenn die vollständige Beschreibung einzelner grammatischer Formen den hier geschilderten verschiedenartigen Nutzen gewähren kann, so folgt auch von selbst daraus, dass dieselbe nach eben diesen verschiedenen Gesichtspunkten hin unternommen werden muss. Schon darum glaubte ich mir diese einleitenden Betrachtungen erlauben zu müssen, die sonst wohl hätten als eine Abschweifung von meinem Gegenstande erscheinen können.

Dass meine Wahl bei dem gegenwärtigen Versuch gerade auf den *Dualis* gefallen ist, würde, wenn es einer Rechtfertigung bedürfte, dieselbe schon darin finden, dass unter allen grammatischen Formen sich diese vielleicht am füglichsten von dem übrigen grammatischen Bau, als minder tief in ihn eingreifend, aussondern lässt. Dies und dass er sich nicht in einer zu grossen Anzahl von Sprachen findet, macht seine Behandlung in der hier befolgten Methode leichter. Denn obgleich, meiner Ueberzeugung nach, die Beschreibung einzelner grammatischer Formen an allen, ohne Ausnahme, versucht werden kann, so sind einige, wie z. B. das Pronomen und das Verbum, das letztere auch in seinem allgemeinsten Begriff, so in den ganzen grammatischen Bau verwachsen, dass ihre Schilderung gewisser-

---

* Hierauf hat schon Klaproth *(Asia Polyglotta.* S. 43.) sehr richtig aufmerksam gemacht.

massen die der ganzen Grammatik selbst ist. Hierdurch vermehrt sich natürlich die Schwierigkeit.

Zu der Wahl des Dualis ladet aber auch ausserdem noch ein, dass das Daseyn dieser merkwürdigen Sprachform sich ebensowohl | aus dem natürlichen Gefühl des uncultivirten Menschen, als aus dem feinen Sprachsinn des höchst gebildeten erklären lässt. Wirklich findet sie sich auf der einen Seite bei uncultivirten Nationen, den Grönländern, Neu-Seeländern u.s.f., da auf der andren im Griechischen gerade der am sorgfältigsten bearbeitete Dialekt, der Attische, sie beibehalten hat.

Wenn man mehrere Sprachen in Rücksicht auf dieselbe grammatische Form mit einander vergleicht, so muss man, glaube ich, die Formen auf der niedrigsten Stufe der grammatischen Abtheilung dazu auswählen, ohne ängstlich zu besorgen, dadurch das eng Zusammengehörende von einander zu reissen. Man umfasst auf diese Weise einen kleineren Umfang, und kann besser in das ganz Einzelne eingehen. Ich habe daher den *Dualis*, nicht den *Numerus* überhaupt gewählt, ob ich gleich auf den mit dem Dualis so eng zusammenhangenden Pluralis immer werde zugleich Rücksicht nehmen müssen. Dennoch wird der Pluralis immer eine eigne Ausführung erfordern.

Erster Abschnitt[6]
Von der Natur des Dualis im Allgemeinen

Ich halte es für zweckmässig, zuerst den räumlichen Umfang anzugeben, in welchem der Dualis in den verschiedenen Sprachgebieten des Erdbodens angetroffen wird.*

Die Geographie fordert bei der Anwendung auf verschiedne Gegenstände verschiedne Abtheilungen, und in der Sprachenkunde lassen sich Asien, Europa und Nord-Afrika nicht füglich von einander trennen.

---

* Es liegt in der Natur der Sache, dass die hier versuchte Aufzählung der Sprachen, welche den Dualis besitzen, nicht vollständig seyn kann. Es schien mir aber dennoch nothwendig sie, als eine durch weitere Forschungen zu ergänzende hier mitzutheilen.

Nehmen wir nun diesen Theil der alten Welt zusammen, so finden wir den Dualis hauptsächlich an drei Punkten, von deren zweien er sich weit und nach verschiedenen Richtungen hin ausgebreitet hat:

    in den ursprünglichen Sitzen der Semitischen Sprachen,
    in Indien, |
    in dem Sprachstamm, der auf der Halbinsel Malacca, in den Philippinen und den SüdseeInseln bisher für den gleichen gehalten wird.

In den Semitischen Sprachen herrscht der Dualis vorzüglich in der Arabischen und hat am wenigsten Spuren zurückgelassen in den Aramäischen. Mit dem Arabischen ist er auf Nord-Afrika übergegangen, allein in Europa bloss nach Malta gekommen, und nicht einmal mit den aus ihm entnommenen Wörtern in die Türkische Sprache eingedrungen.*

Das Sanskrit hat den Dualis zunächst, doch sehr wenig, dem Pali, und gar nicht dem Prâkrit mitgetheilt; aus dem Sanskrit aber, oder vielmehr aus der gleichen Quelle mit ihm, hat ihn Europa erhalten in der Griechischen Sprache, den Germanischen, Slavischen und der Littauischen, in allen diesen in verschiedener Ausdehnung und Erhaltung nach Mundarten und Zeiten, wie in der Folge näher bestimmt werden wird.

Unter den übrigen Europaeischen Sprachen finde ich ihn bloss in der Lappländischen. Es ist aber merkwürdig, dass in der verwandten Finnischen und Esthnischen, so wie in der Ungarischen, keine Spur davon angemerkt wird. Der Dualis stammt also in Europa hauptsächlich aus dem AltIndischen.

Man spricht zwar auch von einem Dualis in der Sprache von Wales und der Nieder-Bretagne, der sogenannten Kymrischen.** Er besteht jedoch nur darin, dass man den Benennungen der doppel-

---

    * Nur gewisse einmal hergebrachte Formeln, wie *die beiden alten und heiligen Städte* (Jerusalem und Mekka) machen hiervon eine Ausnahme. P. Amédée Jaubert's *Elémens de la grammaire Turke. p. 19.* § 46.
    ** W. Owen's *dictionary of the Welsh language. Vol. I. p. 36. Gramm. Celto-Bretonne par Legonidec. p. 42.* Owen erwähnt nur des Vorsetzens der Zahl *zwei*, nicht der beiden andren, für die Dualform allein entscheidenden Umstände. Man muss dies aber wohl nur auf Rechnung seiner Ungenauigkeit, nicht auf die der Sprache setzen.

ten Gliedmassen die Zahl *zwei,* deren Femininum im BasBretonschen in dieser Verbindung seine Endsylbe verliert, vorsetzt. Da dies beständig und regelmässig zu geschehen scheint, das Wort dabei im Singular bleibt, und der Plural eintritt, so wie es auf andre Begriffe (z. B. Tischfuss) übergetragen wird, so liegt hierin allerdings ein Gefühl des Dualis, und die Erscheinung verdient hier angemerkt zu werden. Aber in die Zahl der Sprachen, | die wirklich einen Dualis besitzen, lässt sich darum die Kymrische nicht aufnehmen. Neuere, jedoch noch nicht vollendete Untersuchungen machen es mir übrigens wahrscheinlich, dass auch diese und die Gaelische Sprache in ihrem grammatischen Bau mit dem Sanskrit zusammenhangen.[7]

Aehnlich, wie mit Europa, ist es mit Afrika. Es kennt den Dualis bloss im Arabischen. Das Koptische hat ihn nicht, und ebensowenig finde ich ihn in einer der zahlreichen übrigen Afrikanischen Sprachen, so reich auch einige, wie z.B. die Bundische, an grammatischen Formen sind.

In der alten Welt bleibt also Asien der eigentliche Sitz des Dualis.

In den, aus demselben Stamm, als das Sanskrit, hervorgegangenen Asiatischen Sprachen kommt der Dualis nicht vor. Nur die Malabarische soll hiervon eine Ausnahme machen.* Ueberhaupt ist es eine merkwürdige Erscheinung, dass der kunstreiche und vollendete Bau der Sanskrit Grammatik, ausser dem Sanskrit und Pali selbst, gänzlich nach Europa übergewandert ist, die übrigen, mit dem Sanskrit zusammenhangenden Asiatischen Sprachen aber viel weniger davon bewahrt haben. Es erklärt sich dies zwar durch die ebenso scharfsinnige, als richtige Annahme,** dass die hier gemeinten Europaeischen Sprachen gleich ursprünglich, als das Sanskrit selbst sind, da jene Asiatischen Sprachen aus dem Sanskrit, und zwar grösstentheils durch Vermischung mit andren, ihren Ursprung haben, und mithin das bei solchen Uebergängen und Umwälzungen allgemeine Schicksal des Unterganges der grammatischen Formen getheilt haben. Auch in Europa findet

---

* Adelung's *Mithridates.* I. 211.

** Bopp's *analytical comparison of the Sanscrit cet. languages* in den *Annals of Oriental literature.* p. 1 u. f. und in der Recension von Grimms Grammatik in den Jahrbüchern für wissenschaftliche Kritik. 1827. S.251. u.f.

sich der reichere grammatische Bau vorzüglich nur in abgestorbenen Sprachen, und jene Asiatischen können nicht mit diesen, sondern müssten eher mit unsren heutigen verglichen | werden. Indess ist auch so der Vorzug in treuerer Aufbewahrung des ursprünglichen Sprachcharakters sichtbar auf Seiten Europas, und es giebt kein Beispiel in Asien, dass sich so viel von dem frühesten Indischen Sprachbau so lebendig und rein im Munde eines ganzen Volksstamms erhalten habe, wie in Europa bei den Littauern und Letten. Dagegen ist es sehr auffallend, dass derjenige Theil der Sanskrit-Grammatik, den man genöthigt ist, den künstlichsten und schwierigsten, aber für die allgemeinen Sprachzwecke entbehrlichsten zu nennen, die Buchstabenveränderung, jene empfindliche Reizbarkeit der Laute, mit welcher fast jeder sich sogleich verändert, wie er in andre Berührungen tritt, in den Europaeisch-Sanskritischen, auch den frühesten, Sprachen immer wenig geherrscht zu haben scheint, da er in mehrere der Asiatisch-Sanskritischen, man weiss nicht, ob man sagen soll, übergegangen, oder dem ursprünglichen Lautsystem aller dieser Völker so eigenthümlich gewesen ist, dass er sich, ungeachtet aller Sprachumwälzungen, niemals verloren hat.

Der Zend-Sprache ist der Dualis nicht fremd. Da aber auch sie unstreitig den Sanskritischen beizuzählen ist,* so wird hierdurch in dem oben erwähnten dreifachen Sitz des Dualis in Asien nichts geändert.**

Bleiben wir nun hier noch einen Augenblick stehen, so sehen wir, dass in Europa, Afrika und dem Festlande von Asien, das Malayische Sprachgebiet ausgenommen, der Dualis hauptsächlich bloss in todten Sprachen gefunden wird, lebend nur noch:

in Europa im Maltesisch-Arabischen, im Littauischen, Lappländischen, und einigen Volksmundarten, bei dem Landvolk in einigen Districten des Königreichs Polen,*** auf den Faeröer Inseln, in Norwegen, und einigen Gegenden Schwedens und Deutschlands, doch hier

---

* Dies scheint auch Herrn Bopps Meinung. *Annals cet. p.* 2.
** Ueber den vergeblichen Versuch, den Dualis in die Armenische Sprache einzuführen, sehe man Cirbied's *grammaire de la langue Arménienne. p.* 37.
*** Nach der mündlichen Versicherung des Herrn Professor Puharska, durch dessen wissenschaftliche Sendung die Polnische Regierung ein höchst seltnes Beispiel edlen Eifers für die vaterländische Sprache und das Sprachstudium überhaupt giebt.

ohne mehr vom Volke verstanden zu werden, bloss im Gebrauch als Plural;*

in Afrika im Neu-Arabischen; |

in dem beschriebenen Theil von Asien in demselben und im Malabarischen.

Da nur die Sprachen der alten Welt eine Literatur besitzen, so kann man ihn für die Büchersprache (das Arabische ausgenommen) als abgestorben ansehen.

Im Osten Asiens (dem dritten Punkt seiner Heimath) findet sich der Dualis, jedoch nur in schwacher Spur, im Malayischen, mehr entwickelt in der Tagalischen und der ihr nahe verwandten Pampangischen Sprache auf den Philippinen, endlich in sonst, soviel mir bekannt ist, nirgends vorkommenden Abstufungen, auf NeuSeeland, den Gesellschafts- und Freundschafts-Inseln. Die Mundarten der übrigen Südsee-Inseln sind leider noch nicht grammatisch gehörig bekannt. Es ist aber sehr wahrscheinlich, dass sie namentlich in diesem Punkte alle mit einander übereinkommen. Die Frage, ob und wie alle diese Sprachen von der Malayischen bis zur Tahitischen zusammenhangen? werde ich an einem andren Orte ausführlich untersuchen.[8] Hier nehme ich dieselben nur wegen ihrer ähnlichen Behandlung des Dualis zusammen. Gänzlich vom Malayischen Sprachstamm verschieden scheinen die Sprachen der Eingebornen von Neu-Holland und Neu-Süd-Wales. Aber die der um den See Macquarie herumwohnenden besitzt den Dualis,** und es ist daher wahrscheinlich, dass er sich auch in andren Australischen Mundarten findet.

In den Amerikanischen Sprachen erscheint diese Mehrheitsform selten, aber an verschiedenen Punkten, fast durch die ganze Länge des ungeheuern Welttheils; nemlich im höchsten Norden in der Grönländischen Sprache; in sehr beschränkter Form in der Totonakischen in dem Theile Neu-Spaniens, in dem Veracruz liegt; ferner in der Sprache der Chaymas, welche den meisten Völkerstämmen der Provinz Neu-An-

---

* Grimms Gramm. 1. *p.* 814. *nr.* 35.

** In diesem Dialect hat der Missionar L. E. Threlkeld (ohne Bemerkung des Jahres) in Sydney in Neu-Süd-Wales gedruckte, nach den grammatischen Formen geordnete Gespräche unter folgendem Titel herausgeben: *Specimens of a dialect of the Aborigines of New South-Wales being the first attempt to form their speech into a written language.* 4. Man sehe den Dualis *p.* 8.

dalusien gemeinschaftlich ist; so wie am rechten Orenoko Ufer, im Süd Osten der Mission der Encamarada, in der Tamanakischen Sprache; in sehr schwachen Spuren in der Qquichuischen, der ehemaligen allgemeinen Sprache des Peruanischen Reichs; endlich sehr ausgebildet in der Arau- | kanischen Sprache in Chili. Auch die Cherokees im Nord-Westen von Georgien und den angränzenden Gegenden sollen einen Dualis in ihrer Sprache besitzen.*

Man sieht aus dieser kurzen Darstellung, dass die Anzahl der Stamm-Sprachen, welche den Dualis in sich aufgenommen haben, sehr klein, dagegen das Gebiet, in welchem derselbe, vorzüglich in älterer Zeit, Geltung gefunden hat, sehr gross ist, weil er gerade den weitverbreitetsten Sprachstämmen, dem Sanskritischen und dem Semitischen angehört. Ich muss jedoch hier noch einmal wiederholen, dass die eben gemachte Aufzählung nicht als vollständig ausgegeben werden kann. Ohne nur das zu erwähnen, was sich jedem Anspruch auf Vollständigkeit im vergleichenden Sprachstudium entgegenstellt, dass uns bei weitem nicht alle Sprachen des Erdbodens bekannt sind, so giebt es auch von sehr vielen, im Allgemeinen bekannten, noch keine grammatischen Hülfsmittel. Von andren sind diese nicht so genau, dass man sich mit Sicherheit darauf verlassen könnte, dass vorzüglich eine seltner vorkommende Form, wie die des Dualis, nicht darin könnte unbeachtet geblieben seyn. Endlich ist es sehr schwierig, und setzt oft eine sehr tiefe Kenntniss einer Sprache voraus, die Spuren von Formen darin zu entdecken, die sich nicht mehr lebendig in derselben erhalten haben. Arbeiten der gegenwärtigen Art können und müssen daher immer Zuwächse erhalten, und ich habe mich im Vorigen bei verneinenden Behauptungen nur darum bestimmter ausgedrückt, um beständige einschränkende Einschiebsel zu vermeiden. Auf der andren Seite versteht es sich von selbst, dass ich nichts verabsäumt habe, um wenigstens die, unter den gegebenen Umständen, mögliche Vollständigkeit und Genauigkeit zu erreichen, und ich bin so glücklich gewesen, hier auch für Ausser-Europaeische Sprachen eine bedeutende Menge von Hülfsmitteln benutzen zu können. Nur sehr selten habe ich mich genöthigt gese-

---

* Es beruht dies nur auf einer abgerissenen Nachricht, die Herr Du Ponceau zu der neuen Ausgabe von Eliot's *grammar of the Massachusetts Indian language p.* XX. giebt, und in der er sich selbst nur ungewiss ausdrückt.

hen, bei der Benutzung so allgemeiner Werke, als der Mithridates[9] und neuerlich Balbis Atlas[10] ist, stehen zu bleiben. Auch wird gewiss jeder genaue Sprachforscher vermeiden, sich | auf diese Schriften, so unverkennbar ihr Werth in andrer Rücksicht ist, und so unentbehrlich namentlich der Mithridates für das vergleichende Sprachstudium bleibt, bei Beurtheilung des grammatischen Baues einzelner Sprachen zu stützen, ohne auf die ursprünglichen Quellen zurückzugehen.

Prüft man nunmehr die verschiedene Art, auf welche die hier aufgezählten Sprachen den Dualis behandeln, so lassen sich dieselben im Ganzen, und einzelne Abstufungen ungerechnet, füglich in folgende drei Classen abtheilen.

Einige dieser Sprachen nehmen die Ansicht des Dualis von der redenden und angeredeten Person, dem *Ich* und dem *Du* her. In diesen haftet derselbe am Pronomen, geht nur so weit in die übrige Sprache mit über, als sich der Einfluss des Pronomen erstreckt, ja beschränkt sich bisweilen allein auf das Pronomen der ersten Person in der Mehrheit, auf den Begriff des *Wir*.

Andre Sprachen schöpfen diese Sprachform aus der Erscheinung der paarweis in der Natur vorkommenden Gegenstände, der Augen, der Ohren und aller doppelten Gliedmassen des Körpers, der beiden grossen Gestirne u.s.f. In diesen reicht dieselbe alsdann nicht über diese Begriffe, oder wenigstens nicht über das Nomen hinaus.

Bei andren Völkerstämmen endlich durchdringt der Dualis die ganze Sprache, und erscheint in allen Redetheilen, in welchen er Geltung erhalten kann. Es ist daher bei diesen keine besondre Gattung, sondern der allgemeine Begriff der Zweiheit, von dem er ausgeht.

Es versteht sich von selbst, dass Sprachen auch Spuren von mehr als einer dieser Auffassungsweisen, ja von allen zugleich an sich tragen können. Wichtiger ist es zu bemerken, dass in ursprünglich der dritten Classe angehörenden Sprachstämmen es sich auch findet, dass einzelne Sprachen, entweder überhaupt oder im Laufe der Zeit, den Dualis nur in der Beschränkung der beiden ersten Classen beibehalten. Sie werden aber in diesem Fall dennoch billig, wie ich auch hier thun werde, der dritten beigesellt. So zeigt sich in den oben angeführten Deutschen Volksmundarten der Dualis nur noch an den beiden ersten Personen des Pronomen, und im Syrischen, ausser der Zahl *zwei* selbst, bloss an dem Namen Aegyptens, das man sich, wie man hieraus | sieht, immer als Ober- und Nieder-Aegypten zu denken gewöhnt hatte.* Die von mir untersuchten Sprachen vertheilen sich nun folgendergestalt in die so eben aufgezählten Classen.

Zur ersten, wo der Dualis seinen Sitz im Pronomen hat, gehören
> die oben genannten Sprachen des östlichen Asiens, der Philippinen und Südseeinseln,
> die Chaymische und die Tamanakische;

zu der zweiten, wo er vom Nomen ausgeht,
> bloss die Totonakische,
> und so weit ihr ein Dualis zugeschrieben werden kann, die Qquichuische;

zu der dritten, wo sich der Dualis über die ganze Sprache verbreitet,
> die Sanskritischen,**
> Semitischen,
> Grönländische,
> Araukanische
> und obgleich in geringerer Vollständigkeit, die Lappländische.

Man erkennt in dieser, absichtlich kurz zusammengedrängten Uebersicht, dass der Dualis in der Wirklichkeit der bekannten Sprachen ungefähr in eben der Verschiedenheit des Begriffs und des Umfanges auftritt, die man ihm hätte nach reiner Ideen-Zergliederung anweisen können. Ich habe es aber vorgezogen, diese seine verschiedenen Arten auf dem Wege der Beobachtung | aufzusuchen, um der Gefahr zu entgehen, sie

---

* Vater's Handbuch der Hebräischen u. s. f. Grammatik. S. 121. Auch im Hebraeischen ist der Name Aegyptens Mizraim (Gesenius Wörterbuch v. *mazor*) ein Dualis. Diesen aber auf Ober- und Unter-Aegypten zu deuten, wird man einen Augenblick dadurch irre gemacht, dass das obere, südliche einen eignen Namen, Patros (Gesenius *h. v.*), führt. Auch leitet Herr Gesenius (Lehrgebäude. S. 539. §. 2.) den Dualis in Mizraim von der, freilich aber nicht auf das Delta passenden, Zweitheilung durch den Nil ab. Allein späteren Mittheilungen nach, neigt sich Herr Gesenius jetzt zu meiner Meinung hin, dass die Theilung in Ober- und Unter-Aegypten der Grund der Namensform ist, und ich werde, wenn ich auf den Hebräischen Dualis komme, weitläuftiger ausführen, wie scharfsinnig er alle obige Benennungen, mit Unterscheidung der Zeit ihres Gebrauchs, in Uebereinstimmung bringt.

** Dieser Ausdruck dürfte sich für die mit dem Sanskrit zusammenhängenden Sprachen, die man neuerlich auch Indo-Germanische genannt hat, nicht bloss durch seine Kürze, sondern auch durch seine innre Angemessenheit empfehlen, da Sanskritische Sprachen, der Bedeutung des Worts nach, Sprachen kunstreichen und zierlichen Baues sind.

den Sprachen aus Begriffen aufzudringen. Doch wird es jetzt nothwendig seyn, die Natur dieser Sprachform auch unabhängig von der Kenntniss wirklicher Sprachen, aus allgemeinen Ideen zu entwickeln.

Eine, doch vielleicht noch nicht ganz ungewöhnliche, allein durchaus irrige Ansicht ist es, wenn man den Dualis bloss als einen zufällig für die Zahl *zwei* eingeführten, beschränkten Pluralis ansieht, und dadurch die Frage rechtfertigt, warum nicht auch irgend eine andre beliebige Zahl ihre eigne Mehrheitsform besitze? Es kommt in dem Gebiete der Sprachen allerdings ein solcher beschränkter Plural vor, der, wenn er sich auf zwei Gegenstände bezieht, die Zweiheit bloss als kleine Zahl behandelt, allein dieser ist, auch in diesem Fall, auf keine Weise mit dem wahren Dualis zu verwechseln.

In der Sprache der Abiponen, eines Volksstammes in Paraguay, giebt es einen doppelten Plural, einen engeren für zwei und mehrere, aber immer wenige und einen weiteren für viele Gegenstände.* Der erstere scheint eigentlich dem zu entsprechen, was wir Plural nennen. Seine Bildung geschieht durch Suffixa, die an die Stelle der Singularendung treten, oder durch beugungsartige Abänderungen dieser, und ist, obgleich man sie nur an einer Reihe mitgetheilter Beispiele beurtheilen kann, sehr mannigfaltig. Der weitere Plural kennt bloss die Endung *ripi*. Dass in dieser der Begriff der Vielheit liegt, geht daraus hervor, dass man, sobald dieser Begriff in der Rede durch ein eignes Wort bezeichnet ist, die Endung *ripi* weglässt und das Substantivum in den engeren Plural setzt. Dass aber *ripi* allein gebraucht würde, finde ich nicht, und es ist so sehr zur Endung geworden, dass es weder dem Singular noch dem engeren Plural geradezu angeheftet wird, sondern durch eine eigne Veränderung der Wortendung eine besondere Bildung eingeht. Wenigstens ist dies in folgenden Beispielen der Fall.

Sing.	Engerer Plur.	Weiterer Plur.
choale, Mensch,	*choalèc* oder *choaleèna*,	*choaliripi*,
ahöpegak, Pferd,	*ahöpega*,	*ahöpegeripi*.**

---

* Dobrizhoffer's *historia de Abiponibus*. T. 2. p. 166-168.
** Dobrizhoffer schreibt *joale und ahëpegak*, will aber mit *j* den Spanischen Laut dieses Buchstabens und mit *ë* den Umlaut *ö* ausdrücken.

Die der Abiponischen sehr nahe verwandte Sprache der Mokobi* in der Provinz Chaco besitzt diesen doppelten Plural nicht, bildet aber den Plural aller nicht auf *i* ausgehenden Wörter durch Anheftung des Wortes *ipi*, ohne dass dieses, wie es wenigstens nach den Beispielen scheint, etwas an der Endung des Hauptwortes ändert; *choalè*, Mensch, *choalè-ipi*, die Menschen. In dieser Sprache ist *ipi* wirklich das Wort: *viel*, und es bleibt nun ungewiss, ob das Abiponische hinzugefügte *r* ein Bildungsbuchstabe, oder die Weglassung eine Eigenthümlichkeit der Mokobischen Mundart ist?

Die Tahitische Sprache, welche den Dualis am Nomen nicht unterscheidet, kennt auch diesen weiteren und engeren Plural, bezeichnet ihn aber bloss durch eigne, vor das Substantivum gestellte und nur, ihrer ursprünglichen Bedeutung nach, noch nicht erklärte Wörter, die man nur uneigentlich grammatische Formen nennen könnte.**

Am bestimmtesten besitzt Mehrheitsformen für verschiedene Zahlen die Arabische Sprache, nemlich den Dualis für zwei, den beschränkten Plural für 3 bis 9, den Vielheits-Plural und den Plural-Plural, in welchem von dem Plural einiger Wörter durch regelmässige Flection ein neuer gebildet wird, für 10 und mehr oder eine unbestimmte Anzahl. Selbst für die Bezeichnung der Einheit bedient sich das Arabische, nemlich bei Substantiven, in deren Natur es liegt, wie bei Thier und Fruchtgattungen, eine Vielheit unter sich zu begreifen, einer besondren Charakteristik, welche der Singularis in andren Sprachen nicht kennt, und macht von diesem einen Plural.*** Diese Ansicht, den Gattungsbegriff gewissermassen als ausser der Kategorie des Numerus liegend zu betrachten, und von ihm durch Beugung Singularis und Pluralis zu unterscheiden, ist unläugbar eine sehr philosophische, deren Entbehrung andre Sprachen zu andren Hülfsmitteln zwingt. Da aber diese Arabischen Pluralformen nicht, wie die Abiponische, je können mit dem Dualis verwechselt werden, so gehört ihre ausführliche Betrachtung nicht hierher. |

---

* Handschriftliche mir vom Abate Hervas mitgetheilte, nach Papieren des Abate Don Raimondo de Termaier verfasste Grammatik der Mokobischen Sprache. §. 3.

** *A Grammar of the Tahitian dialect of the Polynesian language.* Tahiti. 1823. *p.* 9. 10.

*** Silvestre de Sacy's *Grammaire Arabe.* T.1. §. 702. 704. 710., womit auch Oberleitner *(fundamenta linguae Arabicae. p.* 224.) verglichen zu werden verdient.

Der so eben als irrig angeführten Vorstellung des Dualis, die sich auf den Begriff der blossen Zahl *zwei,* als einer der vielen in der Zahlreihe fortlaufenden beschränkt, steht diejenige entgegen, die sich auf den Begriff der *Zweiheit* gründet, und den Dualis wenigstens vorzugsweise der Gattung von Fällen zueignet, welche auf diesen Begriff zu kommen Veranlassung geben. Nach dieser Vorstellung ist der Dualis gleichsam ein Collectivsingularis der Zahl *zwei,* da der Pluralis nur gelegentlich, nicht aber seinem ursprünglichen Begriff nach, die Vielheit wieder zur Einheit zurückführt. Der Dualis theilt daher, als Mehrheitsform, und als Bezeichnung eines geschlossenen Ganzen zugleich die Plural und Singular-Natur. Dass er empirisch in den wirklichen Sprachen dem Plural näher steht, beweist, dass die erstere dieser beiden Beziehungen den natürlichen Sinn der Nationen mehr anspricht, allein sein sinnvoll geistiger Gebrauch wird immer die letztere eines Collectiv-Singulars festhalten. Auch lässt sich in allen Sprachen diese, als die Grundlage des Dualis, nachweisen, wenn gleich alle im nachherigen Gebrauch allerdings die hier getrennte, richtige und irrige, Vorstellung von ihm mit einander vermischen, und ihn ebensogut zum Ausdruck von *zwei,* als der *Zweiheit* machen.

Alle grammatische Verschiedenheit der Sprachen ist, meiner Ansicht nach, eine dreifache, und man erhält keinen vollständigen Begriff des Baues einer einzelnen, ohne ihn nach dieser dreifachen Verschiedenheit in Betrachtung zu ziehen. Die Sprachen sind nemlich grammatisch verschieden:

a., zuerst in der Auffassung der grammatischen Formen nach ihrem Begriff,

b., dann in der Art der technischen Mittel ihrer Bezeichnung,

c., endlich in den wirklichen, zur Bezeichnung dienenden Lauten.

Im gegenwärtigen Augenblick haben wir es nur mit dem ersten dieser drei Punkte zu thun, die beiden andren können erst bei Betrachtung der einzelnen Sprachen in Absicht des Dualis in Erwägung kommen.

Durch den zweiten und dritten dieser Punkte, vorzüglich durch den letzten erlangt eine Sprache erst ihre grammatische Individualitaet, und die Aehnlichkeit mehrerer in diesem ist das sicherste Kennzeichen ihrer Verwandtschaft. Aber der erste bestimmt ihren Organismus, und ist vorzüglich wichtig, nicht bloss als hauptsächlich einwirkend auf den Geist und die Denkart der Nation, sondern auch als der sicherste Prüfstein desjenigen Sprach- | sinnes[11] in ihr, den man in jeder als das eigentlich schaffende und umbildende Princip der Sprache ansehen muss.

Dächte man sich das vergleichende Sprachstudium in einiger Vollendung, so müsste die verschiedene Art, wie die Grammatik und ihre Formen in den Sprachen genommen werden (denn dies ist es, was ich unter Auffassung dem Begriff nach verstehe), an den einzelnen grammatischen Formen, wie hier am Dualis, dann an den einzelnen Sprachen, in jeder im Zusammenhange erforscht, und endlich diese doppelte Arbeit dazu benutzt werden, einen Abriss der menschlichen Sprache, als ein Allgemeines gedacht, in ihrem Umfange, der Nothwendigkeit ihrer Gesetze und Annahmen, und der Möglichkeit ihrer Zulassungen zu entwerfen.

Die zunächst liegende, aber beschränkteste Ansicht der Sprache ist die, sie als ein blosses Verständigungsmittel zu betrachten. Auch in dieser Hinsicht indess ist der Dualis nicht gänzlich überflüssig, er trägt in der That bisweilen zum besseren und eindringenderen Verständniss bei, wie es der Ort seyn wird, bei seinem Gebrauche im Griechischen zu zeigen. Diese Fälle kommen aber wohl nur im Gebiete des Styls zum Vorschein, und wenn die sprachenbildenden Völker, wie es glücklicherweise nicht der Fall ist, bloss das gegenseitige Verständniss zum Zweck hätten, so wäre ein eigner Zweiheitsplural gewiss für überflüssig gehalten worden. Wenden doch mehrere Völker nicht einmal die in ihren Sprachen wirklich vorhandenen Pluralformen da an, wo die gemeinte Mehrheit aus andren Umständen hervorgeht, einer hinzugefügten Zahl,* einem | Anzahlsadverbium, aus dem Verbum, wenn die

---

* Auf dieselbe Weise scheint Adelung (Wörterbuch *v.* Mann. S. 349 u.a.a.O.) es zu nehmen, wenn man im Deutschen einige Wörter mit Zahlen im Singular verbindet, und *sechs Loth, zehn Mann* u.s.w. sagt. Zum Theil ist dies auch ganz richtig, einige dieser Redensarten sind sogar nur in der gemeinen, nicht in der edleren Sprechart geduldet, und in allen herrscht der zufällige Eigensinn des Sprachgebrauchs, da man z.B. *zehn Pfund,* aber nie *zehn Elle* sagt. Gerade da aber, wo dieser Sprachgebrauch sich am meisten festgesetzt hat, bei *Mann,* liegt, meinem Gefühl nach, eine schöne, von Adelung nicht herausgehobene Feinheit in dem Ausdruck. Der Singular soll hier andeuten, dass die angezeigte Zahl als ein geschlossenes Ganzes angesehen wird; darum wird das Wort aus der unbestimmten Mehrheit des Pluralis herausgerissen. Dies ist vorzüglich in der distributiven Redensart *vier Mann hoch* sichtbar, wo jede vier zusammenstehende Männer als Eine Reihe gelten sollen. Ich glaubte dies bemerken zu müs-

Mehrheitsbezeichnung beim Nomen, oder dem Nomen, wenn sie beim Verbum weggelassen wird, u.s.f.

Die Sprache ist aber durchaus kein blosses Verständigungsmittel, sondern der Abdruck des Geistes und der Weltansicht der Redenden, die Geselligkeit ist das unentbehrliche Hülfsmittel zu ihrer Entfaltung, aber bei weitem nicht der einziger Zweck, auf den sie hinarbeitet, der vielmehr seinen Endpunkt doch in dem Einzelnen findet, insofern der Einzelne von der Menschheit getrennt werden kann. Was also aus der Aussenwelt und dem Innern des Geistes in den grammatischen Bau der Sprachen überzugehen vermag, kann darin aufgenommen, angewendet und ausgebildet werden, und wird es wirklich nach Massgabe der Lebendigkeit und Reinheit des Sprachsinns, und der Eigenthümlichkeit seiner Ansicht.

Hier aber zeigt sich sogleich eine auffallende Verschiedenheit. Die Sprache trägt Spuren an sich, dass bei ihrer Bildung vorzugsweise aus der sinnlichen Weltanschauung geschöpft worden ist, oder aus dem Inneren der Gedanken, wo jene Weltanschauung schon durch die Arbeit des Geistes gegangen war. So haben einige Sprachen zu Pronomina der dritten Person Ausdrücke, welche das Individuum in ganz bestimmter Lage, als stehend, liegend, sitzend u.s.f. bezeichnen, besitzen also viele besondre Pronomina und ermangeln eines allgemeinen; andre vermannigfachen die dritte Person nach der Nähe zu den redenden Personen, oder ihrer Entfernung von denselben; andre endlich kennen zugleich ein reines *Er,* den blossen Gegensatz des *Ich* und des *Du,* als unter Einer Kategorie zusammengefasst. Die erste dieser Ansichten ist ganz sinnlich; die zweite bezieht sich schon auf eine reine immanente Form der Sinnlichkeit, den Raum;[12] die letzte beruht auf Abstraction und lo-

---

sen, da dieser anomale Singular, wie der Dualis, eigentlich ein collectiver, ein Plural-Singular, ist, und diese Redensarten einen Beweis abgeben, wie die Sprachen, in Ermangelung richtiger Formen, unrichtige, aber im Augenblick des jedesmaligen Gebrauchs charakteristische, zu Erreichung ihres Zwecks anwenden. Dem Ausdruck *zehn Fuss* liegt wohl etwas Andres, nemlich die Unterscheidung des eigentlichen und des übergetragenen Begriffs von Fuss zum Grunde, obgleich man zu diesem Behuf auch einen doppelten Plural *Fusse* und *Füsse* unterscheidet. Eine ähnliche, mit diesen Fällen zu vergleichende Verwechslung des Numerus kommt im Hebraeischen vor. (Gesenius Lehrgebäude. S. 538.) Ueber das Kymrische s. oben S. [VI: 12].

gischer Begriffstheilung, wenn auch sehr oft erst der Gebrauch gestempelt haben mag, was vielleicht einen ganz anderen Ursprung hatte. Es bedarf überhaupt kaum der Bemerkung, dass diese drei verschiedenen Ansichten nicht als | in der Zeit fortschreitende Stufen anzusehen sind. Alle können sich in mehr oder minder sichtbaren Spuren in Einer und ebenderselben Sprache neben einander befinden.*

Der Begriff der Zweiheit nun gehört dem doppelten Gebiet des Sichtbaren und Unsichtbaren an, und indem er sich lebendig und anregend der sinnlichen Anschauung und der äusseren Beobachtung darstellt, ist er zugleich vorwaltend in den Gesetzen des Denkens, dem Streben der Empfindung, und dem in seinen tiefsten Gründen unerforschbaren Organismus des Menschengeschlechts und der Natur.

Zunächst hebt sich, um von der leichtesten und oberflächlichsten Beobachtung auszugehen, eine Gruppe von zwei Gegenständen zwischen einem einzelnen und einer Gruppe von mehreren von selbst, als im Augenblick übersehbar und geschlossen, heraus. Dann geht die Wahrnehmung und die Empfindung der Zweiheit in den Menschen in der Theilung der beiden Geschlechter und in allen sich auf dieselbe beziehenden Begriffen und Gefühlen über. Sie begleitet ihn ferner in der Bildung seines und der thierischen Körper in zwei gleiche Hälften und mit paarweise vorhandenen Gliedmassen und Sinnenwerkzeugen. Endlich stellen sich gerade einige der mächtigsten und grössesten Erscheinungen in der Natur, die auch den Naturmenschen in jedem Augenblick umgeben, als Zweiheiten dar, oder werden als solche aufgefasst, die beiden grossen, die Zeit bestimmenden Gestirne, Tag und Nacht, die Erde und der sie überwölbende Himmel, das feste Land und das Gewässer u.s.f. Was sich der Anschauung so überall gegenwärtig zeigt, das trägt der lebendige Sinn natürlich und ausdrucksvoll durch eine ihm besonders gewidmete Form in die Sprache über.

---

* In der Abiponischen Sprache z.B. giebt es sechs verschiedene durch beide Geschlechter durchgehende Wörter um das Pron. 3. pers. selbständig auszudrücken. Alle endigen mit der Sylbe *ha*, diese kommt aber allein nie vor, und ist auch schwerlich die Bezeichnung des *er*, da sie, wenn man mit diesem sechsfachen Pronomen, wie man kann, den Begriff *allein* verbindet, gänzlich verschwindet. Für das Besitzpronomen hingegen giebt es eine einfache Bezeichnung, die jedoch oft ausgelassen wird, so dass alsdann der Mangel der Besitzbezeichnung zur Anzeige des Possessivum 3. pers. wird. Dobrizhoffer. *l. c. T.* 2. *p.* 168-170.

In dem unsichtbaren Organismus des Geistes, den Gesetzen des Denkens, der Classification seiner Kategorieen aber wurzelt der Begriff der Zweiheit noch auf eine viel tiefere und ursprüng-|lichere Weise: in dem Satz und Gegensatz, dem Setzen und Aufheben, dem Seyn und Nicht-Seyn, dem Ich und der Welt. Auch wo sich die Begriffe drei- und mehrfach theilen, entspringt das dritte Glied aus einer ursprünglichen Dichotomie, oder wird im Denken gern auf die Grundlage einer solchen zurückgebracht.

Der Ursprung und das Ende alles getheilten Seyns ist Einheit. Daher mag es stammen, dass die erste und einfachste Theilung, wo sich das Ganze nur trennt, um sich gleich wieder, als gegliedert, zusammenzuschliessen, in der Natur die vorherrschende, und dem Menschen für den Gedanken die lichtvollste, für die Empfindung die erfreulichste ist.

Besonders entscheidend für die Sprache ist es, dass die Zweiheit in ihr eine wichtigere Stelle, als irgendwo sonst, einnimmt. Alles Sprechen ruht auf der Wechselrede, in der, auch unter Mehreren, der Redende die Angeredeten immer sich als Einheit gegenüberstellt. Der Mensch spricht, sogar in Gedanken, nur mit einem Andren, oder mit sich, wie mit einem Andren, und zieht danach die Kreise seiner geistigen Verwandtschaft, sondert die, wie er, Redenden von den anders Redenden ab. Diese, das Menschengeschlecht in zwei Classen, Einheimische und Fremde, theilende Absonderung ist die Grundlage aller ursprünglichen gesellligen Verbindung.

Es hätte schon können oben bemerkt werden, dass die in der Natur äusserlich erscheinende Zweiheit oberflächlicher und in innigerer Durchdringung des Gedanken und des Gefühls aufgefasst werden kann. Es wird genug seyn, nur an einiges Einzelne in dieser Beziehung zu erinnern. Wie tief die bilaterale Symmetrie der Menschen- und Thierkörper in die Phantasie und das Gefühl eingeht, und zu einer der Hauptquellen der Architektonik der Kunst wird, ist neuerlich von A. W. v. Schlegel auf eine überraschend treffende und höchst geistvolle Weise gezeigt worden.* Der in seiner allgemeinsten und geistigsten Gestaltung aufgefasste Geschlechtsunterschied führt das Bewusstseyn einer, nur durch gegenseitige Ergänzung zu heilenden Einseitigkeit durch alle Beziehungen des menschlichen Denkens und Empfindens hindurch.[13]

---

* Indische Bibliothek. B. 2. S. 458.

Ich erwähne aber mit Absicht dieser zwiefachen, oberflächlicheren und tieferen, sinnlicheren oder geistigeren Auffassung erst hier, da sie vorzüglich da eintritt, wo die Sprache auf der Zwei- | heit der Wechselrede ruht. Es ist im Vorigen nur die ganz empirische Erscheinung hiervon angedeutet worden.[14] Es liegt aber in dem ursprünglichen Wesen der Sprache ein unabänderlicher Dualismus, und die Möglichkeit des Sprechens selbst wird durch Anrede und Erwiederung bedingt. Schon das Denken ist wesentlich von Neigung zu gesellschaftlichem Daseyn begleitet, und der Mensch sehnt sich, abgesehen von allen körperlichen und Empfindungs-Beziehungen, auch zum Behuf seines blossen Denkens nach einem dem *Ich* entsprechenden *Du*, der Begriff scheint ihm erst seine Bestimmtheit und Gewissheit durch das Zurückstrahlen aus einer fremden Denkkraft zu erreichen. Er wird erzeugt, indem er sich aus der bewegten Masse des Vorstellens losreisst, und, dem Subject gegenüber, zum Object bildet. Die Objectivität erscheint aber noch vollendeter, wenn diese Spaltung nicht in dem Subject allein vorgeht, sondern der Vorstellende den Gedanken wirklich ausser sich erblickt, was nur in einem andren, gleich ihm vorstellenden und denkenden Wesen möglich ist. Zwischen Denkkraft und Denkkraft aber giebt es keine andre Vermittlerin, als die Sprache.

Das Wort an sich selbst ist kein Gegenstand, vielmehr, den Gegenständen gegenüber, etwas Subjectives, dennoch soll es im Geiste des Denkenden zum Object, von ihm erzeugt und auf ihn zurückwirkend werden. Es bleibt zwischen dem Wort und seinem Gegenstande eine so befremdende Kluft, das Wort gleicht, allein im Einzelnen geboren, so sehr einem blossen Scheinobject, die Sprache kann auch nicht vom Einzelnen, sie kann nur gesellschaftlich, nur indem an einen gewagten Versuch ein neuer sich anknüpft, zur Wirklichkeit gebracht werden. Das Wort muss also Wesenheit, die Sprache Erweiterung in einem Hörenden und Erwiedernden gewinnen. Diesen Urtypus aller Sprachen druckt das Pronomen durch die Unterscheidung der zweiten Person von der dritten aus. *Ich* und *Er* sind wirklich verschiedene Gegenstände, und mit ihnen ist eigentlich Alles erschöpft, denn sie heissen mit andren Worten *Ich* und *Nicht-ich*. *Du* aber ist ein dem *Ich* gegenübergestelltes *Er*. Indem *Ich* und *Er* auf innerer und äusserer Wahrnehmung beruhen, liegt in dem *Du* Spontaneität der Wahl. Es ist auch ein *Nicht-ich*, aber nicht, wie das *Er*, in der Sphäre aller Wesen, sondern in einer andren, in der eines durch Einwirkung gemeinsamen Handelns. In dem *Er* selbst liegt nun dadurch, außer dem *Nicht-ich,* auch ein | *Nicht-du,* und es ist nicht bloss einem von ihnen, sondern beiden entgegengesetzt. Hierauf deutet auch der oben angeführte Umstand hin, dass in vielen Sprachen die Bezeichnung und die grammatische Bildung des Pronomen der dritten Person in ihrem ganzen Wesen von den beiden ersten Personen abweicht, der Begriff desselben bald nicht rein, bald nicht in allen Beugungsfällen der Declination vorhanden ist.[15]

Erst durch die, vermittelst der Sprache bewirkte Verbindung eines Andren mit dem Ich entstehen nun alle, den ganzen Menschen anregenden tieferen und edleren Gefühle, welche, in Freundschaft, Liebe und jeder geistigen Gemeinschaft die Verbindung zwischen Zweien zu der höchsten und innigsten machen.

Ob, was den Menschen innerlich und äusserlich bewegt, in die Sprache übergeht, hängt von der Lebendigkeit seines Sprachsinnes ab, mit welcher er die Sprache zum Spiegel seiner Welt macht. In welchem Grade der Tiefe der Auffassung dies geschieht, liegt in der mehr oder minder reinen und zarten Stimmung des Geistes und der Einbildungskraft, in welcher der Mensch, auch ehe er noch zum klaren Bewusstseyn seiner selbst gelangt, unwillkührlich auf seine Sprache einwirkt.

Der Begriff der Zweiheit, als der einer Zahl, also einer der reinen Anschauungen des Geistes, besitzt aber auch die glückliche Gleichartigkeit mit der Sprache, welche ihn vorzugsweise geschickt macht, in sie überzugehen. Denn nicht Alles, wie mächtig es auch sonst den Menschen anrege, ist hierzu gleich fähig. So giebt es nicht leicht einen mehr in die Augen fallenden Unterschied unter den Wesen, als den zwischen Lebendigen und Leblosen. Mehrere, vorzüglich Amerikanische Sprachen gründen daher auf ihn auch grammatische Unterschiede, und vernachlässigen dagegen den des Geschlechts. Da aber die blosse Beschaffenheit, mit Leben begabt zu seyn, nichts in sich fasst, das sich innig in die Form der Sprache verschmelzen liesse, so bleiben die auf sie gegründeten grammatischen Unterschiede, wie ein fremdartiger Stoff, in der Sprache liegen, und zeugen von einer nicht vollkommen durchgedrungenen Herrschaft des Sprachsinns. Der Dualis dagegen schliesst sich nicht nur an eine der Sprache schlechterdings nothwendige Form, den Numerus, an, sondern begründet sich, wie oben gezeigt worden, auch im Pronomen eine eigene Stellung. Er bedarf daher nur in der Sprache eingeführt zu werden, um sich in ihr einheimisch zu fühlen. |

Indess kann es auch bei ihm, und giebt es in der That in verschiedenen Sprachen einen nicht zu vernachlässigenden Unterschied. Es waltet nämlich in der Bildung der Sprachen, ausser dem schaffenden Sprachsinn selbst, auch die überhaupt, was sie lebendig berührt, in die Sprache hinüberzutragen geschäftige Einbildungskraft.[16] Hierin ist der Sprachsinn nicht immer das herrschende Princip, allein er sollte es seyn, und die Vollendung ihres Baues schreibt den Sprachen das unabänderliche Gesetz vor, dass Alles, was in denselben hinübergezogen wird, seine ursprüngliche Form ablegend, die der Sprache annehme. Nur so gelingt die Verwandlung der Welt in Sprache, und vollendet sich das Symbolisiren der Sprache auch vermittelst ihres grammatischen Baues.

Zu einem Beispiel kann das Genus der Wörter dienen. Jede Sprache, welche dasselbe in sich aufnimmt, steht, meines Erachtens, schon der reinen Sprachform um einen Schritt näher, als eine, die sich mit dem Begriff des Lebendigen und Leblosen, obgleich dieser die Grundlage des Genus ist, begnügt. Allein der Sprachsinn zeigt nur dann seine Herrschaft, wenn das Geschlecht der Wesen wirklich zu einem Geschlecht der Wörter gemacht ist, wenn es kein Wort giebt, das nicht, nach den mannigfaltigen Ansichten der sprachbildenden Phantasie, einem der drei Geschlechter zugetheilt wird. Wenn man dies unphilosophisch nannte, verkannte man den wahrhaft philosophischen Sinn der Sprache. Alle Sprachen, die nur die natürlichen Geschlechter bezeichnen, und kein metaphorisch bezeichnetes Genus anerkennen, beweisen, dass sie entweder ursprünglich, oder in der Epoche, wo sie diesen Unterschied der Wörter nicht mehr beachteten, oder über ihn in Verwirrung gerathend, Masculinum und Neutrum zusammenwarfen, nicht von der reinen Sprachform energisch durchdrungen waren, nicht die feine und zarte Deutung verstanden, welche die Sprache den Gegenständen der Wirklichkeit leiht.

Auch bei dem Dualis kommt es daher darauf an, ob er nur als empirische Wahrnehmung der paarweis in der Natur vorhandenen Gegenstände in das Nomen, und als Gefühl der Aneignung und Abstossung von Menschen und Stämmen in das Pronomen, und mit diesem gelegentlich in das Verbum übergegangen, oder ob er, wirklich in die allgemeine Form der Sprache verschmolzen, wahrhaft mit ihr Eins geworden ist. Als ein Kennzeichen hierfür kann allerdings seine durchgängige Aufnahme in | alle Theile der Sprache gelten, doch für sich kann dieser Umstand allein nicht entscheidend seyn.

Dass der Dualis sich schön in die Angemessenheit der Redefügung einpasst, indem er die gegenseitigen Beziehungen der Wörter auf einander vermehrt, auch für sich den lebendigen Eindruck der Sprache erhöht, und in der philosophischen Erörterung der Schärfe und Kürze der Verständigung zu Hülfe kommt, dürfte wohl schwerlich bezweifelt werden. Er hat darin dasjenige voraus, wodurch sich jede grammatische Form in der Schärfe und Lebendigkeit der Wirkung vor einer Umschreibung durch Worte unterscheidet. Man vergleiche nur die Stellen Griechischer und Römischer Dichter, wo von den, auch als Nachbarsterne in die Augen fallenden Tyndariden, oder sonst von Brüderpaaren die Rede ist. Wieviel lebendiger und ausdrucksvoller stellen die einfachen Dualendungen

  κρατερόφρονε γείνατο παῖδε

oder

  μινυνθαδίω δὲ γενέσθην

bei Homer[17] die Zwillingsnatur dar, als die Ovidische Umschreibung es thut,

> at gemini, nondum coelestia sidera, fratres,
> ambo conspicui, nive candidioribus ambo
> vectabantur equis.[18]

Es vermindert diesen Eindruck nicht, dass in der ersten der angeführten und andren ähnlichen Homerischen Stellen gleich auf den Dualis der Pluralis folgt. Wenn das Bild einmal mit dem Dual eingeführt ist, wird auch der Plural nicht anders gefühlt. Es ist vielmehr eine schöne Freiheit der Griechischen Sprache, dass sie sich das Recht nicht entziehen lässt, den Plural auch als gemeinschaftliche Mehrheitsform zu gebrauchen, wenn sie nur, da wo es der Nachdruck erfordert, den Vorzug der eignen Bezeichnung der Zweiheit behält. Dies aber weitläuftiger auszuführen, und zu erforschen, ob auch bei den vorzüglichsten Griechischen Schriftstellern durchgängig ein so feines und richtiges Gefühl für den Dualis herrscht, wird es erst am Ende dieser Abhandlung bei der besondren Betrachtung des Griechischen Dualis möglich seyn. |

Nach allem bis hierher Gesagten scheint es mir nicht nothwendig, noch diejenigen zu widerlegen, welche den Dualis einen Luxus und Auswuchs der Sprachen nennen. Die Ansicht der Sprache, welche dieselbe mit dem ganzen und vollen Menschen und dem Tiefsten in ihm in Verbindung setzt, kann dahin nicht führen, und mit dieser allein haben wir es hier zu thun. Ich beschliesse daher hier den allgemeinen Theil dieser Untersuchungen, und werde in den folgenden zu der Betrachtung der einzelnen Sprachen nach den, weiter oben* in Absicht der Behandlung des Dualis abgetheilten drei Classen übergehen.

---

* S. [VI: 18].

8. Ueber die Sprachen der Südseeinseln*
[VI: 37–40]

Die Verschiedenheit des menschlichen Sprachbaues aufzusuchen, sie in ihrer wesentlichen Beschaffenheit zu schildern, die scheinbar unendliche Mannigfaltigkeit, von richtig gewählten Standpunkten aus, auf eine einfachere Weise zu ordnen, den Quellen jener Verschiedenheit, so wie ihrem Einfluss auf die Denkkraft, Empfindung und Sinnesart der Sprechenden nachzugehen, und durch alle Umwandlungen der Geschichte hindurch dem Gange der geistigen Entwicklung der Menschheit an der Hand der tief in dieselbe verschlungenen, sie von Stufe zu Stufe begleitenden Sprache zu folgen, ist das wichtige und vielumfassende Geschäft der allgemeinen Sprachkunde. Es bedurfte der Zeit und mannigfaltiger Zurüstungen, ehe nur der Begriff dieser Wissenschaft vollständig aufgefasst werden konnte, von welcher die Alten noch keine Ahndung besassen. Zwar bereiteten die Griechen dasjenige vor, was die nothwendigste und festeste Grundlage derselben ausmacht. Denn die Neueren verdanken ihnen die wesentlichsten Ideen der allgemeinen Grammatik, von welcher alle Sprachkunde zuerst ausgehen muss. Die besondere, immer auf die philosophisch genaue Bezeichnung der grammatischen Begriffe gerichtete Natur | ihrer Sprache leitete sie von selbst darauf hin. Aber bei aller Stärke, Tiefe und Regsamkeit des Sprachsinnes gelangten die Griechen nie zu dem Punkt, auf welchem das Bedürfniss der Erlernung fremder Sprachen, um der Sprache willen, fühlbar wird. Sie erhoben sich zu dem reinen Begriffe derselben; dass es aber ein geschichtliches Studium der Sprachen geben könnte, welches, auf jenem einseitig verfolgten Wege unerreichbare, allgemeine Uebersichten gewährte, blieb ihnen fremd. Dennoch muss man sich gestehen, dass auch im Alterthum ein genügender Theil der Erde,

---

* Am 24. Januar 1828. in der Akademie der Wissenschaften in der öffentlichen Sitzung gehaltne Vorlesung.

und hinlänglich bekannt war, um auch dem Sprachstudium Nahrung darzubieten. Es fehlten aber nicht bloss eine Menge von Antrieben zu der Verbindung der Nationen, sondern es waren offenbar auch hemmende Ursachen vorhanden. Ich setze diese vorzüglich in die Abgeschiedenheit, in welche sich im Alterthum, und noch tief bis in das Mittelalter hinein, die Nationen ummauerten, und in eine unrichtige Ansicht von der Natur der Sprache in ihrer möglichen Verschiedenheit.[1] Die erstere hinderte, sich so angelegentlich mit fremden Nationen zu beschäftigen, als es nothwendig aller Sprachkunde vorausgehen muss; die letztere machte, dass auch die hinlänglich bekannten Sprachen lange, und bis in ganz späte Zeiten hin, für die Wissenschaft unbenutzt blieben. Wenn es eine Idee giebt, die durch die ganze Geschichte hindurch in immer mehr erweiterter Geltung sichtbar ist, wenn irgend eine die vielfach bestrittene, aber noch vielfacher misverstandene Vervollkommnung des ganzen Geschlechtes beweist, so ist es die der Menschlichkeit, das Bestreben, die Gränzen, welche Vorurtheile und einseitige Ansichten aller Art feindselig zwischen die Menschen stellen, aufzuheben, und die gesammte Menschheit, ohne Rücksicht auf Religion, Nation und Farbe, als Einen grossen, nahe verbrüderten Stamm, ein zur Erreichung Eines Zweckes, der freien Entwicklung innerlicher Kraft, bestehendes Ganzes zu behandeln. Es ist dies das letzte, äusserste Ziel der Geselligkeit, und zugleich die durch seine Natur selbst in ihn gelegte Richtung des Menschen auf unbestimmte Erweiterung seines Daseyns. Er sieht den Boden, so weit er sich ausdehnt, den Himmel, so weit, ihm entdeckbar, ihn Gestirne umflammen, als innerlich sein, als ihm zur Betrachtung und Wirksamkeit gegeben an. Schon das Kind sehnt sich über die Hügel, die Gebirge, die Seen hinaus, die seine enge Heimath umschliessen, und sich dann gleich wieder pflanzenartig zurück, wie das überhaupt das Rührende und Schöne im Menschen | ist, dass Sehnsucht nach Erwünschtem und nach Verlorenem ihn immer bewahrt, ausschliesslich am Augenblicke zu haften. So festgewurzelt in der innersten Natur des Menschen, und zugleich geboten durch seine höchsten Bestrebungen, wird jene wohlwollend menschliche Verbindung des ganzen Geschlechts zu einer der grossen leitenden Ideen in der Geschichte der Menschheit, und es lässt sich stufenweis zeigen, wie und durch welche Mittel sie in immer zunehmendem Grade verwirklicht worden ist. Alle solche Ideen, ununterbrochen ihrem Zwecke zueilend, erscheinen, neben ihren reinen Offenbarungen, auch in oft fast unkenntlichen Abarten. Abarten jener sind, ihrem Ursprunge und Zwecke nach, alle aus selbstsüchtigen oder doch, nach dem Ausdruck der Indischen Philosophie, der Irdischheit entnommenen Absichten begonnenen Länder- und Völkerverbindungen, ihrem Principe nach, wenn sie auch das Heiligste vorkehren, die die Freiheit und Eigenthümlichkeit der Nationen gewaltsam, unzart oder gleichgültig behandelnden. Die stürmenden Eroberungen Alexanders, die staatsklug bedächtigen der Römer, die wild grausamen der Mexicaner, die despotischen Ländervereinigungen der Incas, und so viele andere Ereignisse gehören hierher. Alle in beiden Welten haben dazu beigetragen, das vereinzelte Daseyn der Völker aufzuheben und weitere Verbindungen zu stiften. Grosse und starke Gemüther, ganze Nationen handelten unter der Macht einer Idee, die ihnen in ihrer Reinheit gänzlich fremd war. In der Wahrheit ihrer tiefen Milde sprach sie zuerst, ob es ihr gleich nur langsam Eingang verschaffen konnte, das Christenthum aus. Früher kommen nur einzelne Anklänge vor. Die neuere Zeit hat den Begriff der Civilisation lebendiger aufgefasst und wohlthätig auf diesen Zweck gewandt; die civilisirten Nationen fühlen das Bedürfniss, die unter ihnen herrschende Verbindung und Cultur weiter zu verbreiten; auch die Selbstsucht gewinnt die Ueberzeugung, dass sie auf diesem Wege weiter gelangt, als auf dem gewaltsamer Absonderung; und menschenfreundliche Philosophie und weise Gesetzgebung haben den Grundsatz klar und rein aufgestellt. Die Sprache umschlingt mehr, als sonst etwas im Menschen, das ganze Geschlecht. Gerade in ihrer völkertrennenden Eigenschaft vereinigt sie durch das Wechselverständniss fremdartiger Rede die Verschiedenheit der Individualitäten, ohne ihrer Eigenthümlichkeit Eintrag zu thun, und die Religion und Civilisation sind es, allein neben so vielen andren, die Brust öde lassenden | menschlichen Bestrebungen, welche dasjenige aufsuchen müssen, wozu nur die heimathliche Sprache den Schlüssel bewahrt.

9. Ueber die Verwandtschaft der Ortsadverbien mit dem Pronomen in einigen Sprachen*
[VI: 304–330]

Wenn die Auffindung des Ursprungs irgend einer Classe von Wörtern von grosser Wichtigkeit für die Geschichte der Entwicklung des menschlichen Geistes ist, so lässt sich dies von dem Ursprung der Wörter behaupten, deren sich die Sprachen zur Bezeichnung der persönlichen Pronomina bedienen. Auch nur ein kurzes Eingehen in die eigenthümliche Natur dieses merkwürdigen Redetheils wird dies zu beweisen hinreichen.

Das Sprechen, man mag es nun in seiner inneren und tiefen Beziehung auf das Denken, oder in seiner äusseren und mehr sinnlichen auf die dadurch gestiftete Gemeinschaft zwischen Menschen und Menschen betrachten, setzt immer in seinem Wesen voraus, dass der Sprechende, sich gegenüber, einen Angeredeten von allen Andren unterscheidet. Das Gespräch beruht auf diesem Begriff, und auch die bloss geistige Function des Denkens führt eben dahin. Es erlangt erst seine Bestimmtheit und Klarheit, wenn es auch als aus einer fremden Denkkraft zurückstrahlend angesehen werden kann. Der gedachte Gegenstand muss vor dem Subjecte zum Object werden. Aber die bloss ideale sub- | jective Spaltung genügt nicht, die Objectivität ist erst vollendet, wenn der Vorstellende den Gedanken wirklich ausser sich erblickt, was nur in einem andren, gleich ihm vorstellenden und denkenden Wesen möglich ist. Die Sprache, obgleich auch beim einsamsten Denken unentbehrlich und obgleich im Sprechen durch jeden der Sprechenden allein aus ihm selbst herausgesponnen, kann dennoch nur an und vermittelst einer Zweiheit entstehen.[1]

Dies hat in dem Gefühl aller Völker liegen müssen, und dass es

---

* Gelesen in der Akademie der Wissenschaften am 17. December 1829.

wirklich der Fall gewesen, zeigt sich daran, dass die nämliche, nur in den bezeichnenden Lauten verschiedene Pronominalform durch alle, noch so vollkommen gebildete, oder noch so uncultivirt gebliebene durchgeht, mit dem merkwürdigen Unterschiede, dass diese Gleichförmigkeit in den ersten beiden Personen durch nichts unterbrochen wird, und erst in der dritten Abweichungen von ihr gefunden werden.

Das Pronomen in seiner wahren und vollständigen Gestalt wird in das Denken bloss durch die Sprache eingeführt, und ist das Wichtigste, wodurch ihre Gegenwart sich verkündet. Solange man nur das Denken logisch, nicht die Rede grammatisch zergliedert, bedarf es der zweiten Person gar nicht, und dadurch stellt sich auch die erste verschieden. Da nun unsre allgemeinen Grammatiken hauptsächlich von dem Logischen auszugehen pflegen, so stellt sich das Pronomen in ihnen, insofern sie eine Zergliederung der Rede sind, anders als in einer Entwicklung, welche eine Zergliederung der Sprache selbst versucht. Hier geht es allem Uebrigen voran, und wird als selbstbezeichnend angesehen, dort folgt es erst der vollendeten Erklärung der Haupttheile des Satzes, und trägt wesentlich, wie auch sein Name besagt, einen repraesentativen Charakter an sich. Beide Ansichten sind nach der Verschiedenheit der Standpunkte vollkommen richtig, nur muss man nicht zu einseitig auf dem einen stehen bleiben, da man die wahre und vollständige Geltung des Pronomen doch nur dann wahrhaft einsieht, wenn man seine tiefe Gründung in der innersten Natur der Sprache erkennt. Diese hat auch einen ganz entschiedenen Einfluss auf die Form und Beschaffenheit des Pronomen in den verschiedenen Sprachen.

Was in der philosophischen Entwicklung der Sprache allgemeiner Ausdruck eines *Nicht-Ich* und *Nicht-Du* ist, erscheint | in der gewöhnlichen Rede, die es nur mit concreten Gegenständen zu thun hat, nur als Stellvertreter von diesen. Die reinen Begriffe unsrer allgemeinen Grammatik finden sich immer nur in den Sprachen vollendeter Bildung, und auch da nur in der philosophischen Ansicht derselben. Auf ähnliche Weise, als das Pronomen der dritten Person, sind in der Rede auch die der beiden ersten repraesentativ, weil das bestimmte *Ich* und *Du*, als wahre Substantiva an ihre Stelle treten können. Allein der wesentliche Begriff aller drei

Pronomina ist immer der durch die Natur der Sprache selbst gegebene, dass sie die ursprünglichen und nothwendigen Beziehungspunkte des Wirkens durch Sprache, als solche, bezeichnen, und dieselben in Individuen verwandeln.

Ich ist nicht das mit diesen Eigenschaften versehene, in diesen räumlichen Verhältnissen befindliche Individuum, sondern der sich in diesem Augenblick einem Andren im Bewusstseyn, als ein Subject, Gegenüberstellende; jene concreten Verhältnisse werden nur der Leichtigkeit und Sinnlichkeit wegen dem schwierigeren abgezogenen Begriff untergeschoben. Eben so geht es mit *Du* und *Er*. Alle sind hypostasirte Verhältnissbegriffe, zwar auf individuelle, vorhandene Dinge, aber in völliger Gleichgültigkeit auf die Beschaffenheit dieser, nur in Rücksicht auf das Eine Verhältniss bezogen, in welchem alle diese drei Begriffe sich nur gegenseitig durch einander halten und bestimmen.

Obgleich aber das Pronomen unmittelbar durch die Sprache gefordert wird, und obgleich alle Sprachen das dreifache Pronomen besitzen, so ist der Eintritt des Pronomen in die wirkliche Sprache doch von grossen Schwierigkeiten begleitet. Das Wesen des *Ichs* besteht darin, Subject zu seyn. Nun aber muss im Denken jeder Begriff vor dem wirklich denkenden Subject zum | Object werden. Auch das *Ich* wird, als solches, im Selbstbewusstseyn zusammengefasst. Es muss mithin ein Object seyn, dessen Wesen ausschliesslich darin besteht, dass es Subject ist. Die grössere Leichtigkeit des Begriffs des *Du* ist nur scheinbar. Denn er besteht ja nur dadurch, dass er auf das *Ich,* das eben beschriebene Subject-Object, bezogen wird. Wir bemerken daher an den Kindern, dass sie sehr lange noch an die Stelle der Pronomina Namen oder andre objective Bezeichnungen setzen. Dies hat verleitet zu behaupten, dass das Pronomen sich in den Sprachen überhaupt immer erst spät entwickelt habe.

Dass diese Behauptung wenigstens auf diese Weise nicht richtig ausgedruckt ist, beweist das im Vorigen Entwickelte. Das Pronomen musste in den Sprachen ursprünglich seyn.[2] Ueberhaupt ist, meiner innersten Ueberzeugung nach, alles Bestimmen einer Zeitfolge in der Bildung der wesentlichen Bestandtheile der Rede ein Unding. Was zu ihnen gehört, wird bewusstlos auf einmal von dem Sprachvermögen gegeben, und das ursprünglichste Gefühl, das Ich, ist kein nachher erst erfundener, allgemeiner, discursiver Begriff. Nur das reinere und richtigere Bewusstseyn der Redetheile entsteht allmälich und ist des Wachsthums fähig. Dagegen liesse sich das allerdings denken, dass die Wörter für die Pronomina ursprünglich Substantiva gewesen wären, und in der Nation ihnen auch diese Ansicht lange geblieben wäre. Dasselbe Substantivum, sey es Mensch, Seele, Gestalt, immer von jedem zur Bezeichnung seines Ichs gebraucht, würde alsdann in das wahre Pronomen übergegangen seyn, das Verbum hätte nur scheinbar drei, in der That bloss Eine Person gehabt. Hierüber historisch zu entscheiden, halte ich für unmöglich, da keine historische Untersuchung so weit zu führen vermag. Indess ist mir keine einzige Sprache bekannt, in der es nicht ein oder mehrere Pronomina der ersten beiden Personen gäbe, welche gar keine Spur an sich tragen, eigentlich der dritten anzugehören. Die Malayische, die leicht am meisten wirkliche Substantiva als Pronomina der ersten und zweiten Person gebraucht, hat doch für die erste *aku,* was durchaus keinen solchen Ursprung verräth, und einige hierin ähnliche für die zweite. Gerade diese finden sich in den verwandten Mundarten wieder, und beweisen dadurch ihre tief alterthümliche Gründung in der Sprache. Ebenso giebt es auch im Chinesischen, wo erste und zweite Person jetzt ganz gewöhnlich durch Substantiva bezeichnet werden, zugleich reine | Pronomina, die, allem Anscheine nach, die älteren sind, und nach dem Urtheil der erfahrensten Sprachkenner jeden Versuch etymologischer Zergliederung fruchtlos lassen. Wo jetzt Substantiva als Pronomina gebraucht werden, sind es nicht aus den natürlichen menschlichen Verhältnissen hergenommene, wie *Gemüth, Seele, Herz,* die ich nur zum Ausdrucke des *selbst* hier und da angewendet gefunden, sondern solche, die in einem Zustande halber Civilisation ein unnatürliches Verhältniss der Unterordnung herbeiführt. Diese Art der Pronomina fehlt daher da, wo noch ein einfacherer, wenn man will, roherer, und wieder auch da, wo ein mehr erleuchteter Zustand der Gesellschaft herrscht. Wo, wie im Chinesischen und Malayischen, beide Arten dieser Pronomina sich finden, sind daher schon aus diesem Grunde die Substantiva neueren Gebrauchs. Die Ausdrücke der Erhabenheit für die zweite, und der Erniedrigung für die erste Person finden sich vorzüglich nur im südöstlichen Asien, im Malayischen Sprachstamm, auf sehr bezeichnende Weise, hauptsächlich nur im Malayischen selbst. Den Amerikanischen Sprachen ist, ob sie gleich genug andre Höflichkeitsformen haben, diese Entstellung des Pronomen fremd.

Wenn man die sinnliche Natur des Menschen bedenkt, den Werth, den er von früh an auf die Unterscheidung des Mein und Dein legt, und der sich auch in der Sprache so mächtig ausdruckt, dass es, namentlich in Amerika, mehrere giebt, in welchen das Substantiv gar nicht ohne sein Besitzpronomen ausgesprochen werden kann, so halte ich es für ausgemacht, dass welche Ideenbezeichnung der Mensch auch immer zum Pronomen erhob, er es nie that, ohne derselben gleich auf immer das wahre und wirkliche Gefühl der Ichheit aufzuprägen, und dass er nie von sich, wie von einem Fremden, sprach. Die Annahme des Gegentheils scheint mir durchaus unnatürlich. Auch die Kinder sprechen ihren Namen mit diesem Gefühl aus. Damit ist das Wesen des Pronomen gegeben, und der Unterschied zwischen diesem und allen andren Substantiven festgestellt. Wie weit derselbe hernach an der Sprache selbst sichtbar seyn soll, hängt von der Stärke und Feinheit des Sprachsinns ab. Viel reiner und getreuer, als im Pronomen selbst, ist der demselben zum Grunde liegende Verhältnissbegriff in den Personen des Verbum ausgedruckt. Hier | ist keine Verwechslung mehr der Ichheit mit einem andren Substantiv, der ersten und dritten Person möglich. Wenn sich erweisen liesse, dass die Personen des Verbum in irgend einer Sprache wirklich durch Flexion entstanden, und ursprünglich so gewesen wären, so gienge daraus untrüglich hervor, dass diese Nation den reinen Begriff des Pronomen vom Beginnen ihrer Sprache an gehabt hätte. Wo aber der Personenunterschied nur durch offenbare oder verstecktere Hinzufügung der Pronomina selbst entsteht, lässt sich hieraus nicht mehr, als aus diesen schliessen. Ist im Pronomen ein Substantivum zur Ichheit gestempelt, und so an den Verbalbegriff angefügt, so nähert sich die so gebildete Flexion auch nur insofern der wahren ersten Person, als jenes Substantivum dem Pronomen.

Aus dem mit dem Pronomen der ersten Person unmittelbar verbundenen, und bei dem der zweiten darauf bezognen Gefühl muss man es auch, glaube ich, herleiten, dass diese Pronomina nicht, wie das der dritten gewöhnlich, in mehrere Formen nach den Eigenschaften oder Verhältnissen des jedesmaligen *Ich* und *Du* (Ich liegender, stehender u.s.f.) auseinandergehen, und dass es in keiner Sprache ein Pronomen demonstrativum einer der beiden ersten Personen zu geben scheint.* Denn die sogar, meiner Erfahrung nach, allen Sprachen eigenthümliche, gleichsam innigere Bestimmung der persönlichen Pronomina durch den Zusatz des *Selbst* ist nicht eine Spaltung, sondern eine Verstärkung ihres Begriffs. Das *Ich* und das *Du*, wie schwer auch ihr Wesen in das deutliche Bewusstseyn gelangt, werden doch von dem Menschen immer nur in der Einen Beziehung empfunden, die sie charakterisirt, und daher kann auch ihr Ausdruck nicht mehrfach seyn. Sie werden wirklich innerlich empfunden, das *Ich* im Selbstgefühl, das *Du* in der eigenen Wahl, da hingegen Alles, was sich unter die dritte Person stellt, nur wahrgenommen, gesehen, gehört, äusserlich gefühlt wird. Die hier aufgestellte Thatsache könnte zwar noch zweifelhaft scheinen. Da mehrere Sprachen, namentlich die Sanskritischen, gerade im Pronomen der beiden ersten Personen mehr als Einen Stammlaut haben, so könnte es möglich scheinen, dass diese, wenigstens ehemals, eine solche verschiedenartige Bedeutung des *Ich* und *Du* gehabt hätten. Es ist dies aber durchaus unwahrscheinlich. Diese Mehr- | heit der Stammformen entsteht entweder bloss zufällig aus zusammengeflossenen Mundarten, oder, wo sie die Casus obliqui vom Nominativus unterscheidet, aus so verschiedener Ansicht dieses Casusverhältnisses, dass daraus zwei Wörter entsprangen.

Die Malayische und Japanische Sprache sind vorzugsweise reich an synonymen Pronominalformen. In beiden giebt der mehr oder minder höfliche Styl Anlass dazu. Im Malayischen hat nur die Schriftsprache gleichförmige. Die Volksmundarten besitzen, und oft in kleinen Districten, verschiedne. Im Japanischen sind eigne für Kinder, Greise und Weiber. Dagegen kommt kein wahrhaft gespaltenes, doppeltes, näheres und entferntes *Ich* oder *Du* vor.**

---

* Bernhardis Anfangsgründe der Sprachwissenschaft. S. 199. 2. 3.
** Marsdens *grammar of the Malayan language*. p. 42–51. Elémens de la gramm. Japonoise par le Père Rodriguez traduits par M. C. Landresse. p. 9–11. 80–82. Arte de la lengua Japona compuesto por el Herm. Fr. Melchor Oyanguren de Sta. Ines. p. 21–24. Ars grammatica Japonicae linguae composita a Fr. Didaco Collado. Romae. 1632. p. 13. 14.

Ich kehre von diesen allgemeinen Betrachtungen zu der Wichtigkeit der Auffindung des Ursprungs einzelner Pronominalwörter zurück, von der ich im Obigen ausgieng. Gelänge es, den Ursprung der Pronominallaute auch nur in mehreren Fällen richtig nachzuweisen, so würde man alsdann sehen, ob und in welchem Grade der ächte Charakter dieser Pronomina schon in der Bezeichnung selbst liegt, oder ihr nur erst durch den Gebrauch gegeben ist. Jeder Beitrag zu erklärender Herleitung der Pronominallaute scheint mir daher Aufmerksamkeit zu verdienen, und da ich in einigen Sprachen einen etymologischen Zusammenhang von Ideen entdeckt zu haben glaube, der den Pronominalbegriffen, ohne Beimischung materieller Eigenschaften, ihre Reinheit, als Verhältnissbegriffe, in hohem Grade erhält, so habe ich dies zum Gegenstande der gegenwärtigen Abhandlung gemacht. Ich musste aber vorher die Natur des Pronomen selbst, soweit sie hier zur Sprache kommt, genau feststellen, um die Forderungen klarer hervortreten zu lassen, die man an seine Bezeichnung zu machen hat.

Der für die persönlichen Pronomina zu wählende Ausdruck muss nämlich auf alle mögliche Individuen, da jedes zum *Ich* und zum *Du* werden kann, passen, und dennoch den Unterschied zwischen diesen beiden Begriffen bestimmt und als wahren | Verhältniss-Gegensatz angeben. Er muss von aller qualitativen Verschiedenheit abstrahiren, und dennoch ein sinnlicher Ausdruck seyn, und zwar ein solcher, der, indem er das *Ich* und das *Du* in zwei verschiedene Sphären einschliesst, auch wieder die Aufhebung dieser Trennung und die Entgegensetzung beider zusammen gegen ein Drittes möglich lässt.

Alle diese Bedingungen erfüllt nun der Begriff des *Raumes*,[3] und ich kann Thatsachen nachweisen, welche deutlich zeigen, dass man in einigen Sprachen diesen auf den Pronominalbegriff bezogen hat. In dem einen dieser Fälle ist der Ortsbegriff zu einem so gewöhnlichen Begleiter der drei Pronomina geworden, dass man sehr oft im Sprechen ihrer nicht mehr zu bedürfen glaubt, sondern bloss ihn ihre Stelle vertreten lässt, doch bleibt er grammatisch sichtbar vom Pronomen geschieden. In einem andren Falle ist er wirklich zum Pronomen geworden, hat aber nicht die ganze Pronominalform systematisch durchdrungen. In einem dritten dagegen sind die Orts und Pronominalbegriffe, durch ganz gleiche

Laute bezeichnet, dergestalt verbunden, dass beide nur als identisch angesehen werden können. Die Sprachen, welche diese Thatsachen liefern, sind in der obigen Folge der Erscheinungen: eine der Sprachen der Südsee-Inseln, nebst der Chinesischen, die Japanische und Armenische.[4] [...]

In durchgängiger, wechselseitiger Beziehung aber mit den | Ortsbegriffen stehen die Pronomina in der Armenischen Sprache. Die drei Pronominal-Personen und die verschiednen Standpunkte im Raum, welche die Sprachen nach den Graden der Entfernung durch Adverbia und durch das Pronomen demonstrativum anzudeuten pflegen, werden durch die drei consonantischen Laute *s, t, n* bezeichnet. *S* deutet das *Ich* und den Ort des Redenden, das *hier* an, *t* das *Du* und den Ort des Angeredeten, das lat. *istic, n* das *Er, Sie, Es* und den vom Orte des Redenden und Angeredeten verschiednen dritten Ort, das lat. *illic*. Nach diesen zwei Hauptzweigen der Bedeutung bilden sich nun aus diesen Lauten auf der einen Seite die drei persönlichen Pronomina, und auf der andren genau entsprechend die drei Entfernungsgrade des demonstrativen, so wie der selbstständigen Ortsadverbia.* Zum Behuf dieser Bildungen nehmen jene drei Consonanten Vocale und andre Hülfslaute an, allein in so merkwürdiger Regelmässigkeit, dass dieselben Hülfslaute, ohne die kleinste Veränderung, immer durch alle jene drei Laute gehen, und in solcher Verschiedenheit der Vocalstellung, dass es auf den ersten Anblick in die Augen springt, dass die Bedeutsamkeit allein in den Consonanten liegt. *Ies,* ich, *tou,* du, *inkn,* er, ohne Unterschied des Geschlechtes, sind die drei persönlichen Pronomina. *Tou* und *inkn* unterbrechen hier allein die Regelmässigkeit der Bildung, da man an ihrer Stelle *iet* und *ien* erwarten sollte. Allein die drei Demonstrativ-Pronomina halten in aller Verschiedenheit der Ableitungen vollkommen gleichen Schritt. Denn es finden sich

---

* Von einfachen Adverbien besitzt die Sprache zwar nur zwei: *asd,* hier, *ant,* für das zweifache dort. Aber zusammengesetzte kommen in allen drei Graden vor: *ais-rên,* hier, *ait-rên,* dort bei dir, *ant-rên,* dort bei ihm, und ebenso *as-di, ai-di* (wo nur *t* vor *d* weggefallen ist), *an-di*.

sa,   ta,   na,
ais,   ait,   ain,
suin,   tuin,   nuin,

und, zwar nicht in der gewöhnlichen Schriftsprache, aber in alten Rhetoriken, auch noch

sä,   tä,   nä,
äs,   ät,   än.

Das Vorwalten der allein bedeutsamen Consonanten liegt hier am | Tage, sie sind aber nicht aus diesen Bildungen nur durch grammatische Analyse gezogen, sondern die Sprache bedient sich ihrer, als Suffixa anderer Wörter, um an ihnen diese verschiedenen Beziehungen auszudrücken. In dieser Eigenschaft trennen die einheimischen Armenischen Grammatiker sie unter dem Namen *bestimmender Partikeln* gänzlich von dem Pronomen, geben aber ganz richtig an, dass sie die Grundlage der persönlichen, possessiven und demonstrativen Pronomina bilden.* Auf diese doppelte Weise geht ihr Gebrauch durch alle Theile der Sprache, und zwar überall so, dass sie den Ort und die Person anzeigen, oder vielmehr den Orts und Personenbegriff in Eins verschmelzen.[5] [...]

Die im Vorigen angeführten Beispiele zeigen, wie die Pronomina aus den Ortsadverbien hergenommen werden können. Im Armenischen ist dies so vollständig, regelmässig und sichtbar geschehen, dass über die Sicherheit dieser etymologischen Ableitung durchaus kein Zweifel obwalten kann. Man sieht hieraus zugleich an einem neuen Beweise mehr, wie die reinen Formen der Anschauung, *Raum* und *Zeit,* vorzugsweise geeignet sind, die in der Sprache so häufig vorkommende Uebertragung abgezogner oder schwer zu versinnlichender Begriffe auf concrete angemessen zu vermitteln.

Auf die, bloss aus ihren Standpunkten hergenommene Bezeichnung der Personen sey es mir vergönnt, eine sinnlich schöne und lebendige Andeutung des *Du* in einer andren Sprache folgen zu lassen, und damit diese Betrachtungen zu beschliessen. Die Neu-Seeländische Sprache bildet bei mehreren Wörtern den Vocativus

---

* Man vergleiche Awedikean's 1815. zu S. Lazaro gedruckte Grammatik. S. 449. §.1070. [...].

nicht so, dass sie den ihm eigenthümlichen Anruf *e* vor den Nominativus setzt, sondern braucht ein ganz eignes Wort für denselben. So ist *matûa* der Vater, *tâma îne* die Tochter, aber o Vater *e pâ*, o Tochter *e kô*. Es ist dies ein in die Sprache übergegangener höchst natürlicher Redegebrauch. Der Vocativus tritt gänzlich aus der Reihe der übrigen Casus heraus. Indem diese zur objectiven, aus dem Subject hinausgestellten Rede dienen, | verbindet er durch eine Handlung des Willens, oder durch eine Empfindung unmittelbar das Subject mit dem Gegenstand, er kann zugleich in den meisten Fällen als der Casus der zweiten Pronominalperson betrachtet werden. Es begreift sich daher leicht, dass man für ihn innigere Ausdrücke, wie *pâ* in der Sprache dafür gilt, oder kürzere, wie *kô* (eigentlich *Mädchen)* ist, braucht. Will man nun einen Menschen überhaupt, für den man keine besondre Benennung hat, anreden, so giebt es dafür ein eignes, in der Beziehung auf Menschen, allein im Vocativ gebräuchliches Wort, *mâra*. Nach Lee, dem Verfasser der Neu-Seeländischen Grammatik,* heisst dies eine demjenigen, der sie anredet, gegenüberstehende Person. *E mâra*, gebraucht wie unser rufendes *du, ihr*, heisst also wörtlich: *o gegenüber*. Zugleich aber, und dies ist sichtlich der ursprünglichere Begriff, heißt *mâra* ein offener, der Sonne ausgesetzter Platz, und ist dasselbe Wort mit *mârama*, hell, erleuchtet, Licht. Diese Metapher ist also hier auf das im Gegenüberstehen frei entfaltet da liegende, entgegenleuchtende menschliche Gesicht angewendet. Wir könnten es ganz treu durch *o Antlitz!* übersetzen.[6] Der Ortsbegriff hat damit nur mittelbar zu schaffen.

---

* Wörterbuch. *p.* 176. *A person fronting another who addresses him.*

10. Charakter der Sprachen. Poesie und Prosa
[VII: 193–209]

Ich habe bis hierher einzelne Punkte des gegenseitigen Einflusses des Charakters der Nationen und der Sprachen berührt. Es giebt aber zwei Erscheinungen in den letzteren, in welchen nicht nur alle am entschiedensten zusammentreffen, sondern wo sich auch dermassen der Einfluss des Ganzen offenbart, dass selbst der Begriff des Einzelnen daraus verschwindet, die Poesie und die Prosa. Man muss sie Erscheinungen der Sprache nennen, da schon die ursprüngliche Anlage dieser vorzugsweise die Richtung zu der einen oder andren oder, wo die Form wahrhaft grossartig ist, zur gleichen Entwicklung beider in gesetzmässigem Verhältniss giebt und auch wieder in ihrem Verlaufe darauf zurückwirkt.[1] In der That aber sind sie zuerst Entwicklungsbahnen der Intellectualität selbst und müssen sich, wenn ihre Anlage nicht mangelhaft ist und ihr Lauf keine Störungen erleidet, nothwendig aus ihr entspinnen. Sie erfordern daher das sorgfältigste Studium nicht nur in ihrem Verhältniss zu einander überhaupt, sondern auch insbesondere in Beziehung auf die Zeit ihrer Entstehung.

Wenn man beide zugleich von der in ihnen am meisten concreten und idealen Seite betrachtet, so schlagen sie zu ähnlichem Zweck verschiedene Pfade ein. Denn beide bewegen sich von der Wirklichkeit aus zu einem ihr nicht angehörenden Etwas: die Poesie fasst die Wirklichkeit in ihrer sinnlichen Erscheinung, wie sie äusserlich und innerlich empfunden wird, auf, ist aber unbekümmert um dasjenige, wodurch sie Wirklichkeit ist, stösst vielmehr diesen ihren Charakter absichtlich zurück.[2] Die sinnliche Erscheinung verknüpft sie sodann vor der Einbildungskraft und führt durch sie zur Anschauung eines künstlerisch idealischen Ganzen. Die Prosa sucht in der Wirklichkeit gerade die Wurzeln, durch welche sie am Daseyn haftet, und die Fäden ihrer Verbindungen mit demselben.[3] Sie verknüpft alsdann auf intellectuellem Wege Thatsache mit Thatsache und Begriffe mit Begriffen und strebt nach einem objectiven Zusammenhang in einer Idee. Der Unterschied beider ist hier so gezeichnet, wie er nach ihrem wahren Wesen im Geiste sich ausspricht. Sieht man bloss auf die mögliche Erscheinung in der Sprache und auch in dieser nur auf eine, in der Verbindung höchst mächtige, aber vereinzelt fast gleichgültige Seite derselben, so kann die innere prosaische Richtung | in gebundener und die poetische in freier Rede ausgeführt werden, meistentheils aber nur auf Kosten beider, so dass das poetisch ausgedrückte Prosaische weder den Charakter der Prosa noch den der Poesie ganz an sich trägt und ebenso in Prosa gekleidete Poesie. Der poetische Gehalt führt gewaltsam auch das poetische Gewand herbei und es fehlt nicht an Beispielen, dass Dichter im Gefühle dieser Gewalt das in Prosa Begonnene in Versen vollendet haben. Beiden gemeinschaftlich, um zu ihrem wahren Wesen zurückzukehren, ist die Spannung und der Umfang der Seelenkräfte, welche die Verbindung der vollen Durchdringung der Wirklichkeit mit dem Erreichen eines idealen Zusammenhanges unendlicher Mannigfaltigkeit erfordert, und die Sammlung des Gemüthes auf die consequente Verfolgung des bestimmten Pfades. Doch muss diese wieder so aufgefasst werden, dass sie die Verfolgung des entgegengesetzten im Geiste der Nation nicht ausschliesst, sondern vielmehr befördert. Beide, die poetische und prosaische Stimmung müssen sich zu dem Gemeinsamen ergänzen, den Menschen tief in die Wirklichkeit Wurzel schlagen zu lassen, aber nur, damit sein Wuchs sich desto fröhlicher über sie in ein freieres Element erheben kann. Die Poesie eines Volkes hat nicht den höchsten Gipfel erreicht, wenn sie nicht in ihrer Vielseitigkeit und in der freien Geschmeidigkeit ihres Schwunges zugleich die Möglichkeit einer entsprechenden Entwicklung in Prosa verkündet. Da der menschliche Geist, in Kraft und Freiheit gedacht, zu der Gestaltung von beiden gelangen muss, so erkennt man die eine an der andren, wie man dem Bruchstück eines Bildwerks ansieht, ob es Theil einer Gruppe gewesen ist.

Die Prosa kann aber auch bei blosser Darstellung des Wirklichen und bei ganz äusserlichen Zwecken stehen bleiben, gewissermassen nur Mittheilung von Sachen, nicht Anregung von Ideen oder Empfindungen seyn. Dann weicht sie nicht von der gewöhnlichen Rede ab und erreicht nicht die Höhe ihres eigentlichen Wesens. Sie ist dann nicht eine Entwicklungsbahn der Intellectualität zu nennen und hat keine formale, sondern nur materielle Beziehungen. Wo sie den höheren Weg verfolgt, bedarf sie, um zum Ziele zu gelangen, auch tiefer in das Gemüth eingreifender Mittel und erhebt sich dann zu derjenigen veredelten Rede, von der allein gesprochen werden kann, wenn man sie als Gefährtin der Poesie auf der intellectuellen Laufbahn der Nationen betrachtet. Sie verlangt alsdann das Umfassen ihres Gegenstandes | mit allen vereinten Kräften des Gemüths, woraus zugleich eine Behandlung entsteht, welche denselben als nach allen Seiten Strahlen aussendend zeigt, auf die er Wirkung ausüben kann. Der sondernde Verstand ist nicht allein thätig, die übrigen Kräfte wirken mit und bilden die Auffassung, die man mit höherem Ausdruck die geistvolle nennt.[4] In dieser Einheit trägt der Geist auch, ausser der Bearbeitung des Gegenstandes, das Gepräge seiner eignen Stimmung in die Rede über. Die Sprache, durch den Schwung des Gedanken gehoben, macht ihre Vorzüge geltend, ordnet sie aber dem hier gesetzgebenden Zwecke unter. Die sittliche Gefühlsstimmung theilt sich der Sprache mit und die Seele leuchtet aus dem Style hervor. Auf eine ihr ganz eigenthümliche Weise offenbart sich aber in der Prosa durch die Unterordnung und Gegeneinanderstellung der Sätze die, der Gedankenentwicklung entsprechende logische Eurhythmie, welche der prosaischen Rede in der allgemeinen Erhebung durch ihren besondren Zweck geboten wird. Wenn sich der Dichter dieser zu sehr überlässt, so macht er die Poesie der rhetorischen Prosa ähnlich. Indem nun alles hier einzeln Genannte in der geistvollen Prosa zusammenwirkt, zeichnet sich in ihr die ganze lebendige Entstehung des Gedanken, das Ringen des Geistes mit seinem Gegenstande. Wo dieser es erlaubt, gestaltet sich der Gedanke wie eine freie, unmittelbare Eingebung und ahmt auf dem Gebiete der Wahrheit die selbstständige Schönheit der Dichtung nach.

Aus allem diesem ergiebt sich, dass Poesie und Prosa durch dieselben allgemeinen Forderungen bedingt sind. In beiden muss ein von innen entstehender Schwung den Geist heben und tragen. Der Mensch in seiner ganzen Eigenthümlichkeit muss sich mit dem Gedanken nach der äusseren und inneren Welt hinbewegen und, indem er Einzelnes erfasst, auch dem Einzelnen die Form lassen, die es an das Ganze knüpft. In ihren Richtungen aber und den Mitteln ihres Wirkens sind beide verschieden und können eigentlich nie mit einander vermischt werden. In Rücksicht auf die Sprache ist auch besonders zu beachten, dass die Poesie in ihrem wahren Wesen von Musik unzertrennlich ist, die Prosa dagegen sich ausschliesslich der Sprache anvertraut. Wie genau die Poesie der Griechen mit Instrumentalmusik verbunden war, ist bekannt und das Gleiche gilt von der lyrischen Poesie der Hebräer. Auch von der Einwirkung der verschiedenen Tonarten auf die Poesie ist oben[5] gesprochen worden. Wie poetisch Ge- | danke und Sprache seyn möge, fühlt man sich, wenn das musikalische Element fehlt, nicht auf dem wahren Gebiete der Poesie. Daher der natürliche Bund zwischen grossen Dichtern und Componisten, obgleich die Neigung der Musik, sich in unbeschränkter Selbstständigkeit zu entwickeln, auch wohl die Poesie absichtlich in Schatten stellt.

Genau genommen lässt sich nie sagen, dass die Prosa aus der Poesie hervorgeht. Auch wo beide, wie in der Griechischen Literatur, historisch* in der That so erscheinen, kann dies doch nur richtig so erklärt werden, dass die Prosa aus einem, durch die ächteste und mannigfaltigste Poesie Jahrhunderte lang bearbeiteten Geiste und in einer auf diese Weise gebildeten Sprache entsprang. Beides aber ist wesentlich verschieden. Der Keim zur Griechischen Prosa lag, wie der zur Poesie, schon ursprünglich im Griechischen Geiste, durch dessen Individualität auch beide, ihrem Wesen unbeschadet, einander in ihrem eigenthümlichen Gepräge entsprechen. Schon die Griechische Poesie zeigt den weiten und freien Aufflug des Geistes, der das Bedürfniss der Prosa hervorbringt. Beider Entwicklung war vollkommen naturgemäss aus gemeinschaftlichem Ursprung und einem beide zugleich umfassenden intellectuellen Drange, der nur durch äussere Umstände hätte an der Vollendung seiner Entwicklung verhindert werden können. Noch weniger lässt sich die höhere Prosa als durch eine, noch so sehr von dem bestimmten Zwecke der Rede und feinem Ge-

---

* Eine sehr geistvolle und von tiefer und gründlicher Lesung der Alten zeugende Uebersicht des Ganges der Griechischen Literatur in Absicht auf Redefügung und Styl giebt die Einleitung zu Bernhardy's wissenschaftlicher Syntax der Griechischen Sprache.

schmack geminderte Beimischung poetischer Elemente entstehend erklären. Die Unterschiede beider in ihrem Wesen üben ihre Wirkung natürlich auch in der Sprache aus und die poetische und prosaische haben jede ihre Eigenthümlichkeiten in der Wahl der Ausdrücke, der grammatischen Formen und Fügungen. Viel weiter aber, als durch diese Einzelnheiten werden sie durch den in ihrem tieferen Wesen gegründeten Ton des Ganzen auseinandergehalten. Der Kreis des Poetischen ist, | wie unendlich und unerschöpflich auch in seinem Innren, doch immer ein geschlossener, der nicht Alles in sich aufnimmt oder dem Aufgenommenen nicht seine ursprüngliche Natur lässt; der durch keine äussere Form gebundene Gedanke kann sich in freier Entwicklung nach allen Seiten hin weiter bewegen, sowohl in der Auffassung des Einzelnen, als in der Zusammenfügung der allgemeinen Idee. Insofern liegt das Bedürfniss zur Ausbildung der Prosa in dem Reichthum und der Freiheit der Intellectualität und macht die Prosa gewissen Perioden der geistigen Bildung eigenthümlich. Sie hat aber auch noch eine andere Seite, durch welche sie reizt und sich dem Gemüthe einschmeichelt: ihre nahe Verwandtschaft mit den Verhältnissen des gewöhnlichen Lebens, das durch ihre Veredlung in seiner Geistigkeit gesteigert werden kann, ohne darum an Wahrheit und natürlicher Einfachheit zu verlieren. Von dieser Seite her kann sogar die Poesie die prosaische Einkleidung wählen, um gleichsam die Empfindung in ihrer ganzen Reinheit und Wahrheit darzustellen. Wie der Mensch selbst der Sprache, als das Gemüth begränzend und seine reinen Aeusserungen entstellend, abhold seyn und sich nach einem Empfinden und Denken ohne ein solches Medium sehnen kann,[6] ebenso kann er sich durch Ablegung alles ihres Schmuckes, auch in der höchsten poetischen Stimmung, zu der Einfachheit der Prosa flüchten. Die Poesie trägt ihrem Wesen nach immer auch eine äussere Kunstform an sich. Es kann aber in der Seele eine Neigung zur Natur im Gegensatz mit der Kunst, jedoch dergestalt geben, dass dem Gefühl der Natur übrigens ihr ganzer idealer Gehalt bewahrt wird, und dies scheint in der That den neuern gebildeten Völkern eigen zu seyn. Gewiss wenigstens – und dies hängt zugleich mit der bei gleicher Tiefe weniger sinnlichen Formung unsrer Sprache zusammen – liegt dies in unserer Deutschen Sinnesart. Der Dichter kann alsdann absichtlich den

Verhältnissen des wirklichen Lebens nahe bleiben und, wenn die Macht seines Genies dazu hinreicht, ein ächt poetisches Werk in prosaischer Einkleidung ausführen. Ich brauche hier nur an Göthe's Werther zu erinnern, von dem jeder Leser fühlen wird, wie nothwendig die äussere Form mit dem inneren Gehalte zusammenhängt. Ich erwähne dies jedoch nur, um zu zeigen, wie aus ganz verschiedenen Seelenstimmungen Stellungen der Poesie und Prosa gegen einander und Verknüpfungen ihres inneren und äusseren Wesens entstehen können, welche alle auf den Charakter | der Sprache Einfluss haben, aber auch alle wieder, was uns noch sichtbarer ist, ihre Rückwirkung erfahren.

Die Poesie und Prosa selbst erhalten aber auch jede für sich eine eigenthümliche Färbung. In der Griechischen Poesie herrschte, in Gemässheit mit der allgemeinen intellectuellen Eigenthümlichkeit, die äussere Kunstform vor allem Uebrigen vor. Dies entsprang zugleich aus ihrer engen und durchgängigen Verknüpfung mit der Musik, allein auch vorzüglich aus dem feinen Tact, mit welchem sie die inneren Wirkungen auf das Gemüth abzuwägen und auszugleichen verstanden. So kleidete sich die alte Komödie in das reichste und mannigfaltigste rhythmische Gewand. Je tiefer sie oft in Schilderungen und Ausdrücken zum Gewöhnlichen und sogar zum Gemeinen hinabstieg, desto mehr fühlte sie die Nothwendigkeit, durch die Gebundenheit der äusseren Form Haltung und Schwung zu gewinnen. Die Verbindung des hochpoetischen Tones mit der durchaus praktischen, altväterlichen, auf Sitteneinfacheit und Bürgertugend gerichteten Gediegenheit der gehaltvollen Parabasen ergreift nun, wie man lebhaft beim Lesen des Aristophanes fühlt, das Gemüth in einem sich in seinem Tiefsten wieder vereinigenden Gegensatze. Auch war den Griechen die Einmischung der Prosa in die Poesie, wie wir sie bei den Indiern und Shakespeare finden, schlechterdings fremd. Das empfundene Bedürfniss, sich auf der Bühne dem Gespräch zu nähern, und das richtige Gefühl, dass auch die ausführlichste Erzählung, einer spielenden Person in den Mund gelegt, sich von dem epischen Vortrage des Rhapsoden, an den sie übrigens immer lebhaft erinnerte, unterscheiden musste, liess für diese Theile des Dramas eigne Sylbenmasse entstehen, gleichsam Vermittler zwischen der Kunstform der Poesie und der natürlichen Einfachheit der Prosa. Auf diese selbst wirkte aber dieselbe allgemeine Stimmung ein und gab auch ihr eine äusserlich kunstvollere Gestaltung. Die nationelle Eigenthümlichkeit zeigt sich besonders in der kritischen Ansicht und der Beurtheilung der grossen Prosaisten. Die Ursach ihrer Trefflichkeit wird da, wo wir einen ganz andren Weg einschlagen würden, vorzüglich in Feinheiten des Numerus, kunstvollen Redefiguren und in Aeusserlichkeiten des Periodenbaues gesucht. Die Zusammenwirkung des Ganzen, die Anschauung der inneren Gedankenentwicklung, von welcher der Styl nur ein Abglanz ist, scheint uns bei Lesung solcher Schriften, wie z.B. der in diese Materie einschlagenden Bücher des Dionysius von | Halikarnass gänzlich zu verschwinden. Es ist indess nicht zu läugnen, dass, Einseitigkeiten und Spitzfindigkeiten dieser Art der Kritik abgerechnet, die Schönheit jener grossen Muster mit auf diesen Einzelnheiten beruht, und das genauere Studium dieser Ansicht führt uns zugleich tiefer in die Eigenthümlichkeit des Griechischen Geistes ein. Denn die Werke des Genies üben doch ihre Wirkung nur durch die Art, wie sie von den Nationen aufgefasst werden, aus und gerade die Einwirkung auf die Sprachen, mit der wir es hier zu thun haben, hängt vorzugsweise von dieser Auffassung ab.

Die fortschreitende Bildung des Geistes führt zu einer Stufe, wo er, gleichsam aufhörend zu ahnden und zu vermuthen, die Erkenntniss zu begründen und ihren Inbegriff in Einheit zusammenzufügen strebt. Es ist dies die Epoche der Entstehung der Wissenschaft und der sich aus ihr entwickelnden Gelehrsamkeit und dieser Moment kann nicht anders, als im höchsten Grade einflussreich auf die Sprache seyn. Von der, sich in der Schule der Wissenschaft bildenden Terminologie habe ich schon oben[7] gesprochen. Des allgemeinen Einflusses aber dieser Epoche ist es hier der Ort zu erwähnen, da die Wissenschaft in strengem Verstande die prosaische Einkleidung fordert und eine poetische ihr nur zufällig zu Theil werden kann. In diesem Gebiete nun hat der Geist es ausschliesslich mit Objectivem zu thun, mit Subjectivem nur insofern, als dies Nothwendigkeit enthält; er sucht Wahrheit und Absonderung alles äusseren und inneren Scheins. Die Sprache erhält also erst durch diese Bearbeitung die letzte Schärfe in der Sonderung und Feststellung der Begriffe und die reinste Abwägung der zu Einem Ziele zusammenstrebenden Sätze und ihrer Theile. Da sich aber durch die wissenschaftliche Form des Gebäudes der Erkenntniss und die Feststellung des Verhältnisses der letzteren zu dem erkennenden Vermögen dem Geiste etwas ganz Neues aufthut, welches alles Einzelne an Erhabenheit übertrifft, so wirkt dies zugleich auf die Sprache ein, giebt ihr einen Charakter höheren Ernstes und einer, die Begriffe zur höchsten | Klarheit bringenden Stärke. Auf der andren Seite erheischt aber ihr Gebrauch in diesem Gebiete Kälte und Nüchternheit und in den Fügungen Vermeidung jeder kunstvolleren, der Leichtigkeit des Verständnisses schädlichen und dem blossen Zwecke der Darstellung des Objectes unangemessenen Verschlingung. Der wissenschaftliche Ton der Prosa ist also ein ganz anderer, als der bisher geschilderte. Die Sprache soll, ohne eigne Selbstständigkeit geltend zu machen, sich nur dem Gedanken so eng, als möglich, anschliessen, ihn begleiten und darstellen. In dem uns übersehbaren Gange des menschlichen Geistes kann mit Recht Aristoteles der Gründer der Wissenschaft und des auf sie gerichteten Sinnes genannt werden. Obgleich das Streben darnach natürlich viel früher entstand und die Fortschritte allmählich waren, so schloss es sich doch erst mit ihm zur Vollendung des Begriffes zusammen. Als wäre dieser plötzlich in bis dahin unbekannter Klarheit in ihm hervorgebrochen, zeigt sich zwischen seinem Vortrage und der Methodik seiner Untersuchungen und der seiner unmittelbarsten Vorgänger eine entschiedene, nicht stufenweis zu vermittelnde Kluft. Er forschte nach Thatsachen, sammlete dieselben und strebte, sie zu allgemeinen Ideen hinzuleiten. Er prüfte die vor ihm aufgebauten Systeme, zeigte ihre Unhaltbarkeit und bemühte sich, dem seinigen eine auf tiefer Ergründung des erkennenden Vermögens im Menschen ruhende Basis zu geben. Zugleich brachte er alle Erkenntnisse, die sein riesenmässiger Geist umfasste, in einen nach Begriffen geordneten Zusammenhang. Aus einem solchen, zugleich tief strebenden und weitumfassenden, gleich streng auf Materie und Form der Erkenntniss gerichteten Verfahren, in welchem die Erforschung der Wahrheit sich vorzüglich durch scharfe Absonderung alles verführerischen Scheins auszeichnete, musste bei ihm eine Sprache entstehen, die einen auffallenden Gegensatz mit der seines unmittelbaren Vorgängers und Zeitgenossen, des Plato, bildete. Man kann beide in der That nicht in dieselbe Entwicklungsperiode stellen, muss die Platonische Diction als den Gipfel einer nachher nicht wieder erstandenen, die Aristotelische als eine neue Epoche beginnend ansehen. Hierin erblickt man aber auffallend die Wirkung der eigenthümlichen Behandlungsart der philosophischen Erkenntniss. Man irrte gewiss sehr, wenn man Aristoteles mehr von Anmuth entblösste, schmucklose und unläugbar oft harte Sprache einer natürlichen Nüchternheit und gleichsam Dürftigkeit seines Geistes | zuschreiben wollte. Musik und Dichtung hatten einen grossen Theil seiner Studien beschäftigt. Ihre Wirkung war, wie man schon an den wenigen von ihm übrigen Urtheilen in diesem Gebiete sieht, tief in ihn eingegangen und nur angeborne Neigung konnte ihn zu diesem Zweige der Literatur geführt haben. Wir besitzen noch einen Hymnus voll dichterischen Schwunges von ihm, und wenn seine exoterischen Schriften, besonders die Dialogen auf uns gekommen wären, so würden wir wahrscheinlich ein ganz anderes Urtheil über den Umfang seines Styles fällen. Einzelne Stellen seiner auf uns gekommenen Schriften, besonders der Ethik zeigen, zu welcher Höhe er sich zu erheben vermochte. Die wahrhaft tiefe und abgezogne Philosophie hat auch ihre eignen Wege, zu einem Gipfel grosser Diction zu gelangen. Die Gediegenheit und selbst die Abgeschlossenheit der Begriffe giebt, wo die Lehre aus ächt schöpferischem Geiste hervorgeht, auch der Sprache eine mit der inneren Tiefe zusammenpassende Erhabenheit.[8]

Eine Gestaltung des philosophischen Styls von ganz eigenthümlicher Schönheit findet sich auch bei uns in der Verfolgung abgezogener Begriffe in Fichte's und Schelling's Schriften und, wenn auch nur einzeln, aber dann wahrhaft ergreifend, in Kant. Die Resultate factisch wissenschaftlicher Untersuchungen sind vorzugsweise nicht allein einer ausgearbeiteten und sich aus tiefer und allgemeiner Ansicht des Ganzen der Natur von selbst hervorbildenden grossartigen Prosa fähig, sondern eine solche befördert die wissenschaftliche Untersuchung selbst, indem sie den Geist entzündet, der allein in ihr zu grossen Entdeckungen führen kann. Wenn ich hier der in dies Gebiet einschlagenden Werke meines Bruders erwähne, so glaube ich nur ein allgemeines, oft ausgesprochenes Urtheil zu wiederholen.

Das Feld des Wissens kann sich von allen Punkten aus zum Allgemeinen zusammenwölben und gerade diese Erhebung und die genaueste und vollständigste Bearbeitung der thatsächlichen Grundlagen hängen auf das innigste zusammen. Nur wo die Gelehrsamkeit und das Streben nach ihrer Erweiterung nicht von dem ächten Geiste durchdrungen sind, leidet auch die Sprache und alsdann ist dies eine der Seiten, von welcher der Prosa, ebenso wie vom Herabsinken des gebildeten, ideenreichen Gespräches zu alltäglichem oder conventionellem, Verfall droht. Die Werke der Sprache können nur gedeihen, so lange der, auf seine eigne sich erweiternde Ausbildung und auf die Verknüpfung des Weltganzen | mit seinem Wesen gerichtete Schwung des Geistes sie mit sich emporträgt. Dieser Schwung erscheint in unzähligen Abstufungen und Gestalten, strebt aber immer zuletzt, auch wo der Mensch sich dessen nicht einzeln bewusst ist, seinem angeborenen Triebe gemäss nach jener grossen Verknüpfung. Wo sich die intellectuelle Eigenthümlichkeit der Nation nicht kräftig genug zu dieser Höhe erhebt oder die Sprache im intellectuellen Sinken einer gebildeten Nation von dem Geiste verlassen wird, dem sie allein ihre Kraft und ihr blühendes Leben verdanken kann, entsteht nie eine grossartige Prosa oder zerfällt, wenn sich das Schaffen des Geistes zu gelehrtem Sammeln verflacht.

Die Poesie kann nur einzelnen Momenten des Lebens und einzelnen Stimmungen des Geistes angehören, die Prosa begleitet den Menschen beständig und in allen Aeusserungen seiner geistigen Thätigkeit. Sie schmiegt sich jedem Gedanken und jeder Empfindung an, und wenn sie sich in einer Sprache durch Bestimmtheit, helle Klarheit, geschmeidige Lebendigkeit, Wohllaut und Zusammenklang zu der Fähigkeit, sich von jedem Punkte aus zu dem freiesten Streben zu erheben, aber zugleich zu dem feinen Tact ausgebildet hat, wo und wie weit ihr diese Erhebung in jedem einzelnen Falle zusteht, so verräth und befördert sie einen ebenso freien, leichten, immer gleich behutsam fortstrebenden Gang des Geistes. Es ist dies der höchste Gipfel, den die Sprache in der Ausbildung ihres Charakters zu erreichen vermag und der daher, von den ersten Keimen ihrer äusseren Form an, der breitesten und sichersten Grundlagen bedarf.

Bei einer solchen Gestaltung der Prosa kann die Poesie nicht zurückgeblieben seyn, da beide aus gemeinschaftlicher Quelle fliessen. Sie kann aber einen hohen Grad der Trefflichkeit erreichen, ohne dass auch die Prosa zur gleichen Entwicklung in der Sprache gelangt. Vollendet wird der Kreis dieser letzteren immer nur durch beide zugleich. Die Griechische Literatur bietet uns, wenn auch mit grossen und bedaurungswürdigen Lücken, den Gang der Sprache in dieser Rücksicht vollständiger und reiner dar, als er uns sonst irgendwo erscheint. Ohne erkennbaren Einfluss fremder gestalteter Werke, wodurch der fremder Ideen nicht ausgeschlossen wird, entwickelt sie sich von Homer bis zu den Byzantinischen Schriftstellern durch alle Phasen ihres Laufes allein aus sich selbst und aus den Umgestaltungen des nationellen Geistes durch innere und äussere geschichtliche Umwälzungen. Die Eigen- | thümlichkeit der Griechischen Volksstämme bestand in einer, immer zugleich nach Freiheit und Obermacht, die aber auch meistentheils gern den Unterworfenen den Schein der ersteren erhielt, ringenden volksthümlichen Beweglichkeit. Gleich den Wellen des sie umgebenden, eingeschlossenen Meeres, brachte diese innerhalb derselben mässigen Gränzen unaufhörliche Veränderungen, Wechsel der Wohnsitze, der Grösse und der Herrschaft hervor und gab dem Geiste beständig neue Nahrung und Antrieb, sich in jeder Art der Thätigkeit zu ergiessen. Wo die Griechen, wie bei Anlegung von Pflanzstädten, in die Ferne wirkten, herrschte der gleiche volksthümliche Geist. So lange dieser Zustand währte, durchdrang dies innerliche nationelle Princip die Sprache und ihre Werke. In dieser Periode fühlt man lebendig den inneren fortschreitenden Zusammenhang aller Geistesproducte, das lebendige Ineinandergreifen der Poesie und der Prosa und aller Gattungen beider. Als aber seit Alexander Griechische Sprache und Literatur durch Eroberung ausgebreitet wurden und später, als besiegtem Volke angehörend, sich mit dem weltbeherrschenden der Sieger verbanden, erhoben sich zwar noch ausgezeichnete Köpfe und poetische Talente, aber das beseelende Princip war erstorben und mit ihm das lebendige, aus der Fülle seiner eignen Kraft entspringende Schaffen. Die Kunde eines grossen Theils des Erdbodens wurde nun erst wahrhaft eröffnet, die wissenschaftliche Beobachtung und die systematische Bearbeitung des gesammten Gebietes des Wissens war, in wahrhaft welthistorischer Verbindung eines thaten- und eines ideenreichen ausserordentlichen Mannes, durch Aristoteles Lehre und Vorbild dem Geiste klar geworden. Die Welt der Objecte trat mit überwiegender Gewalt dem subjectiven Schaffen gegenüber und noch mehr wurde dieses durch die frühere Literatur niedergedrückt, welche, da ihr beseelendes Princip mit der Freiheit, aus der es quoll, verschwunden war, auf einmal wie eine Macht erscheinen musste, mit der, wenn auch vielfache Nachahmungen versucht wurden, doch kein wahrer Wetteifer zu wagen war. Von dieser Epoche an beginnt also ein allmähliches Sinken der Sprache und Literatur. Die wissenschaftliche Thätigkeit wandte sich aber nun auf die Bearbeitung beider, wie sie aus dem reinsten Zustande ihrer Blüthe übrig waren, so dass zugleich ein grosser Theil der Werke aus den besten Epochen und die Art, wie sich diese Werke in der absichtlich auf sie gerichteten Betrachtung späterer Generationen desselben, sich immer | gleichen, aber durch äussere Schicksale herabgedrückten Volkes abspiegelten, auf uns gekommen sind.

Vom Sanskrit lässt sich, unserer Kenntniss der Literatur desselben nach, nicht mit Sicherheit beurtheilen, bis auf welchen Grad und Umfang auch die Prosa in ihm ausgebildet war. Die Verhältnisse des bürgerlichen und geselligen Lebens boten aber in Indien schwerlich die gleichen Veranlassungen zu dieser Ausbildung dar. Der Griechische Geist und Charakter gieng schon an sich mehr, als vielleicht je bei einer Nation der Fall war, auf solche Vereinigungen hin, in welchen das Gespräch, wenn nicht der alleinige Zweck, doch die hauptsächlichste Würze war. Die Verhandlungen vor Gericht und in der Volksversammlung forderten Ueberzeugung wirkende und die Gemüther lenkende Beredsamkeit. In diesen und ähnlichen Ursachen kann es liegen, wenn man auch künftig unter den Ueberresten der Indischen Literatur nichts entdeckt, was man im Style den Griechischen Geschichtschreibern, Rednern und Philosophen an die Seite stellen könnte. Die reiche, beugsame, mit allen Mitteln, durch welche die Rede Gediegenheit, Würde und Anmuth erhält, ausgestattete Sprache bewahrt sichtbar alle Keime dazu in sich und würde in der höheren prosaischen Bearbeitung noch ganz andere Charakterseiten, als wir an ihr jetzt kennen, entwickelt haben. Dies beweist schon der einfache, anmuthvolle, auf bewundrungswürdige Weise zugleich durch getreue und zierliche Schilderung und eine ganz eigenthümliche Verstandesschärfe anziehende Ton der Erzählungen des Hitôpadêṡa.[9]

Die Römische Prosa stand in einem ganz andren Verhältnisse zur Poesie, als die Griechische. Hierauf wirkte bei den Römern gleich stark ihre Nachahmung der Griechischen Muster und ihre eigne, überall hervorleuchtende Originalität. Denn sie drückten ihrer Sprache und ihrem Style sichtbar das Gepräge ihrer inneren und äusseren politischen Entwicklung auf. Mit ihrer Literatur in ganz andre Zeitverhältnisse versetzt, konnte bei ihnen keine ursprünglich naturgemässe Entwicklung statt finden, wie wir sie bei | den Griechen vom Homerischen Zeitalter an und durch den dauernden Einfluss jener frühesten Gesänge wahrnehmen. Die grosse, originelle Römische Prosa entspringt unmittelbar aus dem Gemüth und Charakter, dem männlichen Ernst, der Sittenstrenge und der ausschliessenden Vaterlandsliebe, bald an sich, bald im Contraste mit späterer Verderbniss. Sie hat viel weniger eine bloss intellectuelle Farbe und muss aus allen diesen Gründen zusammengenommen der naiven Anmuth einiger Griechischer Schriftsteller entbehren, die bei den Römern nur in poetischer Stimmung, da die Poesie das Gemüth in jeden Zustand zu versetzen vermag, hervortritt. Ueberhaupt erscheinen fast in allen Vergleichungen, die sich zwischen Griechischen und Römischen Schriftstellern anstellen lassen, die ersteren minder feierlich, einfacher und natürlicher. Hieraus entsteht ein mächtiger Unterschied zwischen der Prosa beider Nationen und es ist kaum glaublich, dass ein Schriftsteller wie Tacitus von den Griechen seiner Zeit wahrhaft empfunden worden sey. Eine solche Prosa musste um so mehr auch anders auf die Sprache einwirken, als beide den gleichen Impuls von derselben Nationaleigenthümlichkeit empfiengen. Eine gleichsam unbeschränkte, sich jedem Gedanken hingebende, jede Bahn des Geistes mit gleicher Leichtigkeit verfolgende und gerade in dieser Allseitigkeit und nichts zurückstossenden Beweglichkeit ihren wahren Charakter findende Geschmeidigkeit konnte aus solcher Prosa nicht entspringen und ebenso wenig eine solche erzeugen. Ein Blick in die Prosa der neuern Nationen würde in noch verwickeltere Betrachtungen führen, da die Neueren, wo sie nicht selbst original sind, nicht vermeiden konnten, verschieden von den Römern und Griechen angezogen zu werden, zugleich aber ganz neue Verhältnisse auch eine bis dahin unbekannte Originalität in ihnen erzeugten. Ich begnüge mich nur mit der Bemerkung, [dass] was die Verschiedenheit des Verhältnisses betrifft, in welches Prosa und Poesie sich gegen einander stellen und dadurch auf den Geist zurückwirken, immer nur eines in einer Nation und Sprache vorhanden seyn kann. In einem Stamme von Sprachen aber lässt sich in den einzelnen desselben diese Verschiedenheit in grösserem Umfange übersehen und stellt sich dann den Fortschritten der Bildung im Laufe der Jahrhunderte gemäss in organischer Entwicklungsfolge dar. Die Grundlage bleibt immer die dem ganzen Stamme eigenthümliche äussere Form, das gemeinsame Bestreben der überein- | kommenden intellectuellen Eigenthümlichkeiten. Die Verschiedenheit bilden innerhalb dieses Gemeinsamen die Charaktere der einzelnen Nationen und das Zeitalter, in welchem jede den Grad der Geistigkeit erreicht, aus welchem Poesie und Prosa hervorblühen. Hierzu wende ich mich daher jetzt.[10]

Vorher aber muss ich noch eines andren, im Vorigen nicht betrachteten Verhältnisses der Poesie zur Prosa gedenken, nemlich der Beziehung beider auf die Schrift. Es ist seit den meisterhaften Wolfischen Untersuchungen über die Entstehung der Homerischen Gedichte[11] wohl allgemein anerkannt, dass die Poesie eines Volkes noch lange nach der Erfindung der Schrift unaufgezeichnet bleiben kann und dass beide Epochen durchaus nicht nothwendig zusammenfallen. Bestimmt, die Gegenwart des Augenblicks zu verherrlichen und zur Begehung festlicher Gelegenheiten mitzuwirken, war die Poesie in den frühesten Zeiten zu innig mit dem Leben verknüpft, gieng zu freiwillig zugleich aus der Einbildungskraft des Dichters und der Auffassung der Hörer hervor, als dass ihr die Absichtlichkeit kalter Aufzeichnung nicht hätte fremd bleiben sollen. Sie entströmte den Lippen des Dichters oder der Sängerschule, welche seine Gedichte in sich aufgenommen hatte; es war ein lebendiger, mit Gesang und Instrumentalmusik begleiteter Vortrag. Die Worte machten von diesem nur einen Theil aus und waren mit ihm unzertrennlich verbunden. Dieser ganze Vortrag wurde der Folgezeit zugleich überliefert und es konnte nicht in den Sinn kommen, das so fest Verschlungene absondern zu wollen. Nach der ganzen Weise, wie in dieser Periode des geistigen Volkslebens die Poesie in demselben Wurzel schlug, entstand gar nicht der Gedanke der Aufzeichnung. Diese setzte erst die Reflexion voraus, die sich immer aus der, einer Zeit hindurch bloss natürlich geübten Kunst entwickelt, und eine grössere Entfaltung der Verhältnisse des bürgerlichen Lebens, welche den Sinn hervorruft, die Thätigkeiten zu sondern und ihre Erfolge dauernd zusammenwirken zu lassen. Erst dann konnte die Verbindung der Poesie mit dem Vortrag und dem augenblicklichen Lebensgenuss loser werden. Die Nothwendigkeit der poetischen Wortstellung und das Metrum machten es auch grossentheils überflüssig, der Ueberlieferung vermittelst des Gedächtnisses durch Schrift zu Hülfe zu kommen.

Bei der Prosa verhielt sich dies alles ganz anders. Die Hauptschwierigkeit lässt sich zwar meiner Ueberzeugung nach hier | nicht in der Unmöglichkeit suchen, längere ungebundene Rede dem Gedächtniss anzuvertrauen. Es giebt gewiss bei den Völkern auch bloss nationelle, durch mündliche Ueberlieferung aufbewahrte Prosa, bei welcher die Einkleidung und der Ausdruck sicher nicht zufällig sind. Wir finden in den Erzählungen von Nationen, welche gar keine Schrift besitzen, einen Gebrauch der Sprache, eine Art des Styls, welchen man es ansieht, dass sie gewiss nur mit kleinen Veränderungen von Erzähler zu Erzähler übergegangen sind. Auch die Kinder bedienen sich bei Wiederholung gehörter Erzählungen gewöhnlich gewissenhaft derselben Ausdrücke. Ich brauche hier nur an die Erzählung von Tangaloa auf den Tonga-Inseln zu erinnern*[12]. Unter den Vasken gehen noch heute solche unaufgezeichnet bleibenden Mährchen herum, die, zum sichtbaren Beweise, dass auch und ganz vorzüglich die äussere Form dabei beachtet wird, nach der Versicherung der Eingebornen allen ihren Reiz und ihre natürliche Grazie durch Uebertragung in das Spanische verlieren. Das Volk ist ihnen dergestalt ergeben, dass sie ihrem Inhalte nach in verschiedene Classen getheilt werden. Ich hörte selbst ein solches, unserer Sage vom Hamelnschen Rattenfänger ganz ähnliches erzählen; andere stellen, nur auf verschiedene Weise verändert, Mythen des Hercules und ein ganz locales von einer kleinen, dem Lande vorliegenden Insel** die Geschich-

---

* Mariner. Th. II.S.377.
** Izaro in der Bucht von Bermeo.

te Hero's und Leander's, auf einen Mönch und seine Geliebte übertragen, dar. Allein die Aufzeichnung, zu welcher der Gedanke bei der frühesten Poesie gar nicht entsteht, liegt dennoch bei der Prosa nothwendig und unmittelbar, auch ehe sie sich zur wahrhaft kunstvollen erhebt, in dem ursprünglichen Zweck. Thatsachen sollen erforscht oder dargestellt, Begriffe entwickelt und verknüpft, also etwas Objectives ausgemittelt werden. Die Stimmung, welche dies hervorzubringen strebt, ist eine nüchterne, auf Forschung gerichtete, Wahrheit von Schein sondernde, dem Verstande die Leitung des Geschäfts übertragende. Sie stösst also zuerst das Metrum zurück, nicht gerade wegen der Schwierigkeit seiner Fesseln, sondern weil das Bedürfniss danach in ihr nicht gegründet seyn kann, ja vielmehr der Allseitigkeit des überall hin | forschenden und verknüpfenden Verstandes eine, die Sprache nach einem bestimmten Gefühle einengende Form nicht zusagt. Aufzeichnung wird nun hierdurch und durch das ganze Unternehmen wünschenswerth, ja selbst unentbehrlich. Das Erforschte und selbst der Gang der Forschung muss in allen Einzelnheiten fest und sicher dastehen. Der Zweck selbst ist möglichste Verewigung: Geschichte soll das sonst im Laufe der Zeit Verfliegende erhalten, Lehre zu weiterer Entwicklung ein Geschlecht an das andere knüpfen. Die Prosa begründet und befestigt auch erst das namentliche Heraustreten Einzelner aus der Masse in Geisteserzeugnissen, da die Forschung persönliche Erkundigungen, Besuche fremder Länder und eigen gewählte Methoden der Verknüpfung mit sich führt, die Wahrheit, besonders in Zeiten, wo andere Beweise mangeln, eines Gewährsmannes bedarf und der Geschichtschreiber nicht, wie der Dichter, seine Beglaubigung vom Olymp ableiten kann. Die sich in einer Nation entwickelnde Stimmung zur Prosa muss daher die Erleichterung der Schriftmittel suchen und kann durch die schon vorhandene angeregt werden.

In der Poesie entstehen durch den natürlichen Gang der Bildung der Völker zwei, gerade durch die Entbehrung und den Gebrauch der Schrift zu bezeichnende, verschiedene Gattungen,*

---

* Unübertrefflich gesagt und mit eignem Dichtergefühl empfunden ist in der Vorrede zu A. W. v. Schlegel's Râmâyana[13] die Auseinandersetzung über die früheste Poesie bei den Griechen und Indiern. Welcher Ge-

eine gleichsam vorzugsweise natürliche, der Begeisterung ohne Absicht und Bewusstseyn der Kunst entströmende und eine spätere kunstvollere, doch darum nicht minder dem tiefsten und ächtesten Dichtergeist angehörende. Bei der Prosa kann dies nicht auf dieselbe Weise und noch weniger in denselben Perioden statt finden. Allein in anderer Art ist dasselbe auch bei ihr der Fall. Wenn sich nemlich in einem für Prosa und Poesie glücklich organisirten Volke Gelegenheiten ausbilden, wo das Leben frei hervorströmender Beredsamkeit bedarf, so ist hier, nur auf andere Weise, eine ähnliche Verknüpfung der Prosa mit dem Volksleben, | als wir sie oben bei der Poesie gefunden haben. Sie stösst dann auch, so lange sie ohne Bewusstseyn absichtlicher Kunst fortdauert, die todte und kalte Aufzeichnung zurück. Dies war wohl gewiss in den grossen Zeiten Athens zwischen dem Perserkriege und dem Peloponnesischen und noch später der Fall. Redner wie Themistokles, Perikles und Alcibiades entwickelten gewiss mächtige Rednertalente; von den beiden letzteren wird dies ausdrücklich herausgehoben. Dennoch sind von ihnen keine Reden, da die in den Geschichtschreibern natürlich nur diesen angehören, auf uns gekommen und auch das Alterthum scheint keine ihnen mit Sicherheit beigelegte Schriften besessen zu haben. Zu Alcibiades Zeit gab es zwar schon aufgezeichnete und sogar von Andren, als ihren Verfassern gehalten zu werden bestimmte Reden; es lag aber doch in allen Verhältnissen des Staatslebens jener Periode, dass diese Männer, welche wirklich Lenker des Staates waren, keine Veranlassung fanden, ihre Reden, weder ehe sie dieselben hielten, noch nachher niederzuschreiben. Dennoch bewahrt diese natürliche Beredsamkeit gewiss ebenso wie jene Poesie nicht nur den Keim, sondern war in vielen Stücken das unübertroffne Vorbild der späteren kunstvolleren. Hier aber, wo von dem Einflusse beider Gattungen auf die Sprache die Rede ist, konnte die nähere Erwägung dieses

---

winn wäre es für die philosophische und ästhetische Würdigung beider Literaturen und für die Geschichte der Poesie, wenn es diesem, vor allen andren mit den Gaben dazu ausgestatteten Schriftsteller gefiele, die Literaturgeschichte der Indier zu schreiben oder doch einzelne Theile derselben, namentlich die dramatische Poesie zu bearbeiten und einer ebenso glücklichen Kritik zu unterwerfen, als das Theater anderer Nationen von seiner wahrhaft genialen Behandlung erfahren hat.

Verhältnisses nicht übergangen werden. Die späteren Redner empfiengen die Sprache aus einer Zeit, wo schon in bildender und dichtender Kunst so Grosses und Herrliches das Genie der Redner angeregt und den Geschmack des Volkes gebildet hatte, in einer ganz andren Fülle und Feinheit, als deren sie sich früher zu rühmen vermöchte. Etwas sehr Aehnliches musste das lebendige Gespräch in den Schulen der Philosophen darbieten.

Nachwort

E mâra

Wer könnte besser als der Sprach-Denker Humboldt selber sagen, was ein Nachwort ist: »Die gemeinsame Rede ist nie mit dem Uebergeben eines Stoffes vergleichbar. In dem Verstehenden, wie im Sprechenden, muss derselbe aus der eignen, innren Kraft entwickelt werden; und was der erstere empfängt, ist nur die harmonisch stimmende Anregung. Es ist daher dem Menschen auch so natürlich, das eben Verstandene gleich wieder auszusprechen« [VII: 56]. Als natürliches Wieder-Aussprechen des eben Verstandenen ist also das Nachwort Teil eines Gesprächs, in dem der Verstehende dazu angeregt worden ist, den Stoff des Gesagten in sich zu »bilden« und in einer neuen sprachlichen Form aus sich herauszuarbeiten. Mit dieser Bestimmung des Nachwortes sind wir mitten in Humboldts Auffassung von der Sprache: Sprache ist immer auch Nach-Wort, sofern das von mir »selbstgebildete« Wort nur dann von mir selber verstanden wird, wenn es »aus fremdem Munde wiedertönt« [VII: 56], »nur indem an einen gewagten Versuch ein neuer sich anknüpft« [›Dualis‹, VI: 26]

Wenn mein gewagter Versuch eines Nachwortes zu den hier versammelten Worten Humboldts nur aus einem Wort bestehen dürfte, so würde ich mein Verständnis mit folgendem Wort Humboldts wieder aussprechen: *e mâra*. Es ist ein Wort der neuseeländischen Sprache, über das Humboldt am Ende der Rede über das Pronomen spricht. Es bedeutet »o Licht«, »o Antlitz«, und es wird in dieser Sprache dazu verwendet, *Du* zu rufen. Den Gründen für Humboldts Begeisterung über diesen Ausdruck, der, so scheint mir, den Kern seines Denkens auf überraschende Weise ausspricht, möchte ich aber im folgenden etwas wortreicher nachgehen, wie es sich für ein Nachwort gehört.

Da jedes Verstehen »immer zugleich ein Nicht-Verstehen, alle Uebereinstimmung in Gedanken und Gefühlen zugleich ein Auseinandergehen« ist [VII: 64f.], enthält mein Nachwort, das dieses

Verstehen auszusprechen versucht, bei aller »harmonischen Stimmung« notwendigerweise auch Mißverstehen und Disharmonie. Dieses Risiko, dem jedes antwortende Sprechen ausgesetzt ist und das beim Nachsprechen der Worte Humboldts geradezu halsbrecherisch wird, muß dennoch eingegangen und ausgehalten werden. Denn es gibt keinen anderen Weg des »Anringens« des Menschen an die Wahrheit als die »gesellige Mittheilung an Andre« [VII: 56].

Licht und Wärme

Das Grundproblem des Humboldtschen Denkens ist von Anfang an gestellt, die spezifische Art und Weise, es zu lösen, wird in den frühen Schriften entwickelt und wird sich bis zum Alterswerk nicht mehr ändern: Schon im ersten gedruckten Text des Zwanzigjährigen* (1787) findet man in einer Formulierung, die ähnlich immer wieder in Humboldts Werk auftaucht, seine Forderung an die Philosophie: Sie soll nicht nur *Licht*, sondern auch *Wärme* verbreiten [I: 2ff.].

Humboldt wird sich niemals, wie seine romantischen Altersgenossen, abkehren vom Geist der Aufklärung. Er ist mit Leibnizscher Philosophie aufgewachsen und arbeitet sich auf dieser Grundlage in die Kantische Philosophie ein, die der selbstverständliche Bezugsrahmen seines Denkens bleibt.** Er wird niemals das Gefühl über »Vernunft und Wissenschaft« stellen, er wird sich niemals nach dem Mittelalter oder einer sonstigen »dunklen« Ur-Zeit sehnen (Griechenland wird nicht wegen einer urtümlichen Dunkelheit, sondern wegen seiner Helligkeit geliebt), er wird nicht katholisch werden, er wird nicht in der Nacht Zuflucht vor dem als trügerisch vermeinten Licht der Aufklärung

---

* Über das Leben Humboldts informiert am besten Sweet (1978/80). Vgl. auch Berglar (1970) und Scurla (1976).
** Daß Leibniz in Humboldts Denken gegenwärtiger ist, als dieser es selbst wahrhaben möchte, hat Borsche (1981) gezeigt, der überhaupt – neben dem unentbehrlichen Liebrucks (1965) – der beste philosophische Führer durch Humboldts Werk ist.

suchen. Aber er wird immer fordern, daß Auf-Klärung mit Auf-Wärmung einherzugehen hat (daher gehört seine zweite, späte Liebe auch dem »warmen« Indien). Er steht mit dieser Grundhaltung Goethe und vor allem Schiller (mit denen er freundschaftlich verbunden war) und in gewisser Hinsicht sogar auch Hegel (den er nur von ferne wahrgenommen hat) um vieles näher als den Brüdern Schlegel, als Novalis oder Schleiermacher, denen er aber gerade durch die Art und Weise seines Denkens nicht ohne Sympathie begegnen kann.

Beim ersten Problem, mit dem Humboldt sich als junger Schriftsteller ausführlich auseinandersetzt, dem Problem der gesellschaftlichen Organisation der Menschen, wird die Forderung nach Licht *und* Wärme erneuert und der Weg angedeutet, wie sie einzulösen ist: Zur ersten Verfassung des revolutionären Frankreich von 1791, in der die Aufklärung endlich politisch zu sich selbst gekommen schien, nimmt er in kritischer Sympathie Stellung: »Sie wird die Ideen aufs neue aufklären [...] und so ihren Segen weit über Frankreichs Gränzen verbreiten« [I: 84], aber sie wird, so prognostiziert Humboldt, keinen Bestand haben, weil sie das Neue allein aus der Wirkung der Vernunft schaffen will, ohne sich der Gegenwirkung dessen zu versichern, worauf sie einwirkt: »Die Vernunft hat wohl Fähigkeit, vorhandnen Stoff zu bilden, aber nicht Kraft, neuen zu erzeugen. Diese Kraft ruht allein im Wesen der Dinge, diese wirken, die wahrhaft weise Vernunft reizt sie nur zur Thätigkeit, und sucht sie zu lenken« [I: 80]. Dieser abgeklärte Standpunkt mag bei einem jungen Mann (Humboldt war 24, als er dies schrieb) allzu sehr nach reformistischer Altersweisheit schmecken. Ganz abgesehen davon, daß hier der »Reformismus« des durch Kant geprägten philosophischen Denkens durchschlägt, der dem revolutionären Optimismus der Aufklärung deutliche Grenzen gesetzt hatte, ist Humboldts gemäßigte Position aber doch die eines jungen Mannes, der damit einen ganz spezifischen Akzent in die nachkantische philosophische und politische Diskussion einbringt. Hier ist nicht einer am Werk, der sich die Finger oder den Mund schon oft genug verbrannt hat, um schließlich einzusehen, daß man vorsichtiger mit den Sachen umgehen muß. Hier geht es einfach nicht um Hand und Mund, ums Zugreifen und Essen. Da nimmt einer die Welt mit anderen – nicht minder jugendlichen und begehrlichen – Sinnen wahr: Die Basis seines »Reformismus« drückt Humboldt nämlich in dem Satz aus, daß »jedes Zeugen ein gleich thätiges Empfangen« verlange [I: 80], d.h. jene Haltung erwächst aus dem Vorherrschen der Sexualität in seiner sinnlichen Welterfahrung. Es ist daher kein Zufall, wenn seine Kritik an der französischen Verfassung mit einem Hinweis auf die sexuelle Vereinigung von Mann und Frau als Gegenmodell zum Vorgehen der Revolutionäre endet [I: 85]. So wird die Forderung nach Auf-Wärmung der Auf-Klärung eingelöst: »Alles, was wir mit Wärme und Enthusiasmus ergreifen, ist eine Art der Liebe« [I: 81].

Dieses hier nur angedeutete Modell für die Lösung der Probleme wird im ehrgeizigsten Aufsatz des jungen Humboldt, ›Über den Geschlechtsunterschied und dessen Einfluss auf die organische Natur‹, voll ausgeführt. Es zeigt sich dort in aller Deutlichkeit, daß es nicht nur für die Organisation des menschlichen Miteinanders Gültigkeit haben soll, sondern für die Beziehung des Menschen zur Welt überhaupt, für das Denken: Die Subjekt-Objekt-Problematik wird im Sinne eines Liebes-Verhältnisses gedacht. Das philosophische Grundproblem, das Humboldt zunächst an einem politischen Thema diskutiert und das auf der Tagesordnung der nachkantischen Philosophie in Deutschland stand, war das Problem der Einbildungskraft. Die Gegenstände, an denen diese Diskussion brennende Aktualität gewann, waren die Französische Revolution als schöpferische Neugestaltung des Politischen einerseits und Goethe als schöpferischer Mensch andererseits (für Humboldt insbesondere aber auch Schiller, mit dem er insbesondere in den Jahren 1794/95 freundschaftlich-familiären Umgang pflegte). Es ging darum zu verstehen, wie der Mensch Neues schafft, um das *Genie* des Menschen.

Kant hatte das Erkennen als »Synthesis« eines von der Anschauung gegebenen Mannigfaltigen durch die Formen des Verstandes bestimmt.* Diese Verknüpfung von Sinnlichkeit und Verstand, von Rezeptivität und Spontaneität obliegt der Einbildungskraft,

---

* Einen detaillierten Vergleich zwischen der Synthesis in der *Kritik der reinen Vernunft* und der Humboldtschen Synthesis der Sprache stellt Scharf (1977: insbes. Kap. 4) an.

Nachwort

die als »jene blinde, obgleich unentbehrliche Funktion der Seele« [KdrV: B 103] aber merkwürdig geheimnisvoll bleibt. En passant hatte sich Kant gefragt, ob die »zwei Stämme der menschlichen Erkenntnis«, Sinnlichkeit und Verstand, die in der Synthesis der Einbildungskraft miteinander verbunden werden, »vielleicht aus einer gemeinschaftlichen, aber uns unbekannten Wurzel entspringen« [KdrV: B 29], eine Frage, die er aber für unbeantwortbar hielt. Just diese Frage beantwortet Humboldt in seinem Aufsatz ›Über den Geschlechtsunterschied‹, der zusammen mit einer Fortsetzung ›Über die männliche und weibliche Form‹ an der prominentesten Stelle erschien, die sich ein junger Schriftsteller überhaupt nur vorstellen konnte, nämlich im ersten Jahrgang von Schillers *Horen* (1795). Die »gemeinschaftliche, aber uns unbekannte Wurzel« von Sinnlichkeit und Verstand ist die Sexualität – die wortwörtliche Ein-Bildungs-Kraft, die körperliche genetische Kraft, das *Genie* im konkreten Sinne des Wortes –, die allerdings nur als Entzweiung, als Unterschied der Geschlechter erscheint, der alles in Gang setzt. *Jede* schöpferische Neuerung verdankt sich dem Grundgesetz des Lebens, dem Versuch, die Entzweiung der Geschlechter durch ihre Vereinigung wieder aufzuheben, um damit die ursprüngliche Einheit wenigstens momentan wiederherzustellen.

»Die Natur wäre ohne ihn [den Geschlechtsunterschied] nicht Natur, ihr Räderwerk stände still [...] wenn an die Stelle dieses Unterschiedes eine langweilige und erschlaffende Gleichheit träte« [I: 311]. Das Räderwerk gerät nur in Bewegung, wenn erstens die Kräfte aufgeteilt werden, so daß in ihnen zweitens eine gewisse Einseitigkeit entsteht, die sie »zu gegenseitiger Einwirkung« nötigt, welche schließlich etwas Neues erzeugt [I: 312].

Es geht Humboldt aber nicht nur und nicht primär um die physische Natur, ausdrücklich will er das Prinzip des Geschlechtsunterschieds auch auf die »moralische« Natur des Menschen ausdehnen: »es bedarf nur einer mässigen Anstrengung des Nachdenkens, um den Begriff des Geschlechts, weit über die beschränkte Sphäre hinaus, in die man ihn einschliesst, in ein unermessliches Feld zu versetzen« [I: 311], d.h. es ist »unläugbar, dass die physische Natur nur Ein grosses Ganze mit der moralischen ausmacht, und die Erscheinungen in beiden nur einerlei Gesetzen gehorchen« [I: 314]. Und schließlich ganz deutlich: »Diesem gegenseitigen Zeugen und Empfangen ist nicht bloss die Fortdauer der Gattungen in der Körperwelt anvertraut. Auch die reinste und geistigste Empfindung geht auf demselben Wege hervor, und selbst der Gedanke, dieser feinste und letzte Sprössling der Sinnlichkeit, verläugnet diesen Ursprung nicht. Die geistige Zeugungskraft ist das Genie« [I: 316].

Die kantische Kraft zur Synthese ist bei Humboldt kein drittes »Vermögen« der Seele, sondern sie ist als Zeugungskraft die der Spontaneität und der Rezeptivität zugrundeliegende Kraft, die sich aber, um überhaupt wirken zu können, in zwei verschieden ausgerichtete Kräfte aufspalten muß, in die männliche Selbsttätigkeit und die weibliche Empfänglichkeit. Als Hälften eines ursprünglichen Ganzen tragen beide Kräfte aber, in unterschiedlicher Akzentuierung, in sich die Spuren der ursprünglichen Einheit: Als »halbierte Zeugungskraft« ist Empfänglichkeit damit für Humboldt notwendigerweise niemals bloße Passivität. Hierin unterscheidet sich Humboldt ganz entschieden von Kants Einschätzung der Rezeptivität. Empfangen ist nicht nur ein Affiziert-Werden – dies wäre die bloße Penetration, das »Durchdrungen-Werden«.* Empfänglichkeit ist ebenfalls aktiv, es ist Entgegen-Wirken. Daher kann Humboldt auch die Empfänglichkeit selber »Phantasie« oder »Einbildungskraft« nennen. Ebenso ist umgekehrt auch die männliche Spontaneität des Verstandes nicht reine Aktivität, sondern auch Re-Aktion. Die beiden genetischen Kräfte enthalten also jeweils in sich selbst das Männliche und das Weibliche, sie sind androgyn. Daher können auch *innerhalb* jeder der beiden Kräfte die beiden Pole verschieden gewichtet sein: Innerhalb der Empfänglichkeit unterscheidet Humboldt zwischen der reproduktiven Einbildungskraft einerseits, die dem weiblichen Pol des Weiblichen entspricht, und der produktiven Einbildungskraft andererseits, die den aktiv wirkenden, männlichen Pol des Weiblichen darstellt.

Als aktiv wirkende geht die produktive Einbildungskraft gerade über das Feld der Empfänglichkeit hinaus, d.h. – mit einem Lieb-

---

* Vgl. I: 319: »Etwas bloss Leidendes ist nicht denkbar. Zu allem Leiden (Empfinden einer fremden Einwirkung) gehört doch aufs mindeste Berührung. Was aber gar kein Vermögen der Thätigkeit besitzt, ist gar nichts, wird durchdrungen, aber nicht berührt.«

lingsausdruck Humboldts – sie »schießt über« sich selbst hinaus und »vermählt« sich mit dem Verstand. In diesem »Vermählungsakt« von Spontaneität und Rezeptivität wird ein neues Wesen gezeugt – das »Kind« ist der »Gedanke« –, das *sich* sodann in der weiblichen Empfänglichkeit weiter *bildet,* die schließlich erneut »männlich«, produktiv wird in dem materiellen Nach-Außen-Stellen und Objektivieren des ausgebildeten neuen Wesens, in der »Arbeit« des Gebärens.

Dieses Modell der Synthesis führt Humboldt zunächst für die dichterische Einbildungskraft weiter aus. Er schreibt in Paris, wo er sich von 1797 bis 1801 aufhält, einen »Ästhetischen Versuch« *Ueber Göthes Herrmann und Dorothea* (1799). Darin wird insbesondere deutlich, daß das Produkt der Einbildungskraft weitere Synthesen erzeugt: Es wirkt – reflexiv – erstens auf den Schöpfer zurück, der in seinem Erzeugnis die Welt »zu einem Wesen gemacht [hat], mit dem er nun vollkommen zu sympathisiren vermag« [II: 142]. Das Objekt (das man sich aber von vornherein nicht als das bloß Da-Liegende, total Fremde vorzustellen hat), mit dem sich das Subjekt verbunden hat, ist im Produkt der Einbildungskraft zum Subjekt-Objekt geworden, in dem das Subjekt *sich selbst* erkennt. Und zweitens vollendet sich der Kreis der Synthese erst dann, wenn das herausgearbeitete Subjekt-Objekt auf die Rezeptivität eines Anderen wirkt, wenn es die »Stimmung des Empfindenden« [II: 131] hervorbringt, wenn es ihm gelingt, »die Einbildungskraft durch die Einbildungskraft zu entzünden« [II: 127].

Das an der sexuellen Vereinigung entwickelte Modell der Synthesis ist auch das Modell des »Verfahrens der Sprache« und damit der Synthesis des Erkennens überhaupt, Humboldts Lösung der von Kant gestellten Frage nach den Bedingungen der Möglichkeit der Erkenntnis. Die Kantische Einbildungskraft, jene blinde und unentbehrliche Funktion unserer Seele, ist nämlich die Sprache, die gleichzeitig als »feinster und letzter Sprössling der Sinnlichkeit« die höchste Sublimationsform der Sexualität* darstellt:

»Subjective Thätigkeit *bildet* im Denken ein Object. Denn keine Gattung der Vorstellungen kann als ein bloss empfangendes Be-

---

* Dies läßt hinsichtlich solcher traditionellen philosophiegeschichtlichen Etiketten wie »Idealismus« nachdenklich werden.

schauen eines schon vorhandenen Gegenstandes betrachtet werden [also auch nicht die Vorstellungen, die die reproduktive Phantasie erzeugt]. Die *Thätigkeit* der Sinne muss sich mit der inneren Handlung des Geistes *synthetisch verbinden* [die Vermählung], und aus dieser Verbindung *reisst sich* die Vorstellung *los* [sie wird geboren], wird, der subjectiven Kraft gegenüber, zum Object und *kehrt*, as solches aufs neue wahrgenommen, in jene *zurück* [Reflexivität]. Hierzu aber ist die Sprache unentbehrlich. Denn indem in ihr das geistige Streben sich Bahn durch die Lippen bricht, kehrt das Erzeugniss desselben zum eignen Ohre zurück. Die Vorstellung wird also in wirkliche Objectivität hinüberversetzt, ohne darum der Subjectivität entzogen zu werden « [VII: 55, Hervorhebung d. Hrsg.].

Durch diese erste Objektivierung des Denkens wird aber das Wort nur zum »Scheinobjekt«, das erst dann wirklich objektiv wird, wenn es außerhalb der Sphäre des Ich erscheint, wenn »an einen gewagten Versuch ein neuer sich anknüpft«, wenn auch das Du mit ihm »sympathisirt«, wenn also das Du das Wort hört und es seinerseits erwidert:

»Die Objectivität erscheint aber noch vollendeter, wenn diese Spaltung nicht in dem Subject allein vorgeht, sondern der Vorstellende den Gedanken wirklich ausser sich erblickt, was nur in einem andren, gleich ihm vorstellenden und denkenden Wesen möglich ist« [›Dualis‹, VI: 26].*

---

* Der *Unterschied* zwischen der künstlerischen Einbildungskraft und dem »Sprachsinn«, wie Humboldt die sprachliche Zeugungskraft nennen wird, liegt dabei in folgenden Momenten: Der »Sprachsinn« ist unsinnlicher, er liegt wirklich in der *Mitte* zwischen Rezeptivität und Verstand, während die künstlerische Einbildungskraft mehr der Seite der Anschaulichkeit angehört. Daraus folgt einerseits, daß die Materialität seiner Produkte so unsinnlich wie möglich zu sein hat: Laut, Stimme, und andererseits, daß das Gewicht des anschaulichen Materials in der synthetischen Verbindung von Inhalt und materiellem Stoff im Wort geringer ist als beim Kunstwerk, aber nicht so gering, daß es »gleichgültig« wäre wie beim willkürlichen Zeichen. Das Kunstwerk ist wesentlich *Abbild*, ein Amalgam (»Verschmelzung«) von Inhalt und Material, während das Wort den Unterschied von Inhalt und Stoff noch in der synthetischen Verbindung spürbar erhält: Es ist Abbild *und* Zeichen zugleich. D.h. die Sprache erhält in der Synthese das Getrenntsein ihrer Momente und das Getrenntsein der Elemente der beiden Momente, die »doppelte Gliederung« (Artikulation und Reflexion), die damit den wesentlichen Unterschied zur ästhetischen Synthese ausmacht.

Die als sublimierte Zeugungskraft aufgefaßte Sprache ist *Über-Zeugungskraft*, bzw. – mit einem Ausdruck, der ihre vokal-auditive und damit sanftere Natur deutlicher hervorhebt als das visuell-okulare Wort »Ein-*Bild*ungs-Kraft« – »Ein-*Stimm*ungs-Kraft« und schließlich in ihrer vollendeten Synthese »Über-Ein-Stimmungs-Kraft«.

Der Geist und die Verschiedenheit der Köpfe

Mit diesem Kernstück der Humboldtschen Sprachauffassung sind wir zwar wieder an jenem Endpunkt angelangt, von dem wir in unserem Nachwort ausgegangen waren. Dennoch entwirft das bisher Gesagte insofern ein falsches Bild, als es einen viel zu »philosophischen« Humboldt zeigt und als es den Eindruck erweckt, Humboldt habe sein sexuelles Modell der Synthese als *Kritik* an der Transzendentalphilosophie vorgetragen. Dies war aber nicht seine ausdrückliche Absicht. Im Gegenteil, er hielt seine Überlegungen zur Synthese offenbar für völlig konform mit den Kantischen Prämissen und war entsprechend vergrämt über Kants scharfe Kritik an seinem Aufsatz über den Geschlechtsunterschied, die aber die subversive Kraft der Humboldtschen Überlegungen genau aufspürt.*

Dennoch gibt es eine kritische Absicht Humboldts, allerdings nicht speziell gegenüber der Kantischen Philosophie, sondern gegenüber der »Philosophie« überhaupt, d.h. gegenüber allem apriorischen, erfahrungsunabhängigen Denken, eine kritische Absicht, die aber nicht so sehr von der bisher dargestellten *Form* des Den-

---

* Kant, der in der zweiten Auflage der *Kritik der reinen Vernunft* die Einbildungskraft wieder an die Kandare des Verstandes genommen hat (Kamper 1981:103), gesteht in einem Brief an Schiller vom 30. März 1795, in dem er sich für die Zusendung der *Horen* bedankt, zwar zu, daß ihm »die Natureinrichtung, daß alle Besaamung in beyden organischen Reichen zwey Geschlechter bedarf, um ihre Art fortzupflanzen, jederzeit sehr erstaunlich [...] aufgefallen« sei. Sie ist ihm aber »wie ein Abgrund des Denkens für die menschliche Vernunft« aufgefallen, dem man sich füglich nicht nähern soll. Man könne daraus nichts machen, es eröffne nur eine »Aussicht ins Unabsehliche« (Schiller 1943 ff., Bd. 35:182).

kens als von den *Inhalten* her entwickelt wird. Die Grundintention des Humboldtschen Werks war nämlich gar keine »philosophische« im engeren Sinn, sondern eine »anthropologische« im Sinne Kants, d.h. eine nicht das Transzendentale, sondern das Empirische des Menschen betreffende. Das Projekt, das er als junger Mann entwirft und an dem er – wie bei der Synthesis – auf die ihm eigene hartnäckige Art prinzipiell bis zu den Sprachstudien festhält, ist nämlich das Projekt der *Ergänzung* der »Philosophie« durch die Erforschung der empirischen Erscheinungsformen des menschlichen Geistes. Da Humboldt sich aber, wie wir gesehen haben, »Ergänzung« niemals als ein gleichgültiges Nebeneinander oder als eine bloße Subsumtion des Besonderen unter das Allgemeine vorstellen kann (dieses Verfahren hatte er ja gerade bei den französischen Revolutionären kritisiert), sondern nur als *Wechselwirkung*, entfaltet sein »anthropologischer« Plan gerade durch die Form seines Denkens ein erheblich kritischeres Potential, als er es selber wahrhaben will, und zwar nicht nur gegenüber der Philosophie überhaupt, sondern gerade auch gegenüber der Kantischen Philosophie.

In einem seiner ersten Texte, einem von mehreren der bezeichnenderweise nicht veröffentlichten Entwürfe seiner Anthropologie, ›Theorie der Bildung des Menschen‹, wird dies besonders deutlich: Zunächst wird die Notwendigkeit der »philosophischen« Erforschung des Menschen betont: »Das Verfahren unseres *Geistes*, besonders in seinen geheimnissvolleren Wirkungen, kann nur durch tiefes Nachdenken und anhaltende Beobachtung seiner selbst ergründet werden.« Dann aber schreibt er: »Aber es ist selbst damit noch wenig geschehen, wenn man nicht *zugleich* auf die *Verschiedenheit der Köpfe,* auf die Mannigfaltigkeit der Weise Rücksicht nimmt, wie sich die Welt in verschiedenen Individuen spiegelt« [I: 286f.]. Als Synthese von Philosophie und Anthropologie, von Erforschung des »Kopfes des Menschen« und der »Verschiedenheit der Köpfe« muß dies Zugleich daher sowohl anthropologische Kritik der Philosophie als auch philosophische Kritik einer bloß positive Fakten sammelnden Wissenschaft vom Menschen erzeugen. »Licht und Wärme« meint nicht nur Synthese von Verstand und Sinnlichkeit, sondern auch Synthese von Apriorischem und Empirischem.

Nachwort

Der Stoff, der sich einer philosophisch geleiteten Anthropologie auftut, ist unendlich und der ›Plan einer vergleichenden Anthropologie‹ (1797) damit auch hoffnungslos: Er umfaßt alle Manifestationen der »Eigenthümlichkeiten des moralischen Charakters« [I: 377] aller möglichen Individuen, seien diese Einzelne, Völker, Zeitalter usw. Die verschiedenen Sprachen gehören selbstverständlich zu diesem Stoff, werden aber anfänglich von Humboldt nur en passant erwähnt. Wie kommt es nunmehr zu dieser Konzentration des anthropologischen Projekts auf die Sprache, bzw. auf die Sprachen?

Die erste Skizze von Humboldts Theorie der Sprache als eines subjektiv-dialogischen synthetischen Verfahrens erscheint in der Besprechung eines sprachlichen Kunstwerks, des *Wallenstein,* in einem Brief an Schiller vom September 1800 [Schiller-Humboldt, II: 206 ff.].* Die verschiedenen Sprachen machen nun den Kreuzungspunkt der beiden Hauptthemen des Humboldtschen Frühwerks aus, des Poetischen und des Politischen. Die Sprachen sind gleichsam die dichterische Einbildungskraft, das »Genie« der politischen Individuen, der Völker. Den entscheidenden biographischen Anstoß zu Humboldts Verknüpfung dieser beiden Themen gab die Begegnung mit einer Sprache, die so radikal anders ist als die Humboldt bis dahin bekannten alten und modernen europäischen Sprachen: die Begegnung mit dem Baskischen während zweier Spanienreisen in den Jahren 1799/1800 und 1801. Sicher war hierbei auch die Tatsache von Bedeutung, daß das Sprachthema eine hervorragende Rolle in jenem geistigen Zusammenhang spielte, in dem Humboldt sich in den Jahren 1797 bis 1801 bewegte, nämlich bei den französischen Philosophen, den »Ideologen«, mit denen er während seines Paris-Aufenthaltes Umgang pflegte.**

Die Erfahrung tiefgehender Verschiedenheit der Sprachen durch das Beispiel der baskischen Sprache läßt Humboldt nicht

---

* Wir sehen hier einmal von dem Fragment ›Über Denken und Sprechen‹ ab, das vermutlich 1795/96 geschrieben wurde und das eher den anderen Grundzug des »Verfahrens der Sprache«, die »Gliederung« (Reflexion und Artikulation), betont. Siehe ›Vergl. Sprachstudium‹ §5.
** Vgl. hierzu Trabant (1986: Kap. 5).

mehr los. In Rom (1802-1808) sind ihm die von Lorenzo Hervás gesammelten Daten über die Indianersprachen Süd- und Mittelamerikas zugänglich. Alexander von Humboldt bringt von seiner Reise zu den »äquinoxialen Regionen des Neuen Kontinents« Materialien über die Sprachen Amerikas mit. Es ist geplant, daß Wilhelm einen Teil über die Sprachen zu dem Werk seines Bruders beisteuert. Von diesem Projekt gibt es eine der vielen ›Einleitungen‹ zu schließlich nicht geschriebenen Werken, den überaus lesenswerten ›Essai sur les langues du nouveau Continent‹, der nicht viel über die Sprachen des Neuen Kontinents sagt, etliches aber über das, was Humboldt insgesamt vorschwebte, nämlich eine »Encyclopaedie der gesammten Sprachkunde«, die den in seinen Augen in vielerlei Hinsicht unvollkommenen Überblick über die Sprachen der Welt ersetzen sollte, den Adelungs und Vaters Sprachenzyklopädie, der *Mithridates,* bot. Zu dem Zeitpunkt, an dem seine Vortragstätigkeit in der Berliner Akademie einsetzte, also nach seiner Entlassung aus dem Preußischen Staatsdienst Ende 1819, sind es immer noch die amerikanischen Sprachen und das Baskische, an denen er vorrangig arbeitet. Humboldt treibt sodann umfängliche Studien auch über die nordamerikanischen Indianersprachen. Daneben wurde seit 1808, dem Erscheinungsjahr von Friedrich Schlegels Buch *Über die Sprache und Weisheit der Indier,* und durch die Arbeiten von August Wilhelm Schlegel das Sanskrit wichtig, dessen genealogische Verwandtschaft mit den anderen indogermanischen Sprachen Franz Bopps *Conjugationssystem der Sanskritsprache* von 1816 bewiesen hatte. Humboldt hat sich natürlich sofort dem Studium des Sanskrit gewidmet ebenso wie dem Chinesischen, das insbesondere in der von Friedrich Schlegel aufgeworfenen Frage einer Klassifikation der Sprachen eine große Rolle spielte. Jean-François Champollions Entzifferung der ägyptischen Hieroglyphen fließt ein in Humboldts Nachdenken über das Verhältnis von Sprache und Schrift. Schließlich beschäftigen Humboldt bis zu seinem Lebensende zunehmend die zwischen Indien, China und Amerika liegenden malayischen Sprachen. Einer dieser Sprachen, dem Kawi, der alten Dichtersprache Javas, ist sein postum erschienenes Hauptwerk gewidmet: *Über die Kawi-Sprache auf der Insel Java,* dessen Einleitung die Synthese des Humboldtschen Sprachdenkens enthält.

Diese ungeheure Breite der Information über die Sprachen der Menschheit gründet auf einer profunden Kenntnis des Griechischen, dem von Jugend an Humboldts bewundernde Liebe galt.

Die Konzentration auf die Sprachen ist nun aber nicht bloß eine Reduktion des ursprünglich umfassenderen anthropologischen Projekts auf einen von vielen möglichen anthropologischen Gegenständen, sie verdankt sich auch nicht nur dem Zusammentreffen der Frage nach der politischen und ästhetischen Einbildungskraft, sondern ist vor allem ein Vorrücken ins Zentrum der philosophischen Fragestellung. Durch jenes Zugleich von umfassender linguistischer (anthropologischer) und philosophischer Erforschung des Menschen wird nämlich die Antwort auf die Kantische Frage nach den Bedingungen der Möglichkeit der Erkenntnis erst zu der spezifisch Humboldtschen: Es ist die Sprache, und zwar *als verschiedene* Sprachen.* Denn: »Durch die gegenseitige Abhängigkeit des Gedankens, und des Wortes von einander leuchtet es klar ein, dass die Sprachen nicht eigentlich Mittel sind, die schon erkannte Wahrheit darzustellen, sondern weit mehr, die vorher unerkannte zu entdecken« [›Vergl. Sprachstudium‹ §20]. Angesichts dieser Stellung der Sprachen erscheinen alle anderen möglichen »Verschiedenheiten der Köpfe« als philosophisch zweitrangig. Humboldt entdeckt die Sprachen als Kreuzungspunkt des Historischen und des Metaphysischen, und zwar gerade dadurch, daß er eigentlich keine »Philosophie« betreiben wollte. Indem er in seinem ungeheuren Durchgang durch die Verschiedenheit der Köpfe an der Identität des »Geistes der Menschheit« festhielt, entdeckt er, daß der Geist der Menschheit sich als *Totalität* der *verschiedenen* Köpfe identisch erhält.

---

* Scharf (1977:159) faßt Humboldts Antwort folgendermaßen zusammen: »Die empirische aposteriorische Synthese der Apprehension (die Leistung der *empirischen* Einbildungskraft) und die apriorische, transzendentale Synthesis der *reinen* Einbildungskraft (als Funktion des Verstandes) sind im einheitlichen Vermögen der sprachlichen Welt-Auffassung verbunden.«

Verzehren oder Vermählen

Humboldt ist, diese Erkenntnis beginnt sich allmählich durchzusetzen, lange vor der »pragmatischen Wende« der Philosophie (und der Sprachwissenschaft) einer der großen Wendepunkte der abendländischen Philosophie,* deren Höhepunkt im Hegelschen Denken erreicht ist. Bei beiden Denkern geht es um die Synthese von Geschichte und Philosophie. Die Hegelsche Philosophie vollzieht die Synthesis ganz im Sinne der bestimmenden traditionellen Grundfigur des abendländischen Denkens: Erkennen ist im Hauptstrom des westlichen Denkens als ein sublimiertes Essen der Welt gefaßt. Die erkenntnistheoretische Metaphorik der abendländischen Philosophie läßt in dieser Hinsicht nichts an Deutlichkeit zu wünschen übrig. In ihr spielen jene Organe eine vorrangige Rolle, die der Aufnahme und Verarbeitung der Nahrung dienen: das Auge, das das Opfer fixiert, die Hand, die es packt, der Mund, der es sich einverleibt, Magen und Darm, die es verdauen. Der Geist »sieht« etwas, er »begreift« es, er »verleibt es sich ein« und er »verdaut« es, um sein Wachstum und seine Erhaltung zu gewährleisten. Hegels *Phänomenologie des Geistes* beschreibt diesen Vorgang in aller Drastik von der »sinnlichen Gewißheit«, die sich die Tiere durch das »Aufzehren« der sinnlichen Dinge verschaffen (1807: 91), bis hin zur Selbstgewißheit des absoluten Geistes, der die Geschichte »durchdringt und verdaut« [ebd.: 590].** Die andere, zur Erhaltung der Art notwendige Konstante des Lebens, die Fortpflanzung, spielt in der europäischen Tradition höchstens als oppositioneller und häretischer Untergrund eine Rolle.

Ein Denken, das sich als sublimierte sexuelle Vereinigung mit der Welt versteht, muß notwendigerweise andere Organe in den Vordergrund stellen bzw. die Funktion und die Hierarchie der Sinne anders bestimmen: Die »Welt«, die ich mir sexuell »einverleibe« oder die ich »durchdringe«, wird nicht »vernichtet« oder getötet. Die Welt hat damit von vornherein eine andere Qualität: Sie ist

---
  * Vgl. Böhler (1983). Vgl. auch die Verweise auf Humboldt in Theunissen (1977).
  ** Vgl. Bloch (1962: 40 ff.).

zwar von mir verschieden, aber doch wesentlich *wie ich* und nicht das fremde Andere, vor dem ich nur durch dessen Tod sicher bin. Die Hand tastet, hält auch fest, gibt aber auch wieder frei, sie ist keine Klaue, die das Opfer nicht losläßt, bevor es tot und zum Mund geführt ist. Der Mund ist nicht rezeptives, sondern produktives Organ, das dasjenige erzeugt, was das primäre rezeptive Organ, das Ohr, aufnimmt. Das Ohr ist damit derjenige höhere Sinn, mit dem ich *mich selber* in meinem Produkt wahrnehme sowie dasjenige an der Welt, das ist wie ich. Auch das Auge, der gegenüber dem subjektiv-objektiven Ohr objektive Sinn, sieht damit *zunächst* das an der Welt, was ist wie ich. Die typisch Humboldtsche erkenntnistheoretische Metaphorik ist damit die folgende: Natürlich »sieht« der Geist immer noch – die Sprachen sind ja »Welt-*Ansichten*« –; vor allem aber »hört« er, und zwar sich selbst und die Welt, und er »tönt«; als Hand »bildet« er mehr, als daß er »greift«; schließlich »vermählt« er sich mit der Welt, ohne sie zu »verzehren«.

Humboldt präsentiert damit eine sanftere Alternative zur gewaltsamen Trias der Dialektik: die Denkfigur der Dialogik. Diese Grundfigur prägt seine Auffassung von der Dynamik der Weltgeschichte ebenso wie seine Erörterung grammatischer Fragen. So kritisiert Humboldt immer wieder die »Einverleibung« von Völkern durch Unterdrückung und Ausrottung z. B. im Aztekenreich und in der spanischen Indianerpolitik, wo »Vermählung« die richtige Methode zur Bildung eines größeren und neuen Ganzen gewesen wäre. Ebenso hält er die »Einverleibung« der Wörter zu einem einzigen Satz-Wort, wie er sie in der mexikanischen Sprache findet, für ein dem Wesen der sanften Synthesis nicht angemessenes syntaktisches Verfahren gegenüber dem »vermählenden«, flektierenden Verfahren, das in der höheren Einheit des Satzes die Individualität der Wörter bestehen läßt, welche ihrerseits schon auf diese »Vermählung« hin durch grammatische Formung zugerichtet sind.

Korrelat dieser Denkfigur ist natürlich auch eine Kritik an der »Absonderung«, an der »Isolation«, die sich der Synthese entzieht. Die Weltgeschichte wie die Sprache strebt zu einer »brüderlichen« Vereinigung der Menschen, der Völker, der Sprachen, der Wörter im Satz und damit fort von jeder »Verinselung« (wie Humboldt »Isolation« einmal schön eindeutscht). Humboldt hielt z. B. das Herausführen der nordamerikanischen Indianer (oder der Basken in Spanien und Frankreich) aus ihrer Verinselung für eine historische Notwendigkeit, und er ist voll des Lobes für die behutsame Indianerpolitik der Vereinigten Staaten zu Beginn des 19. Jahrhunderts (er wußte nicht, daß es anders kommen sollte). In diesem Sinne kritisiert er auch die chinesische Syntax, die die Wörter »isoliert« und nicht für ihre Funktion im Satz zubereitet, als ein dem synthetischen Wesen der Sprache nicht gerecht werdendes sprachliches Verfahren.

Die geschwundene Zuversicht in den Fortschritt der Geschichte läßt enttäuschte Dialektiker zunehmend versinken in eine romantische Nacht, in der alle Katzen grau sind, oder – wenn es gut geht – in einen bunten Relativismus von »Geschichten«, als ob die einzig denkbare Konsequenz aus dem Umschlagen der Aufklärung in ihr Gegenteil – aus dem Terrorismus des Lichts, der jede Katze, die nicht weiß ist, erschlägt – der völlige Abschied vom Projekt der Aufklärung sein müßte: die Apokalypse oder der prinzipielle Abschied vom Prinzipiellen, die ethische, politische, kulturelle und sprachliche »Verinselung«, die keine Vereinigung mehr erlaubt und in der auch keine mehr ersehnt werden kann. Zwischen Dialektik und Geschichtenerzählen oder Schweigen ist Humboldts Weg noch zu entdecken.

Apeliótes

Wilhelm von Humboldt ist vor hundertfünfzig Jahren, am 8. April 1835, in seinem Haus in Tegel gestorben. Er hatte sich dieses Haus von Karl Friedrich Schinkel umbauen lassen. Das auffälligste architektonische Merkmal des »Humboldtschlößchens« sind vier eckige Türme, an deren Außenwänden allegorische Darstellungen der den Himmelsrichtungen entsprechenden acht Winde mit ihren griechischen Namen angebracht sind.

Diese Darstellungen sind Nachbildungen von Windgestalten auf dem sogenannten Turm der Winde in Athen. Diese Äußerlichkeiten sind keine Zufälligkeiten, sondern bewußt gestaltete äußere Formen, Allegorien des Geistes, dessen Erforschung Humboldts Leben gewidmet war. Das Wort »Geist« findet Humboldt ja deswegen so geeignet zur Bezeichnung der Kraft, die die Menschheit bewegt, weil es, wie die entsprechenden griechischen und lateinischen Wörter *pneuma* und *spiritus,* sowohl den schöpferischen und heiligen »Geist« der Bibel wiedergibt als auch noch die Bedeutung »Hauch, Wind« enthält, so daß es »gerade das eigenthümliche Wort für dasjenige Unsinnliche ist, dem wir gerade noch genügend Körperliches einräumen, um erscheinen zu können« [II: 332f.]. Die acht Winde symbolisieren den Geist aber nicht christlich als den einen Heiligen Geist, sondern griechisch als sinnliche Vielfalt verschiedener Individualitäten. Es sind die »heiligen Geister der Menschheit«, die erst in ihrer Totalität den »Geist der Menschheit« ausmachen. Humboldt hat sicher den Apeliótes, den warmen fruchtbringenden Wind besonders geliebt, der von Osten weht, wo die Sonne aufgeht.

Damit sind wir zum Ausgangspunkt zurückgekehrt: Das Grundmotiv des Humboldtschen Denkens – »Des Menschen Wesen aber ist es, sich erkennen in einem andern; daraus entspringt sein Bedürfnis und seine Liebe« [Schiller-Humboldt, II: 208] – erfährt in jenem neuseeländischen Anruf des *Du,* von dem wir ausgegangen waren, eine Deutung, die seine Forderung nach Licht und Wärme vollkommen einlöst. Das neuseeländische Wort besagt nämlich: *Du,* d.h. alles, was Humboldt mit »Wärme« meinte: die Sinnlichkeit, die Phantasie, die Frau, das Individuum, das »frei entfaltet da liegende, entgegenleuchtende menschliche Gesicht«, *bist das Licht: E mâra.*

Anhang

Zur Textauswahl

Wenn Humboldt gelesen wird, so wird vor allem sein postumes Hauptwerk *Über die Verschiedenheit des menschlichen Sprachbaues und ihren Einfluß auf die geistige Entwicklung des Menschengeschlechts*, die Einleitung zu seinem Buch *Über die Kawi-Sprache auf der Insel Java*, gelesen. Sprachphilosophie und Linguistik setzten sich vorrangig mit diesem Werk auseinander. Was über Humboldts Sprachdenken allgemein bekannt ist, stammt daher aus der Kawi-Einleitung, z.B. daß Sprache kein Ergon sondern Energeia sei, daß sie das »bildende Organ des Gedanken« sei und neuerdings, daß sie »unendlichen Gebrauch von endlichen Mitteln« mache. Diese Konzentration auf die Kawi-Einleitung war aber für die Humboldt-Rezeption nicht unbedingt ein Segen. Denn wenn sie zweifellos auch Humboldts bedeutendster Text ist, die Synthese seiner fast lebenslangen Auseinandersetzung mit der Sprache, so ist sie sicher auch sein unzugänglichster, sowohl hinsichtlich des Stils als auch hinsichtlich der Komposition des Gesamttexts. Vor allem das letztere, der schwer zu durchschauende Aufbau des Ganzen und die oft im Detail ausufernde Darstellung, haben der Rezeption den Zugang zum Zusammenhang des gesamten Humboldtschen Sprachdenkens erschwert und die charakteristische Aufspaltung zwischen einer linguistischen und einer sprachphilosophischen Rezeption begünstigt: Die Sprachwissenschaftler haben sich hauptsächlich mit den im engeren Sinne linguistischen Kapiteln der Kawi-Einleitung beschäftigt, die Philosophen – allerdings noch exklusiver – mit den im engeren Sinne sprachphilosophischen Passagen, wobei ganze, für die Architektur des Humboldtschen Gebäudes entscheidende, Teile weder von den Philosophen, noch von den Linguisten wahrgenommen wurden.

Der für Humboldt charakteristische Ansatz, das Ziel seines

Nachdenkens über die Sprache, nämlich die Vermittlung oder »Vermählung« von Philosophie und empirischer linguistischer Forschung, das »philosophisch« geleitete vergleichende Sprachstudium, das in seiner Konsequenz in eine sprachwissenschaftlich begründete Kritik der Philosophie einmündet, blieb dadurch lange Zeit eigentümlich verstellt. Erst die neuere Humboldt-Forschung scheint diesen Zusammenhang wieder in aller Deutlichkeit herauszuarbeiten.

Ohne die merkwürdig disparate Humboldt-Rezeption ausschließlich der Kawi-Einleitung anlasten zu wollen – sie besagt mindestens ebensoviel über das Auseinanderklaffen bzw. den Zusammenhang von Philosophie und Sprachwissenschaft –, so scheint sich mir ein besserer Zugang zu Humboldt über die Texte zu eröffnen, die er selber zu seinen Lebzeiten (mündlich oder schriftlich) veröffentlicht hat (gerade die Kawi-*Einleitung* ist ja nicht mehr von ihm selber abschließend redaktionell betreut worden, sondern nur das erste Buch des eigentlichen Kawi-Werks). Humboldt hat sich seit seinen ersten beiden Mißerfolgen als Schriftsteller, d.h. seit den *Horen*-Aufsätzen von 1795 und dem Buch über Goethes *Hermann und Dorothea* 1799, nur noch schwer zu Veröffentlichungen entschließen können. Zwischen 1800 und 1820 ist außer seinem Beitrag über das Baskische zum *Mithridates* und der *Agamemnon*-Übersetzung kaum etwas von ihm erschienen. Der Verpflichtung aber, als Mitglied der Preußischen Akademie der Wissenschaften regelmäßig Vorträge vor der Akademie halten zu müssen, verdanken wir es, daß Humboldt sich nach seiner Entlassung aus dem Staatsdienst Ende 1819 gezwungen sah, sich über das, was ihn beschäftigte, öffentlich zu äußern, und zwar vor einem Publikum, das nicht als Fachpublikum im engeren Sinne gelten konnte. (Fachstudien im engeren Sinne, von denen es auch einige gibt, hat er in den entsprechenden Organen publiziert.) Die Akademie-Reden vermitteln daher doch ein etwas anderes Bild von Humboldts Beschäftigung mit der Sprache als die Kawi-Einleitung: Sie sind erstens als zum öffentlichen Vortrag bestimmte Texte viel besser lesbar als das Hauptwerk, so daß von ihnen her das immer wieder tradierte Urteil vom »dunklen« Humboldt durchaus revidiert werden kann. Des weiteren – und vor allem – machen es diese relativ kurzen Texte, und zwar jeder einzelne für sich, unmöglich, den »philosophischen« vom »linguistischen« Humboldt zu trennen: Jede einzelne Rede stellt den Humboldtschen Ansatz der Vermählung dieser beiden Momente deutlich heraus. Als Ensemble von Texten dokumentieren sie, drittens, sowohl das gesamte Gebäude des Humboldtschen Sprachdenkens als auch die besonderen Akzente, die er durch die Veröffentlichung bei dessen Ausbau setzte, und schließlich in ihrer chronologischen Abfolge den Weg, den Humboldt in den fünfzehn Tegeler Jahren gegangen ist, an deren Ende das Kawi-Werk steht, insbesondere auch hinsichtlich des sich immer erweiternden Kreises der von ihm erfaßten Sprachen der Menschheit.

Humboldt hat, wie man der von Wiebke Witzel aus den Protokollen der Akademie erarbeiteten Aufstellung entnehmen kann (s.u. S. 224-227), in den elf Jahren seiner aktiven Mitgliedschaft von 1820 bis 1831 sechsundzwanzig Mal vor der Akademie Vorträge gehalten. Diese Vortragsaktivität ergibt aber nicht sechsundzwanzig verschiedenene Vorträge, sondern insgesamt nur siebzehn Reden über verschiedene Gegenstände. Humboldt hat nämlich manche Reden zweimal gehalten (oder vorlesen lassen), und andere waren so lang, daß sie gar nicht in einer einzigen Sitzung vorgetragen werden konnten. Acht dieser siebzehn Vorträge sind zu Humboldts Lebzeiten als Akademie-Abhandlungen gedruckt worden, und zwar die sechs hier (ganz oder teilweise) wiedergegebenen Reden ›Vergl. Sprachstudium‹, ›Geschichtschreiber‹, ›Gramm. Formen‹, ›Buchstabenschrift‹, ›Dualis‹ und ›Ortsadverb‹ sowie die Reden ›Ueber vier Aegyptische, löwenköpfige Bildsäulen in den hiesigen Königlichen Antikensammlungen‹ und ›Ueber die unter dem Namen Bhagavad-Gítá bekannte Episode des Mahá-Bhárata‹. Die anderen Vorträge sind an anderer Stelle, manche auch erst postum, im Kawi-Werk oder in den späteren Werkausgaben, erschienen, manchmal auch nicht als selbständige Arbeiten, sondern als Bestandteile jener größeren Textzusammenhänge, denen sie entstammten. Nur die Rede ›Ueber das Verbum in den Americanischen Sprachen‹ ist noch nicht auf deutsch publiziert worden, sondern lag bisher nur in einer englischen Übersetzung vor.

Es wäre natürlich äußerst reizvoll gewesen, die ganze Vortragstätigkeit Humboldts zu dokumentieren. Dies hätte aber bei weitem den quantitativen und, obwohl alle Humboldtschen Reden mit Sprachlichem zu tun haben, auch den thematischen Rahmen der Reden *Über die Sprache* gesprengt. Was die thematischen Einschränkungen angeht, so trifft mich natürlich ebenfalls die Kritik, die man an allen Herausgebern Humboldtscher Schriften üben kann, nämlich daß sie sich in der einen oder anderen Weise an Kriterien wie »allgemeines Interesse«, »aktuelles Interesse« o.ä. orientiert haben, wenn sie eine Auswahl treffen mußten. So habe ich zum Beispiel Humboldts Untersuchungen zu den ägyptischen Hieroglyphen hier nicht aufgenommen, die er in zwei Reden vor der Akademie ausführlich dargelegt hat und die damals brandaktuell waren. Champollion hatte 1822 den Rosetta-Stein gedeutet, und Humboldt hat sofort seinen Kollegen von dieser aufsehenerregenden Entdeckung berichtet und später dann die Berliner »löwenköpfigen Bildsäulen« entschlüsselt. Ich glaube aber doch, hier auf diese beiden Reden verzichten zu können, weil sie sehr speziell in die ägyptologischen Details gehen und weil man die allgemein bedeutsamen Überlegungen über den Zusammenhang der Schrift mit der Sprache auch in ›Buchstabenschrift‹ findet. Schwerer ist mir der Verzicht auf Humboldts Reden über die Bhagavad-Gita gefallen (die mehr als sechzig Druckseiten eingenommen hätten), zumal Humboldt selber diese Reden besonders hoch eingeschätzt hat, in denen sich seine ihn tief bewegende Begegnung mit dem Sanskrit und mit der indischen Philosophie niederschlägt. Sie sind aber doch, auch wenn in ihnen manches Interessante über die indische Sprache gesagt wird, mehr eine Darstellung der indischen Philosophie – und haben als solche auch Hegels vehementen Widerspruch erregt (s. Hegel 1827) – als eine Rede über die Sprache. Umgekehrt habe ich allerdings die schon erwähnte Rede ›Ueber das Verbum in den Americanischen Sprachen‹ aus dem Jahr 1823 neu in die Auswahl mitaufgenommen, obwohl sie einen sehr speziellen Gegenstand zu behandeln scheint. Dieser Text ist aber nicht nur durchaus von allgemeinerem Interesse, sondern, wie gesagt, auch die einzige bisher unveröffentlichte Akademie-Rede Humboldts, die hier zum ersten Mal gedruckt werden soll.

In die Auswahl aus den von Humboldt selber gehaltenen Reden habe ich aber noch einen Text aufgenommen, der nach Humboldts Tod von August Böckh in der Gedenkfeier für Humboldt am 9. Juli 1835 vor der Akademie vorgetragen worden ist. Es ist der ›Poesie und Prosa‹ überschriebene Abschnitt aus dem Kapitel ›Charakter der Sprachen‹ der damals noch nicht veröffentlichten Kawi-Einleitung. Wenn ich es als postume Akademie-Rede hier ans Ende der Sammlung stelle, so hoffe ich – wie Böckh vor 150 Jahren –, damit das Ziel des Humboldtschen Redens über die Sprache, den »Schlußstein der Sprachkunde«, die Erforschung des »Charakters« der Sprachen in ihrem Gebrauch in Dichtung und Wissenschaft, wieder deutlich vor die Augen des heutigen Lesers zu stellen. Wie notwendig gerade dies zur Komplettierung des Bildes von Humboldts Sprachauffassung ist, erhellt z.B. aus der Tatsache, daß selbst Gadamer *gegen* den vermeintlich »abstrakten« Humboldtschen Sprachbegriff glaubt einwenden zu müssen: »Wenn eine jede Sprache eine Weltansicht ist, so ist sie dies in erster Linie nicht als ein bestimmter Typus von Sprache (wie der Sprachwissenschaftler die Sprache sieht), sondern durch das, was in der Sprache gesprochen wird bzw. überliefert ist« (Gadamer 1965: 417). Genau dies ist aber Humboldts Grundüberzeugung, die er in den weder von Linguisten noch von Philosophen gelesenen Texten über den »Charakter« der Sprachen darlegt.

Wilhelm von Humboldts Akademie-Vorträge nach den Protokollen der Akademie
(zusammengestellt von Wiebke Witzel)

Signatur	Datum	Ort
II-V-3, S. 220	29. Juni 1820	Plenum
II-V- 181, Bl. 52 v.	3. Aug. 1820	öffentl. Sitzung anläßlich des Geburtstages des Königs
II-V-142, S. 141	19. Dez. 1820	historisch-philologische Klasse
II-V-4, S. 32	12. Apr. 1821	Plenum
II-V-4, S. 93	17. Jan. 1822	Plenum
II-V-181, Bl. 56 v.	24. Jan. 1822	öffentl. Sitzung am Friedrichstag
II-V-142, S. 164	3. Juni 1823	hist.-phil. Klasse
II-V-143, S. 3	8. März 1824	hist.-phil. Klasse
II-V-5, S. 95	20. Mai 1824	Plenum
II-V-6, S. 59	24. März 1825	Plenum
II-V-6, S. 114	30. Juni 1825	Plenum
II-V-182, Bl. 3	3. Juli 1825	öffentl. Sitzung am Leibniztag
II-V-143, S. 18	21. März 1826	hist.-phil. Klasse

Eintrag im Sitzungsprotokoll

H(er)r Fr(ei)h(err) von Humboldt Exc(ellenz) – Über das Sprachstudium in Beziehung auf die verschiedenen Epochen der Sprachentwickelung.

Eine Abhandlung des H(er)rn W(ilhelm) v(on) Humboldt über das vergleichende Sprachstudium in Beziehung auf die verschiedenen Epochen der Sprachentwickelungen wurde in dessen Abwesenheit von H(errn) Buttmann vorgelesen.

H(er)r v(on) Humboldt trug einiges aus seinem noch nicht bekant gemachten Werke über die *Urbewohn(er) von Spanien u(nd) Portugal* vor.

Herr von Humboldt laß: Über die Aufgabe des Geschichtschreibers.

H(er)r *v(on) Humboldt* las: Über das Entstehen der Grammatischen Formen und ihren Einfluß auf die Ideen=Entwickelung.

H(er)r v(on) Humholdt laß: Ueber das Entstehen der grammatischen formen und ihren Einfluß auf die Ideen=entwicklung.

H(err) v(on) Humboldt über Infinitif, Gerund u(nd) Supin in der allg(emeinen) Gram(m)atik.

Herr von Humboldt las: Ueber Herrn Champollions Entzifferung der Hieroglyphen.

H(err) v(on) Humboldt las: Ueb(er) Buchstabenschrift und ihren Zusammenhang mit dem Sprachbau.

H(err) v(on) Humboldt las über die Erklärung von vier ägyptischen löwenköpfig(en) Bildsäulen in der hiesig(en) Kö(niglichen) Antikensam(m)lung.

H(er)r v(on) *Humboldt* las über das Bagavad-Ghita.

H(er)r W(ilhelm) von *Humboldt* las seine in der letzt(en) gewöhnlichen Sitzung vorgetragene Abhandlung über den *Bagavad-Gita* vor.

H(er)r v(on) Humboldt trug einiges über den gram(m)atisch(en) Bau der chinesischen Sprache vor.

Signatur	Datum	Ort
II-V-7, S. 97	15. Juni 1826	Plenum
II-V-182, Bl. 12 v.	3. Juli 1826	öffentl. Sitzung am Leibniztag
II-V-8, S. 64	26. Apr. 1827	Plenum
II-V-143, S. 29	1. Mai 1827	hist.-phil. Klasse
II-V-182, Bl. 25	24. Jan. 1828	Sitzung am Friedrichstag
II-V-143, S. 38	26. Feb. 1828	hist.-phil. Klasse
II-V-143, S. 58	24. Nov. 1829	hist.-phil. Klasse
II-V-10, S. 168	17. Dez. 1829	Plenum
II-V-12, S. 12	20. Jan. 1831	Plenum
II-V-182, Bl. 61	27. Jan. 1831	öffentl. Sitzung am Friedrichstag
II-V-144, S. 22	12. Apr. 1831	philosophisch-historische Klasse
II-V- 144, S. 23	10. Mai 1831	phil.-hist. Klasse
II-V-12, S. 86	9. Juni 1831	Plenum

Anhang

Eintrag im Sitzungsprotokoll

Herr von Humboldt las: Über das indische Gedicht: [Bhagavad-Gita].

Herr *Wilh(elm)* von *Humboldt* las darauf die zweite Abtheilung seiner Abhandlung über die *Bagavad-Gita*, wovon der erste Theil in der vorjährigen Leibnitzischen Sitzung vorgetragen war.

Herr von Humboldt las: Über die Bedeutung des Dualis.

H(err) v(on) Humboldt las: Ueber die Sprachen der Südsee-Inseln.

... darauf lasen der Freiherr W(ilhelm) von Humboldt eine Abhandlung: Ueber die Sprache der Süd-See-Insulaner ... .

H(err) v(on) Humboldt: Ueber die Verwandschaft des griechischen Plusquamperf(ects) mit einer Sanskrittisch(en) Tempusbildung so wie auch der reduplicirend(en) Aoriste u(nd) des attisch(en) Perfects.

H(err) Wilh(elm) v(on) Humboldt las: Ueber die Madecassische Sprache und den Malayisch(en) Sprach-Stamm.

H(err) W(ilhelm) v(on) Humboldt las: Ueber die in einigen Sprach(en) vorhandene Verwandschaft der Orts-Adverbien mit den Pronom(en).

Herr W(ilhelm) v(on) Humboldt las über die Cavisprache auf der Insel Java.

... las H(er)r Wilh(elm) v(on) Humboldt über die Kavi=Sprache auf der Insel Java ... .

Herr W(ilhelm) v(on) Humboldt las über den vollkommen(en) Zustand der Grammatik oder den ersten Theil einer Abhandlung über das Wesen der Grammatik und ihre Erscheinung in der Sprache.

H(err) v(on) Humboldt las die Fortsezung der in voriger Sitzung angefangenen Abhandlung.

Herr W(ilhelm) v(on) Humboldt las: Über die Cavi-Sprache, (Fortsetzung).

Kommentare und Anmerkungen zu den einzelnen Reden

1. Ueber das vergleichende Sprachstudium in Beziehung auf die verschiedenen Epochen der Sprachentwicklung
[IV: 1–34]

Mit der Rede über das vergleichende Sprachstudium setzt Humboldts Vortragstätigkeit an der Preußischen Akademie der Wissenschaften ein, der er seit 1808 angehörte und deren tiefgreifende Reform er durch die Gründung der Universität Berlin in Gang gesetzt hatte. Der Verpflichtung eines Akademiemitglieds, regelmäßig Vorträge zu halten, konnte Humboldt durch die ständige Abwesenheit von Berlin in den Jahren 1810–1819 gar nicht nachkommen. Erst nach seiner Entlassung als Minister Ende 1819 ist Humboldt frei, sich seinen Sprachforschungen zu widmen und Vorlesungen in der Akademie zu halten. Humboldt, der zweite »Begründer der Akademie« (Harnack 1911), antwortet mit seinem Akademie-Vortrag auf die erste Abhandlung, die überhaupt jemals von der Berliner Akademie veröffentlicht wurde, nämlich auf Leibniz', des Begründers der Akademie, ›Kurzgefaßte Erwägungen über die Ursprünge der Völker, hauptsächlich auf Grund sprachlicher Beobachtungen‹ (De originibus gentium ductis potissimum ex indicio linguarum) in den *Miscellanea Berolinensia,* Berlin 1710: 1–16. Es wird nicht erstaunen, daß ein in Leibnizscher Philosophie erzogener Denker wie Humboldt gerade in zentralen Punkten mit Leibnizens Sprachauffassung übereinstimmt, z.B. hinsichtlich der Ablehnung der traditionellen Auffassung der Sprache als willkürliches Zeichen und hinsichtlich der positiven Einschätzung der Verschiedenheit der menschlichen Sprachen (vgl. Schulenburg 1973). Andererseits ist aber schon der erste Satz seiner Abhandlung, in dem er ein *autonomes* vergleichendes Sprachstudium fordert, eine direkte Replik auf den Titel der Leibnizschen Abhandlung, in der ja der Sprachvergleich nur als *Mittel,* die Sprachen als *Indiz* zur Erforschung des Ursprungs der Völker aufgefaßt sind. Dieser Gedanke hat aber seine Wurzeln in der Autonomie des Schönen, wie sie die *Kritik der Urteilskraft* Kants beschreibt, dessen Philosophie der Bezugspunkt des Humboldtschen Denkens ist. Außerdem hat zu Humboldts Zeiten Herders Sprachdenken seine mächtige Wirkung entfaltet, in Adelungs und Vaters Sprachenzyklopädie, dem *Mithridates,*

Anhang

ebenso wie in den einflußreichen Arbeiten der Brüder Schlegel, die der entstehenden historisch-vergleichenden Sprachwissenschaft die entscheidenden Impulse geben. In einem Beziehungsgeflecht von Traditionen und Zusammenhängen, die im einzelnen gar nicht zu entwirren sind, bestimmt Humboldt in seiner ersten Akademierede unverwechselbar seine eigene Position. Die erste Akademierede ist Resümee eines zwanzigjährigen Nachdenkens über die Sprache und Ausgangspunkt für die vor ihm liegende Zeit der Forschung. Sie enthält den ganzen Humboldt, seine »Sprachphilosophie« ebenso wie das Forschungsprogramm des umfassenden »vergleichenden Sprachstudiums« in einer Prägnanz, die, wie in keiner der späteren längeren ›Einleitungen‹ mehr, die spezifisch Humboldtschen Akzente und Ziele deutlich macht. Da wir die Hauptlinien der in dieser Rede dargestellten Sprachauffassung Humboldts schon in unserem Nachwort skizziert haben, wollen wir hier nur das Humboldtsche Forschungsprogramm andeuten. Dies scheint uns um so notwendiger, als gerade hierüber durch die selektive Rezeption der Kawi-Einleitung die merkwürdigsten Meinungen unter Sprachwissenschaftlern herrschen.

Das Gesamttableau der bezüglich der Sprache zu entwickelnden Forschungsaktivitäten läßt sich folgendermaßen darstellen:

Die beiden großen Abteilungen des Sprachstudiums sind A. die Untersuchungen des »Baus« der Sprachen und B. die Untersuchung der Sprachen in ihrer »*Ausbildung*«.

Die Untersuchungen des Baus der Sprachen bestehen ihrerseits aus zwei Arten von Untersuchungen:

A.1. Monographien zu einzelnen Sprachen, d.h. strukturelle Darstellungen aller Sprachen der Menschheit. Die Gesamtheit dieser Monographien ergänzt und reformiert Sprachenzyklopädien wie etwa den Adelung-Vaterschen *Mithridates*. Insbesondere ist deren selektives und zergliederndes (»anatomisches«) Vorgehen durch ein strukturell-funktionelles (»physiologisches«, den Sprachen als »Organismen« entsprechendes) zu ersetzen.

A.2. Monographien zu einzelnen sprachlichen Kategorien quer durch alle Sprachen der Menschheit, also z.B. eine Monographie über das Verb in allen Sprachen. Diese Monographien ergänzen und reformieren die »philosophische« oder »allgemeine« Grammatik, die bis zu Humboldts Zeiten weitgehend ohne konkrete und umfassende historische Dokumentation auskam und mehr oder weniger die Kategorien *einer* Sprache (vorzugsweise der lateinischen, griechischen oder französischen) absolut als die universellen Kategorien der Sprache überhaupt setzte.

Wenn diese Arbeiten abgeschlossen sind, wenn also umfangreiche Informationen über die Sprachen der Menschheit vorhanden sind, können zwei andere Versuche bezüglich des Baus unternommen werden, nämlich:

A.3. der Versuch der *Klassifikation* der Sprachen und

A.4. der Versuch einer *Genealogie* der Sprachen.

Die bisher bestehenden Klassifikationsversuche hält Humboldt für »Mutmaßungen«, die jeder sachlichen Grundlage entbehren. Später wird er schließlich die Klassifikation als überhaupt dem Wesen der Sprachen als Individuen widersprechend ablehnen. Humboldt wird dagegen die von Bopp und Grimm entwickelte historisch-vergleichende Grammatik als die gültige Methode zur Feststellung genealogischer Verwandtschaft von Sprachen anerkennen.

B. Den »Schlußstein der Sprachkunde« aber stellt die Untersuchung der Sprachen in »ihrem Gebrauch« in den Perioden ihrer »Ausbildung« dar, d.h. in den Phasen ihrer literarischen Entfaltung, weil nur in der Wechselwirkung von »Bau« und »Gebrauch«, modern ausgedrückt von Struktur und Text oder Prozeß, der »*Charakter*« der Sprache festgestellt werden kann. »Solange man sich nur mit dem Organismus der Sprachen beschäftigt, betrachtet man sie bloss als Werkzeuge zu möglichem Gebrauch« [IV: 13, Handschrift].

Wenn die Sprachen nur als *Mittel* zum Zweck und nicht *in* ihrem Zweck selbst untersucht werden, kann auch das Sprachstudium keine wahre Autonomie erreichen. Es ist dann höchstens Hilfswissenschaft für das praktische Erlernen der Sprache (den »unmittelbaren Lebensgebrauch«) oder für die Philologie, die Erforschung und das Verstehen der Texte. Der *Zweck* der Sprachen ist aber die *Rede*. Es kommt daher hier darauf an, das Verhältnis von Philologie und Sprachwissenschaft umzukehren, d.h. die philologische Bearbeitung der Texte für die Sprachwissenschaft zu benutzen und zu sehen, wozu die Sprachen im Gebrauch werden können. Als Beispiel für diese philologisch begründete »höchste« Art des Sprachstudiums nennt Humboldt konkret die Geschichte des *Gebrauchs* der griechischen Sprache von Homer bis zu den Alexandrinern. Erst in den Untersuchungen des »Charakters« wird der Einfluß der Sprachstruktur auf die sie verwendenden Nationen und Einzelnen, die *Macht* der Sprache über die Individuen, vor allem aber der Einfluß der Menschen auf die Sprachstruktur, die *Gewalt* der Individuen über die Sprache, deutlich, d.h. erst hier kann die Frage des Verhältnisses von (einzelner) Sprache und Denken beantwortet werden. Der »physiologische« Teil des Sprachstudiums wird daher erst durch den »teleologisch-intellektuellen« (»geschichtlichen«, »dynamischen«) Teil abgeschlossen und wahrhaft legitimiert.

Mit dem vergleichenden Sprachstudium, das Humboldt auch das »historische« nennt, ist aber noch nicht die Gesamtheit des Sprachstudiums überschlagen. Neben dem »historischen« hält Humboldt nämlich an dem philosophischen oder »reinen« Sprachstudium fest, in dem die »allgemeinen, in der Natur des menschlichen Gemüths selbst gegründeten Gesetze« [IV: 32, Handschrift] der Sprache erforscht werden, ja die historische Forschung ist eigentlich auf die philosophische hin orientiert. Damit entsteht zwischen beiden ein inniges Wechselverhältnis, sofern einerseits das philosophische Sprachstudium das historische »leitet«, andererseits aber das historische dem philosophischen zeigt, »in welchem Grade und Umfange, und in welcher Verschiedenheit das Menschengeschlecht die Sprache verwirklicht hat« [ebd.], und ihm vor allem aber gebietet, »die Sprachen immer weniger als willkührliche Zeichen anzusehen«, d.h. bestimmte philosophische Grundannahmen zu revidieren. Auch das Sprachstudium, wie Humboldt es entwirft, wird noch von jenem Motiv der ›Theorie der Bildung des Menschen‹ bewegt, nämlich dem der »Vermählung«, des »Zugleichs«, der Synthese von Transzendentalphilosophie und »anthropologischer«, d.h. historischer Forschung.

Wenn wir uns 150 Jahre nach Humboldts Tod die Frage stellen, welche Teile des Humboldtschen Gesamtprogramms denn realisiert worden sind, so fällt zunächst auf, daß das, was Humboldt den »Schlußstein der Sprachkunde« genannt hat, in der Geschichte der Sprachwissenschaft eine eher marginale Rolle spielte. Die Untersuchung der »Ausbildung« der Sprache hat – ohne sich direkt auf Humboldt zu berufen – eine gewisse Blütezeit vor allem in Deutschland und Italien in der ersten Hälfte dieses Jahrhunderts gekannt, als eine der oppositionellen Strömungen gegen den Hauptstrom der Sprachwissenschaft des 19. Jahrhunderts. Ich meine hiermit die Versuche der sogenannten idealistischen Sprachwissenschaft, insbesondere Vosslers und Spitzers, die im Anschluß an Croce und die philosophische Begründung der Geisteswissenschaften durch Dilthey (also indirekt durch Humboldt) Sprachen im Sprachgebrauch der Schriftsteller und der »lebendigen Rede« untersuchten. Diese Richtung ist aber von zünftigen Sprachwissenschaftlern niemals als »richtige« Sprach-*Wissenschaft* anerkannt worden, weder von den diachronisch arbeitenden, noch von den strukturalistischen, da sie sich ja auch von diesen nicht nur durch einen anderen Gegenstand, nämlich »Sprache in Texten«, unterscheidet, sondern auch noch durch eine andere Logik der Forschung, nämlich durch einen hermeneutischen Ansatz gegenüber den induktionistischen oder deduktionistischen positivistischen Forschungslogiken. Dieser Gegensatz, den Humboldt nicht gekannt hat – für ihn sollte auch die »Naturgeschichte«, die »Physiologie« der Sprachen hermeneutisch, verstehend verfahren – hat die beiden Teile des Humboldtschen Forschungsprojekts in der Geschichte der Sprachwissenschaft geradezu unversöhnbar einander gegenübergestellt. Er machte es insbesondere den an der naturwissenschaftlichen Forschung orientierten Sprachwissenschaftlern unmöglich, das Tun der »Idealisten« überhaupt als wissenschaftliches wahrzunehmen. Hatten sich diese Versuche gegen den alten induktionistischen Positivismus noch recht wacker gehalten, so sind sie scheinbar unter dem Ansturm der modernen analytischen Forschungslogik des Strukturalismus, wie sie etwa für Hjelmslev und Chomsky charakteristisch ist, als »unwissenschaftlich« zusammengebrochen. Es mehren sich allerdings die Anzeichen dafür, daß Sprachwissenschaftler auch die Erforschung des »Baus«, der »Struktur«, des »Organismus« der Sprachen nicht mehr notwendigerweise an eine analytische Forschungslogik binden.

Aus der marginalen Rolle des Humboldtschen »Schlußsteins« geht hervor, daß die Sprachwissenschaft in der seit Humboldts Tod vergangenen Zeit sich insbesondere mit dem Bereich A. beschäftigt hat, ja daß sie diesen Bereich als ihr eigentliches Betätigungsfeld verstanden hat. Sie hat sich das ganze 19. Jahrhundert hindurch bis zum Beginn des 20. Jahrhunderts in ihrer herrschenden Richtung allerdings nicht etwa mit A.1. und A.2. beschäftigt, sondern vor allem mit A.4.: Die Genealogie der Sprachen, der Nachweis ihrer Verwandtschaftsverhältnisse, der selbstverständlich nur diachronisch geführt werden kann, und schließlich die naturgeschichtliche Entwicklung einzelner Sprachen, war *das* Thema der Sprachwissenschaft des 19. Jahrhunderts, insbesondere im Bereich der Sprachen, deren Struktur als solche schon gut bekannt war. Bopps Nachweis der verwandtschaftlichen Beziehung der indogermanischen Sprachen war die Initialzündung für diese überaus erfolgreiche Forschungstätigkeit, die im 19. Jahrhundert als *die* Sprachwissenschaft schlechthin galt. Daneben spielten auch die – von Humboldt als verfrüht angesehenen und letztlich undurchführbaren und dem Wesen der Sprache widersprechenden – Versuche einer Klassifikation der Sprachen nach ihren strukturellen, nicht unbedingt genealogischen, Eigenschaften eine gewisse Rolle. Diese klassifikatorische Sprachwissenschaft verstand sich als die zur Boppschen Richtung in Opposition stehende Humboldtsche Richtung der Sprachwissenschaft, eine Selbsteinschätzung, die Humboldt auf *eine* – und dazu noch eine von Humboldt selbst als äußerst problematisch angesehene – Unterabteilung des gesamten Humboldtschen Forschungsprojekts reduziert.

Eine triumphale Auferstehung feierte die Grundlage des Humboldtschen Forschungsprojekts im 20. Jahrhundert: In Europa erneuerte Ferdinand de Saussure, als Begründer der modernen, strukturellen Sprachwissenschaft, das Humboldtsche Programm der »Monographie« einzelner Sprachen aus ihrem inneren Zusammenhang heraus (was im übrigen nicht heißt, daß die diachronisch-genealogische Forschung dadurch abgelöst werden sollte, immerhin ist ein Drittel des *Cours de linguistique générale* der diachronischen Sprachwissenschaft gewidmet). Die neuere Forschung zu Saussure hat gezeigt, daß diese Erneuerung der strukturellen Beschreibung der Einzelsprachen mehr als bisher angenommen von Humboldt abhängt (Jäger 1975). Es ist aber kein Zufall, wenn gerade aus Amerika der zweite, vielleicht noch mächtigere Impuls für eine strukturelle Sprachwissenschaft kommt. Leonard Bloomfield, der Begründer des amerikanischen Strukturalismus, nennt im Vorwort seines einflußreichen Buches *Language* (1933: 18f.) ausdrücklich Humboldt als Vorbereiter einer deskriptiven Linguistik. Für die sprachwissenschaftliche Forschung in Amerika stand nicht die genealogisch-diachronische Untersuchung der bekannten indogermanischen Sprachen auf der Tagesordnung wie in Europa, sondern erst einmal überhaupt die Beschreibung der amerikanischen Sprachen, eine Notwendigkeit, die Humboldt selbst in der vorliegenden

Anhang

Rede betont. Im Sinne der Erneuerung der »Monographien einzelner Sprachen« ist es richtig, Humboldt als den »Begründer moderner Sprachforschung« (Gipper 1965) anzusehen.

1 Humboldt verwendet nicht immer konsequent, aber doch ganz bewußt den Ausdruck »Studium«, nicht »Wissenschaft« oder »Kunde«: »Wissenschaft« wäre ein Ausdruck für ein Ensemble erschöpfenden positiven Wissens. Die Sprache sperrt sich prinzipiell der »Wissenschaft« in diesem Sinne: »Denn jede Sprache ist unendlicher Natur, und erlaubt daher nicht, dass sie je vollständig ergründet, und noch viel weniger vollständig dargestellt werde« [VII: 621]. Das zweite Moment des »Studiums« ist seine *Autonomie*, d.h. es hat seinen Zweck in sich. Die Nähe des Studiums in diesem Sinne zur Kantschen Bestimmung des Schönen ist evident und begründet auch die Verwandtschaft von forschendem Handeln und künstlerischem Handeln, wie sie im ›Geschichtschreiber‹ dargelegt wird. Das dritte Moment ist seine »Allgemeinheit«, d.h. seine Orientierung an der *universellen* »gleichen Form« der Sprache im allgemeinen; vgl. §12.
2 Zur Problematik des Verhältnisses des »Totaleindrucks« aus der Ferne zu den Details des Gegenstandes in der Nähe vgl. das Bild der Wolke im ›Geschichtschreiber‹ [IV: 36].
3 Die Ausdrücke »Organismus«, »Organ«, »Organisation«, wie sie von Humboldt und generell im Kontext der nachkantischen Philosophie verwendet werden, verweisen auf den Kantischen Organ-Begriff, der den griechischen *Organon*-Begriff, d.h. den des *Werkzeugs* wesentlich erweitert: »Organ« heißt Teil eines Lebendigen, das sich selbst und die anderen Teile des Gesamtorganismus hervorbringt, der bloß mechanisch-kausal (als Maschine) nicht zu erklären ist, sondern als »bildende Kraft« teleologisch, d.h. nach seiner Zweckmäßigkeit, zu verstehen ist (KdU: 65); s.u. §4. Schon Herder nennt die Sprache »ein natürliches Organ des Verstandes«, einen »Sinn der menschlichen Seele« oder »Sinn des Geistes« (Herder 1960: 30). Vor allem aber Hamanns Formel von der Sprache als der »Gebährmutter der Begriffe« (Hamann 1967:143) scheint mir die angemessene Metapher für das »bildende Organ« zu sein, als das Humboldt die Sprache auffaßt; vgl. Nachwort.
4 Hiermit hebt Humboldt sich ganz entschieden von allen traditionellen (und von F. Schlegel 1808 wieder erneuerten) Beurteilungen von Sprachen ab, nach denen die Eigenschaften bestimmter Sprachen bestimmte sprachliche Aktivitäten *ausschließen:* Die Sprachstrukturen schließen nichts aus, mit jeder Sprache kann alles gesagt werden. Die Sprachstrukturen können allerdings – und das ist ein erheblicher Unterschied zum gängigen Vorurteil – zu bestimmtem sprachlichem Tun »begeistern« oder nicht. Daraus folgt aber naturgesetzlich weder, daß eine Sprache, die zu einem bestimmten sprachlichen Tun nicht »begeistert«, nicht

doch zu diesem sprachlichen Tun fähig wäre, noch umgekehrt, daß eine Sprache, die an sich von ihrer Struktur her zu diesem sprachlichen Tun »begeistert«, dies auch wirklich realisiert. Zu Humboldts Position *zwischen* sprachlichem Relativismus und Indifferentismus vgl. ›Gramm. Formen‹, Anm. 2.

5 Mit der Annahme einer Entstehung der Sprache, bei der die Sprache auf einmal ganz da ist und dann nur noch sich weiter »ausbildet« oder »wächst«, durch die »einfache Verstandeshandlung«, stellt sich Humboldt im Anschluß an Herder gegen die im 18. Jahrhundert verbreitete sensualistische Sprachursprungstheorie, die eine allmähliche Herausbildung der Sprachfähigkeit annimmt und mit einer »philosophischen« Konstruktion des sukzessiven Erwerbs grammatischer Strukturen verbindet (klassisch ist in dieser Hinsicht Condillacs *Essai über den Ursprung der menschlichen Erkenntnisse*); vgl. §13. In dieser Herderschen Position zur Sprachursprungsproblematik stimmt Humboldt mit F. Schlegel (1808) überein.

6 Dies ist eine der das ganze Humboldtsche Werk durchziehenden Formulierungen des »unendlichen Gebrauchs von endlichen Mitteln« (vgl. Chomsky, Weydt 1972, Scharf 1983), mit denen das artikulierend-synthetische »Verfahren der Sprache«, die Sprache als »Erzeugung«, deutlich gemacht wird. Die beiden in der Sprache synthetisch miteinander verbundenen Gebiete des Lautlichen und des Denkbaren sind in sich geteilt, gegliedert, geformt: das Denkbare durch die »Reflexion«, der Laut durch die »Artikulation«. Die moderne Sprachwissenschaft spricht hier von der »doppelten Gliederung« (double articulation), 1. der Gliederung des Inhaltlichen in bedeutende Einheiten, 2. der Gliederung des Lautlichen in Phoneme (Martinet 1963). Die Sprache verbindet die durch die Gliederung entstehenden Einheiten in einer »doppelten Synthesis«, der »Synthesis des Verstands« und dem »Akzent«; vgl. §16. Zur »Synthesis des Verstands« vgl. insbesondere die Rede über das Chinesische, zur »Artikulation« die Rede über die Buchstabenschrift.

7 In der Handschrift steht hier noch: »da kein Sprechen, ohne ein Verstehen, gedacht werden kann«. Daß die sprachliche Synthesis nicht nur ein Verhältnis des Ichs zur Welt enthält, sondern immer auch in der pragmatischen Dimension, im Verhältnis von Ich und Du, verankert ist, wird in ›Dualis‹ und ›Pronomen‹ ausgeführt.

8 Obwohl Humboldt hier und in §8 der »fremden Beimischung« eine so starke Stellung unter den Gründen für die Entstehung neuer Sprachen gibt, ist er auch hier schon sehr viel vorsichtiger als seine Vorgänger und Zeitgenossen hinsichtlich der Beurteilung der Sprachmischung. Er differenziert deutlicher zwischen der Vermischung des Wortschatzes und dem gegenseitigen Einfluß der Grammatik. Die Vermischung des Wortschatzes ist immer gegeben, wo Völker und Sprachen in Kontakt sind, sie kann mehr oder minder stark sein und sie ist sogar eine bei zuneh-

mender Verbindung der Völker weltgeschichtlich wünschbare Tendenz. Der gegenseitigen Beeinflussung der Grammatik, so daß eine neue grammatische Struktur entsteht, steht Humboldt dagegen sehr skeptisch gegenüber [vgl. §19]. Das Englische und das Persische z.B., die für Humboldt dem ersten hier angeführten Fall des starken Vermischens entsprechen, sind für Humboldt trotz der romanisch-germanischen bzw. arabisch-iranischen Mischung germanische bzw. indogermanische Sprachen nach ihrer Grammatik geblieben. Daß das Kawi trotz der starken lexikalischen Beeinflussung durch das Indische javanisch geblieben ist, ist das Fazit des zweiten Buches des Kawi-Werks (Humboldt 1836–39, Bd.2, 1838). Bei dem zweiten Fall, der »Verwilderung und Ausartung gebildeter Sprachen« (es ist der Fall des Neugriechischen und der romanischen Sprachen) lehnt Humboldt ja hier schon eine eigentliche Sprachmischung ab. Gegen A. W. Schlegel (1818), der die Entstehung der romanischen Sprachen noch weitgehend dem gegenseitigen grammatischen Einfluß des Lateinischen und des Germanischen zuschrieb, nimmt Humboldt richtiger einen »Verfall« des Lateinischen an, der zunächst durch die innere Differenzierung des Lateinischen selbst, sodann durch die weitere »Zerrüttung des ganzen Culturzustandes« durch den Einfall der Germanen ins Römische Reich bedingt ist [vgl. VI: 283–292 und VII: 242–250]. Schlegel hatte diese Möglichkeit des Entstehens neuer (und dann »analytischer«) Sprachen durchaus gesehen, sie aber bei den romanischen Sprachen gerade nicht als gegeben angenommen; vgl. Coseriu (1970). Hier deutet sich schon an, daß Humboldt der »Umgestaltung des politischen und sittlichen Zustandes« [VI:276], den »vorzüglich geistig und moralisch« zu nehmenden »geschichtlichen Ereignissen« [VI: 293] einen höheren Stellenwert bei der Entstehung neuer Sprachen einräumt als den »gleichsam natürlichen« [VI: 292] Entstehungsgründen, der Wirkung der Zeit, der Wanderung und der Vermischung der Völker; vgl. ›Gramm. Formen‹ [IV: 285].

9 In der traditionellen Frage nach der Monogenese oder Polygenese der menschlichen Sprache war von Friedrich Schlegel ausdrücklich eine polygenetische Position eingenommen worden: ein Ursprung aus »Besonnenheit« einerseits und einer aus »tierischer Dumpfheit« (1808: 62) andererseits. Schlegel streitet »gegen die ursprüngliche Gleichheit« (1808: 64); vgl. Timpanaro (1977). Diesen »Mutmaßungen« Schlegels fehlt nach Humboldt einerseits jede historische Evidenz, wie sie andererseits der universellen Natur des Menschen überhaupt widersprechen.

10 Zum Verhältnis von empirisch-geschichtlicher Forschung zu den »Zwecken der Menschheit« vgl. ›Geschichtschreiber‹.

11 Die Untersuchung des »Baus« der Sprachen wird damit scheinbar schroff als naturwissenschaftliche (»physiologische«, §10) von der Un-

tersuchung ihrer »Ausbildung« als historischer Aufgabe getrennt. Die Entwicklung der Sprachwissenschaft nach Humboldt hat in der Tat gezeigt, daß die Sprachwissenschaft, die sich ja hauptsächlich mit der ersten Aufgabe beschäftigte, immer mehr dazu neigte, sich als naturwissenschaftliche Forschung zu verstehen. An dieser Entwicklung ist Humboldt sicher gerade durch Äußerungen wie diese und seine insgesamt organizistische Ausdrucksweise nicht unschuldig. Für Humboldt begründete aber die Unterscheidung zwischen »Naturgeschichte« und »intellektuell-teleologischer« Geschichte keinen Unterschied in der Logik der Forschung, wie sie in der modernen Opposition von naturwissenschaftlichem »Erklären« und geisteswissenschaftlichem »Verstehen« zum Ausdruck kommt. Auch die Naturgeschichte verfährt nach Humboldt letztlich »verstehend«, d.h. es liegt ein hermeneutischer Methoden-Monismus für Geschichte und Naturgeschichte vor, der sich an Kants *Kritik der Urteilskraft* orientiert (vgl. ›Geschichtschreiber‹). Dieser garantiert ja auch die Verknüpfung der beiden Teile der Sprachwissenschaft. Im übrigen ist sich Humboldt immer der Tatsache bewußt, daß es sich bei den Ausdrücken »Naturgeschichte«, »Physiologie«, »Organ«, »Instinkt« etc. im Bereich der Sprache um eine metaphorische Verwendung dieser Begriffe handelt: Es sind Vergleiche von etwas, »wovon es eigentlich nichts Gleiches im ganzen Gebiete des Denkbaren giebt, mit etwas andrem« [§ 13].

12 Hier folgt in der Handschrift: »welche den Charakter der Sprache und Nation bilden«. Die Untersuchung des »Charakters«, Humboldts »Schlußstein der Sprachkunde« [§ 12], so geht aus einer vorher gestrichenen Handschriftenstelle hervor, »lässt sich nur bei Sprachen anstellen, die eine Literatur besitzen«; vgl. ›Poesie und Prosa‹.

13 Aus der Handschrift wird deutlich, daß das ›Erfahrungsstudium‹ aufbaut auf der »allgemeinen Grammatik« und der »logischen Eintheilung der allgemeinen, von der Erfahrung unabhängigen Begriffe, von der Tafel der Kategorien, und den allgemeinsten Verhältnissen der Zeit und des Raumes an«, daß es also durch die »Philosophie«, d.h. Kant, »geleitet« zu sein hat.

14 Humboldt beschäftigt sich seit seinem Aufenthalt in Rom (1802–1808) mit den amerikanischen Sprachen. Das Werk, das Humboldt hier meint, ist nie vollendet worden: Der allgemeine Teil dieses Buches sind die ›Grundzüge des allgemeinen Sprachtypus‹ [V: 364–473].

15 Diese Art der »zerschlagenden« und »fragmentarischen« Darstellung vergleicht Humboldt in der Handschrift mit der Anatomie. Ihr setzt er die »Physiologie der Sprachen« entgegen, d.h. strukturelle Darstellungen, wie sie die moderne Linguistik seit Saussure und Bloomfield fordert.

16 Die Rede über das Chinesische kann als Beispiel für den Ansatz solcher strukturellen Darstellungen dienen.

Anhang 237

17 Ein Beispiel hierfür ist die Rede über den Dualis.
18 Diese strenge Beurteilung der prominenten Klassifikationsversuche seiner Zeit, F. Schlegel (1808) und A. W. Schlegel (1818) wird in ›Gramm. Formen‹ differenziert weitergeführt und führt schließlich zu einer immer deutlicheren Ablehnung der Klassifikation von Sprachen überhaupt.
19 Den von Bopp (1816) und Grimm (1819) an den indogermanischen bzw. germanischen Sprachen entwickelten Grundsätzen zum Nachweis der Verwandtschaft dieser Sprachen, die Humboldt hier noch nicht würdigt, wird Humboldt zeitlebens größtes Lob spenden (vgl. ›Dualis‹). Vor allem der durch F. Schlegel gesetzten vorrangigen Orientierung dieser Forschungen am »inneren Bau« der Sprachen (und nicht wie in der Tradition am lexikalischen Material) stimmt Humboldt zu.
20 Vgl. den »Urtypus aller Sprachen« im ›Dualis‹ [VI: 26]. Der Ausdruck »Typus« verweist auf Goethes naturkundliche Forschungen, auf die Annahme, »daß alle vollkommnern organischen Naturen [...] nach Einem Urbilde geformt seien, das nur in seinen sehr beständigen Teilen mehr oder weniger hin und her weicht und sich noch täglich durch Fortpflanzung aus- und umbildet« (Goethe 1954: 198).
21 Vgl. Herder (1960: 23f.): »Erfindung der Sprache ist ihm also so natürlich, als er ein Mensch ist.«
22 Es handelt sich bei dem Ausdruck vom »intellektuellen Instinkt der Vernunft« wohlgemerkt um einen an sich unmöglichen Vergleich, da die Sprache sich mit nichts vergleichen läßt. Vgl. den Ausdruck »Sprachsinn« im ›Dualis‹.
23 Dies richtet sich auch gegen die rousseauistische Verklärung des Ur-Zustandes, die seit F. Schlegel eine Konstante des romantischen Sprachdenkens ist.
24 Hier setzt der für Humboldt so wichtige Prozeß des »Formal-Werdens« der Sprachen ein. Das in § 14 Angedeutete führt Humboldt in ›Gramm. Formen‹ aus.
25 Humboldt nennt dieses urzeitliche Sich-Vermischen der Völker einmal mit einem schönen Ausdruck die »Werkstatt der Töne« [IV: 233]: Sprach- und Völker*mischung* nicht »Isolierung« und nicht »Einverleibung« eines Volkes und einer Sprache durch eine andere, ist Humboldts geschichtlicher Weg zur höheren sprachlichen wie politischen Entwicklung der Menschheit.
26 In den §§ 15–21, dem sprachphilosophischen Herzstück der Rede, wendet sich Humboldt gegen die jahrtausendealte Tradition, den Gedanken als etwas Vorsprachliches zu fassen, welches dann nur noch mittels der materiellen Wörter als »willkürlicher« Zeichen bezeichnet wird, so daß die verschiedenen Sprachen bloß als »Verschiedenheit von Schällen« erscheinen. Humboldt setzt dagegen seine Sprachauffassung: die Synthesis des Worts mit dem Inhalt, die der Sprache ihre spe-

zifische semiotische Struktur als Zeichen und Abbild zugleich gibt, und damit die Sprachlichkeit auch des Inhalts, die die verschiedenen Sprachen als verschiedene »Weltansichten« begründet.

27 Der »Begriff«, das macht die Handschrift besonders gut deutlich, ist die mit dem materiellen Wort unlösbar verbundene sprachliche *Bedeutung* und nicht die ihn in seine Bestandteile zerlegende *Definition* oder das wahrgenommene *»wirkliche Objekt«:* »Um beides in den Begriff zu verwandeln, ist eine neue Handlung des Verstandes, eine Synthesis nothwendig, welche das einzeln Wahrgenommene in Einheit verknüpft, und das real empfundene Seyn in ein ideales verwandelt. Das sinnliche Mittel, diese Synthesis zu bewirken, das, woran sie sich in jedem Augenblick leicht und mühelos wiederholen lässt, ist das Wort« [IV: 21, Handschrift].

28 Zu Humboldts Absage an die Idee einer Universalsprache oder einer Begriffsschrift vgl. auch ›Buchstabenschrift‹.

29 Trotz der von Humboldt erkannten Verschiedenheit der »Begriffe« in den Einzelsprachen, ist Humboldt kein Relativist: Er hält an den transzendentalen Formen der Anschauung und des Verstandes fest (vgl. Anm. 13). Dieser apriorische »Mittelpunkt aller Sprachen« ist nicht nur der Maßstab, an dem er die »Vollkommenheit« der Sprachen beurteilt, sondern auch der Angelpunkt ihrer Erlernbarkeit und die Grundlage für die Möglichkeit der Übersetzung.

30 Gegenüber der Saussureschen Auffassung des sprachlichen Zeichens, die hinsichtlich der Synthese von Wort (signifiant) und Begriff (signifié) durchaus mit Humboldt übereinstimmt, betont Humboldt nicht nur die besondere Eignung des Lautlichen überhaupt zum Ausdruck des Gedankens [vgl. VII: 53 ff.], sondern hält auch an einer eignen Bedeutsamkeit des spezifischen materiellen Lauts und an einer Abbildlichkeit des Lauts gegenüber der Bedeutung fest [vgl. VII: 75 ff.]. Zur aktuellen Diskussion um die Abbildlichkeit (Ikonizität) der Sprache vgl. Jakobson (1964) und Posner (Hrsg. 1980).

31 Vgl. §20: »Objektivität«, »Wahrheit«, *adaequatio conceptus ad rem* erreicht das notwendigerweise sprachliche, subjektive Denken nur durch die Objektivierung des Sprechens im anderen. Letzte Objektivität bekäme die Sprache dann, wenn sie als Mischung aller Sprachen alle Subjektivität in sich aufnehmen könnte. Nur so, niemals durch die planetarische Verbreitung *einer* historischen Sprache mit ihrer partikularen »Weltansicht«, wäre sie objektive Sprache der Menschheit, d.h. das vollkommene Abbild der Welt, welches »die ursprüngliche Übereinstimmung zwischen der Welt und dem Menschen« wieder herstellt. Diesem letzten Ziel nähern sich die Sprachen zwar, es ist aber niemals erreichbar (zu keiner Zeit kann der Inbegriff aller Sprachen »ein vollständiger Abdruck der Subjectivität der Menschheit werden«). Daher ist auch die »Totalität« aller Sprachen (s.u. §23) die Sprache der Menschheit.

32 Humboldts Überlegungen zum semiotischen Status der Sprache, ihre Mittelstellung zwischen der Spontaneität des Verstandes (Zeichen) und der Rezeptivität der Sinne (Abbild) waren in der Handschrift weiter ausgeführt: »Als Abbild dürfte sie der Willkühr des Gebrauchs gar keinen Spielraum übrig lassen; als Zeichen müsste sie bloss diese Willkühr an sich tragen, da das beste Gedankenzeichen unstreitig dasjenige ist, was, frei von allem Stoff, nur das Gepräge des Gesetzes wiedergiebt, nach dem es gebildet ist. Die Lösung dieses anscheinenden Widerspruchs beruht darauf, dass die Sprache allerdings Abbild des Denkbaren, als Darzustellenden, aber nur seiner Form, und dadurch zugleich Zeichen ist, weil alles Denkbare entweder durch seine Form unmittelbar gegeben erscheint, oder an ihr in die Seele zurückgeführt werden kann« [IV: 28]; vgl. Trabant (1986: Kap.3).
33 Vgl. das Nachwort zu diesem Band.
34 Zum »rednerischen« Gebrauch der Sprache vgl. ›Poesie und Prosa‹.
35 Im Vergleich der Gesamtheit der Sprachen mit dem griechischen Götterkreis drückt sich Humboldts Anerkennung der Würde *jeder* Sprache aus. Jede ist göttlich, und zwar so wie die griechischen Götter göttlich sind, d.h. als Individuen, als individualisierte Allgemeine, d.h. als «Ideale». Von hier aus muß man auch Humboldts Versuch einer »Rangordnung« der Sprachen verstehen: Es ist eine Rangordnung auf der Basis einer prinzipiellen, d.h. hinsichtlich ihrer Göttlichkeit gleichen Würde aller Sprachen.
36 Welche »Naturnotwendigkeit« und welches »physische Bedürfniss« gemeint ist, versucht das Nachwort zum vorliegenden Band zu erläutern.

2. Ueber die Aufgabe des Geschichtschreibers
[IV: 35–56]

Im ›Vergleichenden Sprachstudium‹ (§21) wird die Geschichtsschreibung zusammen mit Dichtung und Philosophie dem »rednerischen«, d.h. im vollen Sinne sprachlichen Gebrauch der Sprache zugeordnet. Dies deutet zwar schon den Zusammenhang der Rede über den Geschichtsschreiber mit dem Sprachthema an, dennoch steht hier nicht so sehr das sprachliche, schriftstellerische Handeln, der Umgang des Historikers mit der Sprache im Vordergrund (die Geschichts-*Schreibung*), sondern die historische Forschung, bzw. der Forscher selbst (also der *Geschichts*-Schreiber). Die Aufnahme dieses Textes in eine Sammlung von Humboldt-Texten über die Sprache muß daher zunächst verwundern, da in ihm nur nebenbei über die Sprache gesprochen wird, bzw. die Sprache nur insofern erwähnt wird, als sie eben auch zum Problem der historischen Forschung gehört, d.h. einerseits als Medium der Darstellung (womit das Problem der »Objektivität«, der sprachlich vermittelbaren »Wahrheit« angesprochen ist), andererseits als Gegenstand der Geschichtsschreibung, sofern auch die Sprachen geschichtliche Manifestationsformen der »Ideen« sind (womit den Sprachen eine ganz bestimmte Stelle in der Hierarchie der »idealischen Formen« zugewiesen und die Sprachwissenschaft insgesamt als geschichtliche Forschung bestimmt wird).

Vor allem die zweite der beiden bedeutsamen Nebenbei-Erwähnungen der Sprache führt zur Bedeutsamkeit dieser Rede für das Sprachthema, zur Analogie von Geschichtsschreibung und Sprachforschung, die Humboldt ausdrücklich selber herstellt. Unter Hinweis auf seinen Satz: »Das Geschäft des Geschichtschreibers in seiner letzten, aber einfachsten Auflösung ist Darstellung des Strebens einer Idee, Daseyn in der Wirklichkeit zu gewinnen« [IV: 56], schreibt Humboldt in der Kawi-Einleitung: »Diesem Streben [nämlich dem ›Streben, der Idee der Sprachvollendung Daseyn in der Wirklichkeit zu gewinnen‹] nachzugehen und dasselbe darzustellen, ist das Geschäft des Sprachforschers in seiner letzten und einfachsten Auflösung« [VII: 20]. Die Rechtfertigung für die Aufnahme dieser Rede in unseren Band liegt daher darin, daß sie durch die Identität des »Geschäfts« des Geschichtsschreibers und des Sprachforschers auch die »Aufgabe des Sprachforschers« beschreibt. Sie ist, wie Caussat (1974: 37) bemerkt, Humboldts auch für die Sprachforschung geltender *Discours de la méthode*. Da über die Methode des Sprachstudiums im ›Vergl. Sprachstudium‹ nur indirekt gehandelt wird, sofern sie sich aus der Natur des dort dargelegten Gegenstandsbereiches ergibt, ist der ›Geschichtschreiber‹ vielleicht die Rede, die am meisten dazu beiträgt, das Bild des dort zutagetretenden Humboldtschen Gesamtprojekts zu vervollständigen, während die anderen Reden eher einzelne Punkte vertiefen und entfalten.

Ganz abgesehen also von der Bestimmung des Gegenstands Sprache als eines geschichtlichen und der Präzisierung seines Ortes im Gesamtbereich des Geschichtlichen, sind es vor allem die folgenden Punkte der »Methode«, die dabei von Bedeutung sind: Die Sprachforschung ebenso wie die Geschichtsschreibung zielt auf die Darstellung einer »Form« (»historische Wahrheit«), die aus den Fakten als dem Stoff schöpferisch gewonnen werden muß; die Sprachforschung verfährt hierbei ebenso wie die Geschichtsschreibung hermeneutisch, verstehend, und sie ist wie diese »von Ideen geleitet«; damit hängt schließlich zusammen, daß der Sprachforscher dieselben Qualitäten haben muß wie der Geschichtsschreiber, nämlich »Sinn für die Wirklichkeit«, d.h. eine zwischen »Thatsachen« und »Ideen« vermittelnde Haltung, die weder an den Fakten selbst klebt (»Freiheit der Ansicht«), noch die Fakten aus »Systemsucht« übergeht, sondern ihnen »schonende Zartheit« angedeihen läßt, so daß die »Assimilation der forschenden Kraft und des zu erforschenden Gegenstandes« stattfinden kann.

Wir können hier nicht auf die kaum zu übersehende Rezeption eingehen, die gerade diese Schrift Humboldts in der Diskussion um die Grundlegung der Geschichtswissenschaft im besonderen und der Geisteswissenschaften generell gehabt hat (vgl. hierzu Humboldt 1960–81, Bd. 5: 362 ff. und Sweet 1978/80, Bd. 2: 437 ff.). Wir wollen aber darauf hinweisen, daß Humboldts *Discours de la méthode* in der Sprachwissenschaft, bis auf die Aufnahme in die Humboldt-Editionen von Steinthal und Caussat, keine Wirkung gehabt hat. Dies ist nicht verwunderlich, wenn man bedenkt, daß die Sprachwissenschaft im 19. Jahrhundert sich in ihrer herrschenden Lehre immer mehr der erfolgreichen Forschungslogik der Naturwissenschaften anschloß, der sie auch im 20. Jahrhundert in ihrer analytisch-deduktiven Form mehrheitlich verpflichtet bleibt. Selbst die modernen Sprachwissenschaftler, die Humboldt gern als »Begründer moderner Sprachforschung« in Anspruch nehmen, tun dies wohlweislich unter Absehung von Humboldts Methode, während umgekehrt die wenigen, die tatsächlich Humboldts methodologischen Forderungen sehr nahe kamen (die sog. idealistischen Sprachwissenschaftler), dies ohne intensive Auseinandersetzung mit Humboldt tun (sondern in direktem Anschluß an die Diltheysche Begründung der Geisteswissenschaften). Am Ende des 20. Jahrhunderts aber zeigen sich zunehmend Zweifel an der Verbindlichkeit der dominant herrschenden naturwissenschaftlichen Forschungslogik für die Sprachwissenschaft. In diesem Kontext kann Humboldts Rede über den Geschichtsschreiber heute ein interessanter Diskussionsbeitrag sein, den einen als Provokation, den anderen als Bestätigung.

Es mag sein, daß, wie einmal gesagt worden ist, die Humboldtsche Methode nur von jemandem wie Humboldt selbst eingelöst werden kann; eine überaus skeptische Haltung, die »Phantasie« und »Übung«, »Genie und Studium« nur beim Genie (im landläufigen Sinne), nicht als Möglichkeiten aller Menschen anerkennt. Vielleicht ist auch »das Geschäft des Sprachforschers in seiner letzten und einfachsten Auflösung«, wenn es (auf der Basis gründlicher Detailkenntnis wohlgemerkt) nur hermeneutisch, schöpferisch und »von Ideen geleitet« betrieben werden kann, kein wissenschaftliches mehr. Aber dann wäre eben – so könnte man erwidern – die Sprach*wissenschaft* auch nicht die »letzte und höchste« Art, über die Sprache nachzudenken.

1 Wie die Sprache, die in ihrer Subjektivität Hindernis, in ihrer Intersubjektivität aber gleichzeitig einzige Möglichkeit zur Objektivierung des »Anringens« des Menschen an die Wahrheit ist, in der wissenschaftlichen Prosa ihre Subjektivität hinter sich läßt, wird in ›Poesie und Prosa‹ weiter ausgeführt; s. auch ›Vergl. Sprachstudium‹ §20.
2 Dieses Bild tritt im Werk Humboldts immer wieder dort auf, wo er das Ziel und die besondere Schwierigkeit der Forschung bestimmt, die Darstellung des »Totaleindrucks«. Die Schwierigkeit sowohl für die histori-

sche als auch für die linguistische Forschung besteht darin, daß sich der Forscher zunächst intensiv in die Fakten versenken muß, daß aber in diesem Eintauchen in die »Wolke« deren Form verschwindet. Es geht also darum, aus den Details auch wieder herauszutreten und nunmehr auf der Basis gründlicher Detailkenntnis die Form der Wolke erneut zu erfassen.

3 Dem »Gerippe« der historischen Begebenheiten entspricht in der Sprachforschung das »todte Gerippe« der grammatischen und lexikalischen Fakten [VI: 147, u.ö.], »das todte Machwerk wissenschaftlicher Zergliederung« [VII: 47]. Die (»anatomische«) Zergliederung ist zwar notwendig, der Sprachforscher darf aber nicht bei ihr stehen bleiben, da es ihm bei der Sprache als einem »Organismus« um das (»physiologische«) Erkennen der »Form« gehen muß. Hier beginnt die schöpferische Aufgabe des Forschers, hier setzt die Phantasie ein.

4 Die mechanische Naturbetrachtung ist also im Sinne der *Kritik der Urteilskraft* oder eher noch im Sinne Leibniz' durch eine teleologische zu ergänzen.

5 Trotz dieser scharfen, an Herder erinnernden Kritik der aufklärerischen Geschichtsphilosophie negiert Humboldt nicht die geschichtsphilosophischen Ideen der Aufklärung, sondern er versucht, sie als sich in der konkreten individuellen geschichtlichen Begebenheit manifestierende »Ideen« der »Weltregierung« zu fassen, deren Pläne sich nicht in der gradlinigen Hinführung zu einem Endziel, sondern in der Totalität der geschichtlichen Gestalten erfüllen in der »Verwirklichung der durch die Menschheit darzustellenden Idee [...] nach allen Seiten hin und in allen Gestalten«. Die Kritik richtet sich, wie seine Kritik an der philosophischen Grammatik, nicht gegen die philosophische Geschichte überhaupt, sondern gegen deren »Systemsucht« (und deren Terrorismus in der politischen Praxis), die nur durch ins Detail sich vertiefende historische Forschung zu überwinden ist. Dabei fällt allerdings die Kritik an der philosophischen Geschichte bedeutend schärfer aus als die an der philosophischen Grammatik. In welchem Maße Humboldt den aufklärerischen weltgeschichtlichen Ideen verbunden bleibt, und wie er sich gleichzeitig gegen deren terroristische (»einverleibende«) Realisierung verwahrt, zeigt die Passage über die »Brüderlichkeit« aus ›Über die Sprachen der Südseeinseln‹.

6 Dies ist Humboldts klassische Formulierung des hermeneutischen Zirkels und Verstehens, des Dialogs (»Verständigung«) zwischen Subjekt und Objekt, das damit auch als »sprechendes«, als *Du*, nicht bloß als *Er* gesehen ist (vgl. Nachwort). Zumindest die Geschichte ist damit auch insgesamt als eine Art Sprache gefaßt.

7 Vgl. hierzu Humboldts Charakteristik Schillers in ›Über Schiller und den Gang seiner Geistesentwicklung‹ (Schiller-Humboldt 1962, Bd. 1: 1–39).

8 Diese systematische Stellung in der Hierarchie der idealischen Formen verdeutlicht die (relative) Unabhängigkeit der Sprachen von den nationalen und einzelnen Individuen und damit die »Macht der Sprache« gegenüber den Individuen, die aber durch den Gebrauch »Gewalt« über sie gewinnen [vgl. VII: 65]. Daher ist es dann auch erst dort, wo die Menschen »Gewalt« über die Sprache (als Gesamtheit der lexikalischen und grammatischen Regeln) ausüben, nämlich in der Literatur, in den Texten einer Nation, »wahrhaft möglich«, aus der Sprache (als der Gesamtheit der *Texte)* auf die »Geisteseigenthümlichkeiten« eines Volkes zu schließen; vgl. VII: 173 und unten ›Poesie und Prosa‹.

3. Ueber das Entstehen der grammatischen Formen, und ihren Einfluss auf die Ideenentwicklung
[IV: 285–313]

Dieser Aufsatz, der den § 14 des ›Vergl. Sprachstudiums‹ ausführt, repräsentiert – leider, möchte man sagen – neben den entsprechenden Kapiteln der Kawi-Einleitung die in der Sprachwissenschaft oberflächlich am intensivsten rezipierten Gedanken Humboldts. Sie sind schon deswegen so prominent, weil sie am meisten an die Fragestellung der entstehenden historisch-vergleichenden Sprachwissenschaft anschließen: 1. an die primär *grammatische* (nicht den Wortschatz betreffende) Fragestellung, 2. an die *klassifikatorische* Fragestellung, 3. an die *genealogische* Fragestellung, d.h. an das von F. Schlegel formulierte Programm der »vergleichenden *Grammatik,* welche uns ganz neue Aufschlüsse über die *Genealogie* der Sprachen auf ähnliche Weise geben wird, wie die *vergleichende Anatomie* über die höhere *Natur*geschichte Licht verbreitet hat« (F. Schlegel 1808: 28, unsere Hervorhebung). Diese Gemeinsamkeit ist es dann auch, die in der Historiographie der Linguistik immer wieder dazu geführt hat, Humboldt als Teil der »romantischen« Sprachwissenschaft anzusehen. In der Tat schließt Humboldt an das Schlegelsche Programm an. Aber die ganze Rede ist eine, für den sich immer vorsichtig ausdrückenden Humboldt geradezu ätzende, Kritik an den Schlegelschen Vorstellungen. In Wirklichkeit ist es nämlich nur die erste Fragestellung, die Humboldt mit den »Romantikern« verbindet, d.h. die Überzeugung, daß das Grammatische, der »innere Bau«, wie Friedrich Schlegel es nennt, zentral ist für die Beurteilung der Verschiedenheit oder Gleichheit der menschlichen Sprachen. Allerdings geht Humboldt auch an diesem Punkt über seine Zeitgenossen hinaus, sofern er die wahre Eigentümlichkeit der Sprachen doch letztlich in ihrem »Charakter« sieht, der nicht mit dem »Bau« zusammenfällt. Hinsichtlich der anderen Punkte unterscheidet sich Humboldt aber diametral vom romantischen Programm.

Der Vergleich mit den biologischen Wissenschaften, den Humboldt ebenfalls zieht (bei ihm ist allerdings die *Physiologie,* nicht die Anatomie die biologische Vergleichswissenschaft), bleibt bei Humboldt ein Vergleich. Er betont, daß wir uns bei der Sprache und dem menschlichen Geist in einer Sphäre befinden, die kein Analogon in der Natur hat, in der Sphäre der *Geschichte,* der menschlich-zweckhaften Erzeugungen. Es ja eher so, wie wir im ›Geschichtschreiber‹ gesehen haben, daß die biologischen Wissenschaften von ihm in Leibnizscher und Kantischer Tradition als teleologische Wissenschaften aufgefaßt werden. Dagegen – und das beginnt gerade mit Friedrich Schlegel – wird schon von den Gründungsvätern der historisch-vergleichenden Sprachwissenschaft und später immer deutlicher Sprache *als* Naturgegenstand, die Verschiedenheit der Sprachen als eine naturgegebene Verschiedenheit (Schlegels »zwei Haupt*gattungen*« der Sprachen basieren auf einer *natürlichen* Ungleichheit der Menschen) und die Geschichte der Sprache als *Natur*geschichte aufgefaßt. D.h. die Geschichte ist im wesentlichen Verlauf der Zeit – *Diachronie* –, der von *Katastrophen* –Völkerwanderungen und Völkermischungen – unterbrochen wird und in dem ewige Gesetzlichkeiten, *Naturgesetze,* walten. Das Wirken des Menschen in diesem diachronischen Prozeß ist – gut rousseauistisch – ein negatives, das den ursprünglich heilen und in dieser Hinsicht »natürlichen« Zustand in den Verfall treibt. Dieser wesentlich mechanistisch-naturalistische, deterministische, pessimistische und reaktionäre Zug der romantischen Sprachwissenschaft ist Humboldt völlig fremd, der damit – hierin Hegel ähnlich – dem Geist des ausgehenden 18. Jahrhunderts viel näher steht als seinen sprachwissenschaftlichen romantischen Zeitgenossen.

»Entstehen« ist im Sinne der Kantischen »Ursprungs«-Problematik als ein *funktional*-genetisches »Entspringen-Aus«, nicht als ein *zeitliches* »Anheben-Mit« zu verstehen (KdrV: B 1). Das »Entstehen« der grammatischen Formen ist daher der Versuch einer *idealen* Geschichte von *Verfahren* (die Humboldt durchaus in Anlehnung und Fortführung der Schlegelschen Anregungen unterscheidet), die in *allen* Sprachen vorkommen, in der Perspektive einer Entfaltung und eines optimistischen Aufsteigens des menschlichen Geistes von einer »niedrigeren« (aber immer ebenso menschlichen) zu einer »höheren« Form, deren – niemals vollkommenes – Erreichen eine *ideale* Gattung von Sprachen begründen kann. Hier gibt es keine Naturgesetze, die einen bestimmten Gang vorschreiben, hier gibt es nur die leitende »Idee« der »Natur« des menschlichen Geistes und der Sprache, der sich anzunähern die Sprachen in ihrer spezifisch *menschlichen* historischen Dynamik bestrebt sind, ohne daß garantiert ist, daß dies Ziel auch letztlich erreicht werden könnte. Wie die Idee der Brüderlichkeit den welthistorischen Prozeß der planetarischen Verbindung der Völker leitet, so strebt die Idee der Sprache danach, sich in immer reinerer Form (und in immer bleibender Individualität und Verschiedenheit) welthistorisch zu manifestieren.

Anhang

1 Gegen die Annahme einer Naturgesetzlichkeit der Sprachentwicklung stellt Humboldt von vornherein die *geschichtlichen* Gründe als die entscheidenden heraus (»Nationaleigentümlichkeit«); vgl. VI: 276–294, s. auch ›Vergl. Sprachstudium‹, Anm. 8.

2 Humboldt nimmt also eine äußerst differenzierte Position sowohl gegenüber dem sprachlichen Indifferentismus und auch gegenüber dem sprachlichen Relativismus ein: Der (mit der Zeichenauffassung der Sprache verbundene) Indifferentismus ist nur insofern berechtigt, als man mit jeder Sprache alles sagen kann. Dies richtige Moment schränkt gerade den Relativismus ein, der nur insofern berechtigt ist, als eine bestimmte Sprachstruktur zu einem bestimmten Gebrauch »begeistert«, aber keine naturgesetzlich wirkende Grenze des Sprachgebrauchs setzt (vgl. die Ausführungen über das Chinesische in diesem Aufsatz und in der Rede über das Chinesische). Gegenüber beiden Positionen hält Humboldt aber an einem idealen und weltgeschichtlich wirksamen Fortschreiten der Sprachen und der grammatischen Verfahren, mithin auch an einem Maßstab ihrer Beurteilung fest.

3 Gegen das zweite Mißverständnis bei der Beurteilung der grammatischen Formen, nämlich daß man die Grammatik einer Sprache in eine andere »hineindenkt«, fordert Humboldt einen konsequenten *strukturellen* Standpunkt; vgl. unten ›Chinesisch‹ [V: 311].

4 Hier taucht der Ausdruck »einverleibt« und »Einverleibung« wohl zum ersten Mal auf, der in der Sprachtypologie eine so große Rolle spielen sollte als ein die drei A. W. Schlegelschen Sprachklassen ergänzender Ausdruck zur Bezeichnung einer vermeintlichen vierten Klasse von Sprachen. Weder geht es Humboldt vorrangig um die Erstellung von Klassen von Sprachen, sondern um die Unterscheidung grammatischer Verfahren, noch ist die »Einverleibung« ein viertes Verfahren, sondern ein syntaktisches Pendant zu Agglutination. Vgl. hierzu Coseriu (1972) und Trabant (1986: 186f.).

5 Die hier folgende, gegen den grammatischen Indifferentismus gerichtete Diskussion der verschiedenen Verfahren zur Bezeichnung der grammatischen Verhältnisse macht deutlich, daß für Humboldt das Prinzip der *Synthesis*, bei der aus der Verschmelzung zweier Dinge ein neues Drittes entsteht, der Maßstab dafür ist, ob etwas eine grammatische Form ist oder nicht. Nur wo die Synthesis herrscht, ist daher der Begriff der Sprache voll realisiert. Andererseits wird aber auch klar, daß Humboldt die allzu raschen Generalisierungen der Schlegels ablehnt, die von »strukturlosen«, »Affix«- und »Flexions«-*Sprachen* (A. W. Schlegel 1818: 14) sprechen. Die unterschiedenen grammatischen Verfahren (Flexion, Agglutination, Stellung) treten in den einzelnen Sprachen in verschiedener Mischung und Konsequenz auf.

6 Dies ist gegen F. Schlegels Vorstellung von einer ursprünglich aus der *Wurzel* (!) hervorspringenden Flexion gerichtet, die auch von A. W.

Schlegel noch übernommen wird, wenn er die »racines stériles« der »strukturlosen« Sprachen der »végétation abondante et féconde« der »Flexions«-Sprachen gegenüberstellt (A. W. Schlegel 1818: 14f.). Humboldt schließt sich der älteren, z.B. von dem weiter unten erwähnten Horne Tooke vertretenen Auffassung an, daß die grammatischen Formen aus lexikalischen Elementen, daß Flexion aus Agglutination entstanden ist, wenn er auch einige dieser Auffassung widersprechende Grenzfälle anführt.

7 Dieser Absatz faßt noch einmal Humboldts Gegensatz zu Friedrich Schlegel zusammen, der genau die hier zurückgewiesene Meinung vertritt. Es ist daher auch einer völlig durch die Schlegelschen Gedanken verblendeten Humboldt-Rezeption zuzuschreiben, wenn man auch heute noch glaubt, Humboldt habe eine kryptorassistische Sprachklassifikation betrieben.

8 Zu dieser »Bildungsart« vgl. ›Chinesisch‹.

9 Vgl. hierzu ›Chinesisch‹ [V: 311f.]; vgl. auch VII: 214ff..

10 Jacob Grimm greift mit großer Sicherheit gerade diesen Satz Humboldts heraus, um ihm das romantische (Sprach-)Geschichtsverständnis entgegenzuhalten: »Mehr als einmal gewährt uns die Geschichte den Gang des Versinkens, den aufsteigenden fast nie« (J. Grimm an Humboldt, 8. 8. 1824, in: *Anzeiger für deutsches Altertum* 3, 1906, S.151). Humboldt präzisiert, wohl daraufhin, daß er an ein Aufsteigen vom Ursprung zu einem »Culminationspunkt« der Grammatik gedacht hatte, nicht an ein einseitig gerichtetes Naturgesetz, und er ergänzt: »Je mehr sich die Sprache von dem *Culminationspunkt* ihrer Grammatik entfernt, desto mehr verliert sie, unter übrigens gleichen Umständen, an Form« [VI: 221, Anm. 2]. Dies aber verhindert nicht, so können wir Humboldts Überlegungen zu den romanischen Sprachen hier einbringen, daß die Sprache nicht wieder zu einem neuen »Culminationspunkt« aufsteigen kann.

11 Horne Tooke, *Epea pteroenta, or the Diversions of Purley*, 2 Teile, London 1786–1805: die Etymologien Tookes waren abenteuerlich, es ist aber auch nur das Prinzip der Tookeschen Theorie, dem Humboldt zustimmt.

12 Hier greift Humboldt die A. W. Schlegels Differenzierung der Flexionssprachen in »synthetische« und »analytische« Sprachen zugrundeliegenden grammatischen Verfahren auf (vgl. A. W. Schlegel 1818: 16ff.), ohne allerdings die Schlegelschen Termini zu verwenden, die er ablehnt (zu den Gründen hierfür s. VI: 260f.).

13 Der »Organismus des Denkens« ist für Humboldt das von Kant abgesteckte Feld der apriorischen Formen der Anschauung und des Denkens. Sowohl von dieser »inneren Welt« als auch von der »äußeren Welt« geben die verschiedenen Sprachen in der Grammatik einerseits, im Wortschatz andererseits verschiedene »Ansichten«. Je abbildhafter (»symbolischer«) die grammatischen Verfahren gegenüber der apriorischen inneren Welt sind, desto vollkommener sind sie. Es ist damit auch deutlich,

weswegen es sinnlos ist, die Frage nach der »Vollkommenheit« in Bezug auf den Wortschatz, d.h. in Bezug auf die »äußere« Welt zu stellen: In der äußeren Welt gibt es nichts Apriorisches, das als Maßstab der Vollkommenheit gelten könnte, hier kommt es auf einen größtmöglichen »Umfang« und einen größtmöglichen »Reichtum« an.

14 Bei allen Vorbehalten gegen »zu allgemein gewagte Behauptungen« über die einzelnen Sprachen à la Schlegel, kommt Humboldt nun doch aufgrund des – bei aller Differenz im Detail – feststellbaren »Totaleindrucks« zur Unterscheidung zweier »Klassen« von Sprachen (die »grammatisch-gebildeten« und »die anderen«), die oberflächlich Friedrich Schlegels beiden »Hauptgattungen« entsprechen. Später revidiert Humboldt diese Zweiteilung nach einer intensiveren Beschäftigung mit dem Chinesischen und kommt durch eine neue Bewertung des Chinesischen zu einer Dreiteilung [s. ›Chinesisch‹, V: 321], die oberflächlich nun wiederum der A. W. Schlegelschen Einteilung entspricht. In sein scheinbares Schwanken gegenüber dem Problem der Klassifikation von Sprachen bringt Humboldt selber später endgültige Klarheit [vgl. VI: 150f.]. Eine Klassifikation nach Art der Naturgattungen widerspricht der Natur der Sprache selbst und ist »ein für allemal zurückzuweisen«, da die einzelnen Sprachen »nicht als Gattungen, sondern als Individuen verschieden« sind; als Individuen aber füllen sie »allemal eine Classe für sich«. Nur wenn man die jeder Klassifikation widerstrebende Individualität der Sprachen im Auge behält, ist es legitim, »zum Behuf der Betrachtung oder der Darstellung« und in Bezug auf einzelne sprachliche Verfahren Klassifikationen, genauer also: *partielle Quasi-Klassen* aufzustellen. Als solche sind dann auch die hier und in ›Chinesisch‹ vorgestellten »Klassen« zu interpretieren. Damit ist der Gegensatz zu den Schlegels und zu allen späteren, den naturwissenschaftlichen Weg radikalisierenden Klassifikationsversuchen, die sich auf Humboldt beriefen, perfekt.

15 Vgl. ›Poesie und Prosa‹.
16 Zum Verhältnis der amerikanischen Sprachen zur Schrift vgl. ›Buchstabenschrift‹ [VI: 123ff.].

4. Ueber das Verbum in den Americanischen Sprachen

(Von Manfred Ringmacher aus der Handschrift rekonstruiert und mit freundlicher Genehmigung der Museum Library der University of Pennsylvania in Philadelphia hier zum ersten Mal gedruckt)

Humboldt hat gemäß der Aufstellung von Wiebke Witzel am 3. Juni 1823 vor der historisch-philologischen Klasse einen Vortrag gehalten über »Infinitif, Gerund und Supin in der allgemeinen Grammatik«. Trotz dieser etwas abweichenden Themenangabe müssen wir davon ausgehen, daß es die hier zum ersten Mal gedruckte Rede über das Verbum in den amerikanischen Sprachen gewesen ist, die Humboldt damals vorgetragen hat. Denn in der Tat ging es Humboldt, nach einer späteren Selbstinterpretation, hierbei vorrangig um eine allgemein-grammatische Problematik, nämlich darum »ob und wie sich am Verbum einer Sprache seine synthetische Kraft, die Function, vermöge welcher es Verbum ist, äussert« [VII: 215]. Dieser Frage, so fügt Humboldt an dieser Stelle des Kawi-Werks in einer Anmerkung hinzu, sei er nämlich anhand amerikanischen Sprachmaterials nachgegangen: »Ich habe diese Frage in Absicht der uns grammatisch bekannten Amerikanischen Sprachen in einer eignen, in einer der Classensitzungen der Berliner Akademie gelesenen Abhandlung zu beantworten gesucht« [VII: 215, Anm.].

Schon 1826 hatte sich Humboldt in seinem französischen Brief an Abel-Rémusat über das Chinesische auf diese ungedruckte Rede bezogen [V: 298, und der Herausgeber der Akademie-Ausgabe bemerkt 1906 an dieser Stelle, daß die Abhandlung im Nachlaß erhalten sei]. Vermutlich ist es dieser Hinweis Humboldts gewesen, der den amerikanischen Sprachforscher Daniel Brinton dazu veranlaßt hat, sich 1884 eine Abschrift des Textes anfertigen zu lassen und 1885 eine englische Übersetzung in den Proceedings der American Philosophical Society zu veröffentlichen, zusammen mit einer gründlichen (wohl der ersten englischsprachigen) Humboldt-Studie. Auf deutsch ist die Abhandlung bisher noch niemals veröffentlicht worden. Und wenn es Brintons englische Übersetzung nicht gegeben hätte, wäre der Originaltext wohl auch verschwunden gewesen. Die ursprüngliche Humboldtsche Handschrift befand sich nämlich im Konvolut Coll. ling. fol. 105, das verschollen ist (Müller-Vollmer 1993: 305). Da Brinton aber, wie er schreibt, eine Abschrift hatte anfertigen lassen (Brinton 1885: 331), habe ich im letzten Jahr bei der Philosophical Society in Philadelphia nachgefragt, ob diese eventuell dort noch vorhanden ist. Und in der Tat befand sie sich in der Museum Library der Universität von Pennsylvania. Jean Adelman von der Museum Library hat mir liebenswürdigerweise eine Kopie zur Verfügung gestellt und mir die Erlaubnis erteilt, den Text zu veröffentlichen.

Man findet hier nun allerdings nicht einfach einen Abdruck dieses Manuskripts. Was wir hier präsentieren, ist aber mit ziemlich großer Wahrscheinlichkeit das, was Humboldt wirklich vor der Akademie gesagt hat. Humboldt hat aus einer größeren Arbeit über die grammatischen Formen vorgetragen und dabei in dem Manuskript ganz genau markiert, was er vorlesen wollte. Brintons Kopist hat diese Markierungen getreu notiert, so daß Manfred Ringmacher, der Spezialist für Humboldtsche Handschriften, die Rede Humboldts genau rekonstruieren konnte. Brinton seinerseits beachtete bei seiner Übersetzung die auf Bl. 2 der Abschrift gegebenen Kürzungsanweisungen nicht und bietet darum einen umfangreicheren Text, der weder der Akademierede noch eigentlich dem längeren kopierten Bruchstück aus der vergleichend-grammatischen Arbeit entspricht. Der aufgrund der Humboldtschen Vortragsanweisungen rekonstruierte Text gibt, wie in der vorlie-

Anhang

genden Sammlung wohl nur noch die Rede über das Chinesische, einen Eindruck vom mündlichen Vortrag Humboldts. Die anderen Texte sind ja zumeist die sehr viel umfangreicheren überarbeiteten Druckfassungen der Reden, die in dieser Ausführlichkeit wohl kaum in den Akademie-Sitzungen vorgetragen werden konnten. Die »schlanke« Redeform bekommt dem Text allerdings ausgezeichnet. Wenn mir hier einmal ein deutschlehrerartiges Urteil erlaubt sei, so möchte ich sagen, daß die Rede schön aufgebaut ist, klar argumentiert, die Argumente mit hinreichenden, aber niemals zu vielen Beispielen illustriert und schließlich mit verständlichen allgemeinen Konklusionen endet. Man sieht an dieser rekonstruierten Rede besonders gut, wie klar der »dunkle« Humboldt im mündlichen Vortrag war, vielleicht ein erneuter Beleg für die öfter festgestellte Tatsache, daß Humboldt ein Mann des Dialogs, also der Mündlichkeit, gewesen sei.

Die ausdrückliche Absicht des Textes ist – außer der Beantwortung der angeführten allgemein-grammatischen Frage nach der Realisierung von Verbalität in verschiedenen Sprachen – die Fortführung der Rede über das Entstehen der grammatischen Formen. Es geht insbesondere darum, die stufenartige Annäherung verschiedener amerikanischer Sprachen an grammatische Formalität zu illustrieren und damit die anti-schlegelsche Argumentation der vorangegangenen Rede mit weiteren Beispielen zu belegen. Den größeren Zusammenhang, dem die Akademierede entnommen ist, faßt Humboldt folgendermaßen zusammen: »Durch alles bisher Ausgeführte glaube ich zur Genüge gezeigt zu haben, wie es möglich ist, daß Sprachen eine große Vielfachheit angeblicher Formen besitzen, und alle grammatischen Verhältnisse mit hinlänglicher Deutlichkeit und Bestimmtheit bezeichnen können, indem ihnen doch im Ganzen, und in der Totalitaet der Charakter ächter grammatischer Formalitaet mangelt, und daß daraus ein wahrer und wesentlicher, aber stufenartiger Unterschied unter den Sprachen entsteht« [3r des Ms.]. Um zu prüfen, »in welchem Sinn diese Sprachen grammatische Formen besitzen«, müsse man nicht die ganze Grammatik untersuchen, sondern könne sich auf den »bedeutendsten Redetheil« konzentrieren, das Verb. Und an diesem wiederum geht es hier um das, »was das Verbum zum Verbum macht, die charakteristische Bezeichnung seiner eigentlichen Verbalnatur« [4r].

Außer den allgemein sprachwissenschaftlichen Fragen nach der Verbalität und den grammatischen Formen dokumentiert die Rede aber auch besonders gut Humboldts Beschäftigung mit den amerikanischen Sprachen. Ich habe daher in den Anmerkungen auch einige knappe Informationen zu den angeführten Sprachen gegeben. Mit keiner anderen Sprachgruppe hat sich Humboldt so intensiv und so lange beschäftigt wie mit den amerikanischen Sprachen. Nach dem Baskischen, das ihn sozusagen zum Linguisten gemacht hat, waren es diese Sprachen, denen jahrelang Humboldts Hauptinteresse galt. Und man kann sicher sagen, daß Humboldt alles damals verfügbare Wissen über diese Sprachen zusammengetragen hatte. Die Rede dokumentiert gleichzeitig aber auch, wie klein dieses enorme Wissen eigentlich war.

Humboldt bezieht sich nämlich auf relativ wenige Sprache aus einem riesigen geographischen Raum, der von Mexiko bis nach Argentinien reicht. Die unglaubliche Vielfalt der amerikanischen Sprachenwelt, für deren Erfassung Humboldt Pionierarbeit geleistet hat, auch durch seine Freundschaft mit den Begründern der amerikanischen Sprachwissenschaft Pickering und Duponceau, hat Humboldt eher ahnen als wirklich kennen können.

Humboldt hat lange Zeit sogar angenommen, daß sich die Sprachen Amerikas durch einen gewisse »Gleichartigkeit« auszeichneten [V: 346]. Die »Herrschaft des Pronomens«, auf die die Rede hinausläuft, ist in seinen Augen wohl ein solcher allgemeiner Zug der amerikanischen Sprachen. Über Jahrzehnte arbeitet er daran, ein Buch über die amerikanischen Sprache zu schreiben, dessen Plan wir gut rekonstruieren können und das auf diese Ähnlichkeit der amerikanischen Sprachen ausgerichtet war (Trabant 1994b). Vielleicht hat Humboldt das Projekt des Großen Amerikanischen Buches nach 1826 aufgegeben, weil ihm der Nachweis dieser »Gleichmäßigkeit« nicht recht gelingen wollte. Vielleicht ist dafür aber auch der ins Zentrum des Humboldtschen Sprachdenkens führende Grund ausschlaggebend gewesen, den der italienische Ethnolinguist Maurizio Gnerre anläßlich eines Kolloquiums über die amerikanischen linguistischen Arbeiten Humboldts zu bedenken gab. Gnerre vermutet nämlich, daß Humboldt sich von den amerikanischen Sprachen ab- und den »Südseesprachen« zugewandt hat, weil er keine echten Texte in jenen Sprachen besaß. Damit konnte er nämlich nicht zu deren »Charakter« vorstoßen. Der Schlußstein seiner Sprachwissenschaft ist aber die Beschreibung des Charakters. Und den erfaßt man in den kosmologischen Erzählungen der Tonga-Insulaner und in den Kawi-Texten allemal besser als in den »todten Gerippen« amerikanischer Missionars-Grammatiken und Wörterbücher.

1 Humboldt verkürzt im Vortragstext seine Theorie des Verbs dermaßen, daß sie ganz der Tradition zu entsprechen scheint, etwa dem Kapitel XIII der Grammatik von Port-Royal (1660: 66f.), der Mutter aller allgemeinen Grammatiken. Wichtig für Humboldts Auffassung von der »Verbalnatur« ist aber, daß dieses Zusammenfassen des Subjekts und des Prädikats mittels des Seins eine »Synthese« ist (s.u. Anm. 13) und daß es »energisch« ist, eine »Prosopopoee« [›Chinesisch‹, V: 312], ein Handeln von Personen.
2 Das Verb »sein«.
3 Mexikanisch (Nahuatl, Aztekisch), im zentralmexikanischen Hochland, zur uto-aztekischen Sprachfamilie gehörig. Humboldt hat eine Grammatik dieser Sprache geschrieben, die Manfred Ringmacher im Rahmen der Edition der sprachwissenschaftlichen Schriften Humboldts herausgegeben hat (Humboldt 1994). Ich verweise hier wie auch bei den anderen von Humboldt erwähnten Sprachen auf Ruhlen (1991, hier: 370). Interessant ist die Information über diese Sprachen bei Brinton (1885: 352ff.).
4 Totonakisch, an der mexikanischen Atlantikküste; vgl. Ruhlen (1991: 368).

5 Huastekisch, eine Maya-Sprache; vgl. Ruhlen (1991: 368).
6 Zum Maya vgl. Ruhlen (1991: 368).
7 Betoi, eine heute ausgestorbene Sprache des nördlichen Südamerika, verwandt mit dem ebenfalls ausgestorbenen Chibcha; vgl. Ruhlen (1991: 371).
8 Beim Unterschied zwischen »energischem« und »ruhendem« Attributiv, der im wesentlichen dem Unterschied zwischen Partizip und Adjektiv entspricht, bezieht sich Humboldt sicher auf Bernhardi (1805: 143 f.), den er gern bei allgemein grammatischen Fragen konsultiert.
9 Yaruro, in Äquatorialamerika, vgl. Ruhlen (1991: 373).
10 Maipure, eine der von Humboldt so genannten Orinokosprachen, zur Arawak-Sprachfamilie gehörig; vgl. Ruhlen (1991: 374).
11 Achagua, eine Arawak-Sprache in Kolumbien; vgl. Ruhlen (1991: 374).
12 Schon in ›Gramm. Formen‹ kam der Ausdruck »Sprachsinn« vor [IV: 296], der in der (kantischen) Systematik des Humboldtschen Sprachdenkens die Position der Einbildungskraft einnimmt (vgl. Nachwort, S. 208, Anm., und ›Dualis‹, Anm. 11). Hier geht es um den partikular-historischen Sprachsinn einer Nation, nicht so sehr um den universell-transzendentalen Sprachsinn des Menschen überhaupt, der Humboldts Richtmaß für die Sprachlichkeit linguistischer Phänomene ist, z.B. auch für die verschiedenen Schriften in der ›Buchstabenschrift‹ [IV: 113].
13 Die synthetische Kraft ist, zusammen mit dem »Prosopopoeischen« (vgl. Anm. 1) das eigentlich Verbale der Verbalnatur: »Durch einen und ebendenselben synthetischen Act knüpft es [das Verb] durch das Seyn das Praedicat mit dem Subjecte zusammen, allein so, dass das Seyn, welches mit einem energischen Praedicate in ein Handeln übergeht, dem Subjecte selbst beigelegt, also das bloss als verknüpfbar Gedachte zum Zustande oder Vorgange in der Wirklichkeit wird. Man denkt nicht bloss den einschlagenden Blitz, sondern der Blitz ist es selbst, der herniederfährt« [VII: 214]; vgl. auch ›Chinesisch‹, Anm. 4.
14 Eine Karibensprache vom Orinoko, laut Ruhlen (1991: 375) ausgestorben.
15 Eine Sprache der Tupi-Guaraní-Sprachfamilie im kolumbianischen und peruanischen Amazonasgebiet; vgl. Ruhlen (1991: 373).
16 Vgl. Ruhlen (1991: 375).
17 Abiponisch, Mbaya und Mocoví, Dialekte des Guaicurú, einer im Chaco (in Paraguay und Argentinien) gesprochenen Sprache; vgl. Ruhlen (1991: 375, wo Mbaya nicht erscheint).
18 Eine Sprache aus dem westlichen Chaco, nach Ruhlen (1991: 375) ausgestorben.
19 Wo in »wahrhaft grammatisch gebildeten« Sprachen neue grammatische Formen durch Anfügungen entstanden sind, gibt es solche Fälle allerdings durchaus, z.B. tritt im portugiesischen Futur das Objektspronomen noch zwischen Stamm und Endung, die ursprünglich ein an den Infi-

nitiv angefügtes unabhängiges Wort war, nämlich eine Form von *habere: cantá-lo-ei*, »singen-es-ich habe«, aus **cantare illud habeo* (»ich werde es singen«).

20 Wie wir schon bei den ›Gramm. Formen‹ (Anm. 6) und hier einleitend bemerkt haben, unterscheidet gerade dies Humboldt zutiefst von Friedrich Schlegels Auffassung, für den die Sprachen naturgegeben entweder »gut«, d.h. flektierend, oder nicht-flektierend sind. Humboldt ist demgegenüber ein Vertreter der Agglutinations-Theorie, derzufolge alle grammatischen Formen aus einer »ursprünglichen SilbenAgglutination« entstehen [›Vergl. Sprachstudium‹, IV:18] und die Sprachen demgemäß in der Entwicklung weiter oder weniger weit vorangeschritten sind. Ihr Unterschied ist dann eben nur einer »der Zeit« und nicht einer der (unabänderlichen) Natur. Der »Anlage« ist, wie der nächste Satz sagt, die Entwicklung nur »zum Theil« geschuldet.

5. Ueber die Buchstabenschrift und ihren Zusammenhang mit dem Sprachbau
[V: 107–133]

Während Humboldt in der Rede über das Chinesische vor allem das Thema der »Synthese« diskutiert, greift er hier das zweite Prinzip des Verfahrens der Sprache, die »Artikulation« auf. Im ›Vergleichenden Sprachstudium‹ (§5) war sie als körperliches Pendant zur Reflexion dargelegt worden. In den Termini der modernen Sprachwissenschaft handelt es sich um das Prinzip der »doppelten Gliederung« der Sprache (Martinet 1963), d.h. um die Tatsache, daß die Sprache einerseits die Welt in bestimmte inhaltliche Einheiten gliedert (erste Gliederung, »Reflexion«) und daß andererseits die diesen inhaltlichen Einheiten entsprechenden Lautsequenzen in bestimmte lautliche Einheiten (Phoneme) zerlegbar sind (zweite Gliederung, »Artikulation«). Den beiden Gliederungen entsprechen die beiden großen Schrifttypen der ideographischen (also die Bedeutungseinheiten, die Einheiten der ersten Gliederung wiedergebenden) oder der phonographischen (also die Laute, die Einheiten der zweiten Gliederung wiedergebenden) Schrift, der »Buchstabenschrift«. Humboldt entwickelt in dieser Rede die These, daß die phonographische Schrift, sofern ihr gerade die Einsicht in die universelle *doppelte* Gliederung zugrundeliegt, dem Wesen der Sprache angemessener ist als die ideographische, die, sofern sie nur der ersten Gliederung entspricht, die Gliederungsarbeit der Sprache nur halb zeigt. D.h. es geht ihm um den Beweis, daß die Buchstabenschrift die der semiotischen Struktur der Sprache entsprechende, damit die *sprachlichere* Schriftform ist, nicht wie Hegel (*Enz.* §459) in gut aufklärerischer Tradition darum, daß sie »an und für sich die intelligentere« Schriftform sei. (Ebensowenig geht es ja Humboldt beim Chinesischen darum, zu beweisen, daß die indogermanischen Sprachen »an und für sich die intelligenteren« seien, sondern darum, daß sie die »*sprachlicheren*« Sprachen sind.) Humboldt erkennt, daß die phonographische Schrift auf einer genialen Intuition, nämlich der Entdeckung des phonologischen Systems einer Sprache beruht, und er formuliert hierbei grundlegende Prinzipien der Phonologie, wie sie hundert Jahre später von Trubetzkoy (1939) aufgestellt werden.

Das gliedernde Wesen der Sprache wird also durch die Buchstabenschrift auf den Begriff gebracht, da sie durch die Abbildung der Phoneme die Artikulation klar und deutlich macht und dadurch die entscheidende strukturelle Einsicht in dieses Wesen der Sprache darstellt. Ihr »Zusammenhang mit dem Sprachbau« bestimmter Sprachen ist ein wechselseitiger, sofern andererseits nur Sprachen mit dem rechten artikulatorischen Sprachsinn die Buchstabenschrift generieren oder adoptieren und sofern andererseits die Buchstabenschrift deren artikulatorisches Wesen vollendet. Die Buchstabenschrift ist also nicht nur ein »Aufschreibesystem«, sondern ein integraler Bestandteil der Sprache: Sie vollendet das »Theilungsgeschäft der Sprache«.

Im zweiten Teil der Rede [V: 123 ff.] untersucht Humboldt solche Fälle, bei denen diese Vollendung des Teilungsgeschäfts gerade nicht gelungen ist, insbesondere amerindianische Schriftsysteme. Der Zusammenhang mit dem Sprachbau ist natürlich auch hier eng, nun allerdings in negativer Hinsicht. Humboldt vermutet, daß diese Sprachen so gebaut sind, daß sie die Erfindung oder die Adoption einer Buchstabenschrift nicht begünstigen und daher dann auch des »wohltätigen Einflusses« der Buchstabenschrift auf die Struktur der Sprache und auf das Sprachdenken der entsprechenden Völker entbehren müssen. Dies paßt natürlich auch zum Befund, den Humboldt bezüglich der grammatischen Formen in den amerikanischen Sprachen aufstellt: Diese Sprachen erreichen nicht den Standard der Sprachlichkeit der sogenannten sanskritischen Sprachen; vgl. ›Verbum‹.

Wichtiger als diese Überlegungen zu den amerikanischen Schriften im zweiten Teil der Rede sind uns heute vielleicht Humboldts Bemerkungen zur Psychodynamik der Schrift, insbesondere zum Verhältnis von Gedächtnis und Schrift, die manches thematisieren, was in der aktuellen Mündlichkeit-Schriftlichkeit-Debatte diskutiert worden ist (Ong 1982). Humboldt erweist sich in dieser Hinsicht letztlich dann doch als ein echterer Aufklärer als der Phonozentriker Hegel, sofern er in der Tradition Kants nicht viel von der platonistisch-rousseauistischen Verklärung der Oralität hält, sondern in der Schrift den entscheidenden Schritt zur Entlastung des Gedächtnisses, zum kritischen Denken und zur Geschichtlichkeit, eben zum Fortschritt, sieht.

Die Schrift über die Buchstabenschrift gehört zusammen mit den allgemein »philosophischen« Ausführungen des ›Vergl. Sprachstudiums‹ und den Passagen zum Dialogischen in ›Dualis‹ und in ›Ortsadverb‹ sicher zum Bedeutsamsten, das Humboldt zur allgemeinen Sprachtheorie geschrieben hat: Es sind seine wichtigsten Überlegungen zu Struktur und Medialität der

Sprache. Und daß er diese in einer Rede zu Schrift vorgetragen hat, dürfte zur Genüge zeigen, daß wir uns hier schon jenseits des Phonozentrismus befinden, den Derrida (1967) dem philosophischen *mainstream* des Abendlandes vorwirft (vgl. Trabant 1990: Kap. 8 und 9; 1994 a).

1 Gemeint ist hier der durch Jean-François Champollion 1822 durch die Deutung des Steins von Rosette gelungene Nachweis, daß die ägyptischen Hieroglyphen Lautwert haben, über den Humboldt im März 1824 vor der Akademie gesprochen hatte: ›Über die phonetischen Hieroglyphen des Herrn Champollion des jüngeren‹ [V: 78 ff.].
2 Die Kritik der Auffassung der Sprache als willkürliches Zeichen wird von Humboldt auch auf die Schrift ausgedehnt. Dabei dreht es sich allerdings nicht darum zu beweisen, daß die einzelnen Buchstaben als materielle Erscheinungen visuelle »Abbilder« der Phoneme sind (sie sind nur »Abbilder« ihrer Form, ihrer funktionellen Einheit, d.h. jedem Phonem als einer von anderen Phonemen unterscheidbaren Einheit entspricht prinzipiell ein von anderen unterscheidbarer Buchstabe), sondern es geht um die generellere Frage, ob es »gleichgültig« ist, ob die Schrift die Einheiten der zweiten (»Artikulation«) oder die Einheiten der ersten Gliederung (»Reflexion«) wiedergibt.
3 Vgl. hierzu ›Poesie und Prosa‹ [insbes. VII:206 ff.].
4 Nämlich ›Vergl. Sprachstudium‹ und ›Gramm. Formen‹.
5 Daß dem so ist, beweisen die in der modernen Lebenswelt so gebräuchlich gewordenen Piktogramme an Orten des internationalen Verkehrs, die sich gerade der Zurückdrängung des Wortes (einer bestimmten Sprache) bewußt bedienen.
6 Mit »Figurenschrift« bezeichnet Humboldt das ideographische Verfahren, das im Gegensatz zur abbildlichen »Bilderschrift« die Einheiten der ersten Gliederung durch nichtabbildliche, willkürliche Zeichen wiedergibt wie ein Großteil der chinesischen Schriftzeichen.
7 Mit dem Nachweis der Unangemessenheit der ideographischen Schrift gegenüber dem synthetischen (d.h. Laut und Bedeutung untrennbar verbindenden) und daher lautlichen Wesen der Sprache und dem folgenden Gedanken der Unhintergehbarkeit der sog. natürlichen Sprache setzte Humboldt auch in aller Schärfe den noch von Leibniz gehegten Hoffnungen auf eine *characteristica universalis,* eine universelle Begriffsschrift, ein Ende. Harbsmeier (1979: 12 f.) weist darauf hin, daß Leibniz sich gerade im Zusammenhang mit seinen Überlegungen zur *characteristica universalis* für die chinesische Schrift interessiert hat.
8 Diese drei Prinzipien der Buchstabenschrift entsprechen genau den drei Grundkapiteln einer phonologischen Beschreibung (Phonem-Inventar, Klassifizierung und Phonem-Verbindungen) und machen deutlich, daß der Erfindung der Buchstabenschrift eine »vorwissenschaftliche« phonologische Analyse zugrundeliegt.

Anhang

9 Der »Laut« oder »Ton« ist in der Terminologie Humboldts meist der »verbundene Laut« eines ganzen Wortes. Das einzelne Phonem nennt er, wo er es präzise bezeichnet, »Lautelement«; hier ist »jeder Laut« das »Lautelement«. Der oft erhobene Vorwurf gegen die Sprachwissenschaft der Zeit, sie habe nicht genau zwischen »Phonem« und »Buchstaben« unterschieden, ist höchstens in terminologischer Hinsicht berechtigt: wenn z.B. Bernhardi (1805) oder J. Grimm von den »Buchstaben« handeln, so ist völlig klar, daß sie von den Sprachlauten sprechen. Die terminologische Unschärfe ist im übrigen insofern durchaus berechtigt, als die Buchstaben idealiter ja den Phonemen entsprechen.

10 Die der Schrift zugrundeliegende Intuition der phonologischen Analyse dokumentiert und befördert ein Bewußtsein von der Sprache, das in moderner Terminologie »metasprachlich« genannt werden würde. Insofern diese und andere »metasprachliche« Einsichten in die Sprache wieder auf sie zurückwirken, macht Humboldt deutlich, daß sie *reflexiv* sind und zum Funktionieren der Sprache selber gehören. Sie machen ihr Selbstbewußtsein und damit ihre kritische Potenz aus.

11 Dies ist nichts mehr und nichts weniger als die dem heute gültigen Phonem-Begriff zugrundeliegende Grundannahme: Ein Phonem kann nicht allein nach seiner »physischen Beschaffenheit«, d.h. nach seinen artikulatorischen oder akustischen Eigenschaften definiert werden. Daß nämlich gerade dieses oder jenes Segment einer Lautfolge, die physisch ein Kontinuum ist, als *ein* Laut aufzufassen ist, kann nur nach der »Absicht« oder dem »Erfolg« gesagt werden. D.h. die Segmentierung ist nur möglich, wenn man feststellen kann, daß ein Teil des Kontinuums *funktional* ist, daß er bedeutungsunterscheidende Funktion hat, daß er »unmittelbar durch sein Ertönen Begriffe hervorbringen kann«. Daher ist es auch nicht möglich, den Unterschied z.B. zwischen /p/ und /k/ »auf einen allgemeinen sinnlichen Begriff zurückzuführen«, dieser Unterschied läßt sich nur innerhalb einer bestimmten Sprache als funktionaler feststellen und gerade nicht allgemein. Es kann nämlich sein, daß der physikalische und artikulatorische Unterschied in einer anderen Sprache gar nicht als phonologischer Unterschied funktioniert.

12 Humboldts Phonologie ist eine primär segmentale Phonologie. Die prosodischen Eigenschaften, die er hier anspricht, können, wie er bemerkt, aber doch phonologisch relevant sein, d.h. »Gattungen von articulirten Tönen« bilden; im Deutschen z.B. bildet das Segment /a/ die phonologisch relevanten »Gattungen« des langen und des kurzen /a/. Auf Grund dieser Unterscheidung unterscheidet man z.B. zwischen /maːsə/ (Maße) und /masə/ (Masse). Wo sie keine phonologische Relevanz haben, sind diese Eigenschaften in der Tat »frei« und können »Eigenschaften aller articulirten Töne« sein, bzw. zu weiteren Ausdrucksabsichten verwendet werden (vgl. Trubetzkoys [1939] Kapitel über ›Lautstilistik‹).

13 Schloka: indisches Versmaß.

14 Zum Zusammenhang von Poesie und Musik, s. auch ›Poesie und Prosa‹ [II:195f.]
15 Vgl. ›Gramm. Formen‹.
16 Zum Begriff der Gliederung oder Artikulation bei Humboldt und in der strukturellen Linguistik vgl. Trabant (1993).
17 Gemeint sind die Trigramme *(pa-kua)* der chinesischen Wahrsageliteratur; vgl. Jensen (1969: 156).
18 Die demotische Schrift ist eine Kursivform der ägyptischen Hieroglyphen, die im Gegensatz zur »hieratischen«, also religiösen Schrift »volksmäß«, also profan gebraucht wurde; vgl. Coulmas (1989: 69f.).
19 Bei dem erwähnten Verzeichnis handelt es sich um die sogenannten Monumente, über deren Schicksal Müller-Vollmer (1993: 320f.) informiert.
20 Vgl. das Fazit über die amerikanischen Sprachen am Ende von ›Verbum‹.
21 Humboldt hat immer wieder auf die Reden der nordamerikanischen Häuptlinge Bezug genommen, die er nicht nur politisch, sondern auch linguistisch für außerordentlich bedeutsam hielt, da er sich von ihnen Aufschluß über den Charakter der Indianersprachen versprach, den ihm das mittel- und südamerikanische Sprachmaterial gerade verweigerte. Dies war sicher auch das Motiv seiner Kontaktaufnahme mit dem Cherokee-Publizisten Elias Boudinot; vgl. Müller-Vollmer (1993: 61, 68).
22 Auch Coulmas (1989: 18) schreibt über die Quipus immer noch: »The issue seems to be unresolved«.
23 So auch Coulmas (1989: 31): »The Aztek system is a picture-word writing system in which the initial steps towards phonetization had been accomplished, but which never developed a full-fledged system, however. It remained at the threshold of writing proper.«
24 Die Entlastung des Gedächtnisses durch die Schrift ist die Bedingung für die Befreiung der Intelligenz von reinen Behaltensleistungen, die Schrift damit also die Bedingung der Möglichkeit fortgeschrittener »geistiger Bestrebungen«, die sich in der Prosa entfalten; vgl. ›Poesie und Prosa‹ [II:207f.].

6. Ueber den grammatischen Bau der Chinesischen Sprache
[V: 309–324]

Der französische Sinologe Jean Pierre Abel-Rémusat, von dessen *Eléments de la grammaire chinoise* (Paris 1822) Humboldt wohl erst nach seiner Rede über die grammatischen Formen Kenntnis erlangte (auch wenn er sie in der Druckfassung zitiert), hatte die ›Gramm. Formen‹ 1824 rezensiert. Daraufhin antwortet Humboldt mit seiner *Lettre à M. Abel-Rémusat, sur la nature des formes grammaticales en général et sur le génie de la langue chinoise en particulier,* die auszugsweise 1826, dann 1827 als eigene Schrift in Paris erschien (amüsanterweise mit dem Porträt seines viel berühmteren Bruders Alexander als Autor). Schon im März 1826 aber trug Humboldt eine deutsche Fassung seines Briefes vor der Akademie vor, die in gekürzter Form den Inhalt der ersten drei Viertel seines Briefes enthält.

Ebensowenig wie bei den ›Gramm. Formen‹ liegt die Bedeutung der Humboldtschen Überlegungen zum Chinesischen in der Klassifikation der Sprachen, auf die die Rede hinauszulaufen scheint. Die Bedeutung der Schrift besteht vielmehr zum einen darin, daß Humboldt hier exemplifiziert, was er sich unter der »Monographie« einer Sprache vorstellt, d.h. es wird der konsequent *strukturelle* Gesichtspunkt der von Humboldt ins Auge gefaßten Sprachbeschreibungen deutlich, die die »in die jeweilige Sprache selbst gelegte« Grammatik erfassen sollen. Dabei erfährt man einiges über die Struktur des Altchinesischen, auch wenn aus heutiger Sicht Präzisierungen angebracht scheinen.

Die hauptsächliche Bedeutung der Abhandlung über das Chinesische liegt aber auf einer allgemeineren, nämlich der sprachphilosophischen oder besser semiotischen Ebene: In Fortführung des im ›Vergl. Sprachstudium‹ entwickelten Gegensatzes von willkürlichem Zeichen und Sprache repräsentieren nämlich das Chinesische einerseits und die indogermanischen Sprachen andererseits die beiden Möglichkeiten, die Sprache zu behandeln, nämlich als Zeichen oder als Sprache. Da die Sprache ein »Doppeltes« ist, ein (synthetisch verbundenes) Doppeltes aus »Gedanke« und »Ton«, ist es nämlich möglich, dieses Doppelte zu trennen, die Aufmerksamkeit auf den »Gedanken« zu legen und den Ton als mehr oder minder gleichgültig anzusehen, bzw. überhaupt die *Synthese* weniger konsequent einzuhalten, oder aber, es als die synthetische Einheit von »Gedanke« und »Ton« zu fassen, als die Humboldt die Sprache erkannt hat. Die zeichenhafte, d.h. nicht-synthetische Behandlung der Sprache, die auch die traditionelle europäische Sprachtheorie charakterisiert, sieht Humboldt nun im Chinesischen bis in die Grammatik hinein realisiert. Deutlich wird jene Betonung des »Gedanken« auch in der ideographischen Schrift des Chinesischen, die ja prinzipiell (das Prinzip ist nicht rein durchgeführt) den Laut und damit die innige Verbindung von Laut und Bedeutung in der Sprache gleichsam übergeht (s. ›Buchstabenschrift‹). Dabei ist weder die chinesische Sprache noch jene traditionelle Sprachtheorie falsch – die Sprache ist ja *auch* Zeichen und kann daher auch als solches behandelt werden –, sie ist nur völlig einseitig und der spezifischen semiotischen Struktur der Sprache nicht angemessen. Was Humboldt zeigt, ist also die im Vergleich mit dem Chinesischen größere *Sprachlichkeit* der indogermanischen Sprachen.

Seitdem Ferdinand de Saussure (1916) scheinbar die traditionelle aristotelische Auffassung von der »Willkürlichkeit« der Sprache wiederbelebt hat (in Wirklichkeit hat er vor allem die Humboldtsche Synthesis von »Laut« und »Gedanke« betont, die er allerdings von der »Welt« als dem von dieser Synthesis Darzustellenden weit mehr abkoppelt als Humboldt), ist in der

Sprachwissenschaft die Diskussion um die »Willkürlichkeit« des sprachlichen Zeichens nicht mehr abgerissen. Zu dieser Diskussion stellen die kaum bekannten Einsichten Humboldts in die semiotische Struktur der Sprache noch zu entdeckende bedeutende Beiträge dar.

1 Der heute hierfür übliche Terminus ist »morphologisch«.
2 Dies zeigt noch einmal, daß Humboldt sich von der »reinen« Grammatik, wie sie z.B. der von Humboldt oft herangezogene Bernhardi vertritt, jenseits der historischen Verschiedenheit leiten läßt. Die Gesamtheit der »inneren, sprachbestimmenden Gesetze« nennt Humboldt auch den »Sprachsinn«; vgl. ›Dualis‹, Anm. 11 und 16.
3 Dieser, sich aus Humboldts die Zeichenhaftigkeit der Sprache ja stark einschränkenden Sprachauffassung ergebende Gedanke (s. ›Vergl. Sprachstudium‹ §15ff.) hätte noch vor zwanzig Jahren die Mehrheit der Linguisten erschaudern lassen. Inzwischen ist, vor allem durch den von der Peirceschen Semiotik beeinflußten Aufsatz R. Jakobsons (1964), die Frage nach der Abbildlichkeit (Ikonizität) der Sprache kein Tabu mehr.
4 Die »Synthesis«, die zusammen mit der Artikulation das Wesen der Sprache ausmacht (s. ›Vergl. Sprachstudium‹ §5), tritt im Satz als grammatische Funktion des Verbs ans Licht: »Alle übrigen Wörter des Satzes sind gleichsam todt daliegender, zu verbindender Stoff, das Verbum allein ist der, Leben enthaltende und Leben verbreitende Mittelpunkt« [VII: 214]. Das Verb macht damit aus der mathematischen Grundform des Urteils (Rom = Brennen) ein Drama mit handelnden Personen *(Prosopopoee):* »Rom brennt«. Dieser Gedanke Humboldts ist in der modernen Linguistik von der Dependenzgrammatik wiederentdeckt worden, die bei der Satzbeschreibung von der dramatischen Mittelpunktfunktion des Verbs ausgeht, das »Aktanten« synthetisch an sein »dramatisches« Potential bindet, vgl. Tesnière (1965).
5 Vgl. Bernhardi (1805: 1293): »Männlich und weiblich ist etwas in der Natur gegründetes und durch die ganze lebendige Natur sich erstreckendes, von den erfahrungslosen Menschen also leicht aufgefaßtes und auf die Substanz selbst übertragenes.«
6 Die Abkürzung T. bezieht sich auf die Ausgabe des *Tchoung-Young* (Chung-Yung), eines der vier klassischen konfuzianischen Bücher, das Abel-Rémusat 1818 in Paris herausgegeben hatte.
7 Die Abkürzung Gr. bezieht sich auf die chinesische Grammatik von Abel-Rémusat, *Eléments de la grammaire chinoise,* Paris 1822.
8 Auch Harbsmeier, der seine Skizze des Altchinesischen kritisch der Humboldtschen entgegenstellt, wäre nicht entgangen, daß er diese zentrale Aussage der Humboldtschen Darstellung des Altchinesischen gerade voll bestätigt, wenn er seine Analyse an Humboldts Überlegungen zurückgebunden hätte (1979: 265f.).
9 Abel-Rémusat, *Recherches sur les langues tartares,* Paris 1820.

10 Dieser Ausdruck ist nicht, wie man immer wieder liest, die Erfindung böser deutscher Rassisten, sondern ein zunächst geographischer, den Raum zwischen Indien und Germanien bezeichnender Ausdruck, der von dem dänisch-französischen Geographen Conrad Malte-Brun (*Précis de géographie universelle*, Bd.II, Paris 1810: 577) stammt. Humboldt zieht im allgemeinen den Ausdruck »sanskritisch« vor; vgl. Humboldts diesbezügliche Anmerkung in ›Dualis‹ [VI:18].

11 Diese gegenüber den ›Gramm. Formen‹ neue, positive Bewertung des Chinesischen ist nicht nur die Frucht der intensiven Beschäftigung Humboldts mit dem Chinesischen, sondern auch die Konsequenz des Aufgebens der dort verfolgten, wenn auch ideellen, *genetischen* Fragestellung (»Entstehen«) zugunsten einer strukturellen Fragestellung, in der die grundlegenden semiotischen Überlegungen aus dem ›Vergl. Sprachstudium‹ konsequent zum Tragen kommen: Auch die indogermanischen Sprachen, die den Weg der *Sprachlichkeit* (Zeichen und Abbild zugleich) vervollkommnen, nähern sich in ihrem letzten und höchsten Gebrauch der *Zeichenhaftigkeit* [vgl. ›Poesie und Prosa‹, VII: 199ff.], die das Chinesische von vornherein konsequent verfolgt. Die drei »Gattungen« von Sprachen entstehen also durch eine größtmögliche Annäherung an die beiden Pole der Zeichenhaftigkeit oder Sprachlichkeit einerseits und eine unbestimmte Zwischenstellung andererseits.

7. Ueber den Dualis
[VI: 4–30]

Während die Abhandlung über das Chinesische im Rahmen einer übergeordneten (semiotisch-sprachphilosophischen) Fragestellung den Weg andeutet, den die im ›Vergl. Sprachstudium‹ geforderten »Monographien« über die einzelnen Sprachen einzuschlagen haben, gibt Humboldt hier ein Beispiel für die zweite Art von »Monographie«, nämlich die einer einzelnen sprachlichen Kategorie quer durch alle Sprachen. Diese Art der Problemstellung bringt es mit sich, daß diese Rede einen Eindruck verschafft von dem ungeheuren Umfang des Sprachwissens Humboldts, dem es, wie sein Bruder Alexander im Vorwort zum Kawi-Werk sagt, vergönnt war »tiefer in den Bau einer größeren Menge von Sprachen einzudringen, als noch je von *einem* Geiste umfaßt worden sind« [VII: 347]. Vor allem solchen Untersuchungen obliegt es, die Vermittlung zu leisten zwischen der allgemeinen, »reinen«, philosophischen Grammatik und der »historischen«, d.h. empirischen Grammatik der einzelnen Sprachen, d.h. sie sollen die »Systemsucht« der philosophischen Grammatik ebenso verhindern wie das sich Zufriedengeben mit der »vollständigen Aufsuchung der Thatsachen« durch die empirische Grammatik. »Einheit in die Mannigfaltigkeit zu bringen«, mit dieser Kantischen Formulierung der Funktion der Synthesis beschreibt Humboldt den Sinn dieser Unternehmung, d.h. es handelt sich nicht nur um eine Subsumption verschiedener Einzelfälle unter den unveränderlichen Begriff des Dualis, sondern aus der Verbindung des »reinen« Begriffs und der individuellen Ausprägungen entsteht etwas Neues, das konkrete Allgemeine. Der erste Teil des Aufsatzes präsentiert daher in einem Überblick über die Sprachen der Welt die historischen Fakten, der zweite entwickelt den Dualis »aus allgemeinen Ideen«, zusammengenommen erfüllen sie Humboldts Absicht. Warum nun Humboldts Wahl ausgerechnet auf den Dualis gefallen ist (und nicht etwa auf das Verb, das er im ›Vergl. Sprachstudium‹ als Beispiel angeführt hatte), dafür gibt Humboldt selber zwei recht äußerliche Gründe an [VI: 10f.]. Der tiefere Grund, der schon in dem Motto anklingt, ist der, daß der Dualis »durch eine einzige einfache feste Zusammenfügung zur Vollendung der Dinge so gut geeignet ist«, d.h. daß gerade diese grammatische Form Humboldts Grundthema der Vereinigung des Getrennten, auf der jede Vollkommenheit beruht, die Synthese, symbolisiert. Deutlicher als alle anderen Reden über die Sprache schlägt daher nicht nur implizit, sondern auch ausdrücklich, die Rede über den Dualis die Brücke zu Humboldts frühen Versuchen einer Begründung der Synthesis im Sexuellen, auf dessen Sublimationsform, das Gespräch, das sprachliche Zusammenfügen von Ich und Du, die Rede hinausläuft. Dies gibt Humboldt Gelegenheit, die Verankerung der sprachlichen Synthesis in der pragmatischen Dimension, die im ›Vergl. Sprachstudium‹ nur anklang, ganz deutlich herauszuarbeiten. Das Thema des »Urtypus« der Sprache wird in der Rede über das Pronomen weitergeführt, die damit zusammen mit den »pragmatischen« Passagen des ›Dualis‹ den aktuellen philosophischen und linguistischen Bemühungen besonders nahe steht, in denen der Andere, der Dialog, die »Konversation« zum prominenten Thema geworden ist.

1 Siehe ›Vergl. Sprachstudium‹ §11.
2 Dieser Abschnitt macht noch einmal die Absicht von Humboldts »vergleichendem Sprachstudium« als zwischen »philosophischer« und historisch-empirischer Sprachforschung vermittelnder Sprachwissenschaft deutlich, und damit auch die Kluft zwischen dieser und dem sich etablierenden Paradigma der sog. »historisch-vergleichenden« Sprachwissenschaft des 19. Jahrhunderts, die nicht nur zunehmend einseitig historisch-empirisch ausgerichtet sein, sondern das Historische auch noch auf das Diachronische reduzieren sollte.
3 Die Legitimation der Autonomie aller Wissenschaft (auch der Naturwissenschaften) aus dem »höchsten und allgemeinen Zweck des Gesammtstrebens des menschlichen Geistes«, die ja auch das Humboldtsche Universitätskonzept bis in die Organisationsform hinein prägt, hat – folgt man der Diagnose Lyotards (1979) – unter »postmodernen Bedingungen« heute ihre Glaubwürdigkeit verloren. Ohne über diese »letzte Frage« der Wissenschaftstheorie hier entscheiden zu wollen, scheint doch die Humboldtsche Art der Orientierung an den »letzten Zwecken« des Menschenge-

Anhang

schlechts ein Korrektiv zu sein sowohl gegenüber dem kulturellen (und anderem) Indifferentismus und Relativismus, in dem »anything goes«, als auch gegenüber kultureller Borniertheit und Arroganz, wie Humboldt sie weiter unten an Schmitthenner kritisiert.

4 Diese Einseitigkeit der sprachwissenschaftlichen Fragestellung sollte sich im 19. Jahrhundert durchaus noch verstärken, wo man sie – gerade durch den Erfolg der weiter unten angeführten Arbeiten von Grimm, Bopp und A. W. Schlegel – schlicht mit der Sprachwissenschaft gleichsetzte. Für Humboldt war sie, wie aus dem Gesamttableau des ›Vergleichenden Sprachstudiums‹ hervorgeht, nur eine der möglichen Fragen bezüglich des »Baus« der Sprachen.

5 D.h. Humboldt warnt davor – was sich schon in seiner Zeit andeutete –, den Verwandtschafts-Begriff biologisch, d.h. rassistisch zu verstehen.

6 Die geplanten weiteren Abschnitte sind nicht geschrieben worden. Es gibt in der Handschrift nur die Überschrift des zweiten Abschnitts: ›Von den Sprachen, in welchen der Dualis vorzugsweise als Pronominalform erscheint‹.

7 Die Vermutung Humboldts, daß die keltischen Sprachen indogermanische Sprachen sind, hat die Indogermanistik voll bestätigt.

8 Dies ist das Thema des Kawi-Werks, vgl. ›Südseeinseln‹.

9 Adelung/Vater, *Mithridates*, Berlin 1806–17.

10 Adrian Balbi, *Atlas ethnographigue du globe ou classification des peuples anciens et modernes d'après leurs langues*, Paris 1826.

11 Der »Sprachsinn« ist sowohl universell (alle Menschen haben ihn) als auch offen für Verschiedenheit (die Menschen haben ihn in verschiedenem Grad und in verschiedener Ausprägung). Der Ausdruck »Sprachsinn« ist ganz offensichtlich in Analogie zu Kants »sensus communis«, dem »gemeinschaftlichen Sinn«, gebildet (vgl. KdU: 156ff.) und ist ebensowenig biologisch gemeint wie dieser.

12 Dem Problem des Verhältnisses zwischen dem Raum als reiner Form der Anschauung und dem Personalpronomen ist die Abhandlung über das Pronomen gewidmet.

13 Hier knüpft Humboldt ausdrücklich an seinen *Horen*-Aufsatz ›Über den Geschlechtsunterschied‹ von 1795 an. Bernhardi, Humboldts Gewährsmann für »reine« Grammatik, schreibt über den Dualis: »Die Verbindung zwischen Mann und Weib, Redenden und Angeredeten, ließen eine solche umfassende Form entstehen, aber sie ist keineswegs notwendig« (Bernhardi 1805: 128).

14 Die folgende Passage über die »Wechselrede«, die Humboldt bis »beiden entgegengesetzt« in das spätere Werk ›Über die Verschiedenheiten des menschlichen Sprachbaues‹ übernimmt [VI: 160f.] enthält das Kernstück der Humboldtschen Sprachphilosophie, die semantisch-pragmatische Synthesis der Sprache, die im § 14 der Kawi-Einleitung wieder aufgegriffen wird [vgl. insbes. VII: 55–57]; vgl. Nachwort.

15 Dies wird in ›Pronomen‹ fortgeführt.
16 Das Verhältnis von »Sprachsinn« und Einbildungskraft bei Humboldt läßt sich so bestimmen, daß der Sprachsinn als die die Synthesis von Spontaneität (Verstand) und Rezeptivität (Sinnlichkeit) vollbringende Kraft zwar die systematische Stelle der Kantischen Einbildungskraft einnimmt (vgl. Nachwort). Da Humboldt die »Einbildungskraft« aber mehr auf der Seite der Sinnlichkeit ansiedelt, fällt der Sprachsinn für ihn nicht mit der Einbildungskraft zusammen, sondern kann höchstens als deren unsinnlichste Form angesehen werden. Der Sprachsinn entspricht damit dem »Geist« (für dessen »Arbeit« er das »Organ« ist, vgl. VII: 46, 53), der »dasjenige Unsinnliche ist, dem wir gerade noch genügend Körperliches einräumen, um erscheinen zu können« [II: 332f.]. Dem Sprachsinn obliegt es, die Sprache dem apriorischen »Organismus des Denkens« [vgl. ›Gramm. Formen‹, IV: 307] soweit wie möglich ähnlich (»symbolisch«) zu machen.
17 *Odyssee* 11, 299: »[Die von Tyndareos Kraft] zwei mutige Söhne geboren« und 11, 307: »[Und sie gebar zwei Söhne], wiewohl kurz blühenden Lebens« (Voß).
18 *Metamorphosen* 8, 372ff.: »Aber die Zwillingsbrüder, noch nicht Gestirne am Himmel, / Stattlich beide zu schaun, auf Rossen beide, die weißer / Glänzten als Schnee« (Rösch).

8. Ueber die Sprachen der Südseeinseln
[VI: 37–40]

In der Rede über die Sprachen der Südseeinseln entwirft Humboldt den Plan seines Kawi-Werks, das auf die Frage hinausläuft, ob die malayischen Sprachen, die einerseits durch starke lexikalische Einflüsse seitens der angrenzenden Sprachen mit diesen »Sprachen eines *Gebiets*« bilden (wie das Kawi und das Indische) und andererseits in grammatischer Hinsicht strukturelle Ähnlichkeiten mit dem Chinesischen (aber auch mit den amerikanischen Sprachen) aufweisen (also derselben »*Klasse*« angehören könnten), in genealogischer Hinsicht Sprachen eines *Stammes* sind [vgl. VI: 294].

Humboldt hat diesen Plan nicht mehr vollenden können: Im dritten Buch des Kawi-Werks: *Über den Malayischen Sprachstamm* ist die eigentliche vergleichende Grammatik der Südseesprachen nur bis zur Lautlehre gediehen, der bei weitem größere Teil stammt von seinem Sekretär Buschmann. Humboldt hat selber noch das erste Buch des Kawi-Werks *Über die Verbindungen zwischen Indien und Java* bis zur Drucklegung betreut, es ist aber erst 1836 zusammen mit der unvollendeten Kawi-Einleitung (die auch als separater Band veröffentlicht wurde) im ersten Band des Kawi-Werks ausgeliefert worden. Das zweite Buch *Über die Kawi-Sprache* lag bei Humboldts Tod als fertiges Manuskript vor.

Nach der hier wiedergegebenen einführenden Passage (die den dritten Band des Kawi-Werks eröffnet), einem kurzen Überblick über die Problematik der Erforschung der Sprachen der Südseeinseln und die Methode zur Feststellung der gemeinsamen Abstammung (natürlich die von Humboldt geschätzte Methode Bopps und Grimms), gibt Humboldt einen Einblick in den »Charakter« der Sprache der Tonga-Inseln durch die Interpretation eines Weltentstehungsmythos: »Man findet auf diesem Wege, besonders bei Sprachen sehr abweichenden Baus, Vieles, wovon die wissenschaftliche Grammatik gänzlich schweigt, und da gern übergangen wird, was sich nicht in die gewöhnliche Methode hineinzwängen lässt, so ist gerade dies das Innerste und Eigenthümlichste der Sprachen« [VI: 43 f.].

Wenn auch Humboldts Interpretation dieser Erzählung sehr reizvoll ist, zumal sie einmal an einem konkreten Beispiel zeigt, wie Humboldt sich dem »Charakter« einer Sprache annähert, so haben wir hier doch auf die Wiedergabe verzichtet, weil in ›Poesie und Prosa‹ die Frage des »Charakters«, der »Schlußstein der Sprachkunde«, auf den Begriff gebracht wird. Wir geben hier nur die einführende Passage wieder, in der Humboldt das Entstehen der neuen geschichtlichen »allgemeinen Sprachkunde« aus einer neuen Ansicht von der Natur der Sprache ableitet und es welthistorisch mit der – »Isolierung« und »Einverleibung« überwindenden – Idee der Brüderlichkeit, der dialogischen Synthes der Völker, verbindet.

1 Diese »unrichtige Ansicht« ist die von Humboldt kritisierte traditionelle Auffassung der Sprache als eines willkürlichen Zeichens, die die Verschiedenheit der Sprachen nur als eine »Verschiedenheit von Schällen«, nicht als »eine Verschiedenheit von Weltansichten selbst« begreift (vgl. ›Vergl. Sprachstudium‹ § 15 ff.).

9. Ueber die Verwandtschaft der Ortsadverbien mit dem Pronomen in einigen Sprachen
[VI: 304–311, 319–321, 329–330]

In dieser Rede führt Humboldt das Thema des Dualismus der »Wechselrede« weiter, in der die Rede über den Dualis gipfelte. Das Personalpronomen stellt ja insofern eine besondere Herausforderung an eine philosophisch geleitete Grammatik dar, als Ich und Du im »Organismus des Denkens«, wie ihn die traditionelle Logik beschreibt, nicht vorkommen. Die allgemeine philosophische Grammatik, die insgesamt den Kategorien der Logik folgt, faßt daher auch die Pronomina der ersten und zweiten Person als das, was der Terminus sagt, als Pro-Nomina, d.h. als Ersatzformen für Substantive. Bernhardi als der von Humboldt immer wieder herangezogene »reine« Grammatiker ist da ganz explizit: »Das Wesen dieser Formen ist repräsentativ, und zwar im höchsten Grad, denn sie vertreten die Stelle eines andern Wortes, und zwar eines eigenen Namens« (1801: 260). Nur ist damit, daß man sagt, *Ich* ersetzt einen Namen (Ich = Fritz Müller), noch nicht viel über die Bedeutung von *Ich* gesagt (höchstens etwas über mögliche syntaktische Funktionen) und nicht viel mehr, wenn man hinzufügt, daß es der Name der Person ist, die spricht; und zwar deswegen weil Ich (und Du) primär gar keine einen anderen sprachlichen Ausdruck *ersetzenden* Formen sind, sondern sich auf den Vorgang des Sprechens selbst beziehen (Humboldt nennt dies »selbstbezeichnend«). Damit ist aber die Kategorie der Person im engeren und eigentlichen Sinne von »den am Sprechen Beteiligten« mitsamt ihrer Opposition, der Nicht-Person, der dritten, eine Kategorie, die »in das Denken bloss durch die Sprache eingeführt« wird.

Wenn in ›Chinesische Sprache‹ die Funktion des Verbs als eine »ursprüngliche Prosopopoee«, eine Personifizierung des logischen Urteils bezeichnet wurde, so sieht man nun, daß diese Funktion des »Mittelpunkts der Sprache« mit der nur durch die Sprache ins Denken eingeführten Kategorie der Person bzw. allgemeiner mit dem in den »Personenwörtern« sich manifestierenden »Urtypus« des Sprechens zusammenhängt, d.h. auch die Funktion des Verbs letztlich nur durch die Sprache ins Denken eingeführt ist. Indem er die Sprachlichkeit dieser beiden zentralen grammatischen Kategorien erkennt, erweist sich Humboldt als ein schärferer Kritiker der logizistischen Grammatik als er es selber in seiner versöhnlichen, dialogisierenden Argumentationsweise vermuten läßt.

Die Abhandlung ist im wesentlichen eine – vor allem hinsichtlich der diskutierten Beispiele aus den verschiedenen Sprachen stark erweiterte – Wiederaufnahme der ›Ausschweifung über die Natur des Pronomens‹ [VI: 173], die sich Humboldt innerhalb der Erörterung des Verhältnisses von Geselligkeit und Denken in jener »Einleitung« erlaubt, an der er in den Jahren 1827–29 gearbeitet hat: *Über die Verschiedenheiten des menschlichen Sprachbaues* [vgl. VI: 160–173]. Daß er gerade diese »Ausschweifung« zum Thema eines Akademie-Vortrags macht, zeigt, welche Bedeutung »für die Geschichte der Entwicklung des menschlichen Geistes« er der Thematik von Ich und Du und deren Zusammenhang mit den Formen der Sinnlichkeit beimaß. Ohne jeden Hinweis auf Humboldt ist E. Benveniste in seinem titelgleichen Aufsatz ›La nature des pronoms‹ (1956) eine Wiederentdeckung wesentlicher Gedanken Humboldts gelungen. Auch die scheinbar traditionslose philosophische Dialogik des 20. Jahrhunderts nährt sich nach Theunissen (1977: 5 u.ö.) aus der Tradition, deren wichtigstes Glied Humboldt darstellt. Wo Theunissen auf den Humboldtschen Beitrag zu dieser Tradition hinweist, bezieht er sich daher auch auf den ›Dualis‹ und auf die vorliegende ›Ausschweifung über die Natur des Pronomens‹.

1 In *Verschiedenheiten* fügt Humboldt hier die Passage über Ich und Du aus dem ›Dualis‹ ein [VI: 25 ff.], »da sie wesentlich hierher gehört« [VI: 160].

Anhang 265

2 Es ist nämlich nichts anderes als die auf den Begriff gebrachte »einfache Verstandeshandlung«, die Humboldt im ›Vergl. Sprachstudium‹ (§13) als den Ursprung der Sprache bezeichnet.
3 Vgl. Kant, KdrV: B 38: »Der Raum ist kein empirischer Begriff, der von äußeren Erfahrungen abgezogen worden. Denn damit gewisse Empfindungen auf etwas außer mich bezogen werden (d.i. auf etwas in einem anderen Orte des Raumes, als darinnen ich mich befinde), imgleichen damit ich sie als außer- und neben einander, mithin nicht bloß verschieden, sondern als in verschiedenen Orten vorstellen könne, dazu muß die Vorstellung des Raumes schon zum Grunde liegen.«
4 Hier folgt der ausführliche Aufweis des Zusammenhangs von Ortsbegriff und Pronomen in den angegebenen (und anderen) Sprachen. Wir geben hier nur – dies möge an dieser Stelle zum Verständnis der Humboldtschen Argumentation genügen – einen kleinen Teil seiner Ausführungen über das Armenische wieder, bei dem sich jener Zusammenhang am eindeutigsten zeigt.
5 Hier folgen noch der Beweis über die Herkunft der Pronominallaute aus Ortsbezeichnungen sowie eine ausführliche Darlegung des Gebrauchs von s, t, n im Armenischen.
6 Vgl. Nachwort.

10. Charakter der Sprachen. Poesie und Prosa
[VII: 193–209]

Den »Schlußstein« der allgemeinen Sprachkunde, das hat Humboldt in seiner ersten Akademie-Rede deutlich gemacht, stellt nach der Untersuchung des »Baus« der Sprachen die Untersuchung der Sprachen in ihrer »Ausbildung« dar; denn nur aus dem »Gebrauch« der Sprachen läßt sich ihr »Charakter« ersehen: »Er ist [...] gleichsam der Geist, der sich in der Sprache einheimisch macht und sie, wie einen aus ihm herausgebildeten Körper beseelt« [VII: 172]. Humboldt widmet ihm in der Kawi-Einleitung, nachdem er sich hauptsächlich mit dem grammatischen »Bau«, dem »Organismus« der Sprachen beschäftigt hat, ein langes Kapitel [VII: 165–209], dessen letzten Teil wir hier wiedergeben, auf den alles hinausläuft: Poesie und Prosa sind für Humboldt die Endpunkte der sprachlichen Entwicklung, die Kristallisationspunkte des Charakters, die er insbesondere bei den Griechen in nie wieder einholbarer Vollendung erreicht sieht. Daß Humboldts ganzer Eros als Sprachdenker auf diesen Punkt hinzielt, erhellt auch aus der Tatsache, daß kaum ein anderes Kapitel der Kawi-Einleitung sprachlich so vollendet ist wie dieser Text, den August Böckh mit sicherer Intuition in der Gedächtnisfeier der Akademie am 9.7.1835 als Humboldts Vermächtnis vorgelesen hat.
Nichts verhallte so folgenlos wie dieses Vermächtnis Humboldts. Wo ein-

mal Ähnliches versucht wurde, da versank es vor dem zünftigen Vorwurf der fehlenden (Natur-)Wissenschaftlichkeit. Humboldt selber setzt sich mit diesem Vorwurf schon auseinander, wo er der Frage der Möglichkeit einer wissenschaftlichen Untersuchung der Individualität nachgeht, die man nicht erschöpfend darstellen, deren »Umriß« man sich nur nähern, »empfinden und erahnden« kann: »Man kann um so weniger der Begierde widerstehen, wenigstens den Versuch zu wagen, als das ermüdende Sammeln der unzähligen Einzelheiten, welches die Erforschung jeder Sprache voraussetzt, erst durch diese höheren Betrachtungen wirklich belohnt wird« [IV: 423]. Ein solches Wagnis widerspricht zwar den wissenschaftstheoretischen Überzeugungen der Mehrheit der sprachwissenschaftlichen Forschergemeinschaft, die tapfer jener »Begierde« widersteht und sie in den Bereich des Privaten verdrängt. Daß es ihr dabei aber, wie bei allen Verdrängungsprozessen, nicht allzu wohl ist, hat einmal ein psychoanalytisch versierter französischer Linguist scharfsinnig bemerkt und das typische linguistische Doppelleben damit charakterisiert, daß die Linguisten in der Woche Linguistik betreiben und sonntags Gedichte lesen, sich also nur unwissenschaftlich-privat dem »Gebrauch« jenes »Werkzeugs« nähern, das sie wissenschaftlich-öffentlich untersuchen. Die Aufgabe, die Humboldt den Sprachwissenschaftlern gestellt hat, die Untersuchung der Sprache im Schnittpunkt der Texte, an dem sich die Trennung von Sprach- und Literaturwissenschaft aufhebt, ist in der Tat eine Zumutung, der sich aber – wenn nicht alle Zeichen täuschen – die Sprachwissenschaft 150 Jahre nach dieser postumen Rede Humboldts durchaus nicht mehr schroff verschließt. Vielleicht hängt hiervon nicht nur die mentale Gesundheit der Linguisten, sondern auch die Zukunft der Linguistik ab.

1 Als »Anlagen«, als Potenzen, sind Poesie und Prosa »Erscheinungen der Sprache«, deren wirkliches Erscheinen aber nicht auf einer einseitigen naturnotwendigen Determination durch die Sprachstruktur beruht. Es gibt bei Humboldt keine einseitigen naturnotwendigen Determinationsverhältnisse, sondern nur geschichtliche »Vermählungen« von Wirkungen und Rückwirkungen: die Sprachstruktur kann zu einem bestimmten Gebrauch »begeistern«, diese Anregung muß aber von den sprechenden Nationen und Individuen auch aufgenommen werden, das kongeniale Aufgreifen der strukturellen Möglichkeiten einer Sprache ist ein »glücklicher Wurf« [›Vergl. Sprachstudium‹, IV: 31]. Umgekehrt aber können »Schwierigkeiten«, Hindernisse, die bestimmte Sprachstrukturen auferlegen, überwunden werden (wie beim Chinesischen, s. ›Gramm. Formen‹, IV: 312), oder glückliche Anlagen brachliegen (wie beim Sanskrit, s.u. VII: 204).
2 Dies schließt an Humboldts frühe ästhetische Schrift über Goethes *Hermann und Dorothea* an, in der es – einmal ganz in der Redeweise der Dialektik (s. Nachwort, ›Verzehren oder Vermählen‹) – sehr radikal hieß: »Er [der Künstler] muss in unsrer Seele jede Erinnerung an die Wirklichkeit *vertilgen* und nur die Phantasie allein rege und lebendig erhalten« [II: 126].

Anhang   267

3 Vgl. hierzu die Gegenüberstellung von Dichter und Geschichtschreiber im ›Geschichtschreiber‹: der »Sinn für die Wirklichkeit« charakterisiert den Prosaisten.
4 Siehe ›Vergl. Sprachstudium‹ §21: der »rednerische Gebrauch der Sprache« fordert die »ungetheilten Kräfte des Menschen« im Gegensatz zu dem im engeren Sinne prosaischen, d.h. alltäglichen, den Humboldt dort den »Geschäftsgebrauch« nennt.
5 Vgl. VII: 180ff.
6 Diese Sehnsucht liegt der chinesischen Sprachauffassung ebenso zugrunde [s. ›Chinesisch‹, V: 313] wie der traditionellen Sprachauffassung, dergemäß unabhängig von der Sprache gedacht werden kann, und der Annahme der Möglichkeit einer Begriffsschrift [s. ›Buchstabenschrift‹, V: 111 ff.].
7 Vgl. VII: 191.
8 Auf diesem letzten Gipfelpunkt der Entwicklung der Prosa verflüchtigt sich in extremer Weise nicht nur die Subjektivität, sondern vor allem auch die Sinnlichkeit der Sprache (sie macht keine »eigne Selbstständigkeit« mehr geltend), so daß der Ausdruck »Erhabenheit« im Sinne Kants hier präzise den ästhetischen Eindruck trifft, den sie erzeugt: »denn das eigentlich Erhabene kann in keiner sinnlichen Form enthalten sein, sondern trifft nur Ideen der Vernunft, welche [...] rege gemacht und ins Gemüt gerufen werden« (Kant, KdU: 76f.). Die Sprache, von der die wissenschaftliche Prosa ausgeht, deren Subjektivität und Sinnlichkeit sie hinter sich läßt, ohne sie jemals ganz aufgeben zu können, wird damit in infinitesimaler Annäherung auf ihrer letzten und höchsten Entwicklungsstufe zu einem gleichgültigen Zeichen, das aber gleichzeitig auch wieder in seiner extremen Hingebung an das Objekt, an den Gedanken, die höchste Abbildlichkeit, nämlich Wahrheit, erreicht. Dies ist auch der Grund dafür, daß sich das Chinesische und das Griechische auf dieser höchsten Stufe der Vollendung gleichen. Das Chinesische spart sich gleichsam den Umweg über die Sprache [s. ›Chinesisch‹, V: 321ff.] in einem »Blasiertsein« über die Sprache (Brief an A. W. Schlegel vom 30.12.1822).
9 Diese indische Fabelsammlung hatte A. W. Schlegel herausgegeben (Bonn, 2 Bde., 1829/31).
10 Die hier angekündigte Erörterung der Frage, wie Nationen und Zeitalter die Sprache eines Stammes verschieden ausgeprägen, ist Thema des umfangreichen folgenden Abschnitts der Kawi-Einleitung über die »Kraft der Sprache, sich glücklich auseinander zu entwickeln« [VII: 209–250].
11 F. A. Wolf, *Prolegomena ad Homerum*, Halle 1795, begründet die Homerphilologie. Humboldts Auffassung des Griechentums ist wesentlich von der Auffassung seines Freundes Wolf geprägt.
12 Diese Erzählung, die Humboldt W. Mariner, *An Account of the Native Tongues of the Tonga Islands in the South Pacific Ocean*, London 1817, entnimmt, interpretiert er in dem hier nicht wiedergegebenen Teil der Rede über die Sprache der Südseeinseln.

13 Schlegel hat zwei Bücher des *Ramayana*, des neben dem *Mahabharata* zweiten großen indischen Epos, mit einer lateinischen Übersetzung herausgegeben (Bonn, 3 Bde., 1829–38).

Bibliographie

Die Stellenangaben bei den Humboldt-Zitaten beziehen sich auf Band und Seiten der Akademie-Ausgabe der *Gesammelten Schriften* (Humboldt 1903–36), aus der wir die Texte übernehmen. Um das Auffinden der Stellen nach den in der Humboldt-Literatur üblichen Verweisen auf diese Ausgabe zu erleichtern, haben wir in den Humboldt-Texten die Seitenangaben der Akademie-Ausgabe zusätzlich angegeben.

Die Titel der Reden erscheinen abgekürzt als: 1. ›Vergl. Sprachstudium‹, 2. ›Geschichtschreiber‹, 3. ›Gramm. Formen‹, 4. ›Verbum‹, 5. ›Buchstabenschrift‹, 6. ›Chinesisch‹, 7. ›Dualis‹, 8. ›Südseeinseln‹, 9. ›Pronomen‹, 10. ›Poesie und Prosa‹.

Ausgaben von Schriften Wilhelm von Humboldts

1836–39: *Über die Kawi-Sprache auf der Insel Java.* 3 Bde. Berlin: Druckkerei der königl. Akademie.
1841–52: *Gesammelte Werke* (Hrsg. Carl Brandes). 7 Bde. Berlin: Reimer (Nachdruck Berlin: de Gruyter 1988).
1883/84: *Die sprachphilosophischen Werke Wilhelm's von Humboldt* (Hrsg. Heymann Steinthal). Berlin: Dümmler.
1903–36: *Gesammelte Schriften* (Hrsg. Albert Leitzmann u. a.). 17 Bde. Berlin: Behr (Nachdruck Berlin: de Gruyter 1968).
1960–81: *Werke in fünf Bänden* (Hrsg. Andreas Flitner/Klaus Giel). Darmstadt: Wiss. Buchgesellschaft.
1970/71: *Wilhelm von Humboldt Studienausgabe* (Hrsg. Kurt Müller-Vollmer). 2 Bde. Frankfurt am Main: Fischer.
1973: *Schriften zur Sprache* (Hrsg. Michael Böhler). Stuttgart: Reclam.
1974: *Introduction à l'oeuvre sur le kavi et autres essais* (Hrsg. Pierre Caussat). Paris: Seuil.
1984: *Izbrannye trudy po jazykoznaniju* (Hrsg. Guram V. Ramišvili). Moskau: Progress.
1989: *On Language. The Diversity of Human Language-Structure and its Influence on the Mental Development of Mankind* (Übers. Peter Heath, Einl. Hans Aarsleff). Cambridge: Cambridge University Press.
1990: *Sobre la diversidad de la estructura del lenguaje humano y su*

influencia sobre el desarrollo espiritual de la humanidad (Hrsg. Ana Agud). Barcelona: Anthropos/ Madrid: Ministerio de Educación y Ciencia.
1991: *La diversità delle lingue* (Hrsg. Donatella Di Cesare). Rom/Bari: Laterza.
1994: *Mexicanische Grammatik* (Hrsg. Manfred Ringmacher). Paderborn: Schöningh.

Literatur

Adelung, Johann Christoph/Vater, Johann Severin
 1806–17: *Mithridates oder allgemeine Sprachenkunde.* 4 Teile. Berlin (Nachdruck Hildesheim/New York: Olms 1970).
Arens, Hans
 1969: *Sprachwissenschaft. Der Gang ihrer Entwicklung von der Antike bis zur Gegenwart.* 2 Bde. Frankfurt am Main: Fischer Athenäum.
Beneš, Brigit
 1958: *Wilhelm von Humboldt, Jacob Grimm, August Schleicher. Ein Vergleich ihrer Sprachauffassungen.* Winterthur: Keller.
Benveniste, Emile
 1956: La nature des pronoms. In: ders.: *Problèmes de linguistique générale.* Bd. 1. Paris: Gallimard 1966: 251–257.
Berglar, Peter
 1970: *Wilhelm von Humboldt in Selbstzeugnissen und Bilddokumenten.* Reinbek bei Hamburg: Rowohlt.
Bernhardi, August Ferdinand
 1801-03: *Sprachlehre.* 2 Bde. Berlin: Frölich.
 1805: *Anfangsgründe der Sprachwissenschaft.* Berlin: Frölich (Nachdruck Stuttgart: Frommann-Holzboog 1990).
Bloch, Ernst
 1962: *Subjekt-Objekt. Erläuterungen zu Hegel* (erw. Ausgabe). Frankfurt am Main: Suhrkamp.
Bloomfield, Leonard
 (1933): *Language.* [12]London: Allen & Unwin 1970.
Böhler, Dietrich
 1983: Wittgenstein und Augustinus. Transzendentalpragmatische Kritik der Bezeichnungstheorie der Sprache und des methodischen Solipsismus. In: Eschbach/ Trabant (Hrsg.): 343–369.
Bopp, Franz
 1816: *Über das Conjugationssystem der Sanskritsprache in Vergleichung mit jenem der griechischen, lateinischen, persischen und germanischen Sprache.* Frankfurt am Main: Andreä.

Borsche, Tilman
  1981: *Sprachansichten. Der Begriff der menschlichen Rede in der Sprachphilosophie Wilhelm von Humboldts.* Stuttgart: Klett-Cotta.
  1990: *Wilhelm von Humboldt.* München: Beck.
Brinton, Daniel G.
  1885: The Philosophic Grammar of American Languages, as set forth by Wilhelm von Humboldt, with the translation of an unpublished memoir by him on the American Verb. In: *Proceedings of the American Philosophical Society* XXII: 306–354.
Buchholz, Ulrike
  1986: *Das Kawi-Werk Wilhelm von Humboldts. Untersuchungen zur empirischen Sprachbeschreibung und vergleichenden Grammatikographie.* Münster: Institut für Allg. Sprachwissenschaft.
Carrano, Antonio (Hrsg.)
  1993: *W. von Humboldt e il dissolvimento della filosofia nei ›saperi positivi‹.* Napoli: Morano.
Cassirer, Ernst
  1923: Die kantischen Elemente in Wilhelm von Humboldts Sprachphilosophie. In: *Fs. Paul Hensel.* Greiz: Ohag: 105–127.
Caussat, Pierre
  1974: s. Humboldt (1974).
Chomsky, Noam
  1964: *Current Issues in Linguistic Theory.* Den Haag: Mouton.
  1965: *Aspects of the Theory of Syntax.* Cambridge, Mass.: The M. I. T. Press (dt. Frankfurt am Main: Suhrkamp 1969).
  1966: *Cartesian Linguistics.* London/New York: Harper & Row (dt. Tübingen: Niemeyer 1971).
Condillac, Etienne Bonnot de
  1977: *Essai über den Ursprung der menschlichen Erkenntnisse* (Hrsg. Ulrich Ricken). Leipzig: Reclam.
Coseriu, Eugenio
  1970/72: *Die Geschichte der Sprachphilosophie von der Antike bis zur Gegenwart.* 2 Bde. Tübingen: Narr.
  1970: Adam Smith und die Anfänge der Sprachtypologie. In: Adam Smith, *A Dissertation on the Origin of Languages.* Tübingen: Narr: 15–25.
  1972: Über die Sprachtypologie Wilhelm von Humboldts. Ein Beitrag zur Kritik der sprachwissenschaftlichen Überlieferung. In: *Beiträge zur vergleichenden Literaturgeschichte* (Fs. K. Wais). Tübingen: Niemeyer: 107–135.
Coulmas, Florian
  1989: *The Writing Systems of the World.* Oxford: Blackwell.
De Mauro, Tullio/Formigari, Lia (Hrsg.)
  1990: *Leibniz, Humboldt, and the origins of comparativism.* Amsterdam/Philadelphia: Benjamins.

Derrida, Jacques
  1967: *De la grammatologie*. Paris: Minuit.
Eschbach, Achim/Trabant, Jürgen (Hrsg.)
  1983: *History of Semiotics*. Amsterdam/Philadelphia: Benjamins.
Gadamer, Hans-Georg
  1965: *Wahrheit und Methode. Grundzüge einer philosophischen Hermeneutik*. ²Tübingen: Mohr.
Gipper, Helmut
  1965: Wilhelm von Humboldt als Begründer moderner Sprachforschung. In: *Wirkendes Wort* 15: 1–19.
Goethe, Johann Wolfgang
  1954: *Die Schriften zur Naturwissenschaft*. 1. Abteilung. Bd. 9. *Morphologische Hefte*. Weimar: H. Böhlaus Nachf..
Grimm, Jakob
  1819: *Deutsche Grammatik. Erster Theil*. Göttingen: Dieterich.
Habermas, Jürgen
  1986: Entgegnung. In: Honneth, Axel/Joas, Hans (Hrsg.): *Kommunikatives Handeln. Beiträge zu Jürgen Habermas' ›Theorie des kommunikativen Handelns‹*. Frankfurt am Main: Suhrkamp: 327–405.
Hamann, Johann Georg
  1967: *Schriften zur Sprache* (Hrsg. Josef Simon). Frankfurt am Main: Suhrkamp.
Harbsmeier, Christoph
  1979: *Wilhelm von Humboldts Brief an Abel-Rémusat und die philosophische Grammatik des Altchinesischen*. Stuttgart: Frommann-Holzboog.
Harnack, Adolf
  1900: *Geschichte der Königlich Preußischen Akademie der Wissenschaften zu Berlin*. 3 Bde. Berlin: Reichsdruckerei.
  1911: Leibniz und Wilhelm von Humboldt als Begründer der Königl. Preuß. Akademie der Wissenschaften. In: ders.: *Aus Wissenschaft und Leben*. Bd. 1. Gießen: Töpelmann: 23–37.
Haym, Rudolf
  1856: *Wilhelm von Humboldt. Lebensbild und Charakteristik* (Nachdruck Osnabrück: Zeller 1965).
Heeschen, Volker
  1972: *Die Sprachphilosophie Wilhelm von Humboldts* (Diss. Bochum).
Hegel, Georg Wilhelm Friedrich
  1970: *Werke in zwanzig Bänden* (Hrsg. Eva Moldenhauer und Karl Markus Michel). Frankfurt am Main: Suhrkamp.
  1807: *Phänomenologie des Geistes* (= *Werke* 3).
  1827: Über die unter dem Namen Bhagavad-Gita bekannte Episode des Mahabharata von Wilhelm von Humboldt. In: *Werke* 11: 131–204.
  1830: *Enzyklopädie der philosophischen Wissenschaften* (= *Werke* 8–10)

Heidegger, Martin
  1959: Der Weg zur Sprache. In: ders.: *Unterwegs zur Sprache*. Pfullingen: Neske: 241–268.
Herder, Johann Gottfried
  1960: *Sprachphilosophische Schriften* (Hrsg. Erich Heintel). Hamburg: Meiner.
Hjelmslev, Louis
  1963: *Prolegomena to a Theory of Language*. ²Madison, Wisc.: Univ. of Wisconsin Press.
Hoberg, Rudolf (Hrsg.)
  1987: *Sprache und Bildung. Beiträge zum 150. Todestag Wilhelm von Humboldts*. Darmstadt: TH Darmstadt.
Jäger, Ludwig
  1975: *Zu einer historischen Rekonstruktion der authentischen Sprach-Idee F. de Saussures* (Diss. Düsseldorf).
Jakobson, Roman
  (1964): Quest for the essence of language. In: ders.: *Selected Writings*. Bd. 2. Den Haag-Paris: Mouton 1971: 345–359.
Jensen, Hans
  1969: *Die Schrift in Vergangenheit und Gegenwart*. ³Berlin: Deutscher Verlag der Wissenschaften.
Kaehler, Siegfried
  1963: *Wilhelm von Humboldt und der Staat. Ein Beitrag zur Geschichte deutscher Lebensgestaltung um 1800*. ²Göttingen: Vandenhoeck & Ruprecht.
Kamper, Dietmar
  1981: *Zur Geschichte der Einbildungskraft*. München: Hanser.
Kant, Immanuel
  1956: *Kritik der reinen Vernunft* (Hrsg. Raymund Schmidt) Hamburg: Meiner.
  1963: *Kritik der Urteilskraft* (Hrsg. Karl Vorländer) ²Hamburg: Meiner.
Kledzik, Silke M.
  1992: Wilhelm von Humboldt (1767–1835). In: Marcelo Dascal u.a. (Hrsg.): *Sprachphilosophie*. Berlin: de Gruyter: 362–381.
König, Irina
  1992: *Vom Ursprung des Geistes aus der Geschlechtlichkeit: Zur chronologischen und systematischen Entwicklung der Ästhetik Wilhelm von Humboldts*. Egelsbach: Hänsel-Hohenhausen.
Leroux, Robert
  1948: L'esthétique sexuée de Guillaume de Humboldt. In: *Etudes Germaniques* 3: 261–273.
Liebrucks, Bruno
  1965: *Sprache und Bewußtsein*. Bd. 2: *Sprache. Wilhelm von Humboldt*. Frankfurt am Main: Akad. Verl.-Ges.

Lohmann, Johannes
 1965: *Philosophie und Sprachwissenschaft*. Berlin: Dunker und Humblot.
Lyotard, Jean-François
 1979: *La condition postmoderne*. Paris: Minuit.
Martinet, André
 1963: *Grundzüge der Allgemeinen Sprachwissenschaft*. ⁴Stuttgart: Kohlhammer.
Menze, Clemens
 1964: Über den Zusammenhang von Sprache und Bildung in der Sprachphilosophie Wilhelm von Humboldts. In: *Pädagogische Rundschau* 18: 768–785.
 1965: *Wilhelm von Humboldts Lehre und Bild vom Menschen*. Ratingen: Henn.
 1988: Sprache als Ausgangspunkt der Bildungstheorie Wilhelm von Humboldts. In: *Pädagogische Rundschau* 42: 305–308.
Meschonnic, Henri
 1988: *Modernité modernité*. Lagrasse: Verdier.
Müller-Sievers, Helmut
 1993: *Epigenesis. Naturphilosophie im Sprachdenken Wilhelm von Humboldts*. Paderborn: Schöningh.
Müller-Sievers, Helmut/Trabant, Jürgen (Hrsg.)
 1988: *Poetik – Humboldt – Hermeneutik* (Fs. Müller-Vollmer). Tübingen: Narr.
Müller-Vollmer, Kurt
 1967: *Poesie und Einbildungskraft. Zur Dichtungstheorie Wilhelm von Humboldts*. Stuttgart: Metzler.
 1976: Wilhelm von Humboldt und der Anfang der amerikanischen Sprachwissenschaft: Die Briefe an John Pickering. In: Klaus Hammacher (Hrsg.): *Universalismus und Wissenschaft im Werk und Wirken der Brüder Humboldt*. Frankfurt am Main: Klostermann: 259–334.
 1993: *Wilhelm von Humboldts Sprachwissenschaft. Ein kommentiertes Verzeichnis des sprachwissenschaftlichen Nachlasses*. Paderborn: Schöningh.
Ong, Walter J.
 1982: *Orality and Literacy. The Technologizing of the Word*. London/New York: Methuen.
Port-Royal (Arnauld, Antoine/Lancelot, Claude)
 (1660): *Grammaire générale et raisonnée* (Nachdruck der Ausgabe von 1830 Paris: Paulet 1969).
Posner, Roland (Hrsg.)
 1980: *Ikonismus in den natürlichen Sprachen* (=*Zeitschrift für Semiotik* 2. H. 1/2).

Quillien, Jean
1991: *L'anthropologie philosophique de G. de Humboldt.* Lille: Presses Universitaires de Lille.

Ramischwili, Guram
1988/89: *Einheit in der Vielheit. Grundfragen der Sprachtheorie im Geiste Wilhelm von Humboldts.* Bonn: Dümmler.

Riedel, Manfred
1978: *Verstehen oder Erklären? Zur Theorie und Geschichte der hermeneutischen Wissenschaften.* Stuttgart: Klett-Cotta.

Ruhlen, Merritt
1991: *A Guide to the World's Languages.* Vol.1: *Classification.* ²Stanford: Stanford University Press.

Saussure, Ferdinand de
(1916): *Cours de linguistique générale* (Hrsg. Tullio De Mauro). Paris: Payot 1975.

Scharf, Hans-Werner
1977: *Chomskys Humboldt-Interpretation. Ein Beitrag zur Diskontinuität der Sprachtheorie in der Geschichte der neueren Linguistik* (Diss. Düsseldorf).
1983: Das Verfahren der Sprache. Ein Nachtrag zu Chomskys Humboldt-Reklamation. In: Eschbach/Trabant (Hrsg.): 205–249.
1994: *Das Verfahren der Sprache. Humboldt gegen Chomsky.* Paderborn: Schöningh.

Scharf, Hans-Werner (Hrsg.)
1989: *Wilhelm von Humboldts Sprachdenken.* Essen: Hobbing.

Schiller, Friedrich
1943ff.: *Schillers Werke* (Nationalausgabe). Weimar: H. Böhlaus Nachf..

Schiller-Humboldt
1962: *Der Briefwechsel zwischen Friedrich Schiller und Wilhelm von Humboldt* (Hrsg. Siegfried Seidel). 2 Bde. Berlin: Aufbau-Verlag.

Schlegel, August Wilhelm
1818: *Observations sur la langue et la littérature provençales.* Paris (Nachdruck Tübingen: Narr 1971).

Schlegel, Friedrich
1808: *Über die Sprache und Weisheit der Indier.* Heidelberg (Nachdruck Amsterdam: Benjamins 1977).

Schlerath, Bernfried (Hrsg.)
1986: *Wilhelm von Humboldt. Vortragszyklus zum 150. Geburtstag.* Berlin: de Gruyter.

Schlieben-Lange, Brigitte u.a. (Hrsg.)
1989–94: *Europäische Sprachwissenschaft um 1800.* 4 Bde. Münster: Nodus.

Schmitter, Peter
  1982: Kunst und Sprache. Über den Zusammenhang von Sprachphilosophie und Ästhetik bei Wilhelm von Humboldt. In: *Sprachwissenschaft* 7: 40–57.
  1986: Humboldt, Wilhelm von (1767–1835). In: Thomas A. Sebeok (Hrsg.): *Encyclopedic Dictionary of Semiotics.* Bd. I. Berlin/New York/Amsterdam: Mouton/de Gruyter: 317–323.
Schmitter, Peter (Hrsg.)
  1991: *Multum – non multa? Studien zur Einheit der Reflexion im Werk Wilhelm von Humboldts.* Münster: Nodus.
Schulenburg, Sigrid von der
  1973: *Leibniz als Sprachforscher.* Frankfurt am Main: Klostermann.
Scurla, Herbert
  1976: *Wilhelm von Humboldt. Werden und Wirken.* Düsseldorf: Claassen.
Simon, Josef
  1971: *Philosophie und linguistische Theorie.* Berlin/New York: de Gruyter.
Spitzer, Leo
  1961: *Stilstudien.* 2 Bde. ²Darmstadt: Wiss. Buchgesellschaft.
Spranger, Eduard
  1908a: W. v. Humboldt und Kant. In: *Kant-Studien* 13: 57–129.
  1908b: Wilhelm von Humboldts Rede ›Über die Aufgabe des Geschichtschreibers‹ und die Schellingsche Philosophie. In: *Historische Zeitschrift* 100: 541–563.
Spreu, Arwed/Bondzio, Wilhelm (Hrsg.)
  1986: *Humboldt-Grimm-Konferenz 1985.* Protokollband. 2 Bde. Berlin: Humboldt-Universität.
Steinthal, Heymann
  1848: *Die Sprachwissenschaft Wilh. von Humboldt's und die Hegel'sche Philosophie.* Berlin (Nachdruck Hildesheim/New York: Olms 1971).
  1851: *Der Ursprung der Sprache im Zusammenhang mit den letzten Fragen alles Wissens.* Berlin: Dümmler.
Sweet, Paul R.
  1978/80: *Wilhelm von Humboldt. A Biography.* 2 Bde. Columbus, Ohio: Ohio University Press.
Tesnière, Lucien
  1965: *Eléments de syntaxe structurale.* ²Paris: Klincksieck.
Theunissen, Michael
  1977: *Der Andere.* ²Berlin/New York: de Gruyter.
Timpanaro, Sebastiano
  1977: Friedrich Schlegel and the Beginnings of Indo-European Linguistics in Germany. In: Schlegel (1808/1977): XI–LVII.

Trabant, Jürgen
1986: *Apeliotes oder Der Sinn der Sprache. Wilhelm von Humboldts Sprach-Bild.* München: Fink.
1990: *Traditionen Humboldts.* Frankfurt am Main: Suhrkamp.
1993: Artikulation. In: *Neue Romania* 14: 395–410.
1994a: Europa, China und die durablen Zeichen. Noch einmal über das Kapitel V der Grammatik von Destutt de Tracy. In: Schlieben-Lange u.a. (Hrsg.) Bd.4: 9–26.
1994b: Ein weites Feld: Les langues du nouveau continent. In: Zimmermann u.a. (Hrsg.): 11–26.

Trubetzkoy, Nikolai S.
(1939): *Grundzüge der Phonologie.* ²Göttingen: Vandenhoeck & Ruprecht 1958.

Vossler, Karl
1904: *Positivismus und Idealismus in der Sprachwissenschaft.* Heidelberg: Winter.
1929: *Frankreichs Kultur und Sprache.* ²Heidelberg: Winter.

Welke, Klaus (Hrsg.)
1986: *Sprache – Bewußtsein – Tätigkeit. Zur Sprachkonzeption Wilhelm von Humboldts.* Berlin: Akademie-Verlag.

Weydt, Harald
1972: »Unendlicher Gebrauch von endlichen Mitteln«. In: *Poetica* 5: 249–267.

Zimmermann, Klaus/Trabant, Jürgen/Müller-Vollmer, Kurt (Hrsg.)
1994: *Wilhelm von Humboldt und die amerikanischen Sprachen.* Paderborn: Schöningh.

Zöllner, Detlef
1989: *Wilhelm von Humboldt: Einbildung und Wirklichkeit. Das bildungstheoretische Fundament seiner Sprachphilosophie.* Münster/New York: Waxmann.

Zollna, Isabel
1990: *Einbildungskraft (imagination) und Bild (image) in den Sprachtheorien um 1800. Ein Vergleich zwischen Frankreich und Deutschland.* Tübingen: Narr.

Sprachwissenschaft

Das Standardwerk –
jetzt in 3., überarbeiteter und erweiterter Auflage:

Gerhart Wolff
Deutsche Sprachgeschichte
Ein Studienbuch

UTB 1581, 3., überarb. und erweiterte Aufl. 1994,
311 Seiten, 20 Abb., 25 Tab., DM 29,80/ÖS 233,–/SFr 30,80
UTB-ISBN 3-8252-1581-4

Gerhart Wolffs Gesamtdarstellung spiegelt das neu erwachte Interesse an sprachgeschichtlichen Phänomenen wider. Ziel seiner diachronischen Sprachbetrachtung ist es, die Verflechtung sprachlicher und sozialer Prozesse zu zeigen. Im Mittelpunkt des Bandes steht deshalb der Begriff des Sprachwandels, der es erlaubt, sozialgeschichtliche mit politischen und kulturellen Faktoren zu verbinden und so die Entwicklung der Sprache auf die Veränderung gesellschaftlicher Normen und Bewußtseinsinhalte zu beziehen.

Das Themenspektrum reicht von den theoretischen Grundlagen der Sprachbetrachtung über die einzelnen Sprachstadien bis hin zum Gegenwartsdeutsch, dem besondere Aufmerksamkeit gewidmet wird.

"Sehr nützlich ist die ausführliche Wiedergabe von Textbeispielen mit Analysebeiträgen und Untersuchungsaufgaben. Vor allem das Kapitel über die Gegenwartssprache bietet viele Beispiele aus Belletristik und Gebrauchsprosa, die entsprechende Tendenzen anschaulich vorstellen. Durch präzise Analyseaufgaben mit Hinweisen zur Fachliteratur lassen sich wesentliche Aspekte erarbeiten." *Anregung*

Francke

Sprachwissenschaft

Eugenio Coseriu
Textlinguistik
Eine Einführung

Herausgegeben und bearbeitet von Jörn Albrecht

UTB 1808, 3., überarb. u. erw. Aufl. 1994, XVI, 252 Seiten,
DM 32,80/ÖS 256,–/SFr 33,80
UTB-ISBN 3-8252-1808-2

Eugenio Coseriu entwirft in dieser Einführung ein eigenes, kohärentes Modell der Textlinguistik. Im Zentrum steht dabei die Etablierung einer "Linguistik des Sinns", d.h. einer linguistisch fundierten, nicht einzelsprachlich gebundenen Methode der Textinterpretation.

Rudi Keller
Sprachwandel
Von der unsichtbaren Hand in der Sprache

UTB 1567, 2., überarb. u. erw. Aufl. 1994, 238 Seiten,
DM 26,80/ÖS 209,–/SFr 27,80
UTB-ISBN 3-8252-1567-9

Eine natürliche Sprache ist eine spontane Ordnung, d.h. sie ist weder Naturphänomen noch Artefakt, sondern ein Phänomen der dritten Art. Ihr gegenwärtiger Zustand ist – von wenigen Ausnahmen abgesehen – unbeabsichtigter, unreflektierter Nebeneffekt von Wahlhandlungen der einzelnen Sprecher im Zuge ihrer kommunikativen Bemühungen. Sprachwandel ist damit ein prototypisches Beispiel soziokultureller Evolution. Die Rekonstruktion des Wandels ist ein zentraler Baustein einer erklärenden Theorie eines Sprachzustandes. Der ihr adäquate Modus ist die Erklärung mittels unsichtbarer Hand.

»The book is a singularly good one; ... It will take some effort to surpass it.« *Studies in Language*

Francke